Antonio Trinidad Requena
y Mariano Sánchez Martínez (eds.)

# Marcos de análisis de los problemas sociales

UNA MIRADA DESDE LA SOCIOLOGÍA

CATARATA

COLECCIÓN INVESTIGACIÓN Y DEBATE

DISEÑO DE CUBIERTA: ESTUDIO PÉREZ-ENCISO

© FRANCISCO BARROS RODRÍGUEZ, JUAN F. BEJARANO BELLA, EDUARDO BERICAT, JOEL BEST, PEDRO CASTÓN BOYER, JUAN C. DE PABLOS, RICARDO DUQUE, FRANCISCO ENTRENA-DURÁN, MODESTO ESCOBAR MERCADO, FÉLIX FERNÁNDEZ, PABLO GALINDO CALVO, JOSÉ MANUEL GARCÍA MORENO, JULIO IGLESIAS DE USSEL, JOSÉ FRANCISCO JIMÉNEZ-DÍAZ, JUAN LÓPEZ DOBLAS, DONILEEN R. LOSEKE, PAU MARÍ-KLOSE, RAFAEL MARTÍNEZ MARTÍN, DOUGLAS S. MASSEY, LUIS MENA MARTÍNEZ, GEORGE PLEIOS, JUAN CARLOS PRIOR RUIZ, TERESA T. RODRÍGUEZ, MARIANO SÁNCHEZ MARTÍNEZ, ROSA M. SORIANO MIRAS, JOAQUÍN SUSINO ARBUCIAS, ADOLFO TORRES RODRÍGUEZ, ANTONIO TRINIDAD REQUENA, RAFAEL VÁZQUEZ, MARÍA VÍLCHEZ VIVANCO, 2016

© LOS LIBROS DE LA CATARATA, 2016
 FUENCARRAL, 70
 28004 MADRID
 TEL. 91 532 05 04
 FAX. 91 532 43 34
 WWW.CATARATA.ORG

MARCOS DE ANÁLISIS DE LOS PROBLEMAS SOCIALES.
UNA MIRADA DESDE LA SOCIOLOGÍA

ISBN: 978-84-9097-095-9
DEPÓSITO LEGAL: M-274-2016
IBIC: JHB/JFF

ESTE LIBRO HA SIDO EDITADO PARA SER DISTRIBUIDO. LA INTENCIÓN DE LOS EDITORES ES QUE SEA UTILIZADO LO MÁS AMPLIAMENTE POSIBLE, QUE SEAN ADQUIRIDOS ORIGINALES PARA PERMITIR LA EDICIÓN DE OTROS NUEVOS Y QUE, DE REPRODUCIR PARTES, SE HAGA CONSTAR EL TÍTULO Y LA AUTORÍA.

# ÍNDICE

PRESENTACIÓN 7

PARTE I. SOCIOLOGÍA DE LOS PROBLEMAS SOCIALES:
TEORÍA Y METODOLOGÍA 11

Capítulo 1. Perspectivas de estudio de los problemas sociales
en Sociología 13
Mariano Sánchez, José Manuel García Moreno y Félix Fernández

Capítulo 2. Pasado, presente y posibles futuros de las teorías
construccionistas de los problemas sociales 30
Joel Best y Donileen R. Loseke

Capítulo 3. La agenda investigadora publicada
de los problemas sociales 48
Antonio Trinidad Requena, Rosa M. Soriano Miras
y Francisco Barros Rodríguez

Capítulo 4. Cuestiones de metodología en el análisis
de los problemas sociales 67
Modesto Escobar Mercado y Luis Mena Martínez

Capítulo 5. Problemas sociales, estructuras afectivas
y bienestar emocional  83
Eduardo Bericat

PARTE II. ANÁLISIS SOCIOLÓGICO DE ALGUNOS PROBLEMAS SOCIALES  105

ESPACIO Y VIDA SOCIAL

Capítulo 6. La ciudad como problema, los problemas de la ciudad  107
Ricardo Duque Calvache y Joaquín Susino Arbucias

Capítulo 7. Cambios, problemas y desafíos de la ruralidad
y de la política agraria europea  125
Francisco Entrena-Durán y José Francisco Jiménez-Díaz

Capítulo 8. El envejecimiento como problema social en Europa  142
Joaquín Susino Arbucias, Mariano Sánchez Martínez y Juan López Doblas

Capítulo 9. Globalización, inmigración y migración ilegal: la construcción
de un problema social estadounidense  159
Douglas S. Massey

Capítulo 10. Sostenibilidad como escenario de futuro: el medio ambiente
como problema y solución  175
Adolfo Torres Rodríguez y Juan F. Bejarano Bella

Capítulo 11. La cultura global del miedo como problema social:
percepción, distorsión y realidad de las amenazas globales y su repercusión
en la vida cotidiana  191
Pablo Galindo Calvo

INSTITUCIONES Y PROCESOS DE LA SOCIEDAD CIVIL
Capítulo 12. Familia y problemas sociales  208
Julio Iglesias de Ussel y Pau Marí-Klose

Capítulo 13. Problemas sociales e Internet: de la individualización al aislamiento
y la desigualdad sociales  229
George Pleios

Capítulo 14. ¿El soportable malestar de la democracia? Análisis del actual clima de desafección social y política en las democracias europeas 245
Juan C. de Pablos, Rafael Vázquez y Teresa T. Rodríguez

**DIMENSIONES SOCIALES DE LA VIDA ECONÓMICA**

Capítulo 15. El problema social del desempleo juvenil.
De la exclusión a la crisis del bienestar 262
Rafael Martínez Martín, José Manuel García Moreno y Juan Carlos Prior Ruiz

Capítulo 16. Las fronteras en la economía global localizada.
El caso hispano-marroquí 279
Rosa M. Soriano Miras, Antonio Trinidad Requena y Francisco Barros Rodríguez

Capítulo 17. La percepción de la economía como problema social 297
Pedro Castón Boyer y María Vílchez Vivanco

**SOBRE LOS AUTORES 315**

# PRESENTACIÓN

Los trabajos incluidos en este libro son producto de la dedicación y el buen hacer de un grupo de investigadores con trayectorias y entornos diferentes, pero con un denominador común: su interés por el estudio sociológico riguroso de los problemas sociales en un contexto global, con especial atención a las geografías española y europea. Dedicación, diversidad y rigor nos han permitido reunir 17 capítulos que profundizan en los problemas sociales a través de distintos marcos teóricos y metodológicos, algo indispensable para poder aportar luz al análisis de un fenómeno tan actual y complejo, y con tantas repercusiones, como es el de los problemas sociales.

La idea del libro fue concebida como proyecto de investigación y surgió en el seno del Grupo de Investigación Problemas Sociales en Andalucía, considerado de excelencia por la Junta de Andalucía y que inició su andadura en 1995, con el profesor Julio Iglesias de Ussel como primer director. En concreto, la gestación de esta obra se inició en 2012 con una fase preliminar de discusión académica sobre la temática central —el análisis sociológico de los problemas sociales—, que se dotó de una metodología de trabajo específica en la que se implicaron no solo los integrantes del grupo sino algunos investigadores externos, nacionales (los profesores Escobar Mercado y Mena Martínez —de Salamanca—, Bericat —de Sevilla— y Vázquez —de Granada—, y la doctora Teresa T. Rodríguez, también de Granada), e internacionales (los profesores estadounidenses Best, Loseke y Massey, y el profesor Pleios, de Grecia). A continuación, los primeros borradores de los capítulos fueron sometidos a revisión por pares y a una subsiguiente discusión en el marco de las Jornadas sobre la Sociología de los Problemas Sociales, celebradas en febrero de 2015.

Sirva todo esto para explicar que la obra que tiene el lector en sus manos se ha ido fraguando lentamente a lo largo de un prolongado proceso académico de discusión y revisión. En definitiva, se trata de un trabajo de carácter coral y no de la mera acumulación de una serie de contribuciones individuales, algo que se deja entrever en la propia estructura del libro, como se explicará más adelante.

En su mayoría, los distintos capítulos se centran en dar respuesta a interrogantes claves sobre cómo se construyen y se analizan los problemas sociales en las sociedades complejas, sin desdeñar la aportación de valoraciones acerca de cómo se está interviniendo sobre esos problemas e incluso sobre cómo se debería intervenir. En conjunto, y más allá de ofrecer las descripciones y explicaciones indispensables en cualquier estudio sociológico, los autores también exploran el terreno de las recomendaciones para la acción en torno a algunos problemas sociales actuales. Más aún, el lector comprobará a menudo que los problemas sociales estudiados se presentan como factores explicativos de cambios sociales concretos producidos en las últimas décadas en nuestras sociedades.

El estudio científico de los problemas sociales en un mundo como el contemporáneo merece la pena porque posibilita una vía de acceso para identificar las preocupaciones sociales —tantas y tan diversas— que hoy día conviven en nuestra aldea global. Saber pensar y reconocer los problemas sociales, y familiarizarse con su tipología, evolución, diferencias y semejanzas, permite tanto un análisis objetivo de esos problemas como de los procesos mediante los cuales han sido construidos. Precisamente, la atención a esos procesos ha sido uno de los dos hilos conductores fundamentales en la gestación de la obra; el otro, el estudio diacrónico de las distintas formas en que los problemas sociales seleccionados se han ido objetivando.

Para comprender la estructura de la obra hay que hacer una primera aclaración: se han separado en dos partes distintas los capítulos centrados en la conceptualización, la teorización y los abordajes metodológicos, por un lado, y los dedicados a analizar en clave sociológica un problema social concreto, por otro.

Así, en la primera parte, el recorrido arranca con una visión panorámica acerca de las perspectivas de estudio de los problemas sociales en sociología (capítulo 1), a la que sigue una reflexión monográfica sobre la aproximación teórica que quizá haya logrado hasta la fecha más desarrollo en la sociología de los problemas sociales: el construccionismo social (capítulo 2). Además, la primera parte incluye un repaso detallado a la agenda investigadora de los problemas sociales a la luz de los contenidos de dos publicaciones periódicas que han prestado atención a la temática (capítulo 3), una descripción panorámica de algunos de los métodos y técnicas a utilizar en el análisis de los problemas sociales (capítulo 4) y, por último, un ejemplo de investigación sociológica de vanguardia sobre los problemas sociales y el bienestar emocional (capítulo 5).

Los 12 capítulos que componen la segunda parte han sido distribuidos, a su vez, en tres apartados. En el primero se incluyen seis capítulos que se ocupan de aspectos relacionados con el espacio —en sentido físico y simbólico— y la vida social, comenzando por las ciudades (capítulo 6) y ampliando la esfera de atención hacia el espacio regional —europeo (capítulos 7 y 8) y norteamericano (capítulo 9)— para terminar con dos trabajos (los capítulos 10 y 11) cuyo foco es el espacio más global. El apartado segundo, denominado "Instituciones y procesos de la sociedad civil", presta atención a la familia (capítulo 12), a internet (capítulo 13) y a la desafección social y política como problema de las democracias europeas (capítulo 14). Por último, los tres trabajos que cierran el libro se dedican, de un modo u otro, a analizar dimensiones sociales de la vida económica: el desempleo juvenil (capítulo 15), la transformación de las fronteras en la economía global localizada (capítulo 16) y la percepción de la economía como problema social por parte de la opinión pública (capítulo 17).

En resumen, el proyecto que ha dado lugar a este libro se propuso abordar, desde diversas perspectivas, un tema que consideramos de máxima actualidad —sobre todo, porque la denominación *problema social* ha pasado a formar parte del acervo de lenguaje utilizado de modo habitual por todo tipo de actores sociales—, con la intención de aportar una visión de conjunto del potencial que tiene el estudio sociológico de los problemas sociales, algo que echábamos de menos. Tal abordaje se ha intentado hacer con el máximo rigor, con visión internacional y, sobre todo, teniendo en cuenta la multiplicidad de marcos teóricos y metodológicos con los que ya contamos en sociología. En este sentido, el libro ofrece al lector, en cada uno de sus capítulos, lenguajes, argumentos, datos y reflexiones que seguramente le facilitarán ampliar su imaginación sociológica a la vez que su conocimiento de la realidad social abordada, todo ello sin perder la relación con el tema general de los problemas sociales, de creciente visibilidad y relevancia para el conjunto de la ciudadanía en momentos en los que da la impresión de que tales problemas no hacen sino acrecentarse.

Por último, y esgrimiendo la condición de sociólogos y sociólogas que tienen las personas que han colaborado en este proyecto, es de esperar que los textos integrados en este libro también puedan servir para que el campo sociológico otorgue al estudio de los problemas sociales una atención y un espacio investigador y profesional de más calado, algo de lo que por ahora carece.

El Grupo de Investigación Problemas Sociales en Andalucía desea dedicar esta obra a dos de sus miembros —los profesores Juan Carlos Prior Ruiz y Juan Carlos de Pablos Ramírez—, implicados en la misma, y que desgraciadamente fallecieron en el transcurso de su elaboración. La valía personal y académica de estos dos colegas quedará siempre en el recuerdo de quienes tuvimos la fortuna de compartir con ellos parte de la andadura que ha fructificado finalmente en las páginas que siguen.

La Universidad de Granada, a través de su programa de Fortalecimiento de I+D+i, ha colaborado en la elaboración de esta publicación.

Antonio Trinidad Requena y Mariano Sánchez Martínez
*Grupo de investigación Problemas sociales en Andalucía, Departamento de Sociología,*
*Universidad de Granada.*

# PARTE I
# SOCIOLOGÍA DE LOS PROBLEMAS SOCIALES: TEORÍA Y METODOLOGÍA

CAPÍTULO 1
# PERSPECTIVAS DE ESTUDIO DE LOS PROBLEMAS SOCIALES EN SOCIOLOGÍA

## MARIANO SÁNCHEZ, JOSÉ MANUEL GARCÍA MORENO Y FÉLIX FERNÁNDEZ

> La primera dificultad que el sociólogo encuentra tiene que ver con el hecho de que él está ante representaciones preestablecidas de su objeto de estudio que inducen la manera de aprehender y, por lo mismo, de definirlo y concebirlo [...]. De estas representaciones, la que se presenta bajo la forma de un "problema social" tal vez constituya uno de los obstáculos más difíciles de superar. Los "problemas sociales" están, en efecto, *instituidos* en todos los instrumentos que participan en la formación de la visión común del mundo social, ya se trate de los organismos y de las reglamentaciones que tratan de resolverlos, ya se trate de las categorías de percepción y de pensamiento que les corresponden.
>
> Lenoir (1993: 59)

## LO QUE ENTENDEMOS EN SOCIOLOGÍA POR PROBLEMA SOCIAL

Utilizada en plural —uso más reciente— o en singular, en la mayoría de las ocasiones, detrás de la expresión "problema social" existe, de un modo u otro, un deseo de cambio, de reforma, de salida de un statu quo, de transformación de una condición concreta —el racismo, por ejemplo— o de una cuestión social genérica —la desigual distribución de la riqueza o la problemática relación entre fuerza de trabajo y capital, por ejemplo—. Sin embargo, también ha habido quienes han considerado que el cambio social era precisamente el problema y, por tanto, que la mejor solución debía venir de revertir ese cambio para devolver la situación a un estado anterior. Así, condición de partida, cambio y visualización de un horizonte mejor se han convertido en tres piezas importantes del puzle del estudio sociológico de un problema social.

Dado que la diversidad de conceptualizaciones ha sido enorme, para ilustrar cómo, desde la sociología, se ha fundamentado lo que es un problema social hemos decidido contrastar las reflexiones de dos sociólogos, Herbert Blumer y Rémi Lenoir, que han dedicado una atención específica a la cuestión, pero lo han hecho en tiempos y contextos intelectuales distintos. Los seleccionamos porque, en su momento, ambos no dejaron pasar de largo el reto de responder a la cuestión de qué es un problema social y, además, porque creemos que sus argumentos ilustran de modo suficiente algunas de las discusiones nucleares en torno a esa cuestión.

La tesis de Herbert Blumer (1971: 298), norteamericano, vinculado a la Escuela de Chicago y al interaccionismo simbólico, fue que los problemas sociales son fundamentalmente "productos de un proceso de definición colectiva en lugar de existir independientemente como un conjunto de disposiciones sociales objetivas con una constitución intrínseca". Como él mismo explicó, esta tesis supuso en su momento un desafío a la manera típica en que los sociólogos se habían aproximado al estudio de los problemas sociales, según la cual esos problemas eran considerados como *condiciones objetivas intrínsecamente dañinas*, sintomáticas de un estado de disfunción, patología, desorganización o desviación —por contraste con una situación normal o socialmente saludable—. ¿Por qué pensaba Blumer que el enfoque basado en el estudio de condiciones objetivas era erróneo? En primer lugar, porque, en su opinión, lo que realmente hacen los sociólogos es percibir los problemas sociales una vez que son reconocidos como tales por y en la sociedad, pero no antes —de hecho, Blumer sostenía que la teoría sociológica por sí sola había sido incapaz de detectar o identificar problemas sociales—. En segundo lugar, porque un problema social existe, ante todo, en términos de cómo es definido en una sociedad y no en virtud de las características de una condición objetiva dada. Y, por último, porque la manera en la que las sociedades tratan de resolver los problemas sociales tiene poco que ver con aplicar sin más los remedios que un supuesto análisis objetivo sociológico del problema pudiera aportar; bien al contrario, Blumer consideró que el proceso real utilizado para abordar un problema social era resultante de intereses, intenciones y objetivos divergentes y conflictivos, frente a los que un estudio de las condiciones objetivas del problema contaba poco.

En suma, según Blumer (1971: 301), es el *proceso de definición colectiva* lo verdaderamente importante: "La incapacidad para reconocer y respetar este hecho constituye, en mi opinión, la debilidad fundamental del estudio sociológico de los problemas sociales". Blumer explica que ese proceso colectivo de definición de un problema social se organiza en cinco fases: la emergencia del problema social, su legitimación, la movilización de acciones al respecto, la formación de un plan de acción oficial y la implementación empírica de ese plan.

El segundo autor que hemos seleccionado para tratar de elucidar el concepto sociológico de problema social es Rémi Lenoir, francés, contemporáneo y miembro de la escuela de sociología bourdieuana. Lenoir plantea que un problema social no es sino *una representación de un objeto social*, que es social en alguno de estos dos sentidos: o tiene que ver con los servicios, las políticas, las prestaciones y las leyes sociales, o está conectado con las relaciones entre grupos sociales —en especial, entre grupos involucrados en el mundo del trabajo—. No obstante, lo fundamental es que se trata de una *representación preestablecida* y que cuenta con capacidad para inducir una cierta forma de definir el problema social en cuestión. Es decir, no existe problema social sin representación, sin prenoción del mismo; además, se trata de una representación institucionalizada, o sea, encajada de algún modo en el mundo que la rodea. ¿Cuál sería la tarea del sociólogo ante un problema social? "[…] tratándose de un problema social, el objeto de investigación del sociólogo consiste ante todo en analizar el proceso mediante el cual se construye y se institucionaliza lo que en un momento dado del tiempo se constituye como tal" (Lenoir, 1993: 71).

En línea con la perspectiva construccionista sostenida por Herbert Blumer, Lenoir argumenta que "no todo puede ser constituido como problema social"; ahora bien, el autor francés propone un recorrido distinto al planteado por el norteamericano. Este último reconoce que los problemas sociales emergen a partir de ciertas condiciones sociales, pero lo que le interesa destacar son los procesos mediante los que tales condiciones son convertidas en problema social. Sin embargo, para Lenoir las condiciones de partida sí son relevantes. En su caso, desdobla el concepto de transformación objetiva para aludir a dos momentos necesarios en el análisis del paso de un problema cualquiera a problema social: por un lado, habla de las transformaciones objetivas —por ejemplo, económicas, tecnológicas, morfológicas, etc.— que tienen que ver con ciertas condiciones sociales y, por otro lado, de las transformaciones objetivas —de reconocimiento y legitimación, fundamentalmente— relacionadas con las representaciones de las primeras condiciones. Para Lenoir, las posibles representaciones de los problemas sociales tienen su raíz en *transformaciones objetivas de ciertas condiciones sociales*; sin estas últimas, las representaciones ni aparecerían ni podrían dotarse de contenido; en su opinión, dichas transformaciones son la base a partir de la cual se construyen las representaciones que acuñamos como problemas sociales. El mismo Lenoir pone un ejemplo de esas transformaciones objetivas al afirmar que el proceso de constitución de la vejez como problema social "es correlativo a los trastornos económicos que han afectado a las estructuras familiares que hasta entonces se hacían cargo de los padres ancianos, incapaces de atender sus necesidades" (Lenoir, 1993: 74).

Si Blumer se preocupa más por el *cómo* se produce un problema social —dicho de otro modo, cuál es el proceso de su construcción y reconocimiento—, Lenoir arranca más atrás porque le interesa, primero, el *a partir de qué* condiciones puede dar comienzo la construcción de la representación de un objeto como problema social: "Aumento del número, ascenso del estatus social de la población afectada, estas son las condiciones, entre otras, que se pueden reunir para transformar un 'problema' en un 'problema social'" (Lenoir, 1993: 74).

Una vez puestas al descubierto dichas condiciones, Lenoir reconoce, ahora sí, en sintonía con la importancia que Blumer concede al proceso de definición colectiva, que un problema social es, también, producto de una construcción. Y Lenoir coincide igualmente con Blumer en que un problema social no es únicamente resultado de un mal funcionamiento de la sociedad —expresado en términos como disfunción, patología, disidencia o desorganización—; lo que hay detrás es un "verdadero 'trabajo social' en el sentido de Durkheim, cuyas dos etapas esenciales son el reconocimiento y la legitimación del 'problema'" (Lenoir, 1993: 89-90). El reconocimiento alude al trabajo de hacer visible una situación particular y es realizado por grupos socialmente interesados en actuar sobre el mundo; la legitimación es el trabajo de promoción del problema para insertarlo en las preocupaciones sociales del momento.

Frente a las posiciones netamente objetivistas —ciertas condiciones sociales son problemas sociales en sí mismas por su carácter dañino— y a la construccionista —lo relevante no son las condiciones sociales de partida sino los procesos de definición colectiva que las convierten en problemas sociales—, la propuesta de Lenoir supone una alternativa: tanto las condiciones sociales de partida como el trabajo social de construcción de representaciones son relevantes porque sobre aquellas y sobre este se aplican transformaciones objetivas que son las que, en conjunto, explican el surgimiento de un problema como problema social. Podríamos hablar, por tanto, de dos momentos de transformación: transformaciones de ciertas condiciones sociales y transformaciones de ciertas representaciones de un objeto social. Unas y otras transformaciones son realizadas por agentes a los que es imprescindible referirse a la hora de entender los procesos de construcción del problema social en juego. Además, Lenoir precisa cuál es el doble movimiento que el sociólogo debe llevar a cabo frente a la articulación socialmente admitida de condiciones, transformaciones objetivas y agentes, con la que debe romper: por un lado, observar las diferencias entre los grupos sociales al respecto del objeto representado como problema social y, por otro, recolocar esas diferencias dentro del contexto más amplio de desarrollo del problema social en cuestión, de modo que las transformaciones objetivas que están en la base del problema puedan ser identificadas mucho más allá del estricto espacio de representación del mismo.

En el cuadro 1 aparecen representadas, de forma esquemática, las propuestas de Blumer y Lenoir a la hora de explicar qué entendemos en sociología por problema social:

CUADRO 1
**EL CONCEPTO DE PROBLEMA SOCIAL: BLUMER Y LENOIR**

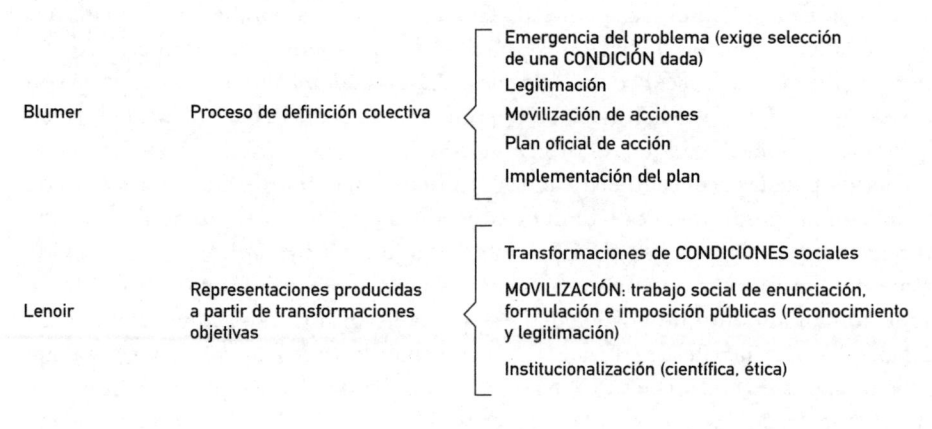

| | | |
|---|---|---|
| Blumer | Proceso de definición colectiva | Emergencia del problema (exige selección de una CONDICIÓN dada)<br>Legitimación<br>Movilización de acciones<br>Plan oficial de acción<br>Implementación del plan |
| Lenoir | Representaciones producidas a partir de transformaciones objetivas | Transformaciones de CONDICIONES sociales<br>MOVILIZACIÓN: trabajo social de enunciación, formulación e imposición públicas (reconocimiento y legitimación)<br>Institucionalización (científica, ética) |

FUENTE: ELABORACIÓN PROPIA.

De la lectura contrastada de Blumer y Lenoir proponemos algunas de las claves específicas de la sociología a la hora de analizar los problemas sociales: condiciones y transformaciones objetivas, construcciones colectivas, y representaciones y movilizaciones sociales. ¿Qué tareas se le plantean a la imaginación sociológica a partir de estas claves? De entrada, la sociología puede aportar conocimiento acerca de cada una de esas claves. No obstante, los dos planteamientos conceptuales que acabamos de examinar sobre lo sociológicamente relevante de los problemas sociales nos permiten ir más allá:

- Un estudio sociológico también puede prestar atención a qué conocimiento disponible sobre las condiciones y transformaciones objetivas está o no está siendo tenido en cuenta en el proceso de definición colectiva de un problema social concreto, y por qué sucede así; y, por supuesto, puede aportar nuevo conocimiento acerca de esas condiciones y transformaciones, ampliando con ello la base a partir de la cual puede tener lugar la representación colectiva de los distintos problemas sociales.
- Un análisis sociológico puede identificar a los agentes que, intencionadamente o no, están implicados en —o, al contrario, permanecen al margen de— el trabajo social de formulación e imposición públicas de un problema social.
- Por lo que respecta al proceso específico de definición colectiva del que venimos hablando —evocación, imposición y legitimación—, la investigación sociológica puede contribuir estudiando las formas y herramientas con las que ese proceso se lleva o se podría llevar a cabo, y entre las cuales las movilizaciones sociales constituyen un tipo.
- Otra tarea sociológica puede ser la de explicar e incluso participar en la institucionalización —política, simbólica, científica, profesional, etc.— de problemas sociales dados y de la posible atención a los mismos, tratando de aclarar cómo esa institucionalización repercute en la definición colectiva de tales problemas.

Con esto nos distanciamos de la posición de Blumer según la cual el conocimiento de las condiciones objetivas —y de sus transformaciones— que están en la base de un problema social solo es significativo si tal conocimiento llega a formar parte del proceso de definición colectiva del problema en cuestión. Consideramos que ese conocimiento —su producción y revisión continuas— es todo él significativo en potencia porque la vocación pública de la sociología (Burawoy, 2005) lo pone en circulación y lo hace susceptible de convertirse en relevante en cualquier momento si aparecen los agentes —entre los cuales debemos contar a los propios sociólogos— capaces de incorporarlo al proceso de transformación de un objeto social en problema social. Si bien la sociología por sí sola no construye problemas sociales, su análisis de las transformaciones de las condiciones sociales sí convierten al conocimiento sociológico en permanente candidato a formar parte de la formulación pública de problemas sociales. De hecho, prestar atención a las maneras en las que el conocimiento sociológico entra a formar parte de los procesos de definición colectiva de esos problemas también es un interesante objeto de atención para la propia sociología.

## PERSPECTIVAS OBJETIVISTAS: UN PROBLEMA SOCIAL EXISTE COMO CONDICIÓN OBJETIVA

En la terminología de las dos posturas fundamentales que hemos presentado hasta ahora —la de Blumer y la de Lenoir— es palpable la presencia de los enfoques objetivistas y subjetivistas —construccionistas, para unos, relativistas, para otros—, a la hora de concretar el modo en que los problemas sociales son objetos de estudio sociológico. Este debate ha sido, y hasta cierto punto aún es, consustancial al desarrollo de la atención de la sociología a los problemas sociales. Por ello, consideramos necesario dedicar, aunque sea esquemáticamente, un espacio a comentar, desde la óptica de ese dilema, algunas de las perspectivas de estudio de los problemas sociales de las que los sociólogos se han hecho mayor eco. Comenzaremos por las de corte más objetivista.

En pocas palabras, las perspectivas objetivistas defienden que existen ciertas condiciones sociales que, por unas razones o por otras, son objetivamente dañinas, indeseables, incompatibles, disfuncionales, conflictivas, inconvenientes o amenazantes para una parte de los agentes o de las acciones y órdenes sociales. En este caso, el énfasis no se pone —al menos, no siempre— en quién y cómo observa el problema social sino en este en sí como condición social objetiva. Dentro de este grupo se pueden incluir algunas de las perspectivas de estudio de los problemas sociales recogidas por Rubington y Weinberg (2011), de las que pasamos a hablar a continuación.

En el caso de la perspectiva de la patología social, el problema social surge cuando se violan expectativas morales, en el marco de una visión organicista, biologicista y fisicalista de la realidad social: lo moralmente deseable es sano y lo indeseable es enfermizo. Las patologías —o problemas— aparecen por fallos en el proceso de socialización, cuyas metas no se cuestionan porque se parte de una visión clara sobre qué es lo que conviene a un cierto orden social.

Como soluciones a estas patologías, entendidas como problemas sociales, se propusieron en su momento actuaciones como la eugenesia, la educación roussoniana o los cambios de valores, todas ellas centradas, primero, en una necesaria resocialización de los individuos enfermos y, más tarde, en la transformación de las condiciones sociales enfermas. Todo ello con el telón de fondo de la búsqueda de un equilibrio armonioso para el conjunto de la organización social. Sin embargo, estamos ante una aproximación en claro declive desde hace tiempo y que, en su día, encontró su mayor eco en trabajos centrados en la criminología y en los esfuerzos reformatorios de las personas delincuentes, en un contexto social de creciente inmigración y urbanización.

Charles Wright Mills (1943) hizo un detallado análisis de la ideología profesional de los que él llamó "patologistas sociales". Entre otras cosas, ese análisis le llevó a concluir que esta perspectiva adolecía de un bajo nivel de abstracción y de una incapacidad para considerar problemas más amplios de la estructura social, en favor de una atención fragmentada —y atravesada por una moral de clase media— a una serie de problemas prácticos, de la vida cotidiana —en especial, en las urbes—, reconocía y analizaba insuficientemente los órdenes normativos y de distribución del poder, y estaba centrada fundamentalmente en los individuos —en especial, en aquellos con problemas de ajuste, de adaptación a un medio concreto— o en ciertas situaciones aisladas consideradas problemáticas —sobre todo, a nivel comunitario—. En palabras de Mills (1943: 177), la patología social asumía implícitamente que "los seres humanos se 'ajustan' satisfactoriamente a cualquier condición social que haya existido durante largo tiempo y que cuando algún aspecto de la vida social cambia, puede conducir a un problema social". De este modo, cualquier cambio social discontinuo, que no sea evolutivo, gradual y progresivo, podría considerarse problemático. Dicho de manera concisa: para los patólogos sociales el cambio puede ser el problema. La crítica fundamental de Mills se centró en la desatención de esta perspectiva hacia las estructuras sociales, lo que, en su opinión, desembocaba en una evaluación simplista de lo que podía constituir un problema social.

No obstante, si bien se puede afirmar que la versión más fisicalista, individualista y fragmentaria de esta perspectiva ha sido prácticamente desechada, a la hora de explicar los problemas sociales aún podemos encontrar valoraciones —algunas de apoyo y otras de rechazo— que califican de patológicos —enfermizos, inmorales, o defectuosos— ciertos comportamientos y patrones socioculturales que, por ende, se prestan a ser diagnosticados e incluso tratados (Barcelos y Gubrium, 2014; Dreier, 2005; Duff, 2015; Williams y Guerra, 2011). Sin embargo, vista en conjunto, quizá, como sostiene Best (2006), la metáfora de la patología social fue y sigue siendo, sobre todo, eso, una metáfora, pero no una herramienta analítica suficientemente potente como para permanecer en la caja de herramientas de la sociología.

En general, el concepto de desviación social se acabaría imponiendo tanto al de patología social como a otra perspectiva objetivista que tuvo en su momento una amplia aceptación: el enfoque de la desorganización social. Este último propone considerar que tenemos delante un problema social cuando las reglas de juego o reglas sociales establecidas fallan y la organización social se rompe, al menos parcialmente. La falta de normas, los conflictos normativos o la ruptura de la conformidad con relación a las normas son algunos argumentos que, según esta perspectiva, explican el origen y la forma de los problemas sociales. Kubrin y Weitzer (2003: 374) hablan de desorganización social como la incapacidad de una comunidad para alcanzar los objetivos considerados comunes y poder resolver los problemas de tipo crónico. Desde esta forma de entender la teoría de la desorganización social, la pobreza, la movilidad residencial, la heterogeneidad étnica y las redes sociales débiles son fuentes potenciales de problemas sociales en tanto en cuanto disminuyen la capacidad de una comunidad para poder controlar el comportamiento de los que forman parte de la misma así como para asegurar el ajuste del sistema social.

A este respecto, los trabajos de Robert E. Park y de sus colegas de Chicago son un referente fundamental en los orígenes y primeros desarrollos de esta perspectiva. Park, Burguess y McKenzie (1967: 107) entendían la desorganización social como "el proceso por el cual la autoridad y la influencia de una cultura y de un sistema de control social anteriores son socavadas y, con el tiempo, destruidas". Desde el punto de vista de la desorganización social, lo problemático no es la persona —como, en principio, se había postulado desde la patología social— sino el grupo, la comunidad —y su estructura ecológica—, y no en sí mismos sino por las consecuencias que les han acarreado los rápidos cambios que la vida moderna —con su afán de progreso y su ruptura de las normas— ha traído consigo.

A pesar de que las ideas de esta perspectiva fueron propuestas en un momento histórico de un crecimiento urbano sin precedentes en la sociedad norteamericana, no se trata de una visión aparcada. Como han señalado, por ejemplo, Grattet (2009) o, en el contexto español, Torrente, Huesca y Bosch (2011), en los años ochenta del siglo pasado esta aproximación renació con fuerza y el uso de la misma se hizo mucho más complejo desde el punto de vista analítico. Por ejemplo, Witherspoon y Ennett (2011: 1244) han contrastado las perspectivas pluralista y de la desorganización social en su trabajo de indagación de las percepciones que adolescentes y madres rurales tienen sobre el barrio en el que viven; según la segunda de esas perspectivas, "en barrios caracterizados de 'desorganizados', los intentos de los residentes con relación a la cohesión social y a la confianza no se lograrán debido a la falta de consenso acerca de las normas y valores comunitarios". Feldmeyer (2009) se ha concentrado en el análisis de los actuales patrones de inmigración y violencia entre la población latina para tratar de aclarar cuánto hay de cierto en el estado de opinión pública norteamericana que relaciona las tendencias de inmigración al país con el aumento de la criminalidad y la violencia; para ello, enfrenta el punto de vista de las versiones tradicionales de la teoría de la desorganización —que vendrían a sugerir que la inmigración puede incrementar la violencia mediante la desestabilización de las comunidades y el sostenimiento de fuentes estructurales de violencia— con otras perspectivas que defienden, al contrario, que la inmigración puede ser un recurso para estabilizar una comunidad y reducir la violencia.

Sin embargo, dentro del grupo de perspectivas objetivistas, la que con más fuerza parece haber subsistido ha sido la de la desviación social, cuyo estudio por parte de los sociólogos se remonta a comienzos de 1950 (Lemert, 2000). En su versión más extendida, denominada normativa, esta perspectiva propone que la causa de un problema social reside en la disconformidad o en el incumplimiento de las normas, o sea, en la violación de las expectativas normativas. Contamos también con una perspectiva reactivista de la desviación, de corte más subjetivo: "La desviación [reactivista] se refiere a actos o condiciones que son evaluadas negativamente y etiquetadas como 'desviación' por una audiencia social" (Heckert y Heckert, 2002: 452). La conexión de este segundo tipo de desviación con el etiquetamiento social es evidente: "La desviación no es una cualidad del acto que la persona comete sino más bien una consecuencia de la aplicación por parte de otros de reglas y sanciones a un 'infractor'" (Becker, 1963: 8-9). Este segundo tipo preparó el terreno para el desarrollo de una versión subjetivista de la perspectiva de la desviación social.

Dentro de la perspectiva de la desviación social también se incluye, por un lado, el concepto clásico de anomia, tal y como lo revisó Merton (1938) —falta de previsibilidad, caos cultural, ocasionado por la disociación entre metas culturales y normas institucionales coordinadas por la estructura social—, con sus tipos asociados de desviación: innovación, ritualismo, retraimiento y rebelión. Por otro lado, junto a esta preocupación por las condiciones de las estructuras sociales que explican la desviación apareció un interés en torno a los procesos a través de los cuales individuos o grupos se convierten en desviados; a este último respecto, la teoría de la asociación diferencial de Sutherland (1933) fue un ejemplo pionero.

Best (2006: 539) ha explicado que la desviación, además de referirse a la violación de ciertas normas o a la resultante de una estrategia de producción de etiquetamientos sociales, también se ha utilizado para hablar de aquellos casos extremos que no siguen los patrones de comportamiento. Sin embargo, a la hora de servirse del concepto de desviación, "los sociólogos de la desviación no pueden ponerse de acuerdo en una definición de desviación, no pueden ponerse de acuerdo en torno a las bases para definir desviación […] y no pueden ponerse de acuerdo sobre lo que debería o no debería ser considerado desviado".

Esta es una de las críticas que el construccionismo hace a todas las perspectivas objetivistas: la imposibilidad de concretar de modo inequívoco y general qué condición social constituye —y cuál no— un problema social.

Ejemplos de investigaciones sociológicas que se han aproximado a problemas sociales haciendo referencia a la perspectiva de la desviación social son el trabajo de Scambler (2009) sobre los estigmas relacionados con desórdenes de salud —epilepsia y VIH— o el de Benoit *et al.* (2014) en torno al impacto desviador ejercido sobre las mujeres embarazadas que beben alcohol o consumen drogas u otras sustancias ilícitas. Recientemente se ha esgrimido que, a pesar de haberse proclamado la muerte de la desviación (Sumner, 1994), los etiquetamientos desviantes siguen siendo una de las prácticas fundamentales con las que ordenamos nuestros mundos vitales y, por ende, tiene sentido seguir hablando de una sociología de la desviación (Dellwing, Kotarba y Pino, 2014) como opción para el estudio de los problemas sociales.

La última perspectiva de corte objetivista de la que vamos a hacernos eco es la del conflicto de valores, que defiende que los problemas sociales surgen por la incompatibilidad entre los valores de un grupo y los valores de otro/otros grupos, siempre y cuando alguno de esos grupos sea capaz de formular públicamente la existencia de tales problemas y la necesidad de actuar al respecto. Desde esta perspectiva, se considera que la auténtica causa de los problemas sociales son los conflictos de valores e intereses —y no la patología, la desorganización o la desviación social—. La idea de conflicto subyacente, en esta ocasión, abre paso a plantear algo bastante inédito en las perspectivas objetivistas precedentes; en el fondo, patología, desorganización y desviación social trataban de proponer como objetiva la necesidad de mantener un cierto statu quo pero sin reconocer que esa propuesta era en sí misma una valoración.

Hablar de conflicto de valores supone cambiar el centro de interés: no es tal o cual condición objetiva la que debe tomarse como punto de partida a la hora de identificar y analizar los problemas sociales sino que el único hecho objetivo es que la existencia de un problema social denota un conflicto entre formas distintas de entender el horizonte de lo deseable; en breve, lo objetivo no es la condición de distanciamiento con respecto a un estado o norma dados sino la mera existencia de conflicto. Y, lejos de constituir un problema en sí, el conflicto se considera un instrumento de cambio social, un proceso indispensable de gestión de las diferencias de valores e intereses inevitables en todo orden social.

Richard C. Fuller y Richard R. Myers (1941a, 1941b), en el marco de la perspectiva del conflicto de valores, explicaron que todos los problemas sociales se componen de una condición objetiva y una definición subjetiva. Por lo que se refiere a la condición objetiva, esta se corresponde con una situación que puede ser verificada en cuanto a su existencia y magnitud por observadores cualificados e investigadores —se podrían incluir aquí aspectos como las tasas de natalidad, el desempleo, etc.—. La condición subjetiva se refiere a la conciencia de ciertos individuos de un grupo al respecto de que la condición objetiva puede amenazar valores preciados para la colectividad (1941b: 320) y ser percibida como contraria a un interés superior, lo que llevaría a asumir que hay que actuar sobre esa amenaza. Los problemas sociales, en su condición objetiva, no asumen un papel destacado como tales en una comunidad o grupo hasta que son definidos como amenazas para el bienestar de ese grupo (1941a: 25), es decir, hasta el momento en que van en contra o se ponen en peligro los valores de la colectividad. Para resolver estos problemas se acude al consenso o la negociación (en el mejor de los casos), o a la imposición de la solución al problema por parte de alguien con recursos suficientes para hacerla valer. Por tanto, una primera forma de conflicto a la que prestar atención en el estudio de un problema social es el conflicto de valores que siempre hay implícito y que se visualiza en dos prácticas fundamentales: o bien la gente no se pone de acuerdo acerca de que una condición dada es un problema social, o bien, si lo hace, se enfrenta en torno a lo que habría que hacer con respecto a tal problema.

Las reflexiones de Fuller y Meyers ilustran la idea de que las perspectivas objetivistas y subjetivistas fueron desarrollándose como dos hojas de una misma bisagra y no como dos aproximaciones totalmente desconectadas. La posición según la cual una condición social objetiva es la que da pie a las valoraciones subjetivas que acaban tildando a la primera de problema social encontró, poco a poco, su acomodo en el campo de la sociología y, como hemos explicado al presentar los puntos de vista de Blumer y Lenoir, ha sido uno de los hilos conductores de la discusión sociológica sobre lo que considerar un problema social.

## CONSTRUCCIONISMO SOCIAL: ES UN PROBLEMA SOCIAL AQUELLO QUE SE DEFINE COMO TAL

Esta visión está centrada no tanto en el estudio de los problemas sociales —en cuanto a la supuesta objetividad de las condiciones sociales a las que se refieren— sino en analizar quiénes hacen qué tipo de demandas/reivindicaciones, y de qué modo, para señalar el carácter problemático de una parte específica de la realidad social, es decir, presta atención al proceso de construcción de los problemas sociales. Hoy por hoy, el construccionismo social es una vía de estudio de los problemas sociales muy implantada, reconocida y, cómo no, discutida. La perspectiva construccionista hunde sus raíces en la obra de Herbert Blumer (1971) y en la teoría del etiquetado social —según la propuso Howard S. Becker—. Joel Best es uno de sus adalides más preclaros —al menos en Estados Unidos—: "Hasta que Spector y Kituse expresaron lo que una perspectiva construccionista podría significar, la sociología no comenzó a tomarse en serio el uso de problema social como un concepto teórico" (Best, 1996: 537). Esta perspectiva, de corte subjetivista, es una clara alternativa a las vías más objetivistas, centradas en describir y explicar las características de problemas sociales existentes. En la actualidad, se habla de tres versiones del construccionismo: estricto, contextual y desmentidor (Thibodeaux, 2014), si bien la segunda es la que ha sido objeto de mayor apropiación por parte de los sociólogos dedicados al estudio de los problemas sociales.

La primera, el construccionismo estricto, mantiene a ultranza el principio básico del construccionismo: resulta imposible conocer una realidad que pueda ser considerada objetiva pues todo es construcción; por tanto, el estudio de los problemas sociales debe abstenerse de realizar referencias a un supuesto mundo empírico: ¿por qué habría que molestarse en ello si esas referencias no serían sino una construcción más? Como explican Best y Loseke en su capítulo en esta misma obra, esta versión del construccionismo ha sido atacada por su manipulación ontológica (Woolgar y Pawluch, 1985) y finalmente descartada por su inviabilidad empírica.

La segunda, el construccionismo contextual, sostiene que si bien son las demandas y reivindicaciones las que cuentan a la hora de identificar la existencia de un problema social, esas demandas siempre se producen en un contexto dado, con unas condiciones dadas, a las que hay que prestar atención: "Para los investigadores de los problemas sociales, el reto es encontrar una manera de analizar y de dar cuenta de esos entornos contextuales dentro de los cuales se construyen los problemas sociales sin perder de vista la propia naturaleza construida de esos entornos" (Holstein y Gubrium, 2003: 189).

Los construccionistas contextuales expanden su análisis de los problemas sociales más allá de los procesos de definición —demanda, reclamación, visibilización y reconocimiento— de esos problemas para prestar atención a las condiciones del contexto, eso sí, unas condiciones que solo importan en virtud y a través de la manera en la cual los distintos públicos les dan sentido. El sociólogo no es sino el relator —una especie de hermeneuta privilegiado— de las interpretaciones que otros hacen, en unas circunstancias concretas, sobre dónde hay un problema social, por qué es un problema y qué hacer al respecto.

La tercera versión del construccionismo desvía su centro de atención: en lugar de concentrarse en indagar sobre la naturaleza de las demandas y reivindicaciones que hacen que un problema social sea tal, se esfuerza en analizar si el problema social en cuestión conecta con una condición social objetiva o más bien se trata de una negación, de algo que desmiente tal condición —lo que hace posible entonces que podamos hablar de construcción—. Aclaremos esto último con un ejemplo tomado de Thibodeaux (2014): si consideramos como objetivo el hecho de que existe cierta proporcionalidad entre el daño producido por un problema y la preocupación en torno a dicho daño —a mayor daño, mayor preocupación—, el problema social surgiría cuando tal relación proporcional, que tomamos como objetiva, no se siga; por tanto, el problema aparece a resultas del no cumplimiento, de la negación, de la demostración de falsedad —y, por tanto, de la reconstrucción— de una condición previa dada; se trata de un construccionismo al que se llega tras desmentir cierta condición previa, que se considera objetiva.

En las tres versiones expuestas la creencia de base, aunque con énfasis diferentes, es la misma: la existencia de un problema social depende fundamentalmente de la capacidad de alguien —individual o colectivo— para observarlo, definirlo, reconocerlo y legitimarlo como tal; por tanto, hay que prestar atención a quién observa tal tipo de problemas y cómo lo hace. Dicho de otro modo: si un problema social no se ve, es decir, no se construye como tal, no es un problema social.

En este sentido, y como señalan Della Porta y Keating (2013: 37), desde el enfoque del construccionismo no se apela a la idea de que el mundo físico "sea producto de la imaginación de los investigadores sociales, sino que son estos quienes lo ordenan", de tal forma que cuando nos acercamos al estudio de la realidad desde la investigación empírica, dicha realidad no se conoce solo a través de esa manera de obrar sino que nuestra capacidad de conocimiento se encuentra atravesada por la perspectiva teórica desde la que nos aproximamos a esa investigación.

Kratochwil (2013: 99) ha aludido a dos compromisos esenciales en la literatura construccionista que podemos aplicar al estudio de los problemas sociales desde esa óptica. El primer compromiso destaca lo importante que es el papel de los agentes de la vida social: "Los agentes no son simples procesadores de estructuras —materiales o ideales— que funcionan a sus espaldas". El segundo compromiso actúa como principio esencial del construccionismo: la aceptación de que "el mundo humano es puro artificio", que es como decir que son muy importantes "las ideas de los actores sobre sus actos". Por tanto, cuando trabajamos desde esta perspectiva no podemos obviar "las descripciones y explicaciones de los actos", como tampoco podemos asumir que dichos actos pueden ser explicados acudiendo a suposiciones, es decir, sirviéndonos meramente de lo marcado por estructuras preexistentes. Según este autor, "los datos objetivos son construcciones basadas en elecciones conceptuales" y, en tanto que elecciones, esas construcciones no vienen a decir nada en sí mismas. Desde el punto de vista del construccionismo, esto obliga a adoptar un indispensable cautela en el tratamiento de los datos pues podemos caer en el error de trabajar con ellos como si fuesen naturales (p. 101). Los trabajos que se hacen desde el construccionismo deben asumir "el papel del lenguaje, la formación de conceptos, el significado y la interpretación" como elementos siempre presentes en todo quehacer sociológico.

En consecuencia con el predominio que el construccionismo social tiene como perspectiva de análisis de los problemas sociales, las investigaciones en este terreno que se han servido de esta perspectiva abundan: McCright y Dunlap (2000) sobre el calentamiento global, Rujas (2012) en torno al fracaso escolar o Hummel y Hugentobler (2007), por un lado, y Chasteen (2001), por otro, acerca de la construcción del problema intergeneracional y de la violación como problema social, respectivamente.

## DECONSTRUCCIONISMO SOCIAL: MÁS ALLÁ DE LA OBJETIVIDAD Y LA SUBJETIVIDAD

Más que ante una perspectiva concreta, estamos ante un enfoque amplio, que supone una ontología y una epistemología de lo social totalmente diferentes. En este caso, la realidad es una ilusión óptica, un vacío, cargado además de paradojas de imposible solución; por ello, plantearse si un problema social es una condición real de partida o, más bien, una construcción que adquiere el estatus de realidad subjetiva —por contraste con otra realidad objetiva— tiene poco sentido.

Estamos en el espacio de la posmodernidad y del posestructuralismo, del rechazo a las grandes narrativas y del realce de las múltiples diferencias como lógicas explicativas del significado de lo que sucede, que no es más que un texto, uno más entre muchos otros. Los posestructuralistas, más que en la teoría, confían en su propia intuición y tratan de demostrar las paradojas y contradicciones de los proyectos estructuralistas, ponerlos en evidencia; no llegan a ninguna conclusión porque lo que quieren es huir del logocentrismo, concepto que remite directamente al pensamiento de Jacques Derrida, sin duda la figura principal de la denominada deconstrucción que, como asegura Pozuelo Yvancos (1992: 131), está indisolublemente ligada al posestructuralismo.

El término "deconstrucción" se usa para hacer referencia a un movimiento crítico. Puede decirse que la deconstrucción es, sobre todo, "una modalidad concreta de lectura de textos", una manera de releer los discursos de las ciencias humanas, de transitar posibilidades de lectura no exploradas aún (Pozuelo Yvancos, 1992). Al querer alterar todos los presupuestos básicos del pensamiento occidental, la deconstrucción da respuestas que nos sorprenden. Por ejemplo, si preguntáramos a un deconstruccionista si su método está dentro o fuera de la sociología nos diría que no está ni dentro ni fuera, y esto no supone una contradicción desde su óptica, pues lo que quiere decirnos es que la oposición dentro-fuera es una de las que rige el pensamiento occidental que la deconstrucción se propone cuestionar.

Veamos ejemplos de trabajos sociológicos que abordan el estudio de los problemas sociales con perspectiva deconstruccionista. El primer ejemplo lo encontramos en el sociólogo Stephen Pofhl (1985), quien, en un intento de despegarse de la estrategia construccionista de indagar cómo el abuso infantil ha ido tomando forma como problema a lo largo de la historia, apuesta por romper —deconstruir— la posible verdad sobre el abuso infantil y tratar de acercarse a este problema como la resultante indeterminada de la incesante repetición de prácticas sociales en colisión. Pofhl (1977) investiga la aparición del concepto de maltrato infantil en tanto que anormalidad y desviación de la conducta. Su estudio arranca en el siglo XIX, cuando los malos tratos a los niños eran usados con consenso, y hasta como prescripción, con claros objetivos pedagógicos, y estaban lejos de ser considerados una patología. Avanza hasta los años sesenta de ese mismo siglo, cuando el saber médico realiza el descubrimiento del síndrome de abuso infantil. A partir de esa época comienza a ser considerado el maltrato infantil una patología, un síndrome a ser desvelado y un delito prescrito por ley. Pofhl sostiene, como hipótesis fuerte que funda en múltiples datos, que el diagnóstico del maltrato infantil como patología obedece a múltiples razones histórico-sociales, pero él destaca y despliega una razón importante: la existencia de fuertes intereses de la corporación médica, en especial de los radiólogos pediatras en los inicios, seguidos luego de los de psiquiatras y psicólogos. En definitiva, Pofhl nos enseña que el movimiento de choque y diferenciación entre diversas prácticas es el que da lugar a la actualidad material y conceptual del abuso infantil en cada momento. Lejos de plantear una causalidad estable y objetivable, y desechando también la posibilidad de una construcción subjetiva o intersubjetiva, Pofhl se inclina por la inestabilidad del juego de diferencias como la opción más fuerte a la hora de entender la aparición —y la desaparición— del abuso infantil como problema social.

La exclusión como problema social nos sirve como segundo ejemplo de aproximación deconstruccionista. Keller (2014) plantea que la exclusión (incluidas sus causas) puede ser considerada como un fenómeno asocial del periodo de transición de la sociedad industrial a la sociedad posindustrial y propone una clasificación de los diversos tipos de exclusión según las distintas etapas por las que el fenómeno ha atravesado. En segundo lugar, analiza los aspectos metodológicos del proceso de exclusión social y su comprensión desde la perspectiva de varios tipos de construccionismo social entre los que se refiere al construccionismo posmoderno, muy en línea con la perspectiva deconstructivista: "No hay desigualdad, solo hay una diversidad infinita y una variedad inconmensurable" (Keller, 2014: 43). Esto es así hasta el punto de poder anular la existencia de un fenómeno como el de las personas sin hogar —en general, considerado como un problema social en la agenda de la exclusión— al considerar, en línea con lo que piensan algunas de esas personas, que, lejos de tener delante un grupo excluido, estamos realmente ante individuos más libres porque se han liberado de la disciplina hogareña, es decir, "personas liberadas no solo del hogar sino también de vínculos familiares y asuntos vecinales, así como de otros compromisos" (Keller, 2014: 56); con ello, la consideración del sinhogarismo como problema social se desvanece.

Otro ejemplo deconstructivista, más posestructuralista en este caso, lo tenemos en España, en los trabajos de Miguel A. V. Ferreira sobre la discapacidad. Ferreira (2008: 151-152) propone incorporar la insuficiencia como sustrato material que está detrás —y por debajo— de la manera de entender la discapacidad y que, de hecho, la conecta con diversas estructuras sociales opresoras que la delimitan: "Lo que se plantea es la deconstrucción del concepto 'discapacidad'; una deconstrucción de cuyos resultados se pueda derivar una nueva consideración del fenómeno a la luz del entramado socio-histórico-cultural que sirve de arquitectura a su definición y al establecimiento de las estructuras y dinámicas que lo configuran como una forma de opresión".

Finalizamos. Animar a los sociólogos a identificarse como sujetos activos de una manera de abordar el mundo, en vez de como técnicos carentes de valores de una supuesta ciencia es algo que ha sugerido recientemente Z. Bauman (2014). El sociólogo polaco se ha preguntado para qué sirve realmente un sociólogo, visto que hemos convertido a unos *homunculi* construidos con estadísticas en el producto principal de la práctica sociológica actual, lo que, en su opinión, incapacita a los sociólogos para entender a los humanos en su increíble y compleja integridad mental. Bauman se posiciona a favor de la singularidad y se opone a la universalidad, convencido de que el cambio es lo único que permanece y la incertidumbre, la única certeza. Bauman explica que "la sociología es una conversación con la experiencia humana" (p. 22), "es una actividad crítica, en la medida en que lleva a cabo una continua deconstrucción derridiana de la percepción de la realidad social" (p. 41). De hecho, se muestra en contra de una forma de entender la sociología que ha perdido su conexión con el espacio público, que está dentro de la torre de marfil y a la que no le importa lo relevantes que puedan ser los asuntos que investiga y la demanda social que existe con respecto a sus descubrimientos; a cambio, sostiene Bauman, de lo que sí se preocupa la sociología es de atender una carrera profesional convencional, de si se utiliza o no la metodología que nos enseñaron en la academia o la metodología de los profesores que están sentados en los comités evaluadores o de si ha sido o no leal a los departamentos universitarios. Él defiende que la praxis de la sociología, más allá de su contribución al progreso económico y a la producción de datos, encuentra su sentido en el regreso al origen de "lo humano", al hombre en la polis, sin dejar de lado el necesario cuestionamiento del mundo en que vivimos y el desarrollo de un espíritu crítico. ¿Acaso no enlaza esta postura con la legitimidad de preguntarse por la viabilidad de una sociología que, lejos de convertirse en ciencia acomodaticia, se ocupe de los problemas sociales?

## BIBLIOGRAFÍA

BARCELOS, C. A. y GUBRIUM, A. C. (2014): "Reproducing Stories: Strategic Narratives of Teen Pregnancy and Motherhood", *Social Problems*, 16(3), pp 466-481.
BAUMAN, Z. (2014): *¿Para qué sirve realmente un sociólogo?*, Barcelona, Paidós.
BECKER, H. (1963): *Outsiders*, Nueva York, The Free Press of Glencoe.
BENOIT, C.; STENGEL, C.; MARCELLUS, L.; HALLGRIMSDOTTIR, H.; ANDERSON, J.; MACKINNON, K. y CHARBONNEAU, S. (2014): "Providers' constructions of pregnant and early parenting women who use substances", *Sociology of Health & Illness*, 36(2), pp. 252-263. DOI: 10.1111/1467-9566.12106.
BEST, J. (2006): "Whatever Happened to Social Pathology? Conceptual Fashions and the Sociology of Deviance", *Sociological Spectrum: Mid-South Sociological Association*, 26(6), pp. 533-546. DOI: 10.1080/02732170600948816.
BLUMER, H. (1971): "Social Problems as Collective Behavior", *Social Problems*, 18(3), pp. 298-306.
BURAWOY, M. (2005): "2004 Presidential Address: For Public Sociology", *American Sociological Review*, 70, pp. 4-28.
CHASTEEN, A. L. (2001): "Constructing Rape: Feminism, Change, and Women's Everyday Understandings of Sexual Assault", *Sociological Spectrum*, 21(2), pp. 101-140.
DELLA PORTA, D. y KEATING. M. (2013): "¿Cuántos enfoques hay en Ciencias Sociales?", en D. Della Porta y M. Keating (eds.), *Enfoques y metodologías de las Ciencias Sociales*, Madrid, Ediciones Akal, pp. 31-51.
DELLWING, M.; KOTARBA, J. A. y PINO, N. W. (eds.) (2014): *The Death and Resurrection of Deviance: Current Ideas and Research*, Nueva York, Palgrave Macmillan.
DREIER, P. (2005): "How the Media Compound Urban Problems", *Journal of Urban Affairs*, 27(2), pp. 193-201.
DUFF, A. S. (2015): "Needing NoDI (normal democratic information)? The problem of information poverty in post-industrial society", *Information, Communication & Society*, 18(1), pp. 63-77. DOI: 10.1080/1369118X.2014.934389.
FELDMEYER, B. (2009): "Immigration and violence: The offsetting effects of immigrant concentration on Latino violence", *Social Science Research*, 38, pp. 717-731. DOI: 10.1016/j.ssresearch.2009.03.003.
FERREIRA, M. A. (2008): "Una aproximación sociológica a la discapacidad desde el modelo social: apuntes caracteriológicos", *Revista Española de Investigaciones Sociológicas*, 124, pp. 141-174.
FULLER, R. C. y MYERS, R. R. (1941a): "Some Aspects of a Theory of Social Problems", *American Sociological Review*, 6 (1), pp. 24-32.
— (1941b): "The Natural History of a Social Problem", *American Sociological Review*, 6(3), pp. 320-329.
GRATTET, R. (2009): "The Urban Ecology of Bias Crime: A Study of Disorganized and Defended Neighborhoods", *Social Problems*, 56(1), pp. 132-150. DOI: 10.1525/*SP*.2009.56.1.132.
HECKERT, A. y HECKERT, D. M. (2002): "A new typology of deviance: integrating normative and reactivist definitions of deviance", *Deviant Behavior*, 23(5), pp. 449-479. DOI: 10.1080/01639620320265319.
HOLSTEIN, J. A. y GUBRIUM, J. F. (2003): "A Constructionist Analysis for Social Problems", en J. A. Holstein y G. Miller (eds.), *Challenges & Choices. Constructionist Perspectives on Social Problems*, Nueva York, Aldine de Gruyter, pp. 187-208.
HUMMEL, C. Y HUGENTOBLER, V. (2007): "La construction sociale du 'problème' intergénérationnel", *Gérontologie et société*, 123, pp. 71-84.
KELLER, J. (2014): *Exclusion as a Social Problem and Methodological Issue*. Disponible en http://projekty.osu.cz/vedtym/dok/publikace/keller_exkluze.pdf
KRATOCHWIL, F. (2013): "Constructivismo: qué (no) es y su importancia", en D. Della Porta y M. Keating (eds.), *Enfoques y metodologías de las Ciencias Sociales*, Madrid, Ediciones Akal, pp. 93-110.
KUBRIN, C. E. y WEITZER R. (2003): "New directions in social disorganization theory", *The Journal of research in crime and delinquency*, 40(3), pp. 374-402.
LEMERT, E. M. (2000): "How We Got Where We Are: An Informal History of the Study of Deviance", en C. C. Lemert y M. F. Winter (eds.), *Crime and Deviance: Essays and Innovations of Edwin M. Lemert*, Lanham, MD, Rowman & Littlefield, pp. 66-74.

LENOIR, R. (1993): "Objeto sociológico y problema social", En P. Champagne; R. Lenoir, D. Merllié y L. Pinto, *Iniciación a la práctica sociológica*, Madrid, Siglo XXI, pp. 57-102.
MCCRIGHT, A. y DUNLAP, R. E. (2000): "Challenging Global Warming as a Social Problem: An Analysis of the Conservative Movement's Counter-Claims", *Social Problems*, 47(4), pp. 499-522.
MERTON, R. K. (1938): "Social Structure and Anomie", *American Sociological Review*, 3(5), pp. 672-682.
MILLS, C. R. (1943): "The Professional Ideology of Social Pathologists", *American Journal of Sociology*, 49(2), pp. 165-180.
PARK, R. E.; BURGUESS, E. W. y MCKENZIE, R. E. (1967): *The City*, Chicago, University of Chicago Press.
PFOHL, S. (1977): "The 'discovery' of child abuse", *Social Problems*, 24(3), pp. 310-323.
— (1985): "Toward a Sociological Deconstruction of Social Problems", *Social Problems*, 32(3), pp. 228-232.
POZUELO YVANCOS, J. M. (1992): *Teoría del lenguaje literario*, Madrid, Cátedra.
RUBINGTON, E. y WEINBERG, M. (2011): *The Study of Social Problems. Seven Perspectives*, (7ª edición), Nueva York, Oxford University Press.
RUJAS, J. (2012): *Elementos para una genealogía del "fracaso escolar" en España: notas sobre la emergencia de un problema social*. Disponible en http://goo.gl/QALFXq
SCAMBLER, G. (2009): "Health-related stigma", *Sociology of Health & Illness*, 31(3), pp. 441-455. DOI: 10.1111/j.1467-9566.2009.01161.x.
SUMNER, C. (1994): *The Sociology of Deviance: An Obituary*, Buckingham, Reino Unido, Open University Press.
SUTHERLAND, E. H. (1933): *Principles of Criminology*, Philadelphia, Lippincott.
THIBODEAUX, J. (2014): "Constructionism and their Reliance on Social Conditions in Social Problems Research", *Sociology*, 48(4), pp. 829-837. DOI: 10.1177/0038038513511560.
TORRENTE, D.; HUESCA, A. y BOSCH, J. L. C. (2011): "(Des)organización social y aceptación de la inmigración en España", *Documentación Social*, 161, pp. 87-114.
WITHERSPOON, D. y ENNETT, S. (2011): "An Examination of Social Disorganization and Pluralistic Neighborhood Theories with Rural Mothers and Their Adolescents", *Journal of Youth Adolescence*, 40, pp. 1243-1253. DOI: 10.1007/s10964-009-9499-4.
WILLIAMS, K. R. y GUERRA, N. G. (2011): "Perceptions of Collective Efficacy and Bullying Perpetration in Schools", *Social Problems*, 58(1), pp. 126-143. DOI: 10.1525/*SP*.2011.58.1.126.
WOOLGAR, S. Y PAWLUCH, D. (1985): "Ontological Gerrymandering: The Anatomy of Social Problems Explanations", *Social Problems*, 32(3), 214-227.

CAPÍTULO 2
# PASADO, PRESENTE Y POSIBLES FUTUROS DE LAS TEORÍAS CONSTRUCCIONISTAS DE LOS PROBLEMAS SOCIALES

JOEL BEST Y DONILEEN R. LOSEKE

¿Qué *es* un "problema social"? ¿Cómo deberían conceptualizarse teóricamente y examinarse empíricamente los problemas sociales? Los construccionistas ven los problemas sociales como evaluaciones subjetivas de la intolerabilidad moral; sus investigaciones examinan los procesos sociales que producen esas evaluaciones (en adelante, nos referiremos a estos procesos como los procesos o los procesamientos de los problemas sociales). Comenzaremos describiendo los orígenes y la evolución teórica de este enfoque para después considerar qué clase de cuestiones plantea y qué tipos de conocimiento genera. Concluiremos explorando el futuro de su desarrollo teórico y empírico.

## LA CONCEPTUALIZACIÓN DE LOS PROBLEMAS SOCIALES

Aunque hallamos enfoques de construccionismo social en muchas disciplinas de investigación, los problemas sociales suelen estudiarlos los sociólogos. Asimismo, aunque el construccionismo como perspectiva teórica y orientación metodológica se remonta a Descartes (Moses y Knutson, 2012; Weinberg, 2014), muchos sociólogos consideran que este enfoque nació con *The Social Construction of Reality* de Berger y Luckmann (1966) y que los estudios construccionistas de los problemas sociales comenzaron con el libro *Constructing Social Problems*, de Spector y Kitsuse (1977). Dado que los principales argumentos de ese libro continúan definiendo los fundamentos generales de los enfoques construccionistas de los problemas sociales, merece la pena resumir tales argumentos centrales[1].

*Constructing Social Problems* comienza con un rechazo directo a los enfoques que definen los problemas sociales como condiciones objetivas de la sociedad: "Dentro de la sociología, no existe una definición adecuada de los problemas sociales, y no existe ni ha existido nunca una sociología de los problemas sociales" (1977: 1)[2]. La obra adelantó la necesidad de una nueva conceptualización y un nuevo plan de investigación, y formuló numerosas críticas a los enfoques objetivistas. Por ejemplo, Spector y Kitsuse observaron que mientras que los estudios científicos de la vida social deben usar un lenguaje preciso, no existía unanimidad sobre la definición de "problema social". En un caso típico, los analistas denominaban "problema social" a ciertas condiciones (pobreza, delincuencia, etc.), lo que no aportaba información útil al respecto. Asimismo, ofrecían numerosos ejemplos de cómo, aunque los actores sociales solían usar "problema social" para designar una condición considerada perjudicial, no existía una relación necesaria entre lo que las personas consideraban condiciones perjudiciales y las medidas objetivas del perjuicio. Además, señalaron que "perjudicial" es una evaluación moral, que no científica. También llamaron la atención a los sociólogos al cuestionar su capacidad para especializarse en las múltiples, diversas y cambiantes condiciones identificadas como problemas sociales. Argumentaron que aunque los sociólogos tienen derecho a aportar su visión personal sobre los problemas sociales, como profesionales no tienen la obligación teórica de realizar dichas evaluaciones morales.

En resumen, al identificar varios problemas teóricos y empíricos relacionados con la conceptualización de los problemas sociales como condiciones objetivas, *Constructing Social Problems* implantó el mandato de crear un enfoque *definitorio* que ignorara las condiciones objetivas, definiera "problema social" de forma subjetiva y se centrara en explorar los procesos sociales de la creación de significado.

Sin duda, *Constructing Social Problems* es una obra maestra. Presentó con eficacia una nueva visión del planteamiento e investigación de los problemas sociales. Como el libro se centró en promover enfoques construccionistas para corregir las numerosas trabas asociadas a la conceptualización de problemas sociales como condiciones objetivas, no aportó mucho andamiaje teórico a su perspectiva.

---

1. Con la multiplicación de los enfoques construccionistas en el mundo investigador, el término de construccionismo adoptó varios significados. Por ejemplo, Hacking (1999) identifica varios tipos de construccionismo social, muchos de los cuales no reflejan el significado del término para los sociólogos. Para más descripciones de otras variedades de construccionismo, véanse Hjelm (2014) y Holstein y Gubrium (2008).
2. Spector y Kitsuse no fueron los primeros en alegar problemas teóricos respecto al modo en que los sociólogos examinan los problemas sociales. Por ejemplo, Blumer (1971: 306) había advertido: "Los sociólogos que pretenden desarrollar una teoría de los problemas sociales con la premisa de que estos se sitúan en algún tipo de estructura social objetiva tienen una visión errónea del mundo".

## EL DESARROLLO TEÓRICO DE LOS ENFOQUES CONSTRUCCIONISTAS DE LOS PROBLEMAS SOCIALES

En la práctica, los construccionistas interesados en problemas sociales han estado —y están— de acuerdo únicamente en que examinar los problemas sociales como condiciones objetivas es problemático teóricamente. Más allá de tal acuerdo, han existido —y existen— grandes diferencias en la comprensión teórica y en las formas de investigación derivadas de dichos marcos teóricos.

La aparición de los enfoques construccionistas de los problemas sociales en Estados Unidos en los años setenta atrajo a dos tipos de sociólogos. En primer lugar, estaban los que se consideraban a sí mismos como fenomenólogos o etnometodólogos (descendientes intelectuales de Alfred Schutz, Harold Garfinkel y Melvin Pollner). A estos sociólogos no les interesaban unos contextos concretos sino más bien examinar el razonamiento subyacente de los actores sociales. En segundo lugar, el construccionismo atrajo a etnógrafos, interaccionistas simbólicos e investigadores cualitativos (reflejo de las ideas de George Herbert Mead, Herbert Blumer, Erving Goffman y Howard S. Becker), más interesados en comprender los procesos sociales de contextos concretos —los capítulos de Holstein y Miller (1993) contienen ejemplos de estos conflictos de intereses y de sus numerosas consecuencias teóricas—.

Que un enfoque teórico atraiga por varios motivos a personas que usarán dicho enfoque para lograr distintos objetivos no tiene por qué ser un problema ni algo destacable. Sin embargo, en el caso de los enfoques construccionistas sobre los problemas sociales, dichas diferencias sí importaron porque guiaron las respuestas al argumento de Woolgar y Pawluch (1985) de que los análisis construccionistas existentes implicaban una *manipulación ontológica* porque los analistas realizaban suposiciones sobre realidades objetivas. Según Woolgar y Pawluch, el trabajo empírico no logró poner en práctica el principal mandato construccionista de centrarse en actividades creadoras de significado e ignorar las condiciones objetivas. Dado que Woolgar y Pawluch citaron ejemplos de cómo el trabajo empírico, incluso el de los construccionistas más respetados, se basaba en referencias a las condiciones objetivas subyacentes a los procesos subjetivos de creación de significado, alegaron que no era posible ofrecer argumentos construccionistas convincentes sin hacer referencia a realidades objetivas.

Esta crítica, surgida de defensores de los enfoques construccionistas sobre los problemas sociales, dio lugar a muchas acaloradas sesiones en encuentros profesionales y a un considerable número de publicaciones. Al final, los construccionistas se dividieron en dos grupos. El primero, denominado "construccionismo estricto", lo promovieron aquellos con intereses fenomenológicos y prohibió toda referencia —implícita o explícita— a la realidad objetiva (Ibarra y Kitsuse fundamentaron el construccionismo estricto en 1993). En contraste, la variante construccionista más popular se denominó "construccionismo contextual", término que permanece fuertemente centrado en los procesos de creación de significado pero que permite integrar en el análisis escogidas referencias a la realidad objetiva (la declaración fundacional de esta perspectiva está en Best, 1993).

Aunque el debate entre construccionismo estricto y contextual fue encendido, acabó pasando a un segundo plano cuando se hizo evidente que Woolgar y Pawluch estaban en lo cierto —en realidad, no era posible realizar investigaciones sociológicas empíricas ateniéndose a las limitaciones del construccionismo estricto (Holstein y Gubrium, 2008; Thibodeaux, 2014). Sencillamente, no era posible realizar un trabajo empírico siguiendo los principios del construccionismo estricto. Además, el construccionismo contextual también ganó popularidad por su capacidad para plantear cuestiones de evidente relevancia práctica. Dentro del construccionismo estricto, por ejemplo, no se puede dudar de la validez de una afirmación como "cada año desaparecen dos millones de niños", y solo un construccionista contextual podría preguntar cómo es posible que, a pesar de contar con innumerables evidencias de tal hecho, aún haya personas que crean que "el Holocausto no sucedió".

Pero el construccionismo contextual provoca confusiones teóricas. En concreto, si alegamos que es aceptable que los analistas hagan afirmaciones sobre la "realidad", ¿dónde trazamos la línea de cuántas afirmaciones y de qué tipo se permitirán? Si dejamos que los analistas comparen alegaciones y evalúen el valor de verdad de las mismas, ¿qué directrices determinarán la "verdad"? De ahí, las preguntas eternas: ¿hasta qué punto importa si el construccionismo práctico no cumple las normas necesarias para ser teóricamente puro? ¿Pueden conseguirse simultáneamente la claridad teórica (propia del construccionismo estricto) y las posibilidades analíticas y el valor práctico (como aparecen en el construccionismo contextual)?

Los observadores continúan explorando estas cuestiones. Por ejemplo, Harris (2010) plantea una dimensión que abarca dos tipos ideales: el *construccionismo social interpretativo* (básicamente, el construccionismo estricto) y el *construccionismo social objetivo* (básicamente, la postura contextual). No obstante, al hacer dicha distinción reconoce: "Cualquier artículo y cualquier experto mostrará casi con total seguridad tendencias objetivas e interpretativas" (Harris, 2010: 138). De forma similar, Weinberg pretende "describir y defender una vía intermedia entre la negación, por principio, que hace el construccionista [estricto] de cualquier causalidad entre las actividades de formulación de demandas y las condiciones relativas a tales actividades, y las versiones del objetivismo, moribundas teóricamente [...]" (2014: 115). Aunque, al final, adopta una postura contextual: "Debemos reconocer que, de modo provisional, los esfuerzos objetivistas para identificar los contextos socioestructurales relevantes de la teorización de los problemas sociales son indispensables en la tarea de dar sentido a tal teorización. Así, la teorización de los problemas sociales no puede entenderse como una actividad etérea y meramente simbólica, aislada de las interacciones casuales que constituyen la realidad social objetiva" (Weinberg, 2014: 128).

También ha habido esfuerzos explícitos por combinar los intereses por las realidades objetivas con los intereses por las evaluaciones subjetivas. Interesados por la ontología y la epistemología de la filosofía realista y construccionista, Lau y Morgan

(2014) exploran las posibilidades de combinar conocimientos del construccionismo, la teoría del discurso y la crítica pragmatista del realismo.

Estos trabajos recientes de teóricos sociológicos tienden a reconocer que el construccionismo contextual —vía elegida por la mayoría de investigadores— es una postura justificable teóricamente, mientras que el objetivo de los construccionistas estrictos de separar sus análisis de cualquier suposición relativa a la realidad es inalcanzable, aunque en teoría parezca una buena idea.

Hoy en día, el construccionismo social es la teoría principal sobre los problemas sociales. Por supuesto que hay muchos sociólogos que, en conjunto, adoptan un amplio abanico de perspectivas teóricas (generalmente alguna variante de la teoría crítica) al estudiar fenómenos considerados problemas sociales. Pero buena parte de sus investigaciones analizan aspectos concretos de esos fenómenos —intentan medir su alcance, ponen a prueba varias hipótesis sobre sus causas o analizan la eficacia de políticas sociales concretas. Dicha investigación no se centra en esos fenómenos *como problemas sociales*. Casi todos los analistas que intentan entender cómo y por qué surgen y evolucionan los problemas públicos adoptan una postura construccionista.

Esto provoca una aparente contradicción: muchos sociólogos especializados en la sociología de los problemas sociales se sienten cómodos con el construccionismo pero otros sociólogos demandan que la sociología de los problemas sociales vaya "más allá del construccionismo social". ¿Es esto posible? ¿Existen, de hecho, otras teorías de los problemas sociales?

Algunos sociólogos se resisten, por limitada y contradictoria, ante la redefinición construccionista de los problemas sociales como procesos sociales y no como condiciones perjudiciales. Periódicamente se ha intentado desarrollar teorías sintéticas sobre los problemas sociales que combinen el estudio de las condiciones sociales con conocimientos construccionistas sobre los procesos de producción de los problemas sociales —por ejemplo, Jamrozik y Nocella (1998) o Jones, McFalls y Gallagher (1989)—[3]. Dichos intentos no han atraído a muchos seguidores. Los construccionistas piensan que el intento de evaluar simultáneamente los problemas sociales como condiciones y como procesos es algo impracticable e innecesario. Del mismo modo, estos modelos son poco útiles para los no construccionistas porque sus investigaciones rara vez incorporan el concepto de problema social.

Thibodeaux ofrece un ejemplo reciente de un intento de integrar el construccionismo con las condiciones sociales. Argumenta que el construccionismo "carece de integridad teórica" dado que no puede "distinguir con claridad las 'formulaciones de demandas' de las 'condiciones sociales objetivas'", y concluye que las "condiciones

---

[3]. Algunos libros de texto recientes han intentado "añadir el construccionismo" a sus capítulos sobre algunas condiciones sociales. En la mayoría de los casos tratan el construccionismo con brevedad, aunque Heiner escribe desde una perspectiva que denomina "construccionismo crítico", que intenta sintetizar el construccionismo con la teoría del conflicto (2013).

sociales deben reintegrarse formalmente en el estudio de los problemas sociales" (2014: 829-30). En concreto, critica el construccionismo contextual: "Si el contexto donde reside un actor conduce al momento, a las formas o a la influencia de las actividades de formulación de demandas, dichas actividades ya no son la variable causal de la definición de los problemas sociales. La forma del entorno social o las motivaciones producidas por el contexto (es decir, las condiciones sociales) son ahora las variables causales indirectas de las definiciones de los problemas sociales" (2014: 831).

Este argumento no es ni de lejos tan devastador como parece imaginar Thibodeaux, puesto que confunde dos significados diferentes de *condiciones sociales*. Las definiciones tradicionales de los problemas sociales equipararon las condiciones sociales a condiciones perjudiciales (es decir, la pobreza es un problema social porque es perjudicial). Los construccionistas contextuales no niegan la existencia de la condición denominada pobreza, pero sí señalan que la pobreza es una construcción social, un término definido y aplicado por personas concretas en momentos concretos y de forma concreta. Además, afirmar que la pobreza es un problema social es de por sí una construcción social; la gente puede acordar una definición de pobreza pero algunos pueden argumentar que la pobreza no es un problema sino una condición inevitable, mientras que otros pueden afirmar que es un problema que debe resolverse pero tener visiones enfrentadas de lo que debe hacerse para resolver el problema. En otras palabras, los construccionistas no niegan la realidad de la condición de la pobreza, únicamente se centran en cómo la gente entiende dicha condición.

Thibodeaux confunde esta visión tradicional de los problemas sociales como condiciones con las condiciones que respaldan la formulación de demandas. Desde luego, los construccionistas contextuales persiguen explicar cómo y por qué surgen las demandas, no las dan por hecho. Al hablar de las condiciones que llevan a las demandas, Thibodeaux asume que eso se refiere al problema social como condición, de forma que la condición de pobreza es la causante de las demandas relativas a la pobreza. Pero esto ignora las preguntas que formulan los construccionistas contextuales:

- ¿Quién formula demandas? ¿Qué camino siguieron hasta convertirse en demandantes? ¿Cuáles son sus características? ¿Tienen credenciales, vivencias, experiencia o intereses particulares?
- ¿Cuál es la naturaleza de sus demandas? ¿Cómo podemos entender las influencias que los llevan a elegir una forma retórica u otra? ¿Visibilizan las demandas una ideología concreta? ¿Qué recursos culturales utilizan? ¿Han influido otras campañas de demandas a los demandantes?
- ¿Dónde formulan sus demandas? ¿Utilizan algún lugar o canales sociales concretos para avanzar sus demandas?
- ¿Cuándo formulan sus demandas? ¿Qué explica el momento concreto en que se formulan?

- ¿Cómo formulan sus demandas? ¿Qué métodos adoptan para promoverlas?
- ¿Por qué formulan sus demandas? ¿Cómo justifican los demandantes sus decisiones de formularlas?

Todas las respuestas a estas preguntas son condiciones en la segunda acepción de Thibodeaux; son "variables causales en las definiciones de problemas sociales", pero ninguna de ellas requiere examinar las "características objetivas" de la condición social de pobreza. Comprender una campaña para construir la pobreza como problema social (como la *American War on Poverty* o guerra estadounidense contra la pobreza de los años sesenta) puede hacer que un analista invoque varios de estos factores, todos y cada uno de los cuales se acercarían mucho más a una explicación construccionista que los hechos de la pobreza como condición social.

Thibodeaux tan solo representa el esfuerzo más reciente por unificar el construccionismo con otras formas de análisis sociológico para crear una teoría de los problemas sociales más general. Tales esfuerzos fracasan porque otros enfoques sociológicos no buscan entender los problemas sociales como categoría general. Dicho de forma más clara, los construccionistas *no* alegan que estudiar las condiciones sociales designadas como problemas sociales sea un error; tal estudio es un asunto adecuado e importante en el que centrar las energías de los sociólogos. Ahora bien, los construccionistas *sí* defienden que la única forma de entender lo que todos los fenómenos llamados problemas sociales tienen en común es centrarse en los procesos que definen a esos problemas como tales.

## MARCOS CONCEPTUALES, CUESTIONES EMPÍRICAS Y PRODUCCIÓN DE CONOCIMIENTO

Existen muchas variantes de las conceptualizaciones objetivistas de los problemas sociales: las teorías asociadas al funcionalismo estructural, a la desorganización social y a los conflictos de valores prevalecían en las obras de Spector y Kitsuse, mientras que hoy las variantes predominantes son las teorías del conflicto, críticas (incluidas versiones del marxismo y el feminismo), del discurso y posmodernas. Aunque muy distintas unas de otras, todas estas teorías pueden agruparse como teorías "objetivistas" porque todas se aproximan a los problemas sociales como condiciones en el entorno social, y todas contienen una visión de las condiciones preferidas moralmente así como de las moralmente intolerables. Este marco suscita preguntas empíricas con respuestas aparentemente objetivas (medibles): ¿quién o qué causa la condición problemática? ¿A quién perjudica? ¿Qué perjuicio se crea? ¿Cómo puede eliminarse esa condición y poner fin al perjuicio?

Por el contrario, los enfoques construccionistas colocan entre paréntesis las condiciones objetivas y conceptualizan la intolerabilidad moral como una evaluación subjetiva, no como característica de una condición. Este marco construccionista suscita preguntas sobre:

- *La producción de significado*, quién crea el significado y cuándo y dónde se crea: ¿dónde, cuándo y quién puede formular demandas? ¿Cuáles son las características sociales, políticas y organizativas de quienes formulan demandas sobre problemas sociales? ¿Cómo influyen estas características en la forma y contenido de sus demandas? ¿Cómo apoyan los grupos de demandantes el trabajo de otros o se oponen a él?
- *El proceso de la demanda*, los fundamentos organizativos y políticos y las actividades prácticas involucrados en la producción y difusión de demandas: ¿qué formas de apoyo organizativo o político defienden la producción y difusión de demandas? ¿De qué formas y con qué consecuencias depende dicho proceso de fuentes de poder establecidas? ¿Qué tipo de actividades en qué lugares producen demandas con probabilidades de ser consideradas creíbles e importantes?
- *La circulación de demandas*, qué demandas circulan más y por dónde lo hacen: ¿cuáles son las características de las demandas con mayor circulación? ¿Dónde circulan tipos de demandas concretos? ¿Qué relación existe entre el dónde, el cuándo y el cómo circulan las demandas y su capacidad para convencer al público de que una condición social existe, es moralmente intolerable y debe cambiarse?
- *El consumo y la evaluación de las demandas*, qué público evalúa la credibilidad e importancia de demandas concretas: ¿qué miembros sociales específicos son blanco de qué demandas concretas? ¿Cuáles son las características sociales, políticas y organizativas de la gente que consume o evalúa demandas concretas y cómo tales características influyen sobre su evaluación de la credibilidad e importancia de esas demandas? ¿De qué formas y con qué consecuencias influye la tecnología de la información en el consumo y la evaluación de demandas?
- *Los contenidos de las demandas*: ¿qué conocimientos sociales o políticos reflejan, perpetúan o desafían las demandas? ¿Qué formas retóricas se usan en qué ámbitos, para qué público y con qué consecuencias? ¿En qué formas y con qué consecuencias visibilizan las demandas una ideología particular? ¿Qué recursos culturales utilizan? ¿De qué forma y con qué consecuencias muestra el contenido de las demandas las influencias de otras campañas de formulación de demandas?

Mientras que combinar dichas preguntas podría guiar estudios empíricos, el interés teórico por los procesos sociales que rodean a la producción de significado puede llevar a un conocimiento más general sobre la vida social. Los estudios influenciados por el construccionismo contextual ofrecen conocimientos sobre cuestiones más abstractas y complicadas de la vida social, tales como: ¿por qué se preocupa el público a veces solo por ciertas condiciones y solo las que crean un perjuicio objetivo? ¿Y por qué el público se preocupa a veces por condiciones que no crean un perjuicio objetivo? ¿Por qué, a menudo, la política social no logra eliminar los problemas sociales? ¿Cómo reflejan y perpetúan la desigualdad los problemas sociales? ¿Qué condiciones se asocian a la preocupación pública y cuáles se asocian a la apatía del público? En otras palabras, estudiar los procesos de los problemas sociales nos abre ventanas a cuestiones más amplias sobre la estructura y la cultura social.

En resumen, los enfoques objetivista y construccionista de los problemas sociales suscitan distintas preguntas y estas, a su vez, conducen a distintos tipos de conocimientos sobre el mundo social. Nuestra argumentación principal es que, aunque la perspectiva del construccionismo sobre las actividades de producción de significado pueda parecer esotérica, estos enfoques pueden dar lugar a conocimientos importantes sobre cómo se crea el significado y lo que supone para la vida social.

## AVANZANDO: VÍAS PARA DESARROLLAR LA TEORÍA CONSTRUCCIONISTA DE LOS PROBLEMAS SOCIALES

En 2013, las sesiones patrocinadas por la división de teoría durante el encuentro de la Sociedad para el Estudio de los Problemas Sociales en Nueva York se centraron en explorar la situación actual de la teoría construccionista. Varios comités de expertos norteamericanos, europeos y asiáticos repasaron cuestiones muy prácticas acerca de los enfoques construccionistas sobre los problemas sociales: ¿en qué grado debe y puede *Constructing Social Problems*, publicado en 1977, seguir siendo el fundamento teórico de los análisis construccionistas de los problemas sociales?[4]. ¿De qué formas nuestro mundo, globalizado y dominado por los medios de comunicación de masas, ha cambiado los procesos y tareas de producción de significado? ¿Qué tipos de suposiciones asociadas a los entornos sociales y democráticos estadounidenses están soterradas en la teoría construccionista?

Quedó claro que a los participantes que usan el construccionismo para estudiar los problemas sociales *no* les interesaba ampliar sus estudios para incluir la exploración de las "realidades" asociadas a las condiciones de esos problemas. Los participantes no creían, por ejemplo, que los construccionistas interesados en el problema social de la pobreza debían analizar en qué consistía "realmente" la condición de pobreza. La mayor parte del debate se centró en otro factor de objetividad: la importancia de pensar e investigar más en profundidad los *contextos* culturales, sociales y

---

[4]. Una consecuencia de estos debates fue la preparación de un número especial de *Qualitative Sociology Review* (publicado por Loseke y Best en 2015), titulado "Constructionist Futures: New Directions in Social Problems Theory". En el presente capítulo, hacemos referencia a varios artículos escritos especialmente para dicho número.

políticos de la formulación de demandas. Aunque el foco analítico sigue centrado de lleno en entender los procesos definitorios que rodean la construcción de la concienciación pública sobre los problemas sociales, el futuro del construccionismo radica en localizar las actividades de formulación de demandas dentro de sus diversos contextos sociales y políticos.

Comenzamos afirmando que el enfoque construccionista sobre los problemas sociales es limitado debido a sus contextos de orígenes y desarrollo en términos de lugar (Estados Unidos), momento (los años setenta), disciplina académica (sociología) y metodología (estudios de casos cualitativos). Comentaremos estos puntos así como la idea de que el construccionismo se beneficiaría si prestara más atención a los cambios tecnológicos y aumentara la relevancia práctica de los enfoques construccionistas. Las teorías construccionistas de los problemas sociales pueden enriquecerse si pensamos cómo superar estas limitaciones.

## LA EXPANSIÓN DE LOS CONTEXTOS ESPACIALES

Es evidente que nuestro mundo de hoy es cada vez más global y que las imágenes de problemas sociales se extienden de un país a otro —véanse, por ejemplo, los artículos en Best (2001) y la discusión de varias teorías de difusión global en Dobbin, Simmons y Garrett (2007)—. Huelga decir que los procesos que rodean la construcción de imágenes de problemas sociales se contextualizan en entornos sociales y políticos concretos. Por ejemplo, existen análisis sobre cómo la construcción del aborto difiere entre Estados Unidos y Suecia (Linders, 1998) y comparaciones entre las políticas de violencia doméstica y familiar estadounidense y australiana (Murray y Powell, 2009). Se necesitan más trabajos marcadamente comparativos y es especialmente importante examinar cómo las teorías construccionistas sociales desarrolladas en Estados Unidos reflejan sesgos occidentales y democráticos, así como las consecuencias teóricas de los mismos.

Por ejemplo, los modelos de historia natural preferidos por los construccionistas estadounidenses (Best, 2013; Blumer, 1971; Spector y Kitsuse, 1977) suelen percibir que los problemas sociales comienzan con campañas de movimientos sociales para influir a los responsables políticos, a menudo logrando antes la atención de los medios de comunicación. Estos modelos describen este proceso como una competición entre formuladores de demandas para captar la limitada atención del público, y a veces hablan del *mercado de los problemas sociales* (Best, 2013; Hilgartner y Bosk, 1988).

Estas suposiciones sobre los procesos de los problemas sociales encajan en el contexto político y mediático de países democráticos occidentales pero son menos aplicables en otros países donde el Estado es más fuerte, los medios de comunicación son menos independientes o el sector de los movimientos sociales es más débil. Por ejemplo, en Japón, las agencias estatales responden menos a los movimientos sociales que a las presiones legales. Los ciudadanos japoneses buscan cambios internos por medio de litigios y el gobierno también responde a las obligaciones de los tratados internacionales (Ayukawa, 2001, 2015). Como consecuencia, los análisis construccionistas japoneses se suelen centrar en la secuencia de nuevas definiciones oficiales sobre problemas y políticas (Akagawa, 2015). Por esto, aunque Japón es una democracia establecida, sus procesos en torno a los problemas sociales son muy distintos a los del modelo favorecido por los construccionistas estadounidenses.

Como Estado autoritario que intenta minimizar la protesta social, China nos ofrece un segundo ejemplo que pone en duda las suposiciones etnocentristas de los teóricos estadounidenses. Lejos de contar con un mercado dinámico de problemas sociales con demandas que compiten entre sí, el Estado chino ejerce prácticamente un monopolio sobre el poder de formular demandas y la cobertura de los medios de comunicación chinos está muy controlada. Por tanto, en gran medida, en China los análisis de la construcción de problemas sociales deben intentar entender cómo funciona la formulación de demandas a pesar de las prohibiciones estatales (Adorjan y Yau, 2015; Xu, 2015).

Sin duda, existen otras muchas diferencias sutiles —y no tan sutiles— entre países, que influyen en los procesos asociados a los problemas sociales. Las diferentes estructuras burocráticas nacionales así como las culturas de los responsables políticos y de quienes trabajan en los problemas sociales dan forma a la formulación de demandas (Nissen, 2015). Por ejemplo, los demandantes franceses suelen contrastar sus concepciones sobre los problemas sociales con el discurso estadounidense (Saguy, 2003, 2013), pero el concepto estadounidense de "crisis" ha migrado de Estados Unidos a Suecia, donde está influyendo en el pensamiento de quienes trabajan en servicios sociales (Jacobsson y Åkerström, 2015). Según los análisis, las similitudes del lenguaje, la cultura y la estructura social fomentan la difusión de problemas sociales, y la hacen más difícil cuanto mayores son las diferencias entre países (Best, 2001).

En resumen, las diferencias de cultura y estructura social de los distintos países inevitablemente conforman la manera en que se construyen los problemas sociales. Dado que la teoría de los problemas sociales se desarrolló en Estados Unidos, suposiciones etnocentristas como la importancia de los movimientos sociales de cara a iniciar el proceso de producción de los problemas sociales y como la competencia entre demandas en el ámbito público se han filtrado en la teoría. Abrir la investigación construccionista a un abanico mayor de sociedades enriquece la teoría al hacer visible la importancia de las influencias estructurales y culturales en el procesamiento de los problemas sociales. Asimismo, dicha investigación abrirá puertas interdisciplinares a los construccionistas para colaborar con especialistas en geografía, en estudios de área (estudios asiáticos, estudios europeos, etc.) y demás.

LA EXPANSIÓN DE LOS CONTEXTOS TEMPORALES

La importancia de la estructura y de la cultura en el procesamiento de los problemas sociales también puede examinarse explorando la importancia del tiempo en dicho proceso. Así, por ejemplo, la teoría construccionista de los problemas sociales no solo surgió en Estados Unidos (un lugar concreto) sino también en un momento concreto (los años setenta). Sucedió inmediatamente después de los movimientos pro derechos civiles y antibelicistas y cuando estaban ganando fuerza los movimientos por los derechos de los homosexuales y las mujeres. En este periodo, la formulación de demandas por parte de los activistas sociales era especialmente visible. En un momento en que los activistas captaron la atención pública sobre temas olvidados durante mucho tiempo, fue fácil argumentar que los problemas sociales se construían socialmente. Por ejemplo, algunos de los primeros estudios de caso sobre la construcción de problemas sociales se centraron en las campañas contra el alcohol al volante (objetivo de la muy difundida campaña de *Madres contra el alcohol al volante*), las violaciones y la violencia doméstica (Gusfield, 1981; Loseke y Cahill, 1984; Rose, 1977).

Explorar la importancia de los contextos históricos permite a los analistas investigar cómo las diferencias estructurales y culturales conforman los procesos asociados a los problemas sociales. No obstante, el valor de la investigación histórica queda a menudo en la sombra porque los analistas prefieren centrarse en problemas actuales. Puede suceder que construcciones anteriores de los problemas puedan considerarse irrelevantes porque, a veces, el pasado deja de estar en la memoria colectiva. Sin embargo, el pasado ofrece información crucial sobre el procesamiento de los problemas sociales. Por ejemplo, Furedi (2015) presenta un análisis de la construcción del concepto de *autoridad* desde la civilización griega hasta hoy. Este análisis nos ayuda a comprender la prevalencia e importancia de las referencias a la *ciencia* por parte de quienes formulan demandas como base de las mismas.

Una vez reconocida la importancia de los estudios del pasado sale a la luz otra posibilidad: examinar demandas sobre el futuro. Volverse menos etnocentrista requiere examinar los procesos de producción de los problemas sociales tanto en el espacio como en el tiempo. Esto nos ofrece oportunidades para la colaboración interdisciplinar con historiadores y futurólogos.

## LA EXPANSIÓN DE LOS CONTEXTOS DEL CAMBIO SOCIAL

Aunque los expertos en construccionismo social siguen citando el libro de 1977 de Spector y Kitsuse como principal fundamento teórico de sus análisis, el mundo de 1977 no es el de 2016. Del sinnúmero de cambios sociales de las últimas décadas, los cambios en la tecnología de la información son, sin duda, los que más afectan al procesamiento de los problemas sociales. La teoría originaria del construccionismo social y las primeras obras empíricas al respecto datan de finales de los años setenta y principios de los ochenta, una época en la que la prensa escrita y las revistas de información general eran las principales fuentes de noticias, la televisión satélite y por cable estaban en sus comienzos, los ordenadores personales eran una novedad e internet y los teléfonos inteligentes no existían. Los canales de comunicación de los que dependían quienes formulaban una demanda eran muy distintos de los que operan en el mundo de hoy, con sus teléfonos inteligentes, redes sociales, tabletas y televisores con cientos de canales. Hoy en día existen muchos más ámbitos (Hilgartner y Bosk, 1988) donde formular demandas sobre problemas sociales. Por esto, las suposiciones que han guiado el pensamiento construccionista sobre cómo se diseminan las demandas están cada vez más anticuadas.

Los construccionistas no se han mantenido ajenos a estos cambios. Con frecuencia, los estudios de caso derivan sus datos de nuevos medios de comunicación tales como los discursos en línea (Adjoran y Yau, 2015; Best y Bogle, 2014). Maratea (2014, 2015) ha solicitado la realización de intentos más sistemáticos de evaluar los efectos de internet sobre la formulación de demandas. Pero está claro que queda mucho más por hacer. Por ejemplo:

- A pesar de la existencia de muchos más medios, los medios de comunicación tradicionales —en especial, la prensa escrita— han disminuido, hay menos periodistas profesionales siguiendo los acontecimientos y creando noticias. Al mismo tiempo, aumenta el número de medios dedicados a entretener y editorializar (Letukas, 2014). ¿Cómo afectará esto a la capacidad del público y de los responsables políticos para evaluar las demandas sobre problemas sociales?
- A medida que crece el número de medios de comunicación, es probable que el público que se siente atraído hacia un medio concreto disminuya y se vuelva más homogéneo. La segmentación de la audiencia hace que los productos se destinen a públicos concretos, definidos por edad, sexo, etnia, religión, orientación política, etc. Así, prolifera la opinión de que las demandas se formulan más a medida de tipos específicos de personas de quienes se piensa que es probable que compartan alguna preocupación. ¿Cómo cambiará la formulación de demandas en este nuevo entorno mediático?
- En años recientes, ha habido movimientos juveniles que usan redes sociales, tales como Facebook o Twitter, para organizarse, incluso en países donde las autoridades intentan limitar las discrepancias (Adorjan y Yau, 2015). Con el crecimiento del poder informático de los teléfonos inteligentes, será posible obtener información inmediata sobre casi cualquier tema en cualquier parte y en cualquier momento. ¿Cómo afectarán las sociedades más interconectadas la formulación de demandas sociales?

Estos son solo ejemplos. Puesto que diseminar información se ha vuelto cada vez más fácil y rápido, el procesamiento de los problemas sociales no puede hacer sino cambiar. Estos cambios exigirán la atención de los analistas y harán que los construccionistas tengan muchas oportunidades de colaborar con investigadores de la comunicación.

Explorar las consecuencias del cambio social también sirve para aprovechar los avances dentro de la sociología. Una de las formas en las que evoluciona la sociología es centrándose estrechamente en temas antes olvidados. Ejemplos recientes incluyen el aumento de especialidades de investigación en sociología de las emociones y en animales y sociedad. Con la aparición de estas nuevas áreas de investigación, los analistas de problemas sociales han hallado formas de combinar estudios sobre la construcción de emociones problemáticas (por ejemplo, Berns, 2011) con otros sobre animales (por ejemplo, Jerolmack, 2008). Estar al día de dichas evoluciones dentro de la sociología nos permite ampliar el trabajo sobre los problemas sociales.

LA EXPANSIÓN DE LOS CONTEXTOS DISCIPLINARES

Las disciplinas académicas tienden al aislamiento, algo sin duda cierto en el caso de los sociólogos investigadores en problemas sociales, que citan constantemente la publicación de Spector y Kitsuse de 1977, *Constructing Social Problems*, como el origen de su enfoque. Pero ese mismo año, el politólogo Murray Edelman publicó una visión claramente construccionista de la política titulada *Political Language: Words that Succeed and Policies that Fail* (Edelman, 1977), seguida una década después por *Constructing the Political Spectacle* (Edelman, 1988). Estos libros son textos fundamentales para los politólogos que, aunque rara vez usan el término "problemas sociales", se dedican en gran medida a examinar condiciones consideradas problemáticas que necesitan ser arregladas. El aislamiento de las disciplinas académicas produce una consecuencia desafortunada: los sociólogos rara vez aprovechan el conocimiento de Edelman (u otros politólogos) y los politólogos rara vez aprovechan el trabajo de Spector y Kitsuse (o de otros sociólogos).

Del mismo modo, a veces los análisis construccionistas de los problemas sociales consideran que el proceso de formulación de demandas deriva en políticas públicas. Aun así, existe una animada comunidad de expertos en departamentos académicos de ciencia política y de política social que han articulado enfoques construccionistas aplicados al desarrollo de políticas. Investigadores como Deborah Stone (1997), Frank Fischer (2003) y David Rochefort y Roger Cobb (1994) han escrito obras fundamentales dirigidas a investigadores que se identifican como politólogos o analistas políticos. Aunque, de nuevo, el aislamiento es mutuo: los construccionistas sociológicos no suelen inspirarse en estos trabajos, y estos trabajos rara vez incorporan a Spector y Kitsuse o los estudios empíricos derivados de su teoría.

Podemos encontrar enfoques sobre la construcción social en numerosas disciplinas de investigación. Es evidente que es posible profundizar en esta perspectiva saliéndonos de los límites del conocimiento disciplinar sociológico.

LA EXPANSIÓN DE LOS CONTEXTOS METODOLÓGICOS

Aunque la lógica de la investigación sociológica inductiva y cualitativa defiende que los analistas pueden hacer teoría fundamentada comparando numerosos estudios (Charmaz, 2013; Glaser y Strauss, 1967), se han hecho relativamente pocos esfuerzos por relacionar entre sí los hallazgos de innumerables estudios sobre problemas sociales con el fin de crear más conocimientos teóricos generales (Best, 2015). La literatura sobre la construcción social de los problemas sociales contiene, por un lado, algunos manuales que ofrecen una visión de conjunto general y sintética del enfoque (Best, 2013; Loseke, 2003) y, por otro, cientos de estudios de caso, pero cuenta con muy pocos trabajos destinados a relacionar ambos lados. Como consecuencia, los estudios de caso no suelen hacer más que demostrar lo que ya es sabido sobre el procesamiento de los problemas sociales. Es hora de extender el enfoque construccionista a partir del acervo de estudios de caso existente.

Asimismo, en el encuentro de 2013 hablamos de cómo los cambios en la tecnología de la comunicación han modificado el proceso de producción de los problemas sociales. Estos nuevos datos también deberían aprovecharse para comprender ese procesamiento, ya que también suscitan nuevas preguntas. Por ejemplo, los datos masivos o *big data* son usados como datos pero también pueden ser analizados como tema: Sanders, Christensen, y Weston (2015) analizan cómo las organizaciones dedicadas a la justicia penal usan datos masivos para construir el problema de la delincuencia.

## LA EXPANSIÓN DE LOS CONTEXTOS RELEVANTES

Con la entrada del nuevo siglo, el presidente de la American Sociological Association (Asociación Estadounidense de Sociología), Michael Burawoy (2005), demandó una *sociología pública*, una sociología más diligente en su relevancia con los públicos y con la política; esta demanda suscitó animados debates (Christensen, 2013). No obstante, Adjoran (2013: 2) lamenta que "el construccionismo social ha permanecido ausente de los debates sobre sociología pública". También postula varias razones por las que los construccionistas son reticentes a entrar en los debates públicos: "Es costumbre que los sociólogos subestimen la capacidad del público para apreciar las a menudo complejas formas de conocimiento resultantes de los enfoques interpretativos de la sociología [...] [los construccionistas] no deberían sorprenderse ante la usurpación de sus conocimientos por parte de liberales o conservadores [...] los sociólogos [podrían] convertirse en activistas más explícitos y manchar sus credenciales profesionales" (2013: 18).

Sin duda, muchas aportaciones a la teoría de los problemas sociales están dirigidas a profesionales académicos, el lenguaje denso y muy abstracto que caracteriza la literatura construccionista la hace apta solo para los ya iniciados. Sin embargo, esto no significa que los no sociólogos no puedan comprender y beneficiarse de los análisis construccionistas. Al contrario, el público nunca ha sido más consciente ni ha estado más interesado en la naturaleza de la formulación de demandas. Poco después del fin de la Segunda Guerra Mundial, los críticos comenzaron a ofrecer análisis de la organización de las campañas políticas y los movimientos sociales, que mostraban el modo en que los asuntos públicos se construían. La fascinación en torno a los esfuerzos para dar forma a las demandas —labor de encuestadores, consultores políticos y demás— continúa creciendo. Hoy tenemos más acceso que nunca a información detallada acerca de cómo dichos asuntos son promovidos.

Es evidente que la mayoría de las personas ajenas al estrecho círculo de los expertos en construccionismo social desconocen todos estos debates. Por ello, los sociólogos deben desarrollar formas de comunicación accesibles a los ciudadanos de a pie.

## LA NECESIDAD DE AMPLIAR LA TEORÍA CONSTRUCCIONISTA DE LOS PROBLEMAS SOCIALES

La actividad investigadora depende del impulso. Igual que algunos peces deben seguir nadando para sobrevivir, las teorías deben mantenerse en movimiento, evolucionar para atraer adeptos e inspirar más estudios. Cuando los investigadores parecen haberse topado con un callejón sin salida y dejan de hacerse nuevas preguntas se vuelve difícil realizar aportaciones de investigación a una especialidad, y los analistas dirigen su atención hacia temas más prometedores. La historia de todas las disciplinas investigadoras nos muestra temas que fueron prominentes en su día pero que después quedaron fuera de la moda intelectual.

No basta con que el enfoque construccionista ofrezca la única teoría sociológica coherente sobre los problemas sociales, ni con que haya inspirado cientos de estudios de caso sobre los procesos de producción de los problemas sociales. Para seguir prosperando, este enfoque debe seguir desarrollándose. En este capítulo hemos intentado esbozar algunas vías para lograr dicho propósito. En realidad, no existe razón para que el enfoque construccionista deje de desarrollarse. El construccionismo ofrece una cobertura relativamente amplia, lo suficiente como para abarcar a quienes siguen comprometidos con los principios fenomenológicos y la microsociología y también a aquellos que adoptan variantes del interaccionismo simbólico para estudiar procesos sociales más extensos. El construccionismo social ofrece oportunidades a los analistas para desarrollar tanto valoraciones afines como críticas a las campañas de formulación de demandas. Puede —aunque no es necesario— dirigirse a públicos ajenos a la sociología. En resumen, existen innumerables vías para ampliar el enfoque. El construccionismo ha demostrado que hay buenos motivos para tomarse en serio el concepto de problemas sociales y que los problemas sociales son un tema fructífero para la investigación sociológica pero que no debemos temer expandir nuestros límites teóricos y metodológicos.

Los construccionistas deberían agradecer la aparición de teorías rivales sobre los problemas sociales. A menudo, los paradigmas teóricos alternativos inspiran progresos. Por ejemplo, la sociología de los movimientos sociales se ha beneficiado de las interacciones entre los partidarios de las teorías de la movilización de recursos, del encuadre y de la identidad política. Por desgracia, en la práctica, los construccionistas siguen siendo los únicos sociólogos que intentan desarrollar y aplicar una teoría de los problemas sociales, por lo que el intercambio de ideas escasea. Aunque es probable que el construccionismo siga siendo la teoría principal en torno a los problemas sociales, ello no debería justificar complacencia alguna. El construccionismo debe seguir desarrollándose porque, sin retos y nuevas ideas, la investigación —de todo tipo— podría quedar anquilosada.

## BIBLIOGRAFÍA

ADORJAN, M. (2013): "Igniting constructionist imaginations: Social constructionism's absence and potential contribution to public sociology", *American Sociologist*, 44(1), pp. 1-22. DOI: 10.1007/s12108-012-9172-3.

ADORJAN, M. y YAU, A. (2015): "Resinicization and citizenship in Hong Kong: Youth, cyberspace and claims-making", *Qualitative Sociology Review*, 11(2), pp. 160-178.

AKAGAWA, M. (2015): "Regulating pornocomic sale for juveniles in Japan: Cycles and path dependence of a social problem", *Qualitative Sociology Review*, 11(2), pp. 62-73.

AYUKAWA, J. (2001): "The United States and smoking problems in Japan", en J. Best (ed.), *How claims spread: Cross-national diffusion of social problems*, Hawthorne, Nueva York, Aldine de Gruyter, pp. 215-242.

— (2015): "Claims-making and human rights in domestic and international spheres", *Qualitative Sociology Review*, 11(2), pp. 110-121.

BERGER, P. L. y LUCKMANN, T. (1966): *The social construction of reality: A treatise in the sociology of knowledge*, Garden City, Nueva York, Doubleday.

BERNS, N. (2011): *Closure: The rush to end grief and what it costs us*, Philadelphia, PA, Temple University Press.

BEST, J. (1993): "But seriously folks: The limitations of the strict constructionist interpretation of social problems", en J. A. Holstein y G. Miller (eds.), *Reconsidering social constructionism: Debates in social problems theory*, Hawthorne, Nueva York, Aldine de Gruyter, pp. 129-150.

— (ed.) (2001): *How claims spread: Cross-national diffusion of social problems*, Hawthorne, Nueva York, Aldine de Gruyter.

— (2013): *Social problems*, segunda edición, Nueva York, Norton.

— (2015): "Beyond case studies: Expanding constructionist frameworks, *Qualitative Sociology Review*, 11(2), pp. 18-33.

BEST, J. y BOGLE, K. A. (2014): *Kids gone wild: From rainbow parties to sexting, understanding the hype over teen sex*, Nueva York, NY, New York University Press.

BLUMER, H. (1971): Social problems as collective behaviour, *Social Problems*, 18(3), pp. 298-306.

BURAWOY, M. (2005): "For public sociology", *American Sociological Review*, 70(1), pp. 4-28. DOI: 10.1177/000312240507000102.

CHARMAZ, K. (2013): *Constructing grounded theory*, segunda edición, Londres, Sage.

CHRISTENSEN, T. (2013): "No path to paradise: Deconstructing the promise of public sociology", *American Sociologist*, 44(1), pp. 23-41. DOI: 10.1007/s12108-012-9173-2.

DOBBIN, F.; SIMMONS, B. y GARRETT, G. (2007): "The global diffusion of public policies: Social construction, coercion, competition, or learning?", *Annual Review of Sociology*, 33, pp. 449-472. DOI: 10.1146/annurev.soc.33.090106.142507.

EDELMAN, M. (1977): *Political language: Words that succeed and policies that fail*, Nueva York, Academic Press.

— (1988): *Constructing the political spectacle*, Chicago, University of Chicago Press.

FISHER, F. (2003): *Reframing public policy: Discursive politics and deliberative practices*, Nueva York, Oxford University Press.

FUREDI, F. (2015): "Bringing historical dimensions into the study of social problems: The social construction of authority", *Qualitative Sociology Review*, 11(2), 94-108.

GLASER, B. G. y STRAUSS, A. L. (1967): *The discovery of grounded theory*, Chicago, Aldine.

GUSFIELD, J. R. (1981): *The culture of public problems: Drinking-driving and the symbolic order*, Chicago, University of Chicago Press.

HACKING, I. (1999): *The social construction of what?*, Cambridge, MA, Harvard University Press.

HARRIS, S. R. (2010): *What is constructionism? Navigating its use in sociology*, Boulder, CO, Lynne Rienner.

HEINER, R. (2013): *Social problems: An introduction to critical constructionism*, 4.ª edición, Nueva York, NY, Oxford University Press.

HILGARTNER, S. y BOSK, C. L. (1988): "The rise and fall of social problems: A public arenas model", *American Journal of Sociology*, 94(1), pp. 53-78.
HJELM, T. (2014): *Social constructionisms: Approaches to the study of the human world*, Londres, Palgrave Macmillan.
HOLSTEIN, J. A. y GUBRIUM, J .F. (eds.) (2008): *Handbook of constructionist research*, Nueva York, Guilford.
HOLSTEIN, J. A. y MILLER, G. (eds.) (1993): *Reconsidering social constructionism: Debates in social problems theory*, Hawthorne, NY, Aldine de Gruyter.
IBARRA, P. K. y KITSUSE, J. I. (1993): "Vernacular constituents of moral discourse: An interactionist proposal for the study of social problems", en Holstein, J. A. y Miller, G. (eds.), *Reconsidering social constructionism: Debates in social problems theory*, Hawthorne, NY, Aldine de Gruyter, pp. 25-58.
JACOBSSON, K. y ÅKERSTRÖM, M. (2015): "The crisis model: A socially useful psychologism", *Qualitative Sociology Review*, 11(2), pp. 232-245.
JAMROZIK, A. y NOCELLA, L. (1998): *The sociology of social problems: Theoretical perspectives and methods of intervention*, Nueva York, Cambridge University Press.
JEROLMACK, C. (2008): "How pigeons became rats: The cultural-spatial logic of problem animals", *Social Problems*, 55(1), pp. 72-94. DOI: 10.1525/*SP*.2008.55.1.72.
JONES, B. J.; MCFALLS, Jr., J. A. y GALLAHER III, B. J. (1989): "Toward a unified model for social problems theory", *Journal for the Theory of Social Behaviour*, 19(3), pp. 337-356.
LAU, R W. y MORGAN, J. (2014): "Integrating discourse, construction and objectivity: A contemporary realist approach", *Sociology*, 48(3), pp. 573-589. DOI: 10.1177/0038038513491466.
LETUKAS, L. (2014): *Primetime pundits: How cable news covers social issues*, Lanham, NJ, Lexington.
LINDERS, A. (1998): "Abortion as a social problem: The construction of 'opposite' solutions in Sweden and the United States", *Social Problems*, 45(4), pp. 488-509.
LOSEKE, D. R. (2003): *Thinking about social problems*, 2ª edición, Hawthorne, NY, Aldine de Gruyter.
LOSEKE, D. R. y BEST, J. (eds.) (2015): "Constructionist futures: New directions in social problems theory", *Qualitative Sociology Review*, 11(2), número especial, pp. 6-14.
LOSEKE, D. R. y CAHILL, S. E. (1984): "The social construction of deviance: Experts on battered women", *Social Problems*, 31(3), pp. 296-310.
MARATEA, R. J. (2014): *The politics of the internet: Political claimsmaking in cyberspace and its effect on modern political activism*, Lanham, NJ, Lexington.
— (2015): "Online claims-making: The NRA and gun advocacy in cyberspace", *Qualitative Sociology Review*, 11(2), pp. 144-159.
MOSES, J. W. y KNUTSON, T. L. (2012): *Ways of knowing: Competing methodologies in social and political research*, 2ª edición, Nueva York, McMillan.
MURRAY, S. Y POWELL, A. (2009): "'What's the problem?' Australian public policy constructions of domestic and family violence", *Violence Against Women*, 15(5), pp. 532-552.
NISSEN, M. (2015): "Social workers and the sociological sense of social problems: Balancing objectivism, subjectivism and social construction in social work practice", *Qualitative Sociology Review*, 11(2), pp. 216-231.
ROCHEFORT, D. A. y COBB, R. W. (eds.) (1994): *The politics of problem definition: Shaping the policy agenda*, Kansas, University of Kansas Press.
ROSE, V. M. (1977): "Rape as a social problem: A byproduct of the feminist movement", *Social Problems*, 25(1), pp. 75-89.
SAGUY, A. C. (2003): *What is sexual harassment? From Capitol Hill to the Sorbonne*, Berkeley, University of California Press.
— (2013): *What's wrong with fat?*, Nueva York, Oxford University Press.
SANDERS, C.; CHRISTENSEN, T. y WESTON, C. (2015): "Constructing crime in a database: big data and the mangle of social problems work", *Qualitative Sociology Review*, 11(2), pp. 180-195.
SPECTOR, M. y KITSUSE, J. I. (1977): *Constructing social problems*, Menlo Park, CA, Cummings.
STONE, D. (1997): *Policy paradox: The art of political decision making*, Nueva York, Norton.
THIBODEAUX, J. (2014): "Three versions of constructionism and their reliance on social conditions in social problems research", *Sociology*, 48(4), pp. 829-837. DOI: 10.1177/0038038513511560.
WEINBERG, D. (2014): *Contemporary social constructionism: Key themes*, Philadelphia, Temple University Press.
WOOLGAR, S. y PAWLUCH, D. (1985): "Ontological gerrymandering: The anatomy of social problems explanations", *Social Problems*, 32(3), pp. 214-227.
XU, J. (2015): "Claims-makers vs. non-issue makers: Media and the construction of motorcycle ban problems in China", *Qualitative Sociology Review*, 11(2), pp. 122-141.

CAPÍTULO 3
# LA AGENDA INVESTIGADORA PUBLICADA DE LOS PROBLEMAS SOCIALES

ANTONIO TRINIDAD REQUENA, ROSA M. SORIANO MIRAS
Y FRANCISCO BARROS RODRÍGUEZ

## INTRODUCCIÓN

La agenda investigadora de cualquier área de conocimiento depende de múltiples factores, entre los que cabe destacar dos principalmente: 1) el apoyo financiero que se le presta a los distintos temas, a través de las líneas estratégicas marcadas por las agencias patrocinadoras de la investigación (como es el caso del plan nacional I+D o de la Agenda 2020 de la Unión Europea) y 2) la actualidad o relevancia de un tema en un momento concreto de la historia. En el caso de la sociología, como ciencia que se ocupa del análisis de la realidad social, tradicionalmente ha dedicado una atención especial a los problemas sociales, que han variado en función del contexto histórico del momento. Algo semejante ocurre con la opinión y percepción de la ciudadanía sobre los principales problemas sociales existentes en su sociedad. Como se observa en la tabla 1, para los casos de Estados Unidos y España, en tan solo una década algunos problemas sociales han pasado de ser considerados como la mayor preocupación social a quedar prácticamente olvidados. El ejemplo más reciente lo encontramos en la corrupción y el fraude en España: entre 2004 y 2014 ha subido del puesto vigesimoquinto al segundo en la lista de principales problemas sociales.

El presente capítulo se propone realizar una revisión de las aportaciones científicas más relevantes publicadas de los últimos veinte años (1995-2014) en el estudio de los problemas sociales. El objetivo es conocer si, al igual que ha sucedido con la opinión pública, el interés de la comunidad científica en torno a los problemas sociales ha variado a lo largo de estas dos décadas. Para ello se ha realizado una revisión bibliográfica de las publicaciones científicas sobre problemas sociales. Posteriormente, el corpus identificado se ha clasificado por temas más relevantes y, por último, se ha comparado la agenda investigadora con la percepción pública sobre los principales problemas sociales.

TABLA 1
**PERCEPCIÓN PÚBLICA SOBRE LOS PRINCIPALES PROBLEMAS SOCIALES EN ESPAÑA Y EE UU, 2004 Y 2014**

| ESPAÑA | 14 | 04 | ESTADOS UNIDOS | 14 | 04 |
|---|---|---|---|---|---|
| Paro | 1 | 1 | Insatisfacción con el gobierno | 1 | 7 |
| Corrupción y fraude | 2 | 25 | Economía en general | 2 | 2 |
| Problemas de índole económica | 3 | 6 | Desempleo, empleo | 3 | 5 |
| Políticos, partidos políticos, política | 4 | 8 | Inmigración, extranjeros irregulares | 3 | 12 |
| Sanidad | 5 | 9 | Déficit presupuesto federal, deuda federal | 5 | 10 |
| Educación | 6 | 9 | Política exterior, ayuda externa | 5 | 12 |
| Problemas de índole social | 7 | 11 | Atención sanitaria | 7 | 4 |
| Problemas en la calidad del empleo | 8 | 14 | Decadencia ética, moral, religiosa | 7 | 7 |
| Inmigración | 9 | 3 | Terrorismo | 9 | 3 |
| Recortes | 10 | -* | Guerras, miedo a la guerra | 10 | 1 |

NOTA: DATOS PARA SEPTIEMBRE DE 2004 Y SEPTIEMBRE DE 2014. SE MUESTRAN LOS 10 PRINCIPALES PROBLEMAS SOCIALES DE UN TOTAL DE 51, PARA EL CASO DE ESPAÑA, Y 48, PARA ESTADOS UNIDOS.
* NO APARECE EN EL BARÓMETRO DE SEPTIEMBRE DE 2004.
FUENTE: ELABORACIÓN PROPIA A PARTIR DE CIS (2015), NEWPORT (2004) Y GALLUP (2014).

En la revisión bibliográfica se ha utilizado la base de datos Elsevier's Scopus, reconocida mundialmente como la más completa en ciencias sociales. El Informe Mundial sobre las Ciencias Sociales (UNESCO, 2010) catalogó a Scopus como la base de datos más relevante junto a Thomson Reuter's Web of Science (WoS). Sin embargo, según la misma fuente, Scopus presenta un sesgo geográfico y lingüístico menor que WoS, razón por la cual se ha privilegiado su uso, acotando la revisión a las décadas más recientes (1995-2014) y utilizando como parámetro de búsqueda "*social problem*"[1].

Como puede verse en el gráfico 1, la agenda investigadora no ha tenido una evolución lineal si atendemos al número de artículos publicados en las dos últimas décadas. Destaca un crecimiento importante a partir de 2007, para iniciar un ligero descenso de 2012 en adelante. En la primera década (1995-2004), el listado de artículos

---

1. La selección se ha realizado el 16 de marzo de 2015 siguiendo los siguientes criterios de búsqueda: 1) el parámetro de búsqueda ha sido "*social problem*" (en inglés), porque el resultado no varía si se expresa en singular o en plural pero, en cambio, sí lo hace si se recurre o no al entrecomillado; 2) se ha optado solo por los artículos científicos, porque su grado de especialización es mayor que el de los libros; y 3) el área disciplinar escogida ha sido ciencias sociales. Los campos en los que se han aplicado los anteriores criterios de búsqueda han sido: el título del artículo, el resumen y las palabras clave.

publicados se encuentra en un rango de 125 a 225. En la segunda década (2006-2014) se incrementa el número de artículos, siendo entre 2008 y 2011 cuando más se publica. Concretamente, 2008 fue el año en el que se publicaron más artículos (385), con un descenso posterior hasta los 206 en 2014. En el conjunto del periodo estudiado, el número de artículos publicados sobre problemas sociales asciende a 4.271. La inviabilidad de referenciar tal cifra de artículos hace que hayamos optado por exponer al final de este capítulo los diez trabajos más citados a lo largo del periodo estudiado.

GRÁFICO 1
EVOLUCIÓN DEL NÚMERO DE ARTÍCULOS APARECIDOS EN SCOPUS
Y PUBLICADOS EN 'SP' Y 'REIS' SOBRE PROBLEMAS SOCIALES (1995-2014)

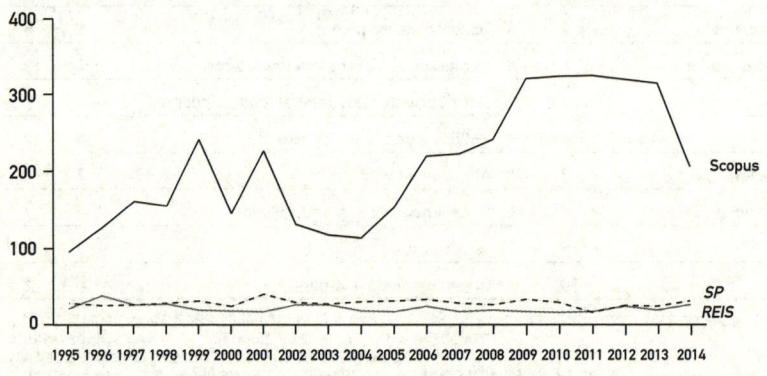

FUENTE: ELABORACIÓN PROPIA MEDIANTE BÚSQUEDAS EN SCOPUS, 'SP' Y CIS.

Del análisis de los 4.271 artículos recogidos en Scopus[2] destaca la pertenencia de la mayoría a la revista estadounidense *Social Problems* (en adelante, *SP*), lo que llevó a centrar nuestra atención, en una segunda fase, en la totalidad de artículos publicados en dicha revista[3], cuyas cifras anuales para el periodo de estudios aparecen en el gráfico 1 (de 24 a 40 por año). En cuanto al número, se observa una tendencia más o menos constante a lo largo de los años, al depender la publicación (en el caso de *SP*) de la capacidad de la revista y no tanto de la agenda investigadora publicada de la comunidad sociológica. Pero lo que sí resulta relevante es la temática. Por eso se han analizado los 581 artículos publicados por la revista en los últimos 20 años.

De igual modo, y con el fin de conocer qué sucede en el ámbito español, se han comparado los resultados de la revista *SP* con los de la *Revista Española de*

---

2. En este primer análisis se utilizó una selección muestral de 353 artículos (margen de error: 5%; nivel de confianza: 95%). La última unidad muestral se seleccionó de forma aleatoria.
3. Revista con un factor de impacto JCR de 1.360 (2.355 en los últimos cinco años) y situada en el puesto 27/138 de las revistas de sociología en 2013 (primer cuartil). Publicada desde 1953 por The Society for the Study of Social Problems (SSSP), a través de la University of California Press.

*Investigaciones Sociológicas* (en adelante, *REIS*)[4]. Se han analizado, al igual que para *SP*, los 432 artículos publicados sobre problemas sociales entre 1995 y 2014. Como se puede ver en el gráfico 1, el número de artículos publicados por año sufre notables oscilaciones. Y es que, al ser una revista generalista, la publicación depende más de la agenda investigadora, y no tanto de la capacidad de la revista. Sumando las contribuciones analizadas en ambas revistas tenemos un total de 1.013 artículos[5].

Las siguientes páginas muestran cuáles son los problemas sociales a los que se les ha prestado mayor interés en ambas revistas científicas (la estadounidense y la española); en segundo lugar, analizamos si han seguido una tendencia temática similar a lo largo del tiempo; y, por último, se comparan los resultados de la agenda investigadora publicada de ambas revistas con la evolución de la opinión pública estadounidense y española sobre los principales problemas en ambas sociedades, para lo cual se ha recurrido a la Encuesta Gallup (Estados Unidos) y al barómetro de opinión del CIS (España).

## AGENDA INVESTIGADORA PUBLICADA Y PERCEPCIÓN PÚBLICA SOBRE PROBLEMAS SOCIALES (1995-2014)

¿Qué problemas sociales han sido objeto de estudio (publicados) de la comunidad científica estadounidense y española, en los últimos 20 años? ¿Han sido los mismos a lo largo de las dos décadas? ¿Coinciden con la percepción de la ciudadanía? Para responder a estas preguntas, en primer lugar, se ha clasificado la producción científica en tres periodos: 1) finales del siglo XX (1995-2000), 2) principios del siglo XXI (2001-2007) y 3) situación de crisis (2008-2014), como se puede ver en la tabla 2. En segundo lugar, y tal como aparece en la misma tabla 1, se han distribuido los artículos en función de sus temáticas. Distintos temas, dentro de problemas sociales publicados en *SP* y *REIS*, que han marcado la agenda investigadora publicada de los científicos sociales. En la tabla 1 se presenta la evolución de la percepción de las ciudadanías española y estadounidense sobre los principales problemas de ambas sociedades, tomando como referencia en la última etapa tanto un año anterior como uno posterior a la crisis económica (2004 y 2014).

Analizando de forma conjunta la evolución de la agenda investigadora y la percepción de la ciudadanía sobre los principales problemas sociales en España y Estados Unidos (tablas 1 y 2), se aprecia el auge del interés científico sobre los estudios de economía y política en *SP* (12,7%) y especialmente en *REIS*. Tres de cada diez artículos

---

[4]. La *REIS* ocupaba en 2013 la primera posición entre las revistas de sociología de habla hispana, con un factor de impacto JCR de 0,308.

[5]. Los 1.013 artículos se han registrado en una unidad hermenéutica como elemento propio del *software* de análisis de datos cualitativos Atlas'ti 6.2.

corresponden a la esfera política (30,6%), demostrando que en los últimos años dominan las temáticas ligadas al contexto económico y sociopolítico de crisis actual. La opinión pública, al igual que el interés científico, también ha aumentado su preocupación social sobre estos temas. Todos y cada uno de los problemas económicos y políticos han ascendido en el ranking de principales problemas sociales en ambas sociedades. En el caso de la sociedad estadounidense: *insatisfacción con el gobierno* (del séptimo al primer puesto); *economía en general* (se mantiene en la segunda posición); *déficit presupuestario federal y deuda federal* (del décimo al quinto) y *política exterior y ayuda externa* (del duodécimo al quinto). En el caso de la sociedad española ocurre algo muy similar: la *corrupción y fraude* pasan del vigesimoquinto al segundo lugar; los *problemas de índole económica* del sexto al tercero; *políticos, partidos políticos y política* del octavo al cuarto y *recortes*, de no existir en 2004, a situarse en noveno lugar en 2014.

Otra cuestión a destacar es la prolongada y constante atención, a lo largo del periodo analizado, a los estudios de "género, sexualidad y familia" (15,7% en *SP* y 10,2% en *REIS*), "trabajo y mercado laboral" (10,8% y 11,3%) y "población, inmigración y pobreza" (11,9% y 13,9%). Mientras que la primera categoría, la que mayor y más constante interés ha despertado en *SP*, no aparece dentro de los principales problemas sociales detectados por la opinión pública de ambos países, las dos restantes sí lo hacen. Sobre el ámbito laboral, si bien es cierto que su interés fue descendiendo, en el último periodo se ha revitalizado debido a los efectos de la crisis económica en el empleo y el trabajo. Para 2014, en la sociedad norteamericana el *desempleo y empleo* se colocan como tercer problema social, mientras que en España el *paro* y los *problemas en la calidad del empleo* lo hacen en la primera y octava posición respectivamente.

Entre los estudios sobre "población, inmigración y pobreza" han destacado fundamentalmente aquellos centrados en la etnicidad y la migración. Sin embargo, se ponen de manifiesto las divergencias existentes en cuanto a tradiciones científicas en el estudio de dichas materias. Mientras los estudios sobre *Race and Ethnic Relations*, disciplina de gran arraigo en el mundo anglosajón que estudia las relaciones sociales, políticas y económicas de la diversidad étnica de una sociedad, destacan en *SP*, es la sociología económica de las migraciones, presente fundamentalmente en Europa continental (Francia, España) la que sobresale en *REIS*. No obstante, se observa un aumento en el número de estudios sobre inmigración publicados en *SP*, en un momento en el que la percepción de la *inmigración y los extranjeros en situación irregular* como uno de los principales problemas sociales percibidos por la sociedad estadounidense también está aumentando (del decimosegundo lugar en 2004 al tercero en 2014). En España, la *inmigración* se sitúa como el noveno problema social en la actualidad (frente al tercer puesto de 2004). El resto de temas, como la pobreza, debido a su carácter transversal, pueden incluirse de forma indirecta en problemas sociales como el *desempleo* (primero), *problemas de índole económica* (tercero) y *social* (séptimo) o la *calidad del empleo* (octavo).

TABLA 2
NÚMERO DE ARTÍCULOS PUBLICADOS POR TEMAS Y PERIODOS (EN AÑOS)
EN LAS REVISTAS 'SP' Y 'REIS', 1995-2014

| TEMAS | 95-00 N | % | 01-07 N | % | 08-14 N | % | TOTAL N | % |
|---|---|---|---|---|---|---|---|---|
| | \multicolumn{8}{c}{'SOCIAL PROBLEMS'} | | | | | | | | |
| Postulados teóricos en el estudio de los problemas sociales | 8 | 4,7 | 33 | 15,1 | 7 | 3,6 | 48 | 8,3 |
| Género, sexualidad y vida familiar | 26 | 15,4 | 39 | 17,9 | 26 | 13,4 | 91 | 15,7 |
| Ciencia, tecnología y medioambiente | 15 | 8,9 | 17 | 7,8 | 10 | 5,2 | 42 | 7,2 |
| Salud y medicina | 19 | 11,2 | 14 | 6,4 | 16 | 8,2 | 49 | 8,4 |
| Delitos, violencia y sistema judicial | 19 | 11,2 | 23 | 10,6 | 27 | 13,9 | 69 | 11,9 |
| Población, inmigración y pobreza | 25 | 14,8 | 32 | 14,7 | 23 | 11,9 | 80 | 13,8 |
| Trabajo y mercado laboral | 23 | 13,6 | 18 | 8,3 | 21 | 10,8 | 62 | 10,7 |
| Economía y política | 25 | 14,8 | 17 | 7,8 | 32 | 16,5 | 74 | 12,7 |
| Educación y cultura | 5 | 3,0 | 21 | 9,6 | 22 | 11,3 | 48 | 8,3 |
| Guerra y terrorismo | 4 | 2,4 | 4 | 1,8 | 10 | 5,2 | 18 | 3,1 |
| Total | 169 | 100 | 218 | 100 | 194 | 100 | 581 | 100 |
| | \multicolumn{8}{c}{'REIS'} | | | | | | | | |
| Postulados teóricos en el estudio de los problemas sociales | 23 | 15,3 | 31 | 21,2 | 13 | 9,6 | 67 | 15,5 |
| Género, sexualidad y vida familiar | 15 | 10,0 | 16 | 11,0 | 13 | 9,6 | 44 | 10,2 |
| Ciencia, tecnología y medioambiente | 5 | 3,3 | 5 | 3,4 | 5 | 3,7 | 15 | 3,5 |
| Salud y medicina | 7 | 4,7 | 1 | 0,7 | 4 | 2,9 | 12 | 2,8 |
| Delitos, violencia y sistema judicial | 1 | 0,7 | 1 | 0,7 | 3 | 2,2 | 5 | 1,2 |
| Población, inmigración y pobreza | 22 | 14,7 | 22 | 15,1 | 16 | 11,8 | 60 | 13,9 |
| Trabajo y mercado laboral | 24 | 16,0 | 11 | 7,5 | 14 | 10,3 | 49 | 11,3 |
| Economía y política | 36 | 24,0 | 41 | 28,1 | 55 | 40,4 | 132 | 30,6 |
| Educación y cultura | 16 | 10,7 | 16 | 11,0 | 12 | 8,8 | 44 | 10,2 |
| Guerra y terrorismo | 1 | 0,7 | 2 | 1,4 | 1 | 0,7 | 4 | 0,9 |
| Total | 150 | 100 | 146 | 100 | 136 | 100 | 432 | 100 |

FUENTE: ELABORACIÓN PROPIA.

También hay que destacar el escaso interés de ambas revistas en temas como "salud y medicina" (8,4% en *SP* y 2,8% en *REIS*), "ciencia, tecnología y medio ambiente" (7,2% y 3,5%) y, especialmente, "guerra y terrorismo" (3,1% y 0,9%). Sin embargo, "salud y medicina" sí aparece entre los principales problemas sociales para españoles y estadounidenses. La *sanidad* ha ganado relevancia en España, desde el noveno lugar en 2004 hasta el quinto en 2014, posiblemente debido a los efectos de la actual situación de crisis económica. En el caso de la sociedad estadounidense, la *atención sanitaria* sigue patrones parecidos a la española, ubicándose entre el séptimo (2004) y el cuarto lugar (2014) en unas décadas de constante debate sobre la ausencia de una cobertura universal del sistema de salud estadounidense. De interés resulta el tema de la guerra y el terrorismo, ya que en la actualidad la sociedad española no lo considera entre sus preocupaciones relevantes, en contraste con décadas anteriores, cuando se situaba entre los principales problemas sociales. En el caso de la sociedad estadounidense sucede algo parecido. No obstante, el hecho de la constante presencia estadounidense en conflictos armados hace que todavía el *terrorismo* (del tercero al noveno) y las *guerras* (del primero al décimo) se mantenga dentro del decálogo de principales problemas sociales.

Otra cuestión a destacar es la dispar atención de ambas comunidades científicas al tema "delitos, violencia y sistema judicial" (11,9% en *SP*, frente a 1,2% en *REIS*), que no aparece entre los principales problemas sociales presentes en las encuestas de opinión de ambos países, y al tema "aproximaciones teóricas" (15,5% en *REIS* frente a 8,3% en *SP*). La "educación y cultura", como problema social, tampoco ha ocupado una presencia muy destacada en el conjunto de la agenda investigadora de ambas comunidades científicas (8,3% en *SP* y 10,2% en la *REIS*). Para la sociedad española, la *educación* es el sexto mayor problema social actual —era el noveno en 2004—, mientras que en Estados Unidos no se encuentra entre los problemas sociales más destacados. En la sociedad estadounidense únicamente aparece la *decadencia ética, moral y religiosa* como problema vinculado a la temática educativa (séptimo, tanto en 2004 como 2014).

## EVOLUCIÓN DE LA AGENDA INVESTIGADORA PUBLICADA SOBRE LOS PROBLEMAS SOCIALES (1995-2014)

Una vez conocidos los principales temas que han marcado la agenda investigadora publicada de ambas comunidades científicas (española y estadounidense) y su evolución en el tiempo, nos resta dar un paso más y profundizar en cada uno de los temas que han dominado en los periodos señalados. Lo cierto es que no es fácil desagregar por temas y años, ya que la mayoría de las temáticas aparecen en todos los periodos. Por eso, se ha optado por focalizar la atención en los más relevantes de cada periodo, siendo conscientes de que es una clasificación analítica que nos permite ver la tendencia dominante.

### LO PUBLICADO EN LOS ÚLTIMOS AÑOS DEL SIGLO XX (1995-2000)

En los últimos años del siglo XX, los temas que marcaron la agenda investigadora, tanto en *SP* como en *REIS*, fueron: 1) "género, sexualidad y vida familiar"; en el caso de *SP*, el 15,4% de los artículos publicados versan sobre estos temas, porcentaje algo menor para el caso de *REIS* (10%); 2) "población, inmigración y pobreza" (14,8% y

14,7%, respectivamente); 3) "economía y política", con el 14,8% de los artículos en *SP* y el 24% en *REIS*; y 4) "trabajo y mercado laboral" (13,6% y 16%). También se refleja en ambas revistas la casi ausencia de artículos sobre "guerra y terrorismo".

Sin embargo, existen algunas diferencias a destacar. Mientras que los trabajos sobre "postulados teóricos" en *REIS* tienen un peso importante (el 15,3% de los artículos publicados en esos años corresponde a ese tema) no sucede lo mismo en *SP* (tan solo el 4,7%). En el caso de "educación y cultura" pasa algo similar, siendo más elevada la proporción de trabajos difundidos a través de *REIS*. Lo contrario sucede en las investigaciones sobre "delitos, violencia y sistema judicial", pues *SP* representa el 11,2% de lo publicado frente a un exiguo 0,7% en la *REIS*.

Si bien el tema "trabajo y mercado laboral" tiene una presencia destacada a lo largo de los veinte años analizados, en *REIS* tiene una relevancia especial en este periodo, por lo que se ha decidido analizarlo en este apartado, haciendo referencia cruzadas a otros años. Entre los principales temas asociados al trabajo destacan la desigualdad y discriminación laboral en las sociedades occidentales, acrecentadas con el inicio de la crisis económica de 2008. Ambas publicaciones han analizado las diferencias salariales (Brady *et al.*, 2010○)[6], la movilidad ocupacional (Cachón y Aysa-Lastra, 2013●)[7], la flexibilidad o desregulación del mercado de trabajo (Moen *et al.*, 2011○), la rotación e inserción laboral (Muñoz, 2013●), los accidentes laborales (Berdahl y McQuillan, 2008○), la motivación, satisfacción y calidad laboral de los trabajadores (Requena, 2000●), el *burnout* (Wingfield, 2010○), la inserción y orientación laboral (Riba *et al.*, 2011●), la segregación en el mercado de trabajo (estructura ocupacional) (Harrison y Lloyd, 2013○), el empleo temporal (Polavieja, 2006●), la economía sumergida de mano de obra barata (Flippen, 2012○) o la crisis actual de la sociedad del trabajo (Enrique, 2004●).

En otro orden de cosas, la agenda investigadora también ha prestado atención a otras cuestiones relacionadas con mundo del trabajo como las siguientes: la relación entre trabajo y familia, con artículos sobre el permiso de excedencia en el cuidado de los hijos (Lapuerta, 2013●), la conexión entre el lugar de trabajo y la vivienda (Southworth y Stepan-Norris, 2003○) o la relación entre la esfera familiar y laboral (Poster y Prasad, 2005○). El mercado de trabajo juvenil ha tenido una presencia destacada en el caso de España, donde se ha analizado el desempleo (Serrano, 1995●), los efectos del paro en la transición a la vida adulta (Casal, 1996●) o la inserción laboral de los jóvenes (Díaz, 1999●). En cuanto a formación y empleo, destacan los estudios sobre los trabajos cualificados (Mateo, 2007●), la creación de nuevos yacimientos de empleo (Cachón, 1997●) o la formación continua, es decir, las acciones formativas para la mejora de las competencias y cualificaciones de los trabajadores y directivos

---

6. El símbolo ○ hace referencia a *SP* y el símbolo ● a *REIS*.
7. Los artículos citados no aparecen, como es habitual, en un listado final de referencias dado que su inclusión habría excedido con mucho el límite de espacio disponible. No obstante, se citan en el texto para posibilitar que el lector pueda identificarlos, aunque sea parcialmente.

en las organizaciones (Fernández y Vidal, 2003●). Por último, los estudios sobre asociacionismo de los trabajadores agrupan al movimiento obrero y el activismo sindical (Markowitz, 1998○) o la acción colectiva de la huelga (Luque *et al.*, 2008●).

Finalmente, en este periodo resaltan también las temáticas vinculadas a "salud y medicina", sobre todo en *SP*, que dedicó el 11,2% de los artículos publicados a ese problema; asimismo fue el periodo en el que, proporcionalmente, más artículos se publicaron sobre el tema en dicha revista —frente al 4,7% incluidos en la *REIS*— (véase la tabla 1). Dentro de este bloque destacan temas como: a) la profesión médica y los diagnósticos clínicos (Fielding, 1995○), el funcionamiento de los sistemas públicos de salud (Mintz y Palmer, 2000○), las enfermedades y trastornos mentales (Conrad y Potter, 2000○), las infecciones de transmisión sexual como el VIH, responsable del SIDA (Fox, 1996○) y las adicciones como la drogadicción (Bourgois *et al.*, 1997○), el tabaquismo (Pampel, 2002○) o el alcoholismo (Crosnoe *et al.*, 2004○), así como la dependencia de estos enfermos de los servicios de ayuda y asistencia en salud (Schmidt *et al.*, 2002○).

## LOS TEMAS QUE ACAPARAN LA ATENCIÓN EN EL INICIO DE SIGLO (2001-2007)

En esta segunda etapa destaca el auge de artículos en *SP* sobre "educación y cultura" (9,6%); mientras que en *REIS* la proporción se mantiene (11,0%). Por otro lado, llama la atención además, el incremento de los artículos relacionados con los "postulados teóricos" (en *SP* —15,1%— y en *REIS* —21.2%—). Dentro del tema "educación y cultura" se han publicado numerosos estudios sobre desigualdad étnica en la escuela; entre ellos, cabe destacar los trabajos sobre marginación étnica y conflicto en los centros escolares y universitarios (Goldsmith, 2004○) o sobre la segregación y discriminación en la elección del centro educativo (Cebolla, 2007●). Especial relevancia han tenido los estudios sobre desigualdad y estructura social y familiar (transmisión de la desigualdad socioeducativa entre padres e hijos, ingresos familiares, violencia vecinal y segregación residencial). El rendimiento educativo y el abandono escolar también han tenido su presencia, especialmente a través de trabajos centrados en contextos desfavorecidos (Condron, 2007○).

También se han atendido las aspiraciones, salidas profesionales y empleabilidad de los jóvenes estudiantes (Bohon *et al.*, 2006○), incluyendo la devaluación de los títulos universitarios (Carabaña, 1996●). Sobre cultura se han tratado principalmente cuatro ámbitos (especialmente en este periodo, pero no exclusivamente): 1) identidad social y cultural de la población inmigrante y las minorías étnicas (Del Olmo, 2003●) junto a conceptos relacionados —raza, etnicidad, etiquetaje racial y estereotipos— (Moore, 2002○); 2) normas sociales y valores culturales y materiales (Ros, 2002●); 3) nuevas tecnologías de la información y la comunicación (Martin y Robinson, 2007○); y 4) consumo (Bouzada, 2001●).

En cuanto a "postulados teóricos", el crecimiento en *SP* se debe a la publicación de diversos artículos de teoría vinculados al 50º aniversario de la SSSP, sociedad encargada de la publicación de la revista. No obstante, en REIS también se produce un incremento de dicha temática, la segunda en volumen de publicaciones del periodo. Ambas revistas han publicado artículos directa o indirectamente relacionados con las dificultades, controversias y avances en torno al estudio de los problemas sociales desde la sociología y otras disciplinas sociales (Lamo, 2001●). También se ha prestado atención a debates y propuestas sobre métodos y técnicas de investigación social, tanto de carácter cuantitativo como cualitativo (Valles, 2005●), o a cuestiones relacionadas con la edición y publicación de resultados científicos en revistas y otros medios de difusión (Best, 2004○).

De modo particular, la REIS se ha centrado en temas como la sociología del conocimiento, la ciencia y la cultura (Fernández, 2006●), la revisión de grandes teóricos sociales o su aplicación actual al estudio de problemas concretos (Castón, 1996●) y a la modernidad y posmodernidad, entendida esta última como el proceso social y cultural contrapuesto al primero, y que engloba rasgos como la centralización del poder o el individualismo (Bericat, 2003●).

Por su parte, los trabajos sobre "género, sexualidad y vida familiar" marcan la agenda investigadora sobre problemas sociales a lo largo de los 20 años analizados, especialmente en SP, en donde es la temática que más artículos acapara (15,7% en los 20 años y 17,9% en el periodo 2001-2007). No ocurre lo mismo en el ámbito de habla hispana, con un interés moderado por el tema (11,0%). A pesar de ello, emerge como una de las categorías que agrupa el mayor número de artículos.

Sobre este particular, una de las cuestiones transversales que aparece en muchos trabajos ha sido la desigualdad de género y más concretamente la relativa al ámbito sociolaboral, donde destacan artículos sobre la disonancia de ingresos en un mismo puesto de trabajo (Lago, 2002●), la limitación en el ascenso o techo de cristal (Snyder y Green, 2008○), la conciliación de la vida laboral y familiar (Cordero, 2009●) o la desigualdad en la división de tareas en el hogar y el cuidado de los hijos (Walzer, 1996○). Estas investigaciones demuestran que, pese a la presencia de leyes estatales sobre igualdad, actualmente siguen existiendo importantes factores de discriminación que implican que la incorporación de la mujer al mercado de trabajo aún es incompleta. En algunos casos, esta vulnerabilidad es aún mayor, como ocurre con la llamada "triple discriminación" (Catanzarite, 2003○).

De igual modo, ambas revistas han tomado interés en la construcción y reproducción cultural de los estereotipos y la desigualdad de género, incluyendo la heteronormatividad, la masculinidad y el patriarcado —con mayor interés en SP (Quadagno y Fobes, 1995○)—. También aparecen otras cuestiones relacionadas con el género y la familia (con una mayor atención en REIS) como, por ejemplo, el matrimonio (Martínez, 2008●), el amor y las relaciones de pareja (Dunn, 1999○), las separaciones y divorcios (Lundquist, 2006○), las segundas parejas (Sarrible, 1996●) o las redes de apoyo familiares (Izquieta, 1996●). Se incluyen estudios sobre familias de respaldo y de acogida (Perry, 2006○), parejas y matrimonios interraciales (Doering, 2014○), familias desestructuradas (Langenkamp y Frisco, 2008○), parejas sin hijos (Pérez

Muñoz, 1995●), madres solteras y otras familias monoparentales (Fernández y Tobío, 1998●) o la maternidad y paternidad en adolescentes (Fields, 2005○). Muy relacionado con dichas temáticas se observa cómo, a partir de 2010, aparecen estudios sobre el fin de la infancia y la transición a la vida adulta (McCarthy y Grodsky, 2011○).

En cuanto a sexualidad e identidad de género, más presente en *SP*, destacan los estudios sobre violencia y discriminación social e institucional vinculados al colectivo LGTB (Jenness, 1995○), así como los movimientos de liberación e identidad que han surgido para combatir estas circunstancias (Thayer, 1997○). A mediados de la década de 2000 aparecieron en *SP* trabajos sobre el matrimonio entre personas del mismo sexo (Stacey, 2004○), mientras que en *REIS* resulta significativa su ausencia en un momento en el que se debatía en el parlamento español su aprobación o no, hecho finalmente ratificado en 2005 (único artículo: Calvo, 2010●). Sobre la caída de la fecundidad en las sociedades occidentales solo la *REIS* ha presentado trabajos, ocupándose de sus particularidades y causas como, por ejemplo, la desregulación de la sexualidad (Pérez y Macinnes, 2008●), el retraso del calendario reproductivo de la mujer (Requena, 1997●) o el efecto del empleo y desempleo (Baizán, 2006●). Otro asunto tratado como problema social, que también incide en la fecundidad, ha sido el aborto inducido (interrupción voluntaria del embarazo), debido a la controversia ideológica existente en torno al mismo (Rohlinger, 2006○). No obstante, desde 2006 no ha aparecido ningún artículo sobre la temática, lo que parece traducirse en una falta de interés académico.

Merece la pena resaltar los estudios sobre violencia de género y acoso sexual constantemente presentes en *SP* (inexistente interés en *REIS*, Valiente, 2004●, único artículo). Se incluyen las políticas preventivas y actuaciones policiales y judiciales, destacan cuestiones vinculadas al maltrato en pareja y a la violencia doméstica (Gagne, 1996○), la agresión sexual y violación (Frohmann, 1998○), el abuso sexual en menores (McGuffey, 2008○), la prostitución forzada y turismo sexual (Wonders y Michalowski, 2001○) o la mutilación genital femenina (Hoang, 2014○), en la última etapa.

Por último, aparecen los "problemas medioambientales", que si bien no pasan desapercibidos, presentan un reducido peso en ambas revistas. Las temáticas vinculadas que aparecen se resumen en las siguientes: el cambio climático y la destrucción de la capa de ozono (McCright y Dunlap, 2000○), las emisiones, contaminación y gestión de los residuos (Mohai y Saha, 2007○), la deforestación, sobreexplotación y pérdida de la biodiversidad (Fine, 1997○) o el impacto ambiental generado por la demanda humana de recursos, es decir, la *huella ecológica* (Jorgenson, 2003○). También se ha prestado atención a los desastres naturales, como el huracán Katrina de 2005 en la costa este de Estados Unidos (Brezina, 2008○) o ecológicos, como el *Prestige* de 2003 en Galicia (Viñas, 2009●) o el vertido de la plataforma petrolífera Deepwater Horizon de 2010 en el Golfo de México (Farrell, 2014○).

## EL EFECTO DE LA CRISIS EN LA AGENDA INVESTIGADORA (2008-2014)

La crisis económica ha marcado la agenda investigadora de los últimos años. Así, el volumen de trabajos sobre "economía y política" (16,5% en SP y 40,4% en REIS) se sitúan en primera posición. El caso de REIS es especialmente relevante: uno de cada cinco artículos publicados gira en torno a esta categoría.

Sobre economía destaca una cuestión por encima del resto —la globalización—, sobre todo al principio del siglo XXI. Este proceso multidimensional engloba temas tan variados como la creciente desigualdad económica a nivel mundial (Kentor, 2001○) los procesos y actividades industriales de los países desarrollados (Anderson et al., 2001○), su efecto en la emigración (Rodríguez, 2003●) o el proceso de localización industrial (Brunet y Belzunegui, 2001●). Sobre este último proceso destacan la atención al sector industrial de los países menos desarrollados, con trabajos sobre las cadenas mundiales de producción (Bowen y Gaytan, 2012○), o la deslocalización industrial hacia países menos desarrollados, como sucede en el caso de las maquiladoras (Parrado y Zenteno, 2001○).

Asimismo se ha atendido también a la configuración organizativa de la política mundial (Beckfield, 2008○) y ha sido la REIS la que ha prestado mayor interés a la integración económica, política y monetaria europea (Szmolka, 2008●). Las políticas económicas neoliberales (Pacewicz, 2013○), la economía de mercado (Lahera, 1999●), las políticas económicas intervencionistas (Jenkins y Leicht, 1996○), la crisis del Estado de bienestar (Olsen, 1996○), las olas de desarrollo económico (Grant y Hutchinson, 1996○), los tratados de libre comercio (Dreiling, 2000○), la economía étnica (Model, 1997○) o la crisis económica actual (Luque y González, 2014●) también han tenido su espacio en ambas revistas.

En el tema de las políticas públicas y los servicios sociales en el Estado de bienestar (Åkerström, 2006○) sobresalen los artículos centrados en el trabajo (Jacobs y Dixon, 2006○), la privatización de servicios sociales (Lobao et al., 2014○) o las políticas de inmigración (Calavita, 1996○, 2006●) e integración (Martínez, 2011●). La satisfacción de la sociedad con las políticas de bienestar también ha sido abordada (Díaz-Pulido et al., 2012●). En cuanto al funcionamiento de la democracia (Benedicto, 2006●) y la confianza social y política (Montero et al., 2008●), la REIS ha prestado atención a la organización territorial española (Uriarte, 2002●), la financiación autonómica (León, 2009●), la corrupción y el fraude fiscal (Palau y Davesa, 2013●), la atención de los medios de comunicación sobre cuestiones políticas (Luque, 1996●), la memoria histórica (Guichard y Henríquez, 2011●) o el proceso de secularización (Linz, 2006●). En cuanto a política y género, destacan los estudios sobre participación política de la mujer (Hughes, 2009○), las cuotas de paridad en la representación política (Verge, 2006●) o la desigualdad de género en organizaciones de cooperación y ONG (Dema, 2008●).

También se han publicado numerosos artículos en torno a la participación ciudadana y la sociedad civil en los estados democráticos (Soriano, 2005●), los movimientos sociales de carácter político y prodemocráticos (Arias, 2008●), los movimientos pro derechos humanos y civiles-políticos (Valocchi, 1996○), los movimientos antiglobalización (Fisher *et al.*, 2005○), los movimientos por una justicia global (Gillham y Edwards, 2011○), los movimientos *White Power* o en defensa de la supremacía blanca (Futrell y Simi, 2004○) y los movimientos en apoyo del comercio justo (Jaffee, 2012○) o el voluntariado social (Izquieta y Callejo, 1999●), entre otros.

De igual modo, los políticos y los partidos políticos también han sido objeto de investigación en este periodo. Se han tratado temas como las campañas electorales (McVeigh, 2011○), las coaliciones y estrategias parlamentarias (Carreras y Owen, 1995●), las elites políticas (Duffy *et al.*, 2010○), las carreras políticas de los jefes de gobierno (Botella *et al.*, 2011●), la financiación de los partidos políticos (García, 2007●) o los partidos nacionalistas (Alonso, 2008●). Finalmente, otros temas de interés vinculados a la política que han sido transversales en todo el periodo analizado han sido la participación política de los ciudadanos mediante los procesos electorales atendiendo al tipo de sistema y fórmula electoral (Rodon, 2009●), los sondeos y encuestas electorales (Delicado y Udina, 2001●) o el análisis de los resultados y el comportamiento electoral de los votantes (Paramio, 2000●), incluido el voto estratégico (Oñate y Moreno, 2004●), la abstención (Boix y Riba, 2000●) o la socialización política en la familia (Jaime, 2000●). También han aparecido estudios sobre el (des)interés, la (des)movilización y la desafección política (Montero *et al.*, 1998●, 2003●), los referéndums (Cabeza y Gómez, 2010●) o el bipartidismo (Llera, 1998●).

Siguiendo con otras temáticas, es precisamente en este periodo donde los estudios sobre "delincuencia, violencia y sistema judicial" están más presentes en *SP* centrándose en: a) la relación entre desigualdad socioeconómica (segregación residencial, pobreza, desempleo, etc.) y violencia o posibilidad de cometer un delito (Hipp, 2010○), con enorme presencia del componente étnico (Griffiths, 2013○); b) la delincuencia juvenil (Tanner *et al.*, 1999○), incluyendo su relación con el contexto social y familiar (Wildeman, 2012○), las pandillas y bandas callejeras (estudios en auge en los últimos años: Giliberti, 2014●), las sanciones a menores y adolescentes (Kupchik, 2003○) o los centros de internamiento (Morente y Domínguez, 2009●); c) las sanciones penales por parte del sistema judicial (Kent y Jacobs, 2004○), sobre todo las relativas a la libertad provisional (Demuth y Steffensmeier, 2004○) especialmente la pena de muerte (Petrie y Coverdill, 2010○); y d) los problemas que los exrreclusos encuentran tras su paso por prisión: dificultad para encontrar empleo, precariedad laboral o desigualdad salarial, una marginación social que empuja en muchas ocasiones hacia la reincidencia delictiva (Apel y Sweeten, 2010○).

En último término, temáticas como "salud y medicina" (8,2% en *SP* y 2,9% en *REIS*), "ciencia, tecnología y medio ambiente" (5,2% y 3,7%), y "guerra y terrorismo" (5,2% y 0,7%; leve repunte en *SP*) se sitúan como aquellas que despiertan menor interés en ambas revistas. A este desinterés se suman los "postulados teóricos" (3,6%) en la revista estadounidense y los "delitos, violencia y sistema judicial" (2,2%) en la española. Hay que referirse a cómo la moda científica en torno a cuestiones medioambientales, muy influenciada por el auge mediático del calentamiento global a través de documentales como *Una verdad incómoda*, de Al Gore, parece haberse ralentizado en la nueva década. Sobre guerra y terrorismo despuntan mínimamente los conflictos armados y guerras (Balcells, 2011●), el reclutamiento y las resistencias ante conflictos armados (Van Dyke y Soule, 2002○), los movimientos antibelicistas y pacifistas (Leitz, 2011○) o la paramilitarización y el acceso de corporaciones militares privadas a las fuerzas armadas (McCoy, 2012○). En el caso de Estados Unidos destacan algunos artículos en torno a las consecuencias de dos acontecimientos trascendentales en su historia reciente: los atentados del 11-S y la segunda guerra del Golfo (MacLean y Kleykamp, 2014○).

## LOS TEMAS TRANSVERSALES EN LA AGENDA INVESTIGADORA PUBLICADA: 'POBLACIÓN, INMIGRACIÓN Y POBREZA'

Este bloque temático ha permanecido presente en la agenda investigadora de ambas revistas científicas, siendo además el que menos variación ha sufrido en cuanto al número de artículos publicados. Por este motivo, hemos querido detenernos en su análisis.

Sobre los estudios de "población", ambas revistas han publicado temáticas tan variadas como los procesos de urbanización (Franquesa, 2007), la relación entre recualificación urbana y exclusión social (Díaz *et al.*, 2003), el problema social de la sobrepoblación (Wilmoth y Ball, 1995○) o el endeudamiento hipotecario (Houle, 2014○), entre otros. También aparecen temáticas sobre el desarrollo de la ciudad y la composición de los barrios, destacando artículos sobre la segregación residencial entre ricos y pobres (Dwyer, 2007○), la influencia del contexto vecinal en la crianza y crecimiento de jóvenes de familias desfavorecidas (Rankin y Quane, 2002○), los servicios y recursos públicos en los barrios (Small, 2006○), los movimientos de reivindicación territorial (Amézaga y Martí, 2012●) o la presencia de asociaciones de inmigrantes (Toral, 2010●).

En la *REIS* encontramos estudios que analizan los cambios sociodemográficos actuales, destacando, por encima del resto, el proceso de envejecimiento demográfico (Santos, 1996●). Algunos de los cambios relacionados con el mismo han sido: a) mortalidad y aumento de la esperanza de vida (García, 2014●); b) apoyo familiar y políticas sociales en el cuidado de las personas mayores y dependientes (Bazo y Domínguez, 1996●); c) hogar y residencias de mayores (Puga, 2004●); d) situación económica y consumo en la tercera edad (Trinidad, 2006●); e) desigualdad y sistema público de pensiones (Alfageme, 2000●); f) solidaridad intergeneracional (Roussel, 1995●); g) prestaciones sociales para personas mayores (Cárceles, 1996●); h) actitudes ante la vejez y mayores (Walker, 1996●); i) feminización de la vejez (Pérez, 2003●); j) ocio, voluntariado y aportaciones sociales de la tercera edad (Bazo, 1996●); k) actitudes ante la muerte (De Miguel, 1995●) o suicidio en la vejez (Hernández, 1996●). Por tanto, el proceso de envejecimiento de las sociedades occidentales y los estudios sobre personas mayores han sido una asignatura clave en la *REIS*, a diferencia de *SP*, donde prácticamente han pasado desapercibidos.

Todo lo contrario ha ocurrido con el tema de la "raza y relaciones étnicas", asunto clave en la agenda investigadora de la revista estadounidense. En primer lugar, se ha estudiado el racismo, la discriminación y los prejuicios, fundamentalmente por la población blanca, sobre las minorías étnicas y la población inmigrante (Downey, 2000○), algo que pone en tela de juicio las políticas de convivencia e integración social. En la *REIS* también se encuentran ensayos sobre las actitudes ante la "inmigración", el racismo y la xenofobia (Cea, 2002●). En segundo lugar, aparece la segregación étnica en la composición de los barrios y la desigualdad en la calidad, acceso y propiedad de la vivienda como problemas sociales para la revista, tal y como demuestran los trabajos publicados sobre estructura social (exclusión, desigualdad, pobreza) segregación residencial de las minorías étnicas (Fischer y Massey, 2000○) y, en menor medida, la población inmigrante (Tezanos, 2007●).

Hay que destacar que el interés de la *REIS* en inmigración, a diferencia de *SP* (donde en todo el periodo estuvo presente) comienza en el inicio del nuevo siglo (único artículo en el primer periodo: López, 1995●). La razón estriba en que la inmigración en España ha sido reciente, muy ligada además a la expansión económica del país (Cachón, 2002●). A dicha temática, debemos sumar otros temas vinculados directamente con la inmigración: la migración de menores y adolescentes (Orellana *et al.*, 2001○), la segunda generación (Portes *et al.*, 2011●), las redes transnacionales de migrantes (Mouw *et al.*, 2014○), las prácticas religiosas (Kurien, 2004○), los derechos en la sociedad de destino (Fujiwara, 2005○), los trámites para la adquisición de la residencia permanente (Lakhani y Timmermans, 2014○) o la figura de los refugiados y el asilo humanitario (Brown, 2011○).

Los trabajos sobre "desigualdad social, pobreza y clases sociales" (Goldthorpe, 2012●) también han estado presentes en la agenda investigadora publicada de ambas comunidades científicas. Destacan artículos sobre movilidad social intergeneracional (Marqués y Herrera-Usagre, 2010●), pobreza y exclusión social en el ámbito rural (Izcara, 2002●), migración hacia la ciudad (Camarero y Sampedro, 2008●), personas sin hogar (Noy, 2009○), pobreza en el hogar (Heflin *et al.*, 2009○), familias monoparentales (Butler, 1996○), redes de capital social en las familias de bajos ingresos (Domínguez y Watkins, 2003○) o endeudamiento de familias con pocos ingresos (Tach y Greene, 2014○).

Finalmente, otros artículos se han centrado en las actuaciones públicas contra la pobreza y la desigualdad (Rogers-Dillon y Skrentny, 1999○), los debates sobre la dependencia de los pobres del Estado de bienestar (Misra *et al.*, 2003○), las ayudas humanitarias y caritativas por parte de asociaciones, fundaciones y otros organismos (Loseke, 1997○) o la creciente desigualdad entre pobres y ricos ejemplificada en la figura de los multimillonarios (Burris, 2000○). Es destacable que ambas revistas hayan prestado escaso interés al aumento de la pobreza y la desigualdad en países del tercer mundo, ausencia destacable teniendo en cuenta su vinculación con los procesos de globalización actuales a escala planetaria.

## CONCLUSIONES

A lo largo de los últimos 20 años muchos han sido los temas sobre problemas sociales que han ocupado la agenda investigadora de las dos comunidades científicas analizadas. Siendo conscientes de que puede ser un análisis con ciertas limitaciones por haber elegido solo dos revistas, también es cierto que se trata de las más representativas de ambos contextos sociales, lo que nos ha permitido profundizar en las temáticas tratadas al poder trabajar con la población y no con una muestra. El trabajo ha sido arduo, pero ha merecido la pena reconstruir la agenda investigadora publicada sobre problemas sociales a las dos orillas del Atlántico. Hacer historia, en este caso, es poner en valor el trabajo de muchos científicos sociales (especialmente sociólogos) que con su trabajo han contribuido a conocer mejor, a través del análisis de los problemas sociales, la sociedad que les ha tocado vivir. Si seguimos en esa línea, seguiremos haciendo sociología.

Y siendo fieles a este reto, para concluir hemos querido recurrir a una herramienta como la nube sinópica, para sintetizar, a través de las 100 palabras más utilizadas en los 1.013 artículos analizados, los temas que han dominado la agenda investigadora de cada revista, en los últimos 20 años (gráficos 2 y 3).

GRÁFICO 2
LAS 100 PALABRAS MÁS FRECUENTES EN 'SP' (1995-2014)

FUENTE: ELABORADAS CON EL PROGRAMA NVIVO10, A PARTIR DEL TÍTULO Y RESUMEN DE LOS ARTÍCULOS DE CADA REVISTA.

La nube de *SP* corrobora la preeminencia de temas como género, sexualidad y vida familiar (*family*, *gender*, *men*, *relationship*, *sexuality* o *women*). En segundo lugar, le siguen, en orden de importancia, temas como población, inmigración y pobreza (*african*, *blacks*, *classes*, *ethnic*, *immigrant*, *inequality*, *minority*, *neighborhood*, *race*, *racial*, *segregation* o *whites*). Todo ello corrobora, como se ha señalado anteriormente, la gran cantidad de artículos que tratan ambas realidades como problemas sociales transversales (en especial el género y la etnicidad e inmigración). En tercer lugar, destacan las palabras relacionadas con el ámbito del trabajo y mercado laboral (*employment*, *income*, *jobs*, *labor*, *markets*, *organizational*, *workers* o *working*), ocupando el quinto lugar en número de artículos publicados, tal y como se reflejaba en la tabla 1. Las palabras relacionadas con la economía y política se sitúan en el cuarto puesto (*economic*, *global*, *mobilizing*, *movement*, *nations*, *participation*, *policy* o *politics*). Por último, hay que destacar la poca presencia de palabras relacionadas con crimen, salud, cultura y educación.

GRÁFICO 3
LAS 100 PALABRAS MÁS FRECUENTES EN 'REIS' (2008-2014)

FUENTE: ELABORADAS CON EL PROGRAMA NVIVO10, A PARTIR DEL TÍTULO Y RESUMEN DE LOS ARTÍCULOS DE CADA REVISTA.

La nube de *REIS* confirma el dominio que ha tenido en la agenda investigadora española la economía y la política (aglutina el 30,6% del total de artículos publicados, tabla 1), siendo múltiples las palabras relacionadas con ambos temas (*democracy*, *economic*, *elections*, *goverments*, *institutions*, *mobilization*, *nationalism*, *party*, *performance*, *policies*, *political*, *public*, *representation*, *state*, *systems* o *voting*). En segundo lugar, predominan conceptos relativos a los postulados teóricos (*social*, *sociology*, *survey* o *theory*), segundo tema en número de artículos. A continuación despunta lo vinculado a la población, inmigración y pobreza, lo que confirma el alto interés en el proceso de envejecimiento de la población (*age*, *aim*, *immigrant*, *inequality*, *integration* o *population*). Destaca, en relación con *SP*, la menor presencia en *REIS* de términos relacionados con la segregación, etnicidad o raza (*blacks*, *ethnic*, *minority*, *neighborhood*, *race*, *racial*, *segregation* o *whites*). Menos visible aún es el tema trabajo y mercado laboral que, a pesar de ocupar el cuarto puesto en número de artículos, sigue representado con conceptos claves de la sociología del trabajo (*employment*, *labour*, *occupations* u *organizations*). Por último, aparecen como problemas sociales menos tratados las palabras relacionadas con la educación y cultura, por un lado, y con género, sexualidad y vida familiar, por otro.

En resumen, al comparar ambas nubes se constata que los temas que han marcado la agenda investigadora de ambas revistas presentan diferencias destacables. Mientras "género, sexualidad y vida familiar" ha dominado la agenda sobre problemas sociales en la revista estadounidense, en el caso de la española ha sido "la economía y la política" la temática que ha destacado, sin olvidar el peso importante de los temas de carácter teórico.

## BIBLIOGRAFÍA[8]

Artículos más citados en los trabajos indexados en Scopus

WASKO, M. M. y FARAJ, S. (2005): "Why should I share? Examining social capital and knowledge contribution in electronic networks of practice", *MIS Quarterly: Management Information Systems*, 29(1), pp. 35-57 (1.280 citas).

FAZIO, R. H.; JACKSON, J. R.; DUNTON, B. C. y WILLIAMS, C. J. (1995): "Variability in Automatic Activation as an Unobtrusive Measure of Racial Attitudes: A Bona Fide Pipeline?", *Journal of Personality and Social Psychology*, 69(6), pp. 1013-1027 (1.097 citas).

KRUGER, J. y DUNNING, D. (1999): "Unskilled and unaware of it: How difficulties in recognizing one's own incompetence lead to inflated self-assessments", *Journal of Personality and Social Psychology*, 77(6), pp. 1.21-1134 (1.047 citas).

PAJARES, F. (1996): "Self-efficacy beliefs in academic settings", *Review of Educational Research*, 66(4), pp. 543-578 (901 citas).

WECHSLER, H.; JAE, E. L.; KUO, M.; SEIBRING, M.; NELSON, T. F. y LEE, H. (2002): "Trends in college binge drinking during a period of increased prevention efforts: Findings from 4 Harvard School of Public Health College Alcohol Study surveys: 1993-2001", *Journal of American College Health*, 50(5), pp. 203-217 (867 citas).

Artículos más citados en los trabajos publicados en *Social Problems*

HECKATHORN, D. D. (1997): "Respondent-Driven Sampling: A New Approach to the Study of Hidden Populations", *Social Problems*, 44(2), pp. 174-199 (1.229 citas)[9].
— (2002): "Respondent-Driven Sampling II: Deriving Valid Population Estimates from Chain-Referral Samples of Hidden Populations", *Social Problems*, 49(1), pp. 11-34 (635 citas).

---

8. 5 artículos más citados a 29 de marzo de 2015. Expuestos de mayor a menor número de citas.
9. Los dos primeros artículos de *Social Problems*, debido al número de citas, deberían estar en la lista de Scopus. No obstante, como el criterio de búsqueda de Scopus fue "social problems" en título, palabras clave y resumen, ambos artículos no cumplían tales requisitos.

McCright, A. M. y Dunlap, R. E. (2003): "Defeating Kyoto: The Conservative Movement's Impact on U.S. Climate Change Policy", *Social Problems*, 50(3), pp. 348-373 (282 citas).
— (2000): "Challenging Global Warming as a Social Problem: An Analysis of the Conservative Movement's Counter-Claims", *Social Problems*, 47(4), pp. 499-522 (205 citas).
Edin, K. (2000): "What Do Low-Income Single Mothers say about Marriage", *Social Problems*, 47(1), pp. 112-133 (177 citas).

Artículos más citados en los trabajos publicados en *REIS* (2008-2014)[10]

Cea D'Ancona, M. A. (2009): "La compleja detección del racismo y la xenofobia a través de encuesta. Un paso adelante en su medición", *Revista Española de Investigaciones Sociológicas*, 125, pp. 13-45 (11 citas).
Ferreira, M. A. (2008): "Una aproximación sociológica a la discapacidad desde el modelo social: apuntes caracteriológicos", *Revista Española de Investigaciones Sociológicas*, 124, pp. 141-174 (8 citas).
Verge Mestre, T. (2008): "Cuotas voluntarias y legales en España. La paridad a examen", *Revista Española de Investigaciones Sociológicas*, 123, pp. 123-150 (8 citas).
Toral, G. (2010): "Las asociaciones de inmigrantes como sociedad civil: un análisis tridimensional", *Revista Española de Investigaciones Sociológicas*, 132, pp. 105-130 (7 citas).
Camarero, L. y Sampedro, R. (2008): "¿Por qué se van las mujeres? El continuum de movilidad como hipótesis explicativa de la masculinización rural", *Revista Española de Investigaciones Sociológicas*, 124, pp. 73-105 (7 citas).

Referencias

CIS (2015): *Barómetro de opinión. Percepción de los principales problemas de España*, Disponible en http://goo.gl/6quVR7
GALLUP (2014): *Most Important Problem*. Disponible en http://goo.gl/kSDmDN
Newport, F. (2004): *Iraq, Economy Remain Most Important Problem*. Disponible en http://goo.gl/3YBFu6
Unesco (2010): *Informe Mundial sobre las Ciencias Sociales*, París, UNESCO.

---

10. La *REIS* se incluye en Scopus en 2008.

## CAPÍTULO 4
# CUESTIONES DE METODOLOGÍA EN EL ANÁLISIS DE LOS PROBLEMAS SOCIALES

**MODESTO ESCOBAR MERCADO Y LUIS MENA MARTÍNEZ**

Como aparece en los distintos capítulos de este libro, bajo el concepto de problemas sociales se incluye una amplia diversidad de realidades sociales y diferentes formas de abordar metodológicamente el estudio de ese ámbito sociológico. A continuación, se intenta reflexionar sobre las cuestiones metodológicas más relevantes implicadas en su análisis. Para ello se plantean tres temas. El primero afecta primordialmente al enfoque construccionista y se pregunta cómo una realidad social se convierte en problema. El segundo trata de abordar cómo se conoce la realidad social definida como problema. Finalmente, nos ocuparemos de la utilidad del análisis sociológico en la solución de los problemas sociales.

## LA CONSTRUCCIÓN SOCIOPOLÍTICA DEL PROBLEMA SOCIAL

Estudiar los problemas sociales implica una primera pregunta sobre cómo se originan y/o construyen. Para analizar cómo un hecho social llega a considerarse un problema, ha de estudiarse tanto el proceso de su formación como la evolución de su importancia. En consecuencia, al considerar los problemas sociales como una categoría de fenómenos que no ha sido definida por el investigador, sino por los actores protagonistas y afectados, la primera cuestión que hay que plantear es cómo una determinada realidad social se convierte en problema.

Hay diversos modos de enfrentarse al paso de un hecho social a un problema social. En el segundo capítulo de esta obra y en otros lugares, Best (2015) y Loseke

(2003, 2015) han abordado el enfoque construccionista, pero hay otros enfoques posibles (y complementarios). Desde la teoría sistémica, una propuesta interesante es la metodología de los sistemas blandos (Checkland, 1993). Lo que hace este autor es partir de que la aplicación de la teoría de sistemas a los sistemas sociales tiene limitaciones, dado que en las situaciones sociales nos encontramos con problemas no estructurados, que además modifican su percepción con el paso del tiempo. Desde esta óptica, los problemas sociales se entienden como desajustes de percepciones entre lo que es y lo que debería ser.

Desde una perspectiva inicialmente muy diferente, las metodologías comunitarias que apuestan por la deliberación —véase Ganuza, Francés, Lafuente y Garrido (2012), por ejemplo—, en la línea de la investigación acción participativa, la definición del problema es también una cuestión central. El punto de partida es similar: las situaciones sociales son complejas y dinámicas, y no hay soluciones totales a los problemas sociales. La definición interactiva (deliberativa) del problema es una de las cuestiones clave, y su orientación hacia la acción desde el debate de estrategias, actores y alternativas es parte esencial del modo de tratar los problemas.

En estos enfoques se cuenta con los actores en el proceso de la definición del problema de un modo inmediato (en una empresa, en un barrio), pero el análisis de problemas sociales como tales implica el reto de poder hacer análisis (incluyendo la definición de lo que se considera problema) desde un enfoque más global. Hay que contar, pues, de modo entrelazado con tres áreas de estudio que resultan útiles a la hora de abordar la definición de un hecho social como problema: la opinión pública, la agenda mediática y la agenda política.

Lo que interesa destacar sobre la opinión pública es que hay realidades sociales que se perciben como problemas ("fase del problema" como primer momento de creación del público para Foote y Hart, 1953) sobre los que no hay un acuerdo ni en su importancia, ni en su contenido concreto, ni en las propuestas de solución. Los estudios de opinión pública en la actualidad se centran en sondeos de opinión como suma de opiniones individuales estadísticamente representativas, frente al sentido discursivo y colectivo en que inciden otros clásicos de los estudios de opinión pública, como Blumer (1982) o Park (como se citó en Berganza, 2000), que recogen las opiniones agregadas de la ciudadanía o de los potenciales votantes para comparar analíticamente las opiniones en función de variables independientes diversas. Además, los estudios de opinión pública permiten analizar la importancia percibida de determinadas realidades como problemas sociales y su evolución temporal.

La selección de temas considerados dignos de atención tiene una enorme relevancia, ya que estructuran la atención. Para Luhmann (2000), los actores claves en este proceso son los medios de comunicación, que crean una "agenda mediática" (en términos de McCombs y Shaw, 1972), prestando atención a algunos temas e ignorando otros. El mundo social es demasiado grande, demasiado complejo y demasiado fugaz para conocerlo directamente (Lippmann, 1965), tenemos un tiempo y una capacidad de atención limitados y los medios hacen esa selección. Los estudios de contenido de los medios han desarrollado toda una metodología de análisis, que va desde análisis cuantitativos de muestreos de noticias —por ejemplo, Vives-Cases, Ruiz, Álvarez-Dardet y Martín (2005) sobre violencia de género— a la aplicación de tests de corte psicológico sobre la percepción de programas audiovisuales —por ejemplo, Sánchez Castillo (2012) en torno a los valores de la serie *Cuéntame*—. Además, en diversos estudios realizados desde el artículo germinal de McCombs y Shaw (1972) se ha constatado la relación entre la agenda mediática y la agenda pública en temas considerados relevantes. Lo que los medios presentan como problemático de forma sistemática es muy probable que acabe considerándose un problema (aunque no necesariamente en los términos en los que es presentado).

Una tercera área con posibilidad de definir una situación como un problema son los actores políticos. Esto nos sitúa en el área de estudios sobre la agenda política, es decir, aquellos problemas públicos que son considerados prioritarios y objeto de análisis y toma de decisiones por parte de quienes detentan el poder político (aunque no siempre lleguen a generar una política pública). Hay diversos modelos para explicar por qué algunos temas entran en la agenda política y otros no[1]. En cualquier caso, la agenda política implica la definición de determinados hechos sociales como problemas sociales sobre los que se tiene la competencia y la voluntad de intervenir, y la mayoría de los estudios analizan cómo un tema determinado es incluido o no en la agenda política.

La relación entre los problemas definidos por la opinión pública, la agenda mediática y la agenda política es estrecha y multidireccional, pero no rígida. La relación entre los medios y los políticos ha sido muy analizada (Dader, 1990), y la influencia de los medios en la opinión pública también goza de una amplia variedad de teorías y estudios empíricos, como hemos señalado. Pero no todos los problemas percibidos por los ciudadanos pasan a la agenda política, ni las prioridades de los gobiernos son percibidas como tales por la opinión pública en todos los casos. Lo que sí es claro es que los tres definen una serie de hechos sociales como problemas sociales y este proceso ha sido y está siendo estudiado y tiene sus propios retos metodológicos.

Para los investigadores sociales hay dos posiciones posibles a la hora de iniciar el análisis de un problema social. Por un lado, se encuentra la posición reactiva, que asume los problemas sociales como establecidos, analizando los hechos sociales que constituyen el problema. El protagonismo suelen tenerlo los problemas definidos por la agenda política, que demandan estudios específicos para orientar la toma de decisiones. Pero también los problemas definidos desde la opinión pública suponen un foco de atención para los investigadores y para potenciales financiadores de estas investigaciones. Por otro lado, hay investigadores expertos en un ámbito determinado que adoptan una postura proactiva, anticipando una problemática social desde un conocimiento sistemático de la realidad, partiendo de la realidad de que los

---

1. Sin ánimo de exhaustividad podemos hablar de los modelos de la movilización, de la oferta política, de la mediatización, de la anticipación, de la acción corporativista silenciosa, o de la *policy window*.

hechos definidos como problemas sociales son cambiantes, y analizan los problemas sociales, aunque no estén presentes ni sean relevantes como tales en la opinión pública o en la agenda política, asumiendo que en algún momento llegarán a ser considerados problemáticos por ciudadanos o políticos.

## EL CONOCIMIENTO DE LOS PROBLEMAS SOCIALES

Afrontada la definición de una realidad social como un problema, la siguiente tarea es hacer su análisis. La sociología y sus herramientas resultan especialmente útiles en este proceso (y nos centraremos en su enfoque) pero no es la única disciplina que se ocupa del análisis de los problemas sociales. Tenemos que señalar la importancia de las aportaciones desde disciplinas como la ciencia política, el trabajo social, las ciencias de la salud, la psicología, la pedagogía, la criminología y la economía, entre otras.

Para estudiar la dinámica y la estructura de los problemas así como para comprenderlos, pueden emplearse las herramientas metodológicas de la sociología. Ahora bien, al definir una realidad social como problema se adopta la perspectiva de la investigación aplicada y, en esa misma medida, el objetivo se traslada desde el conocimiento al planteamiento de su solución.

Ello implica el replanteamiento de la relación entre lo teórico y lo práctico. En el repaso histórico del concepto de sociología aplicada que hace Fernández Esquinas (2006), la descripción y resolución de problemas sociales es una constante (como reformadores sociales al principio, desde la demanda de las organizaciones después, y desde la demanda de los poderes públicos más tarde). Así, una de las definiciones de la sociología aplicada es la "investigación orientada por problemas sociales" (p. 18). Esto no significa que la investigación básica y la aplicada hayan funcionado de manera aislada, sino en continua interrelación, siendo el papel de la sociología aplicada no una mera aplicación de teorías, sino la búsqueda de generalizaciones empíricas que llevan (o pueden llevar) a teorías contrastadas. Para este autor, los proyectos de sociología aplicada de centros públicos de investigación contribuyen a "mejorar el conocimiento de la realidad social y aumentar el acervo de conocimientos sociológicos, ofrecer conocimientos útiles para la toma de decisiones y mantener la legitimidad de la disciplina" (p. 36).

En este sentido, la metodología de análisis de los problemas sociales no difiere de los planteamientos de la sociología aplicada, es decir, de la adquisición de conocimientos originales mediante indagación empírica dirigidos a resolver asuntos prácticos, con el matiz de que esos asuntos se han definido como problemas sociales. Estos estudios pueden ser descriptivos, analíticos o evaluativos, y pueden limitarse a una mejora del conocimiento sobre el problema que ha de ser abordado o a avanzar propuestas sobre cómo traducir esos conocimientos en la acción práctica. En definitiva, la metodología de análisis sociológico de los problemas sociales puede abarcar la metodología sociológica aplicada en su conjunto, aunque en la práctica hay espacios metodológicos propios que desarrollamos a continuación.

Es innegable que el universo de los problemas en el complejo mundo social tiene dos facetas: una objetiva, que puede estudiarse con estrategias no invasivas, y otra subjetiva, que implica la interrogación de los agentes sociales y la reflexión sobre cómo se construyen los significados. La metodología del análisis de problemas sociales debe abarcar ambos marcos para afrontarlos de modo completo. Ya Denzin (1970) abogó por la triangulación de metodologías para evitar sesgos, pero, en el caso del estudio de problemas sociales, la cuestión va más allá. Como se apuntaba en capítulos previos, los problemas sociales son producto de un proceso de definición colectiva, es decir, una representación (subjetiva y colectiva) de un objeto social. Pero esta definición no es independiente del contexto (objetivo) y sus transformaciones.

Metodológicamente, el conocimiento del contexto social nos obliga al uso de la investigación cuantitativa, de recopilación y análisis de hechos que permitan describir y explicar el problema social concreto. Sin embargo, como antes se ha señalado, la dimensión subjetiva y activa del estudio de los problemas es esencial y conlleva implicaciones metodológicas sustanciales.

La más central de todas es que el análisis de los problemas sociales implica tener en cuenta a los agentes que tienen interés en la solución del problema. Ello implica la consideración de: a) los ciudadanos y ciudadanas con problemas, que en algunos casos pueden ser la población en general (problemas ambientales, por ejemplo); b) las organizaciones y grupos que causan o solucionan los problemas; y c) los políticos, en la medida en que son mediadores de los intereses y se presentan como quienes solventan los problemas sociales.

Metodológicamente, esto supone contar con las herramientas que nos permitan acceder a la construcción de la realidad y a la consecuente definición del problema según los distintos agentes (ciudadanos, organizaciones, políticos). El acceso puede ser primario, tanto cuantitativo (a través de estudios de opinión pública) como cualitativo (entrevistas, técnicas grupales). Pero también a través del estudio documental (técnicas hemerográficas, análisis de declaraciones y documentos políticos) o mediante la explotación de datos secundarios.

Pero, además, como apuntábamos al hablar de la sociología aplicada, implica tener en cuenta las consecuencias del interés social del conocimiento de los problemas. Es decir, analizar los problemas sociales no es una cuestión abstracta o meramente académica que intente explicar el funcionamiento de las realidades sociales, sino que incluye en su planteamiento y en sus decisiones metodológicas cuestiones tan importantes como las consecuencias políticas de la investigación social, el énfasis en la efectividad más que en la validez y las expectativas de que la investigación presente resultados inmediatos.

La utilidad del análisis de los problemas sociales se aborda con detalle más adelante. Lo que aquí queremos destacar es que, como sociología aplicada, teniendo en cuenta los agentes y las potenciales transformaciones de la realidad problemática, es importante centrarse en el análisis de aquellas cuestiones que puedan ser modificadas (más que en un análisis explicativo más global y válido de las realidades sociales), con el añadido de la presión temporal de obtención de resultados visibles y rápidos por parte de los interesados. Por consiguiente, los resultados de los análisis sociológicos sobre los problemas sociales no deberían limitarse a un mero informe, sino que habrían de aspirar a tener consecuencias en la realidad del problema. En este sentido, tanto el diseño como el análisis y la presentación de resultados deberían tener en cuenta las potenciales consecuencias (políticas) de la investigación social sobre los problemas sociales concretos.

## ESTRATEGIAS DE INVESTIGACIÓN

Comenzamos comentando de modo somero las estrategias simples empleadas para el estudio de los problemas sociales. Empezaremos con las más elementales, los análisis secundarios y los análisis hemerográficos, y continuaremos con otras más complejas como las encuestas, las entrevistas y las técnicas grupales, para abordar en el siguiente apartado los diseños más empleados para diagnosticar la realidad social.

### Análisis secundarios (indicadores sociales)

El procedimiento más inmediato para la diagnosis de los problemas sociales pasa por recurrir a los estudios emprendidos por instituciones públicas o privadas, académicos e investigadores, o los agentes interesados (o desinteresados) en su solución.

En el estudio de problemas sociales es común emplear estadísticas oficiales para obtener un conjunto (o sistema) de indicadores sociales, que en muchas ocasiones son utilizados como instrumentos para la detección de las fortalezas y debilidades de los colectivos de los que pretenden ser expresión: regiones mundiales, países, estados, naciones, divisiones administrativas o municipios.

La principal ventaja de este tipo de materiales para la detección y evaluación de los problemas sociales reside en el mínimo esfuerzo que se requiere para la recolección de los datos. Además, se trata de una herramienta casi ineludible cuando se quieren estudiar hechos y realidades del pasado. Finalmente, con todas las cautelas y precauciones posibles, son un buen procedimiento para poder hacer comparaciones entre muy diversos lugares. En los diseños comparativos es casi ineludible el empleo de estadísticas al estilo que inaugurara E. Durkheim en su estudio sobre el suicidio.

Ahora bien, además del empleo de datos secundarios, un buen análisis de los problemas sociales también deberá incluir, de modo amplio, el uso de cualquier investigación previamente realizada. Bien es cierto que, al estar analizados por otras personas o instituciones, esos datos pueden introducir ciertos sesgos; pero no hay duda de que el primer paso que ha de realizarse antes de emprender una investigación es revisar lo que ya se ha hecho anteriormente, entre lo que habría que considerar entre otros materiales: a) la literatura académica en revistas de prestigio; b) las monografías publicadas en editoriales profesionales; c) los informes de instituciones independientes que se dediquen a realizar estudios y d) las publicaciones de organismos oficiales.

Estudios hemerográficos (agenda mediática)

De particular relevancia para el estudio de los problemas sociales es el empleo de fuentes hemerográficas bajo un doble prisma: el primero es el realista, que presupone que el contenido de los medios de comunicación es un reflejo de lo que ocurre en la realidad y, en consecuencia, pueden investigarse los problemas mediante el examen de las noticias que se publican en periódicos y revistas en la medida en que son considerados reflejo de lo que ocurre en la realidad. La otra perspectiva, más constructivista, lo que rastrea son las agendas mediáticas de los agentes sociales, haciendo más hincapié en los intereses de estos en su divulgación, enfoque y solución.

En la actualidad, estamos asistiendo a la proliferación del empleo de otras fuentes más amplias que las de los medios de comunicación. Nos referimos a todas las informaciones difundidas a través de la red, sea en la forma de páginas institucionales de organizaciones públicas o privadas, sea a modo de páginas personales u otros modos de expresión como los propiciados por Facebook, Twitter, YouTube o Instagram, solo por mencionar los más populares de cada clase.

La encuesta (opinión pública)

Si se está interesado en averiguar la percepción subjetiva de los problemas sociales, una de las estrategias posibles es la encuesta. Una exclusiva aportación de este instrumento es la obtención de medidas reproducibles de un conjunto amplio de personas y la cuantificación de la preocupación que un conjunto de ciudadanos sustenta de un posible repertorio de problemas sociales. Ello puede plantearse de un modo totalmente abierto o bien aportando una lista de problemas a fin de que los entrevistados juzguen cuáles consideran más o menos importantes, además de solicitar que prioricen a cuáles se debe dar más urgente solución, así como las soluciones que se estiman más eficaces para su erradicación y a quiénes se percibe como más capacitados para afrontarlos.

De modo alternativo, generalmente, también se puede emplear la encuesta para ver el grado de implicación que tienen los ciudadanos en la resolución de problemas. Los cuestionarios que versan sobre el grado de participación en manifestaciones, huelgas, organizaciones de interés, o el grado de simpatía por ciertos movimientos sociales, climas de opinión o ideologías permiten un conocimiento del grado de implicación de los actores sociales en la dinámica social.

De especial interés en el conocimiento de la opinión pública sobre los problemas sociales, de sus efectos y del comportamiento ciudadano ante su existencia sería su evolución en el tiempo. De este modo, barómetros o series de encuestas periódicas pueden proporcionar imágenes dinámicas de cómo evoluciona la percepción subjetiva de los problemas sociales y hasta qué punto determinadas reivindicaciones legítimas de los grupos sociales tienen un impacto o encuentran eco en el conjunto de la sociedad.

Otro aspecto importante de las encuestas es que permiten diferenciar los distintos grados de percepción de los problemas sociales o compromiso para su solución que tienen diferentes categorías sociales. Así, puede verse si el género, la edad, la ideología, la educación, la clase social o el territorio, por solo mencionar las más clásicas variables de clasificación sociológica, pueden o no ser buenos predictores de las diferentes posiciones que adopta la gente ante los problemas sociales. Posiblemente, el mecanismo que mejor explique tales diferencias sea el interés: en la medida en que distintos grupos sociales mantengan intereses en conflicto, su posición reivindicativa será también antagónica.

## Las entrevistas (opinión y agenda política)

En el caso de adoptar un enfoque constructivista en el abordaje de los problemas sociales tendente a descubrir el proceso de elaboración de las reivindicaciones de los grupos sociales es casi de obligado cumplimiento la elaboración de entrevistas a los actores que participan en el proceso social que tiene lugar en la emergencia y abordaje de la problemática. Si se desea estudiar, por tanto, cuáles son las posiciones de los diversos implicados en los problemas sociales, es lógico que, en lugar de plantear muchas preguntas de respuesta breve, se propongan menos interrogantes a fin de que las personas implicadas —*stakeholders*, Freeman (2010) o *claims-makers*, Best (2015)— elaboren su propia visión de los problemas que le atañen.

Frente al cuestionario, el centro de atención no son las variables con sus posibles valores, sino los sujetos y sus posturas ante los temas; las preguntas no están estandarizadas, sobre todo en sus respuestas, y la muestra no está basada en criterios de representatividad estadística, sino en cobertura temática, lo que implica que el proceso solo se acaba cuando el investigador considera que la información que va obteniendo en las sucesivas entrevistas es redundante.

En el análisis de problemas sociales pueden distinguirse cuatro tipos distintos de actores a los que entrevistar. En primer lugar, puede entrevistarse a la población general —de modo similar al que se plantea en la mayor parte de encuestas— con el fin de descubrir cuál es la posición de los miembros de una sociedad en relación con lo que se desea investigar. Existe un segundo planteamiento que es el de entrevistar solo a los afectados por los problemas, de un modo u otro, como afectado, contraparte, observador o líder de opinión. En tercer lugar, pueden dirigirse las preguntas a técnicos implicados en el estudio o solución según la posición que ostenten (apoyo de los afectados o de las contrapartes, técnicos de servicios sociales). Finalmente, el abordaje mediante entrevista puede dirigirse a las autoridades o políticos que se encargan de la prevención, solución y distribución de recursos públicos para paliar los problemas sociales.

## Estrategias grupales (opinión e intervención)

De modo más complejo que en las entrevistas a individuos, se puede recoger no solo la opinión, sino también el discurso de los distintos grupos sociales implicados en el marco de los problemas sociales. Mediante las técnicas grupales puede obtenerse información o debate sobre un tema bajo la dirección o control de un moderador. Si el propósito se centra en la obtención de información u opiniones, la estrategia grupal puede encuadrarse en los llamados "grupos focalizados" (Morgan, 1988), mientras que si está más orientada al debate y a la expresión de ideas, estaríamos ante los denominados "grupos de discusión" (Ibáñez, 1979).

En la medida en que afloran en su dinámica discursos e imaginarios colectivos que difícilmente se plasman en cuestionarios o entrevistas, los grupos proporcionan una información muy valiosa para el estudio de los problemas sociales, pues al propiciar el debate entre las personas que participan en ellos, los consensos y los conflictos sociales emergen de modo más fluido que en las técnicas donde la información se obtiene individualmente.

## DISEÑOS DE INVESTIGACIÓN

Por diseños de investigación entendemos el conjunto de esquemas metodológicos de cualquier investigación que contienen la adecuada combinación de estrategias de producción o recolección de información, análisis de datos e intervención en la realidad y posibilitan la consecución de los objetivos propuestos (Alvira y Serrano, 2015: 77). El diseño de investigación forma así parte de un todo que es el proyecto, cuyos otros contenidos esenciales son los objetivos, las preguntas y las hipótesis. Antes de emprender cualquier estudio nos hemos de preguntar qué se quiere estudiar exactamente, por qué vale la pena el esfuerzo para llevarlo a cabo, la existencia de utilidad práctica en aquello que se quiere estudiar y las contribuciones que se van a aportar, sea a la formulación de teorías sociales, sea a la descripción, interpretación, explicación o predicción del mundo social, sea a la resolución de problemas sociales. Según sean los objetivos y los recursos disponibles para la investigación, así deberá conformarse el diseño empleado.

Para el estudio de problemas sociales, como en general para la investigación social, cabe destacar cinco grandes tipos de diseños: estudios de casos, diseños comparativos, diseños experimentales, investigación-acción participativa y evaluación de programas.

## Los estudios de caso(s)/problema(s)

El diseño más elemental para la investigación es el estudio de un caso, que es la selección de un solo elemento para el estudio. Yin (1989) definía estos estudios como investigaciones que estudian un fenómeno contemporáneo en su contexto real, cuando los límites entre el fenómeno y el contexto no están claramente establecidos, y en las que se usan múltiples fuentes de evidencia. Suponiendo que se desea conocer las repercusiones del uso de drogas durante la juventud, si el objeto de investigación central es el problema del uso de drogas, estaríamos ante un estudio de un caso. En cambio, si se desea describir una serie de sujetos y su relación con las drogas, estaríamos ante un estudio de casos múltiples. Es decir, si la investigación se centra en el problema y se recogen distintos indicadores de su manifestación, entonces el diseño es el de un caso, para el que se recopila documentación múltiple con estrategias diversas. Por el contrario, si interesa la agregación de las características individuales de determinados casos, que podrían ser personas, reivindicaciones, movimientos, estaríamos ante el segundo tipo de diseños. Otra distinción similar reside en el tratamiento de cada caso, pues, según Yin, pueden ser considerados globalmente como una unidad de análisis o pueden tratarse de modo inclusivo, examinando en su interior múltiples unidades de análisis, como podría ser el análisis de un caso de política pública, o sanitaria, que se aborde teniendo en cuenta los distintos programas de salud elaborados por un determinado gobierno.

En la trayectoria del análisis de los problemas sociales, es recomendable (Spector y Kitsuse, 1977) y común (Best, 2015) el uso del estudio de casos único empleando estrategias de naturaleza cualitativa. Lo crucial en el estudio de caso es la selección de este. De este modo, tan lícito es el empleo de un caso ejemplar que represente un conjunto de problemas sociales e ilustre una teoría, como el de un caso extremo, que sea poco representativo, pero que pueda ser útil en la discusión de un argumento que dé cuenta de su excepcionalidad.

## Los diseños comparativos

Los estudios comparativos se centran en la recolección de información, generalmente obtenida mediante documentación secundaria, de unidades de tamaño medio o amplio, en relación con más de un caso, con la finalidad de establecer semejanzas y diferencias entre ellos.

Según Beltrán (1985: 14), "el método comparativo es consecuencia de la diversidad: la variedad de formas y procesos, de estructuras y comportamientos sociales, tanto en el espacio como en el tiempo, lleva necesariamente a la curiosidad del estudioso al examen simultáneo de dos o más objetos que tienen a la vez algo en común y algo diferente". Precisamente, los diseños comparativos pueden confundirse a menudo con los diseños de casos múltiples. Su carácter distintivo reside en la selección de los casos y en la estrategia de análisis basada en la "comparación explícita y sistemática para estudiar las relaciones entre variables" (Anduiza, Crespo y Méndez, 2011: 120).

En el clásico libro de Przeworski y Teune (1970), siguiendo el tratado de lógica de Mill, se distinguen dos lógicas diferentes en la selección de los casos que han de ser comparados: la primera estrategia consiste en la comparación de sistemas similares, en cuya condición ha de ser diferente lo que se quiere explicar (o variable dependiente) en los casos. En contraste, la segunda estrategia selecciona sistemas muy distintos entre sí pero que comparten lo que ha de ser explicado y, en consecuencia, la explicación se encuentra entre esos escasos factores coincidentes.

Hay otras estrategias comparativas más proclives a la selección de pocos casos de contraste. Nos referimos a la tradición iniciada por Ragin (1987) y a su propuesta de análisis comparado cualitativo basada en las lógicas booleana y borrosa, cuya utilidad en el campo del análisis de los problemas sociales se evidenció ya en 1965, año en el que Glaser publicó en *Social Problems* el artículo sobre el método comparativo continuo de análisis cualitativo.

## Los diseños experimentales

Para Campbell y Stanley (1973), que desarrollaron sus investigaciones principalmente en el campo educativo, los diseños se clasifican por su grado de experimentalidad. Posteriormente, Cook y Campbell (1979) destacan los diseños experimentales como los más indicados para la comprobación de hipótesis causales. La gran paradoja de la aplicación de este tipo de diseños al estudio de los problemas sociales es que el investigador debe efectuar una manipulación de la realidad para que se cumpla uno de los dos aspectos esenciales del experimento, a saber, la aplicación del tratamiento para que impacte en aquello que se estudia. ¿Debe o, mejor dicho, puede un investigador crear condiciones que generen problemas a un conjunto de personas o soluciones a solo un sector de la población? Podría argumentarse, en defensa de este método, que, en lugar de emplearse para estudiar las causas de los problemas sociales, se utilice en la resolución de estos o, como se verá más adelante, en la evaluación de programas o intervenciones de organizaciones sociales.

## La investigación acción-participativa

Como comentábamos antes, la investigación acción-participativa (Whyte, 1991) o investigación social participativa, como la denominan Villasante, Montañés y Martí (2000), constituye una perspectiva metodológica en la que la definición (deliberativa) del problema y la contribución a la solución/mejora del mismo son elementos centrales. Las metodologías participativas en general nacen de los movimientos sociales con pretensiones de transformar la realidad (Marchioni, 2001). La incorporación de la investigación en este proceso parte de que cualquier recogida de información es una intervención en lo social que provoca su modificación, y se propone, desde la conciencia de este hecho (el habla es acción-función pragmática/performativa del lenguaje), aprovechar los procesos de investigación social como parte del proceso de transformación de la realidad (Colectivo IOÉ, 1993).

Desde su puesta en práctica se han ido generando una serie de herramientas metodológicas interesantes a la hora de definir/construir los problemas sociales por parte de quienes están directamente implicados en los mismos, y enfocadas no solo al conocimiento sino también a la transformación (Callejo y Viedma, 2000; Montañés, 2009). La participación se inserta en esta metodología en todas las fases de la investigación. Esto implica que está presente desde el principio: en la decisión de poner en marcha el análisis del problema y, lo que más nos puede interesar, en la propia definición del objeto de estudio (¿cuál es el problema?). El punto de partida es un proceso de autorreflexión del propio equipo promotor (reflexividad), con diversos formatos, más o menos estructurados, desde cuadros de doble entrada a juegos de rol (sociodramas), para intentar hacer explícitas las ideas previas (construcciones, definiciones, presupuestos) sobre el objeto y los objetivos (Alberich, 2008).

En los análisis que se plantean, la dimensión relacional, no solo de los constructos sino sobre todo de las personas que los encarnan, está muy presente en esta perspectiva metodológica; nos referimos a lo que se suele llamar conjuntos de acción, que tienen redes de confianza entre ellos y comparten una visión y unas acciones sobre el problema a investigar. Desde la matriz de posiciones es habitual elaborar la muestra para la recogida de discursos, normalmente a través de metodología cualitativa, mayoritariamente entrevistas y grupos de discusión, pero también con bastante frecuencia observación participante.

Una última cuestión relevante es que el análisis final de estos datos externos al grupo no lo hace el equipo técnico, sino que participan los sujetos analizados. Es lo que se conoce como devolución. Lo normal es que el equipo técnico haga un primer análisis y organice la presentación de resultados para su debate en grupos más amplios. Este proceso de devolución usa diversas técnicas (tetralemas, pentalemas, multilemas, modelo *Transcend*, flujogramas...) que tienen en común una organización gráfica y ordenada de la información recogida, que se presenta del modo más literal posible (frases textuales).

Pero este análisis no solo busca comprender el problema y las distintas formas de construirlo; pretende una transformación de la realidad por medio del empoderamiento de los actores, por lo que el análisis final que se hace es estratégico (Fals Borda, 1993): dónde se pueden encontrar puntos comunes, dónde estarán las resistencias, cómo actuar desde el conocimiento de la realidad. Se identifican las partes controlables, influenciables y no controlables, en algunos casos haciendo un análisis causal (árbol de problemas). El final del proceso es siempre el diseño de planes de acción, más allá de unos meros resultados de investigación, llegando a la planificación estratégica situacional, la programación de acciones integrales y sustentables u otras acciones similares (Martín, 2001). Lo que interesa destacar es que el proceso no se queda en un mero análisis del problema, sino que incluye propuestas de acción (elaboradas de modo participativo). Y estas acciones de futuro suelen articularse en torno a una idea-fuerza de un escenario deseado que parte del análisis del problema social y trata de encontrar posibles soluciones.

## Evaluación de programas

Como planteábamos más arriba, considerar un hecho social como problema nos enfrenta al reto de su solución. Las soluciones tienen frecuentemente forma de programas sociales y políticas públicas (Rossi, Freeman y Lipsey, 2004). La evaluación de estos programas es así parte de la metodología de análisis de los problemas sociales. Aunque hay muchos tipos/categorías/nombres de evaluación, podemos resumirlos en tres (Aguilar y Ander-Egg, 1992): diseño, proceso y resultados o efectos.

La evaluación del diseño (*ex ante*) tiene como objetivo analizar el diseño del programa, su racionalidad y coherencia. El análisis trata de verificar la bondad del diagnóstico realizado (evaluación de necesidades), la existencia de objetivos claramente definidos y medibles y su correspondencia con los problemas, y examinar la lógica del modelo de intervención diseñado tanto de forma interna como en relación con otras políticas y programas (Osuna y Márquez, 2000: 18).

La identificación de los problemas (y su definición/construcción) es la cuestión clave, así como si hay consenso social sobre su importancia (evaluación de la relevancia). Existe un análisis de causas y efectos y, en paralelo, de medios y fines; es decir, un análisis de los problemas sociales, de sus causas, y, como investigación aplicada, de los aspectos en los que es posible intervenir y las herramientas que se consideran más adecuadas, comprobando si los objetivos responden a esta conceptualización y si son alcanzables y medibles (evaluación de la pertinencia). Al hilo especialmente de la cooperación internacional se ha desarrollado una estrategia de planificación para la realización de proyectos por objetivos que es conocida como enfoque del marco lógico (PCI, 1979).

La evaluación de proceso aporta información sobre el conjunto de actuaciones y actividades de un programa en su funcionamiento real, examinando la propia intervención con sus fortalezas y limitaciones. Incluye el estudio de la organización encargada de gestionar el programa y de sus procedimientos y criterios de funcionamiento interno, el análisis del personal en términos de actitud y formación, así como la dotación de recursos.

Por último, la evaluación de resultados (*ex post*) trata de conocer hasta qué punto la política o programa aplicado está consiguiendo los objetivos establecidos o está alcanzando los parámetros o criterios de valores definidos (evaluación de eficacia), y a qué coste se consiguen, en términos de tiempo, recursos humanos, recursos materiales y monetarios (evaluación de la eficiencia).

Pretende determinar y cuantificar los cambios que se han producido en la población objetivo, midiendo sus características antes, durante y después de la intervención. Una vez cuantificada la magnitud del cambio hay que deslindar en qué medida este se debe al programa llevado a cabo y no a otros factores, azarosos o no. Es el aspecto más problemático de la evaluación.

Metodológicamente, los retos de la evaluación se centran en la identificación de variables, la construcción de indicadores y, sobre todo, en la validez interna (Alvira,

1991). Que a la conclusión de un programa se observen modificaciones en el problema sobre el que se quiere intervenir no siempre significa que sea efecto del programa. Puede deberse a una relación espuria (una tercera variable que influye tanto en la causa como en el efecto), o una relación interactiva (donde la dirección de la causalidad no está clara). Y al contrario: que no se observen efectos puede deberse a una tercera variable que anule el efecto del programa (por ejemplo, una crisis general sobre un programa de mejora de la empleabilidad). Este problema de las relaciones causales es común con cualquier análisis de problemas sociales y sus potenciales causas.

## LA UTILIDAD DEL ANÁLISIS DE LOS PROBLEMAS SOCIALES

Una última reflexión metodológica antes apuntada en la que detenerse es el estudio del impacto que tiene la investigación social en la realidad. Todo análisis de un problema social, al definirlo como tal, aspira a una modificación de la realidad problemática. La relevancia de los análisis de problemas sociales, desde la perspectiva de los investigadores, se debate entre la relevancia de la cientificidad (perspectiva académica) y el efecto deseado del análisis (en términos sociales y políticos).

De un lado, quienes se ocupan del análisis de los problemas sociales, sobre todo si lo hacen desde el ámbito académico, aspiran a que sus investigaciones y publicaciones sean valoradas en términos de relevancia académica, como cualquier otro objeto de investigación (índices de impacto, presencia en congresos, formación de posgrado...). Por otro, al analizar problemas sociales se quiere plantear una mejor comprensión, desde su análisis, de una realidad problemática para su potencial transformación. Es decir, se buscan unos efectos sociales y políticos del análisis, una contribución a la solución o mejora del problema estudiado. El problema estriba en que estos dos tipos de relevancia no siempre avanzan juntos: el análisis de un problema social concreto que puede tener un impacto relevante en la realidad social y política estudiada no siempre (por no decir rara vez) tiene una relevancia académica equivalente. Y viceversa, un análisis de un problema social con un alto impacto académico puede tener muy escasa relevancia en términos sociales y políticos.

Nos interesa detenernos brevemente en la cuestión del impacto social y político de los análisis de los problemas sociales (el impacto académico está, con sus debates, mucho más claro), en concreto en la relevancia de tal impacto en términos de intervención social desde las administraciones y servicios públicos. No es fácil valorar el impacto de los análisis sociales en la intervención social, pero, metodológicamente, al menos se pueden considerar dos tipos de impacto: uno instrumental, cuando los análisis se ven reflejados en decisiones específicas, y otro conceptual, cuando los análisis afectan a la comprensión del problema por parte de los decisores.

Un análisis de un problema social tiene un efecto instrumental cuando los resultados del mismo son incorporados directamente (aunque no siempre en todas sus dimensiones) a las decisiones sobre el diseño, ejecución o sistema de evaluación de una intervención social concreta. Esto es más frecuente cuando el análisis del problema parte de la demanda de quien tiene la responsabilidad, la voluntad o el poder de actuar para solucionar o atenuar el problema. El impacto conceptual es menos evidente y no se asocia tan directamente a la demanda (y financiación) por parte de quienes toman las decisiones. Este impacto consistiría en que la forma de definir un problema social por parte de un analista sea considerada como apropiada y útil y, en este sentido, sea utilizada como la forma de comprender esa realidad social por parte de quien tiene la posibilidad de influir en ella. Las formas de lograr este impacto son diversas. En algún caso mediante contacto directo con los expertos, a través de comisiones parlamentarias, grupos de trabajo, u otras formas. Muy raramente a través de las propias publicaciones académicas filtradas por los *think tanks* de partido. Otra de esas formas convierte a los analistas sociales en elemento significativo de la opinión pública, tanto en lo relativo a la relevancia del problema (su inclusión en la agenda) como en la toma en consideración de su forma de construir el problema en el debate público (no hay que olvidar que opinión pública siempre hace referencia a un debate, no hablamos de opinión pública para referirnos a cuestiones sobre las que existe un consenso). En este sentido, los sujetos investigadores pasarían a formar parte de su objeto de estudio (como coprotagonistas de la construcción social del problema).

En resumen, el análisis de problemas sociales no solo aspira a ser útil en términos de un mejor conocimiento del funcionamiento social en general con su correspondiente reconocimiento académico, sino que su propio objeto de estudio también le impulsa a intentar ser útil en términos sociales y políticos, aportando algo a la solución o atenuación del problema social estudiado. Esta utilidad puede, en algunos casos, ser instrumental, directa, sobre todo si es contratado a tal efecto. Pero también puede aparecer de forma conceptual, contribuyendo a una mejor comprensión del problema por parte de la sociedad y, sobre todo, por parte de quienes pueden tomar las decisiones.

## BIBLIOGRAFÍA

AGUILAR, M. J. y ANDER-EGG, E. (1992): *Evaluación de servicios y programas sociales*, Madrid, Siglo XXI.
ALBERICH, T. (2008): "Investigación-acción participativa, redes y mapas sociales: Desde la investigación a la intervención social", *Portularia. Revista de Trabajo Social*, 8(1), pp. 131-151.
ALVIRA, F. (1991): *Metodología de la evaluación de programas*, Madrid, CIS.
ALVIRA, F. y SERRANO, A. (2015): "Diseños y estrategias de investigación social", en M. García Ferrando; F. Alvira; L. E. Benito y M. Escobar (comps.), *El análisis de la realidad social*, Madrid, Alianza, pp. 76-109.
ANDUIZA, E.; CRESPO, I. y MÉNDEZ, M. (2011): *Metodología de la ciencia política*, Madrid, CIS.
BELTRÁN, M. (1985): "Cinco vías de acceso a la realidad social", *Revista Española de Investigaciones Sociológicas*, 29, pp. 7-41.
BERGANZA, M. R. (2000): *Comunicación, opinión pública y prensa en la sociología de Robert E. Park*, Madrid, CIS.
BEST, J. (2015): "Beyond case studies: Expanding the constructionist framework for social problems research", *Qualitative Sociological Research*, 11(2), pp. 18-33.
BLUMER, H. (1982): *El interaccionismo simbólico*, Barcelona, Hora.
CHECKLAND, P. (1993): *Pensamiento de sistemas, práctica de sistemas*. México DF, Limusa.
CALLEJO, J. y VIEDMA, A. (2000): *Proyectos y estrategias de investigación social: la perspectiva de la intervención*, Madrid, McGraw-Hill.

CAMPBELL, D. T. y STANLEY, J. C. (1963): "Experimental and quasi-experimental designs for research on teaching", en N. L. Gage (comp.), *Experimental and quasi-experimental designs for research*, Chicago, IL, Rand McNally, pp. 171-246.
COLECTIVO IOÉ (1993): "Investigación-acción participativa: Introducción en España", *Documentación Social*, 92, pp. 59-70.
COOK, T. D. y CAMPBELL, D. T. (1979): *Quasi-experimentation: Design and analysis issues for fields settings*, Chicago, Rand McNally.
DADER, J. L. (1990): "La canalización o fijación de la 'agenda' por los medios", en A. Muñoz Alonso; C. Monzón; J. L. Rospir y J. L. Dader (comps.), *Opinión pública y comunicación política*, Madrid, Eudema Universidad, pp. 294-318.
DENZIN (1970): *The Research Act. A theoretical introduction to sociological methods*, Nueva York, Aldine.
FALS BORDA, O. (1993): "La investigación participativa y la intervención social", *Documentación Social*, 92, pp. 9-21.
FERNÁNDEZ ESQUINAS, M. (2006): "La sociología aplicada", *Revista Española de Investigaciones Sociológicas*, 115, pp. 11-39.
FOOTE, N. y HART, C. (1953): "Public opinion and collective behavior", en M. Sherif y M. Wilson (comps.), *Group relations at the crossroads*, Nueva York, Harper and Bross, pp. 308-331.
FREEMAN, R. E. (2010): *Strategic management*, Cambridge, Cambridge University Press.
GANUZA, E.; FRANCÉS, F.; LAFUENTE R. y GARRIDO, F. (2012): "¿Cambian sus preferencias los participantes en la deliberación?", *Revista Española de Investigaciones Sociológicas*, 139, pp. 111-132.
GLASER, B. G. (1965): "The constant comparative method of qualitative analysis", *Social Problems*, 12(4), pp. 436-445.
IBÁÑEZ, J. (1979): *Más allá de la sociología*, Madrid, Siglo XXI.
LIPPMANN, W. (1965): *Public opinión*, Nueva York, MacMillan.
LOSEKE, D. R. (2003): *Thinking about social problems: An introduction to constructionist perspectives*, Nueva York, Transaction Publishers.
— (2015): "Introduction to constructionist futures: New directions in social problems theory", *Qualitative Sociology Review*, 11(2), pp. 6-14.
LUHMANN, N. (2000): *La realidad de los medios de masas*, Barcelona, Anthropos.
MARCHIONI, M. (2001): *Comunidad, participación y desarrollo. Teoría y metodología de la intervención comunitaria*, Madrid, Editorial Popular.
MARTÍN, P. (2001): "Mapas sociales: método y ejemplos prácticos", *Diálogos: Educación y formación de personas adultas*, 25, pp. 26-36.
MCCOMBS, M. Y SHAW, D. L. (1972): "The agenda-setting function of the mass media", *Public Opinion Quarterly*, 36, pp. 176-187.
MONTAÑÉS, M. (2009): *Metodología y técnica participativa: Teoría y práctica de una estrategia de investigación participativa*, Barcelona, UOC.
MORGAN, D. L. (1988): *Focus groups as qualitative research*, Londres, Sage.
OSUNA, J. L. y MÁRQUEZ, C. (2000): *Guía para la evaluación de políticas públicas*, Sevilla, Instituto de Desarrollo Regional. Disponible en http://siare.clad.org/siare/innotend/ evaluacion/manualeval.pdf
PCI (1979): *The logical framework. A manager's guide to a scientific approach to design and evaluation*. Disponible en http://pdf.usaid.gov/pdf_docs/pnabn963.pdf
PRZEWORSKI, A. y TEUNE, H. (1970): *The logic of comparative social inquiry*, Nueva York, Wiley.
RAGIN, C. C. (1987): *The comparative method. Moving beyond qualitative and quantitative strategies*, Berkeley, University of California Press.
ROSSI, P. H.; FREEMAN, H., y LIPSEY, M. W. (2004): *Evaluation. A systematic appoach*, Thousand Oaks, Sage.
VIVES-CASES, C.; RUIZ, M. T., ÁLVAREZ-DARDET, C. y MARTÍN, M. (2005): "Historia reciente de la cobertura periodística de la violencia contra las mujeres en el contexto español (1997-2001)", *Gaceta sanitaria: Órgano oficial de la Sociedad Española de Salud Pública y Administración Sanitaria*, 19(1), pp. 22-28.
SÁNCHEZ CASTILLO, S. (2012): "Valores morales, empatía e identificación con los personajes de ficción: El universo representativo de 'Cuéntame cómo pasó' (TVE)", *Revista Mediterránea de Comunicación: Mediterranean Journal of Communication*, 3(2), pp. 83-110.
SPECTOR, M. Y KITUSE, J. I. (1977): *Constructing social problems*, Hawthorne, Nueva York, Aldine de Gruyter.
VILLASANTE, T. R.; MONTAÑÉS, M. y MARTÍ, J. (coords.) (2000): *La investigación social participativa*, Barcelona, El Viejo Topo-Red CIMS.
WHYTE, W. F. (1991): *Participatory action research*, Newbury Park, Sage.
YIN, R. K. (1989): *Case study research: Design and methods*, Newbury Park, Sage.

CAPÍTULO 5
## PROBLEMAS SOCIALES, ESTRUCTURAS AFECTIVAS Y BIENESTAR EMOCIONAL

EDUARDO BERICAT

## LA INCORPORACIÓN DE LAS EMOCIONES AL ESTUDIO DE LOS PROBLEMAS SOCIALES

Las obras de los padres fundadores de la sociología siempre consideraron los estados afectivos de los individuos. De hecho, en tal época hubiera sido impensable concebir un ser humano carente de emociones o sentimientos. Y ello explica por qué los sociólogos clásicos no otorgaron a las emociones ni un estatuto especial, ni un trato diferenciado. Su sociología integraba la afectividad humana de un modo casi inconsciente, como resultado de una sabiduría espontánea y natural.

La sociología moderna, por el contrario, en su ansia de llegar a ser una ciencia equiparable a las ciencias naturales, una ciencia exacta y objetiva, fue progresivamente relegando todo aquello que pudiera poner en cuestión la pretendida cientificidad de esta nueva disciplina. En este contexto ha de entenderse, por ejemplo, el hecho de que Albion Small, fundador en 1892 del primer Departamento de Sociología en los Estados Unidos, e impulsor pionero del reconocimiento de la sociología como disciplina académica, prohibiera en 1915 la inclusión de fotografías en la *American Journal of Sociology*, revista que él mismo había fundado en 1895. De un lado, el uso de imágenes acercaba la disciplina hacia el polo documentalista de los modos descriptivos de la realidad social. De otro, la polisemia y la potencia icónica de las imágenes parecían desbordar cualquier significado preciso con el que toda ciencia exacta necesita trabajar para obtener resultados medibles. Así que, a partir de entonces, las estadísticas sustituyeron a la documentación visual, y los números se impusieron a las imágenes.

Por idénticas razones, los sentimientos también fueron progresivamente desplazados del contenido de los estudios sociológicos. Una ciencia orientada al estudio objetivo de los hechos sociales, como si fueran cosas, no podía edificarse sobre la base de una realidad tan lábil y fluctuante como los sentimientos humanos, una realidad subjetiva, individual e inconmensurable. Durante décadas, mientras el paradigma moderno y positivista de la ciencia y la racionalidad cognitivo-instrumental mantuvo intacta su legitimidad y hegemonía, las emociones fueron literalmente desterradas del análisis sociológico (Bericat, 2000). Solamente los movimientos contraculturales que brotaron en los años sesenta del pasado siglo, así como el subsecuente giro cultural posmoderno de los ochenta, sembraron las condiciones de un reconocimiento del papel fundamental que las emociones desempeñan en todos los fenómenos sociales y, por ende, de la necesidad de incorporar el análisis de las emociones en cualquier estudio social. Fue precisamente entonces cuando un grupo de pioneros, entre los que cabe citar a Theodore D. Kemper, Arlie R. Hoschschild, Thomas Scheff o Randall Collins, crearon y fueron dando forma a la sociología de las emociones.

El corpus de conocimientos desarrollado durante las cuatro décadas de existencia de la sociología de la emociones permite abordar hoy, con suficiente garantía y rigor, la incorporación de las emociones a cualquier ámbito de estudio, incluido el estudio sociológico de los problemas sociales. Los sociólogos de las emociones han revelado tanto la intrínseca naturaleza social de los sentimientos como la naturaleza emocional de todos los fenómenos sociales; han elaborado un amplio y robusto abanico de teorías sociológicas de las emociones; han analizado sociológicamente muchos sentimientos (miedo, vergüenza, rabia, confianza, simpatía, etc.); y han enriquecido la comprensión de muchos campos de estudio sociológico (género, trabajo, organizaciones, movimientos sociales, etc.) incorporando en ellos el análisis de sus estructuras afectivas y dinámicas emocionales (Bericat, 2000, 2015).

En este capítulo mantendremos la tesis general de que la plena incorporación de las emociones al estudio de los problemas sociales imprimiría un gran impulso al necesario desarrollo y renovación de este ámbito de estudio. Con este fin, en el segundo epígrafe trataremos de mostrar hasta qué punto el dolor, la infelicidad y el sufrimiento constituyen el núcleo más humano e íntimo de cualquier fenómeno al que podamos catalogar como problema social. Dicho de otro modo, *el verdadero problema humano* que siempre late tras un problema social es el malestar emocional o subjetivo, esto es, el dolor, la infelicidad y el sufrimiento que causa en las personas. Si la crisis de los refugiados sirios puede ser considerada un problema social es porque muchas personas, incluidos muchos niños, están sufriendo mucho. Si el desempleo, la pobreza, la desigualdad o el consumo de drogas, por poner otros ejemplos, pueden ser considerados problemas sociales, es porque el sufrimiento de muchas personas está en juego ¿Qué sentido tendría calificar algo de problema social si no alterara en absoluto el estado emocional de las personas, esto es, si ese algo nos fuera completamente indiferente?

Dado que todos los problemas sociales elevan en cierto grado el malestar emocional de las personas afectadas, nos interesa conocer cuáles son los principales mecanismos y factores sociales causantes del sufrimiento humano. Por este motivo, en el tercer epígrafe del capítulo expondremos el esbozo de una *teoría sociológica de la infelicidad*. Ahora bien, para poder analizar la felicidad e infelicidad de la gente, así como su distribución en la estructura social, necesitamos un modelo de medición que nos permita cuantificar el grado en que una persona es feliz o infeliz. De ahí que, en el cuarto epígrafe, presentemos el Índice de Bienestar Socioemocional (IBSE), un indicador compuesto que nos ha permitido estimar el número de españoles y europeos que, en 2006 y en 2012, pertenecen a alguno de estos cinco tipos de personas: felices, contentos, satisfechos, no satisfechos y no felices.

Finalmente, en el quinto epígrafe, utilizando datos de la Encuesta Social Europea, demostraremos, no solamente que incluso en sociedades altamente desarrolladas y supuestamente felices, como la española o las europeas, el sufrimiento y la infelicidad están muy extendidos, sino que tales sufrimientos se distribuyen según pautas muy reconocibles de desigualdad social. El análisis de las *desigualdades emocionales* revela la existencia de una evidente *estratificación social de la felicidad y de la infelicidad*. En suma, mientras que algunas personas gozan de un elevado bienestar subjetivo y disfrutan intensamente de la vida, otras, por el contrario, están sumergidas en un continuo y profundo malestar emocional, un intenso sufrimiento y una casi permanente infelicidad.

## EL PROBLEMA HUMANO QUE LATE TRAS TODOS LOS PROBLEMAS SOCIALES

Reflexionemos por un momento sobre fenómenos concretos considerados habitualmente como problemas sociales: pobreza, crimen, violencia, enfermedad, desigualdad de género, desempleo, terrorismo, drogadicción, falta de vivienda, guerra, desahucios, desigualdad económica, maltrato femenino, malnutrición infantil, exclusión y discriminación social, redes mafiosas, desastres naturales, depresión, bandas juveniles, miedo, emigración, éxodo, refugiados, polución ambiental, acoso laboral, soledad, obesidad, explotación productiva, racismo, pederastia, fraude fiscal, narcotráfico, violación de los derechos humanos, etc.

Pues bien, pese a la inmensa diversidad de problemas sociales, característicos de nuestra época, que podemos encontrarnos, pese a la variedad de mecanismos causales que los generan y los mantienen, y pese a la cantidad tanto de actores implicados como de individuos afectados, sostenemos que todos ellos comparten una misma esencia vital: *sufrimiento humano*. Por ello, de acuerdo con nuestra tesis, un fenómeno es y debe ser considerado como un problema social en tanto entrañe sufrimiento para algunas personas, es decir, en la medida en que por su causa existan seres humanos de carne y hueso que sufran. Sostenemos que, en último término, tras su infinita casuística, únicamente existen dos verdaderos problemas sociales: el *sufrimiento* y la *muerte*. De ahí la transcendental relevancia humana que adquiere el suicido en tanto frontera o límite que establece el hombre libre entre la infelicidad y la decisión de causar su propia muerte.

Creemos que la presencia del sufrimiento y la infelicidad en todos los fenómenos que catalogamos como problemas sociales es evidente en sí misma. Ahora bien, en cuanto sigue queremos mostrar, además, que todas las propuestas y perspectivas que han tratado hasta ahora de definir qué es un problema social reconocen, explícita o implícitamente, la presencia del dolor, del sufrimiento y del malestar emocional. Analizando estas perspectivas veremos que sin sufrimiento humano como telón de fondo no tendría ningún sentido hablar de la existencia de un problema social.

Analicemos, ahora, las tres perspectivas con las que se han abordado los problemas sociales, según Weick (1984): objetivista, culturalista y construccionista. En primer lugar, para la *perspectiva objetivista*, problemas sociales son todos aquellos fenómenos que tienen un impacto negativo grave en una parte considerable de la sociedad (Kohn, 1976: 94). Ahora bien, más allá del grado de objetividad que pueda atribuirse a las condiciones sociales causantes del tal impacto, negativo y grave, es evidente que, en último término, la naturaleza de ese impacto ha de ser necesariamente emocional. Siempre podrá ser traducido y evaluado en términos de los estados emocionales negativos que provoca en la población, sea sufrimiento, dolor, vergüenza, miedo, humillación, desesperanza o infelicidad. La gravedad del impacto dependerá, a su vez, de la intensidad y del tiempo durante el que las personas se vean afectadas por esos estados emocionales. Argumentando por reducción al absurdo, diríamos que si un determinado fenómeno no afectara en absoluto a nadie, es decir, si a todos les fuera totalmente indiferente, no tendría ningún sentido calificarlo de problema social. ¿A qué parte de la población, a cuántas personas debe afectar un fenómeno para que pueda ser definido como problema social? Esta cuestión es, sin duda, debatible, y de hecho ha dado lugar a muchas controversias.

En segundo lugar, desde la *perspectiva culturalista* los problemas sociales no se conciben como efecto directo y mecánico de unas determinadas condiciones sociales objetivas, sino como el resultado de la relación existente entre, por una parte, los deseos y expectativas de la población y, por otra, los logros efectivamente alcanzados. De acuerdo con Merton (1971), los problemas sociales emergen cuando en una sociedad existen discrepancias substanciales entre estándares normativos ampliamente compartidos por la población y sus condiciones reales de vida. Ahora bien, como ya pusiera de manifiesto Durkheim en su clásico estudio de *El suicido* (Bericat, 2001), las discrepancias entre la norma social, los valores humanos o los deseos individuales, por un lado, y la definición cognitiva mediante la que los individuos o los colectivos perciben los hechos o las condiciones de vida, por otro, provocan necesariamente determinadas emociones negativas, como frustración, insatisfacción, descontento, decepción, tristeza o infelicidad. Esta ecuación relativa entre deseos y logros opera siempre como fundamento de nuestro grado de frustración e infelicidad. Dicho en palabras de Emilio Lledó (2011: 63): "La felicidad emerge de un permanente estado de vigilia en el que, a distintos niveles de conciencia, se plantea la necesidad de una correspondencia entre la posibilidad y la realidad".

En tercer lugar, la *perspectiva construccionista* sostiene que no es posible ofrecer una definición ni objetiva ni culturalista de los problemas sociales. Solamente cabe constatar si un determinado fenómeno o situación es considerado *de facto* por algún individuo, grupo o colectividad, en algún momento del tiempo, como un problema social. Así, Spector y Kitsuse (1977: 75) caracterizan los problemas sociales como las actividades de individuos o grupos que mantienen quejas o reclamaciones respecto de unas supuestas condiciones (Best, 2002). Las reivindicaciones sociales y las demandas de cambio son la que, en último extremo, demostrarían la existencia de un problema, problema inexistente cuando faltan tales quejas y reclamaciones. Dicho de otro modo, la percepción de los problemas sociales que nos propone esta perspectiva estaría vinculada a los climas emocionales y a las emociones colectivas de indignación, rabia, enfado o ira, bien estén provocadas por la humillación o la vergüenza que generan la falta de consideración y el trato injusto recibido, bien por el miedo y la inseguridad derivadas de la falta de poder o de recursos para controlar una determinada situación amenazante. En este sentido, la dinámica emocional de los problemas sociales sería análoga a la que cataliza el nacimiento y mantiene vivo el impulso de los movimientos sociales (Jasper, 2011, 2014), área sociológica en la que la incorporación de las emociones ya ha obtenido evidentes frutos, y con la que el ámbito de estudio de los problemas sociales mantiene una íntima conexión.

Analicemos, ahora, tres puntos de vista desde los que son observados los problemas sociales, según Kerbo y Coleman (2006): el de la gente, el de los sociólogos, y el de los construccionistas sociales. En primer lugar, "la *gente* en general concibe un problema social como cualquier condición que es perjudicial para la sociedad" (p. 363). Aunque estos autores nos advierten de que el significado de los términos "perjudicial" y "sociedad" es ambiguo y confuso, en este caso, al igual que en la perspectiva objetivista, es evidente que todo perjuicio o daño ha de remitir en último extremo a experiencias de dolor, displacer, infelicidad, sufrimiento o muerte. Por nuestra parte, debemos advertir que la *estructura afectiva* de un determinado perjuicio social es compleja y problemática, por lo que su comprensión requerirá siempre la realización de minuciosos análisis emocionales. En segundo lugar, estos autores afirman que para los *sociólogos* "existe un problema social cuando hay una diferencia considerable entre los ideales de una sociedad y sus logros reales" (p. 363). En este caso nos advierten que es difícil medir tanto los valores sociales como los logros, así como distinguir entre valores sociales e intereses particulares. Ahora bien, teniendo en cuenta la función de señal que cumplen las emociones, es decir, que las emociones constituyen la manifestación corporal de la relevancia que para el sujeto tiene algún hecho del mundo natural o social (Bericat, 2000, 2015), el análisis emocional también podría indicarnos hasta qué punto existe una distancia entre los deseos, valores e intereses, por un lado, y las realizaciones individuales o sociales, por otro. En tercer lugar, para los *construccionistas sociales*, "existe un problema social cuando un número significativo de personas cree que una determinada condición es, de hecho, un problema" (p. 363). Así pues, "es la gente (no un sociólogo) quien decide qué es y qué no es un problema" (Kerbo y Coleman, 2006: 363). Ahora bien, más allá de la necesidad que tiene el investigador de conocer la *definición de la situación* que opera en la cultura o en la conciencia de las personas, el conocimiento de la estructuras afectivas y de las dinámicas emocionales podría indicarnos la existencia de un problema social incluso antes, o independientemente, de que la definición cognitiva de la *situación problemática* se haya constituido como tal. Así, por ejemplo, el hecho de que un alto nivel de contaminación ambiental todavía no haya sido definido cognitivamente como problema social no impide que la gente lo sufra, o incluso muera, por esta causa. Los ejemplos podrían multiplicarse, y todos ellos muestran la necesidad de combinar los análisis cognitivo y emotivo de la situación causante de un problema social.

Tras considerar las perspectivas expuestas, creemos necesario formular una nueva basada en la incorporación de las emociones al estudio de los problemas sociales. Esta nueva perspectiva sostiene que *existirá un problema social cuando algún fenómeno, factor, proceso o condición de una determinada sociedad esté provocando infelicidad o sufrimiento intenso y duradero en algunos seres humanos*.

Pero ¿cuándo debemos considerar que un problema, causante de infelicidad, es social? Sigmund Freud especificó, en *El malestar en la cultura*, "las tres fuentes del humano sufrimiento: la supremacía de la Naturaleza, la caducidad de nuestro propio cuerpo y la insuficiencia de nuestros métodos para regular las relaciones humanas en la familia, el Estado y la sociedad" (Freud, 1930/1999: 3031). Según esta clasificación, es obvio que solo deberíamos catalogar un determinado problema como social cuando la sociedad, en sí misma, forme parte de la cadena interviniente o del mecanismo causal que produce, activa, agrava, mitiga o elimina un sufrimiento o muerte. Ahora bien, sabemos, y debemos tener muy en cuenta, que tanto las estructuras como los procesos sociales condicionan la intensidad y la extensión de todos los sufrimientos, independientemente de cuál sea su fuente original. Los sufrimientos y muertes derivados de una enfermedad grave, como por ejemplo la causada por el virus del ébola, son radicalmente distintos en Europa y en África. La desolación, destrucción y muerte que reina tras un desastre natural, como por ejemplo un terremoto, no es la misma en Japón, en Haití o en Nepal. Por este motivo, todo sufrimiento humano, sea cual sea su origen, es siempre en alguna medida también un problema social.

A la hora de incorporar las emociones al estudio de los problemas sociales, también hemos de tener en cuenta que tanto el sufrimiento como la infelicidad no son emociones primarias o simples, sino metaemociones alimentadas por estructuras afectivas complejas compuestas por los muchos y muy diferentes sentimientos y estados emocionales que un sujeto sentiente experimenta en un momento dado del tiempo (Bericat, 2006, 2015). Los individuos, ubicados en el contexto de una determinada situación, nunca experimentamos un único sentimiento. La vida emocional de los seres humanos es muy rica y compleja, y hasta en la situación social más simple, los actores viven un amplísimo universo afectivo compuesto por muchos estados emocionales. El sujeto sentiente jamás puede ser captado mediante la comprensión de un único estado emocional, por muy importante y clave que este sea. De ahí que para comprender cabalmente a los seres humanos debamos estudiar la *estructura afectiva* completa que define emocionalmente su situación social. El magnífico estudio de García de la Cruz y Zarco (2004) sobre la situación de las mujeres con gran discapacidad, que registra los estados emocionales que forman parte de su estructura afectiva (amor, cariño, autoestima, compasión, culpa, depresión, felicidad, disfrute, frustración, humillación, miedo, pena, resignación o soledad), constituye un buen ejemplo de pionera, aunque incipiente, incorporación de las emociones al análisis de los problemas sociales.

En el análisis de cualquier problema social encontraremos una compleja red de actores con diferentes grados de implicación (protagonistas, actores de reparto, figurantes, espectadores), y con diferentes vínculos (víctimas, verdugos, testigos). En este contexto, cada sujeto social experimenta una estructura afectiva diferente, esto es, un conjunto particular de estados emocionales característicos de su situación existencial. Ahora bien, dado que tanto los problemas sociales como la experiencia vital de los sujetos implicados en los mismos no son fotografías fijas sino procesos societarios y personales en continuo desarrollo, además de analizar las estructuras afectivas es imprescindible comprender sus dinámicas emocionales. Las emociones no permanecen estables a lo largo del tiempo, sino que evolucionan con el cambio de la propia situación, y con el desarrollo del propio sujeto. Por último, además de analizar en el nivel micro las estructuras afectivas de los sujetos implicados, también debemos analizar en el nivel macro los *climas emocionales* (De Rivera, 1992) y las *emociones colectivas* (Bericat, 2002) que configuran la dinámica societaria de un problema social.

En suma, la incorporación de las emociones al ámbito de estudio de los problemas sociales requiere *analizar las estructuras afectivas y las dinámicas emocionales experimentadas, tanto en el nivel micro como en el macro, por todos los sujetos implicados en un determinado problema social.*

## ESBOZO DE UNA TEORÍA SOCIOLÓGICA DE LA INFELICIDAD

En el origen de la modernidad, el pensador inglés Jeremy Bentham, padre del utilitarismo, sostuvo que el criterio para evaluar toda acción humana y toda institución social no podía ser otro que la utilidad, esto es, el placer o el sufrimiento que tales acciones o instituciones reportaran a los seres humanos. Basándose en este principio afirmó, haciendo célebre una sentencia usada previamente por Francis Hutcheson, que el objetivo último de toda sociedad era lograr "la mayor felicidad para el mayor número". En esa misma época, el Preámbulo de la Declaración de Independencia de los Estados Unidos, de 4 de julio de 1776, incluyó entre los derechos inalienables de los seres humanos "la vida, la libertad y la búsqueda de la felicidad".

Ahora bien, conforme avanzaba el desarrollo moderno, la meta original de alcanzar la *felicidad* fue siendo sustituida poco a poco por el logro del *bienestar material*, bienestar que acabó interpretándose como mero incremento cuantitativo de la *riqueza económica*. A su vez, debido a la progresiva mercantilización de la vida, la riqueza material quedó finalmente circunscrita a la realidad computable en el agregado monetario conocido como PIB. En 1934, el economista ruso-americano Simon Kuznets presentó ante el congreso estadounidense este nuevo indicador, el Producto Interior Bruto (PIB), que desde hace 80 años gobierna el horizonte axiológico de las naciones del mundo.

El debilitamiento y la relativa deslegitimación de los valores modernos que estamos experimentando en la actualidad, así como la evidencia de que la riqueza y el desarrollo económico no han sido capaces de resolver todos los problemas sociales y humanos, han restablecido la felicidad en el centro de la agenda política y social de los países desarrollados. La Comisión Europea celebró en 2007 una conferencia con el objeto de crear medidas más inclusivas que el PIB para estimar el progreso, la riqueza y el bienestar de las naciones; la OCDE promueve un programa, denominado "Más allá del PIB" (*Beyond GDP*), para desarrollar nuevos indicadores; el informe realizado por Stiglitz, Sen y Fitoussi (2009) para la Comisión tenía por objeto mejorar las mediciones tanto del desarrollo económico como del progreso social; el primer ministro de Gran Bretaña, David Cameron, pidió en 2010 a la Oficina Nacional de Estadística que estableciera medidas del bienestar subjetivo de los ciudadanos; en el año 2012, según Resolución aprobada en la Asamblea General, la ONU declaró que la búsqueda de la felicidad es un objetivo humano fundamental, proclamando el 20 de marzo como Día Internacional de la Felicidad. En el año 2011, la OCDE presentó el Índice para una Vida Mejor (*Better Life Index*), ofreciendo mediante una aplicación *online* en su página web una visualización comprensiva del progreso y del bienestar de los países desarrollados.

Es evidente que el contexto actual impone una necesaria superación de la riqueza económica como medida exclusiva del desarrollo y, en este sentido, la medición de la felicidad adquiere una relevancia extraordinaria, pues el bienestar subjetivo constituye el complemento y contrapunto que las sociedades necesitan a la hora de evaluar tanto la eficacia como la eficiencia de sus desempeños sociales. El logro de riqueza económica ha constituido el reto por excelencia que las sociedades modernas han perseguido. Pero las sociedades avanzadas, hipermodernas y posmodernas deben, yendo más allá del PIB, evaluar el grado de bienestar emocional que disfrutan los ciudadanos, y reajustar su cultura corrigiendo la excesiva valoración que se otorga en la actualidad al consumo y a la riqueza meramente económica. En suma, nuestras sociedades requieren una evaluación simultánea, complementaria y equilibrada, tanto del bienestar económico y material como del bienestar subjetivo y emocional. Por este motivo, debemos estudiar bajo un mismo paradigma unificado los mecanismos capaces de reducir la pobreza, el sufrimiento y la infelicidad.

La conquista de la felicidad, en expresión de Bertrand Russell, constituye un reto esencial, perfectamente legítimo, de cualquier ser humano. Aristóteles, Demócrito, Epicuro o Boeccio otorgaron a la felicidad un papel muy destacado en su ética. Ahora bien, la búsqueda de la máxima felicidad, o su consideración como único patrón para evaluar la vida, siempre ha levantado entre los filósofos fundadas suspicacias y sospechas. Así, para John Locke libertad y felicidad son inseparables. De hecho, este pensador sugiere como objetivo en la vida el logro de una "felicidad razonable". John Stuart Mill, por su parte, prefiere ser un Sócrates insatisfecho antes que un cerdo satisfecho. Y, en general, las personas sensatas asocian la felicidad extrema y permanente con la idiotez o la estulticia del bobo. El principio del logro de la máxima felicidad genera aún más suspicacias y sospechas cuando es adoptado como objetivo político. *Un mundo feliz* (*Brave New World*), la novela de Aldous Huxley, nos previene contra las utopías sociales que proclaman como meta la felicidad. Este es el caso del régimen de Corea del Norte que, con su dictador hereditario Kim Jong Un al frente, trata de legitimar la ausencia total de libertad con un tramposo discurso político de la felicidad.

Desde una perspectiva sociológica afín al estudio de los problemas sociales, creemos que es más prudente invertir el principio utilitarista, orientando nuestros análisis no según la máxima de la mayor felicidad para el mayor número, sino la de "la menor infelicidad para el mayor número", es decir, no tanto a la conquista de la felicidad, cuanto a la eliminación de la infelicidad y del sufrimiento. Desde esta perspectiva, debe promoverse una *sociología del sufrimiento* orientada fundamentalmente al estudio de los problemas sociales que causan la infelicidad. Esta subdisciplina debe asumir inicialmente al menos cuatro tareas: 1) la compresión sociológica de la naturaleza del sufrimiento; 2) el análisis de la distribución y de la estratificación social de la infelicidad; 3) el estudio de las culturas del dolor y del sufrimiento humano; y 4) la determinación de los problemas, mecanismos causales y lógicas sociales que provocan infelicidad (Bericat, 2006).

Con este horizonte en mente, resulta fundamental establecer una *teoría sociológica de la infelicidad*. Esta teoría, aplicada al ámbito de la estratificación social, debiera dar cuenta de los mecanismos causales más relevantes que vinculan *exclusión social* y *exclusión de la felicidad*. Pues bien, de la inducción teórica desarrollada a partir de los análisis empíricos realizados aplicando el IBSE al conjunto de la población europea, emergió un modelo basado en tres privaciones fundamentales, a saber, la *falta de respeto*, la *falta de dinero* y la *falta de sentido*. Los datos demuestran que la carencia de cualquiera de estos tres bienes esenciales de la vida humana provoca infelicidad. La literatura científica sobre el efecto que estos tres factores causales tienen sobre el bienestar subjetivo de las personas es abundante (Ryan y Deci, 2001: 152-157). También la sociología clásica había considerado el efecto de estos factores: la falta de respeto está íntimamente vinculada al concepto de estatus, clave en la obra de Weber; la carencia de dinero y, en general, de recursos de mercado, fundamenta la clase social, categoría básica en la obra de Marx; la falta de sentido, por último, está relacionada con el papel que desempeñan los individuos en la división social del trabajo, perspectiva esencial en la obra de Durkheim. Ahora bien, teniendo en cuenta que los factores causantes de emociones negativas son distintos a los que provocan emociones positivas, es preciso advertir que ni el respeto, ni el dinero, ni el sentido son capaces por sí mismos de ofrecer a los seres humanos una vivencia de plena felicidad.

El *respeto*, esto es, el reconocimiento de que cualquier ser humano, por el simple hecho de serlo, merece un trato personal especial mediante el que se le ha de atribuir suficiente valor, evitando el desprecio, la indiferencia, el desaire o la repulsa, constituye un elemento clave de la buena vida y, por ende, la falta de respeto provoca sufrimiento e infelicidad. La falta de respeto opera como mecanismo clave en la discriminación, la exclusión y la estratificación social (Sennett, 2012). El trato respetuoso, si bien establece el nivel mínimo de calidad que han de tener nuestras relaciones sociales es, por sí mismo, incapaz de hacer que una persona llegue a sentirse plenamente feliz. En el ámbito de la sociabilidad humana, únicamente mediante el *amor* puede alcanzarse plena felicidad.

El *dinero*, o dicho con precisión, un mínimo nivel de recursos, es absolutamente necesario tanto para afrontar las dificultades y problemas de la vida, evitando así situaciones penosas e indeseables, como para disponer de las oportunidades vitales que nos permitan alcanzar las metas, disfrutando así de las correspondientes satisfacciones y alegrías. En las sociedades capitalistas el dinero constituye el equivalente general que garantiza la adquisición de muchos otros recursos y bienes. Ahora bien, aunque el dinero protege contra los sufrimientos derivados de la imposibilidad de satisfacer las necesidades básicas, es al mismo tiempo y por los mismos motivos incapaz de satisfacer las necesidades superiores propias de la naturaleza humana. En nuestras sociedades avanzadas, las acreditaciones educativas operan como mecanismo regulador de la distribución desigualitaria de dinero. Pero, más allá de cumplir ese papel, es evidente que en el ámbito de los recursos vitales al alcance de las personas, solamente mediante la educación en sentido amplio, es decir, mediante la *sabiduría*, puede el ser humano alcanzar la felicidad.

De acuerdo con la interpretación eudamónica de la felicidad, el *sentido* que los propios individuos otorgan a sus vidas configura el sustrato básico que nutre su bienestar emocional. Por tanto, una absoluta carencia de sentido engendra un vacío horrible en el seno de la existencia. La falta de sentido arrastra hacia el tedio y el aburrimiento estéril, privando a la persona de la motivación y energía emocional necesarias para animar la vida, evitando así el desaliento, la desesperanza y la desolación. El sentido, un aspecto del *ser*, está sin embargo íntimamente relacionado con el *hacer*, esto es, con las actividades y funciones sociales que el sujeto desempeñe. De ahí que las personas socialmente excluidas, privadas de una participación activa y plena en la vida cultural, laboral o económica de la sociedad, tengan cegadas las fuentes del sentido vital. La falta de significado en la vida provoca aburrimiento, tristeza, ansiedad y depresión pero, a la inversa, el sentido, por sí mismo, no garantiza la felicidad. En el ámbito de la actividad humana, solamente los *logros* acordes con el sentido que cada cual otorgue a su vida pueden hacer que una persona llegue a sentirse plenamente feliz.

## LA MEDIDA DE LA FELICIDAD

Aceptar la tesis de que existe un problema social cuando algún fenómeno, factor, proceso o condición de una determinada sociedad esté provocando sufrimiento intenso y duradero en algunos seres humanos implica que debemos disponer de instrumentos, tanto cualitativos como cuantitativos, que nos permitan detectar, comprender y graduar el sufrimiento de los individuos, grupos y colectivos sociales.

En este apartado presentamos un modelo cuantitativo de medición del sufrimiento, aplicable mediante la técnica de encuesta, basado en el concepto de bienestar subjetivo o emocional. El modo de medir el bienestar subjetivo (BS) que ha estado vigente en las ciencias sociales durante las últimas décadas ha consistido en la aplicación de dos sencillas escalas univariables, la *escala de satisfacción general con la vida* y la *escala de felicidad*. En ambos casos, se parte del supuesto de que son los propios individuos quienes pueden ofrecer una valoración general más correcta y fiable sobre su propia vida. Ambas escalas ofrecen resultados similares, pero no idénticos. Cuando preguntamos a una persona en qué grado está satisfecha con su vida, ofrece una valoración más cognitiva, un juicio, mientras que cuando le preguntamos si es feliz, su valoración tiene más en cuenta los sentimientos, es algo más emotiva. Pese a que ambas escalas han demostrado una fiabilidad y validez considerables, el hecho de estar basadas en una sola pregunta, y en un balance subjetivo del sujeto que es inobservable para el investigador, aconsejan ir más allá estableciendo modelos de medición multivariables que permitan una graduación más precisa y abierta del bienestar y del malestar emocional, de la felicidad y de la infelicidad, del goce y del sufrimiento de los individuos.

Retomando la perspectiva adoptada por Bradburn (1969) en un trabajo pionero y ya clásico, hemos optado por medir el bienestar y el malestar subjetivo aplicando una perspectiva *hedonista*[1] y multivariable. El modelo empírico del índice se basa en la frecuencia con que los entrevistados han experimentado durante la última semana un total de nueve estados emocionales. La definición del concepto de *bienestar socioemocional* está basada en tres teorías sociológicas de las emociones: *la teoría interaccional de las emociones*, de Theodor Kemper (1978); *la teoría de las cadenas de rituales de interacción*, de Randall Collins (2004); y la *teoría sociológica de la vergüenza y el orgullo*, de Thomas Scheff (1990). Las estimaciones empíricas han sido extraídas mediante la aplicación del Análisis de Factor Común (AFC) a nueve preguntas emocionales del módulo "Bienestar Personal y Social" incluido en la Encuesta Social Europea de 2006

---

[1]. Nuestro modelo utiliza una perspectiva exclusivamente *hedonista y demócritea* de la felicidad. Otros modelos mixtos integran la perspectiva *eudamonista* o aristotélica (Huppert y So, 2013).

y 2012. El modelo de medición ha sido validado mediante Análisis Factorial Confirmatorio (AFC). En suma, hemos diseñado y construido el IBSE teniendo en cuenta la información aportada por los propios individuos sobre la frecuencia con la que se sienten: deprimidos, solos, tristes, felices, disfrutando de la vida, orgullosos, optimistas, tranquilos y llenos de energía y vitalidad.

FIGURA 1
ÍNDICE DE BIENESTAR SOCIOEMOCIONAL (IBSE).
DIMENSIONES Y ESTADOS EMOCIONALES

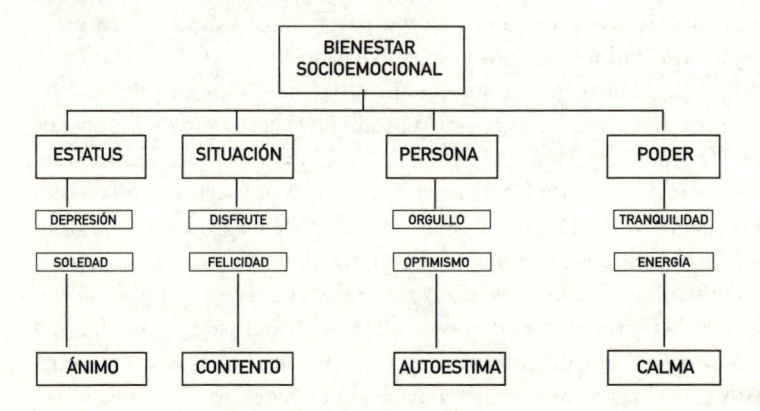

```
                    BIENESTAR
                   SOCIOEMOCIONAL
         ┌──────────┬──────────┬──────────┐
      ESTATUS   SITUACIÓN   PERSONA     PODER
         │          │          │          │
     DEPRESIÓN   DISFRUTE   ORGULLO   TRANQUILIDAD
     SOLEDAD    FELICIDAD   OPTIMISMO   ENERGÍA
         │          │          │          │
       ÁNIMO    CONTENTO   AUTOESTIMA    CALMA
```

La figura 1 muestra la *estructura afectiva* utilizada para estimar el grado de felicidad o infelicidad experimentado por los individuos. Este modelo de medición está compuesto por cuatro *factores sociorelacionales* (estatus y poder; situación y persona), a los que corresponden cuatro *dimensiones emocionales* (ánimo y calma; contento y autoestima). En suma, podemos medir el grado de felicidad o de sufrimiento de una persona conociendo estos cuatro estados afectivos básicos. Una persona feliz estará animada, contenta, orgullosa y en calma. Al contrario, una persona que sufra, una persona infeliz, se sentirá deprimida, triste y sola, no estará contenta ni disfrutando de la vida, tendrá una autoestima muy baja, estará pesimista, sin apenas vitalidad y, desde luego, preocupada, angustiada o estresada.

El bienestar socioemocional que disfrute una persona depende, por una parte, de las dos dimensiones básicas de nuestra sociabilidad. Depende del *estatus* que tenga el individuo en el marco de sus interacciones sociales, esto es, de la cantidad de reconocimiento, aprecio, respeto, cariño, valoración social, afecto o amor que voluntariamente le otorguen los demás. La falta de ánimo, la depresión, la tristeza y el sentimiento de soledad expresan en la conciencia del cuerpo el déficit o la insuficiencia de estatus. También depende de los recursos de *poder* con los que cuente para controlar las posibles amenazas que provengan del entorno. En la medida en que el individuo disponga de suficientes recursos para alcanzar sus metas y para enfrentarse a los peligros del entorno, se sentirá fuerte, con vitalidad, tranquilo y confiado. Al contrario, si sus recursos de poder son escasos, si no controla el entorno, si las amenazas le acechan, si es vulnerable o incapaz de alcanzar sus metas, entonces tendrá miedo, estará preocupado, ansioso o estresado.

Por otra parte, el bienestar socioemocional también depende tanto de las condiciones generales de la situación de vida, como de la propia persona o "yo". La evaluación afectiva que hacen individuos de las condiciones externas y objetivas que caracterizan su situación vital se manifiesta tanto en el balance general que establecen sus sentimientos de felicidad, como en el disfrute de la vida. Pero el bienestar emocional no depende tan solo de las condiciones de la situación, sino también de la valoración que haga de sí misma la propia persona y de su grado de optimismo, que son indicios afectivos de la fortaleza e integridad del "yo". Incluso en condiciones objetivas deplorables, un "yo" fuerte, intacto o íntegro, puede seguir disfrutando de un relativamente alto grado de bienestar emocional. Al contrario, cuando la persona se derrumba, el "yo" se deteriora o, habiendo abandonado toda esperanza, cae en el más absoluto pesimismo, entonces a buen seguro estará habitando alguna sima del sufrimiento humano.

El AFC utilizado para estimar el IBSE otorga una puntuación "0" a los individuos con un grado de felicidad equiparable a la media de una muestra de la población de veinte países europeos en 2006[2]. Los valores positivos o negativos del índice indican, respectivamente, un grado de felicidad superior o inferior a esta media. Las puntuaciones del índice pueden alcanzar un valor máximo de felicidad de +100, pero pueden llegar a un grado máximo de infelicidad de -200. Esta asimetría de la escala indica que la profundidad del sufrimiento humano es mucho mayor que la altitud a la que puede elevarnos la felicidad.

TABLA 1

ÍNDICE DE BIENESTAR SOCIOEMOCIONAL (IBSE), Y FACTORES COMPONENTES, SEGÚN TIPOLOGÍA DE BIENESTAR SOCIOEMOCIONAL. ESPAÑA, 2006+2012 (MEDIAS)

| TIPOS | DIMENSIONES ||||| 
|---|---|---|---|---|---|
| | IBSE (Felicidad) | Estatus (Ánimo) | Situación (Contento) | Persona (Autoestima) | Poder (Calma) |
| Felices | 62,6 | 38,6 | 84,5 | 69,1 | 58,3 |
| Contentos | 25,5 | 32,4 | 22,8 | 29,8 | 16,8 |
| Satisfechos | -11,5 | -13,4 | -24,7 | 7,7 | -15,8 |
| No satisfechos | -53,1 | -66,8 | -73,0 | -24,8 | -47,6 |
| No felices | -106,2 | -174,1 | -94,3 | -89,8 | -66,5 |
| Total | -3,4 | -13,2 | -7,2 | 10,9 | -4,0 |

FUENTE: ESE 2006 Y 2012.

---

2. Bélgica, Bulgaria, Suiza, Chipre, Alemania, Dinamarca, Estonia, España, Finlandia, Francia, Reino Unido, Hungría, Irlanda, Holanda, Noruega, Polonia, Portugal, Suecia, Eslovenia y Eslovaquia.

Basándonos en las puntuaciones del IBSE hemos clasificado a las personas en cinco tipos: *felices, contentos, satisfechos, no satisfechos* y *no felices*. La tabla 1 incluye la puntuación media del IBSE de cada uno de estos tipos[3]. Las personas infelices presentan una media excepcionalmente baja (-106,2), mientras que las felices obtienen una media bastante alta (62,6). Entre ambos hay una distancia de 168,8 puntos. Esta tabla también nos informa de los valores medios obtenidos por cada tipo en cada una de las cuatro dimensiones que componen el índice.

Ahora ya podemos preguntarnos si es cierto que en las sociedades desarrolladas, y particularmente en la sociedad española, la mayor parte de su población se siente feliz, como habitualmente se cree, y si, en este caso, todos son poco más o menos igualmente felices. Para contestar a esta pregunta hemos calculado el porcentaje de población correspondiente a cada uno de los cinco tipos, en España y en Europa, en 2006 y en 2012 (véase la tabla 2). Según nuestras estimaciones para 2012, en España existen 3,6 millones de personas que viven inmersas en un profundo sufrimiento, infelicidad o malestar emocional. Si a estas personas les sumamos aquellas otras que, sin vivir sumidas en una total infelicidad, experimentan sin duda una neta insatisfacción vital, el número de españoles *excluidos de la felicidad*, es decir, que no viven ni felices, ni contentos, ni satisfechos asciende a la muy preocupante cifra de 10,2 millones. El 25,4% de la población española de 15 o más años, es decir, uno de cada cuatro españoles, está excluido de la felicidad. En todo caso, el hecho de que casi cuatro millones de españoles vivan *infelices* (un 10% de la población mayor de 15 años) demuestra que nuestras sociedades de la abundancia, tecnológicas, desarrolladas, consumistas hipermodernas e idílicas no han logrado erradicar la infelicidad y el sufrimiento. Por este motivo, el estudio y la resolución de los múltiples problemas sociales que causan esta infelicidad y sufrimiento constituye una tarea urgente y fundamental.

TABLA 2
**TIPOS DE BIENESTAR SOCIOEMOCIONAL. ESPAÑA Y EUROPA. 2006 Y 2012.**
(% POBLACIÓN Y POB-2012)

| TIPOS | EUROPA-20 2006 | EUROPA-20 2012 | ESPAÑA 2006 | ESPAÑA 2012 | POB-2012* |
|---|---|---|---|---|---|
| Felices | 15,2 | 20,4 | 14,9 | 16,1 | 6.472.618 |
| Contentos | 30,4 | 30,9 | 30,0 | 24,7 | 9.930.042 |
| Satisfechos | 34,3 | 30,7 | 36,4 | 33,8 | 13.588.479 |
| No satisfechos | 12,9 | 11,5 | 11,9 | 16,4 | 6.593.226 |
| No felices | 7,2 | 6,5 | 6,8 | 9,0 | 3.618.233 |
| Total | 100 | 100 | 100 | 100 | 40.202.598 |

*POBLACIÓN ESPAÑOLA DE 15 Y MÁS AÑOS. PADRÓN CONTINUO. INE
FUENTE: ESE 2006 Y 2012.

---

3. "ESE 2006+2012" es la muestra fusionada de las oleadas 2006 y 2012 de la Encuesta Social Europea.

Las causas sociales del sufrimiento se manifiestan con toda claridad, por poner un solo ejemplo, en el gran *impacto emocional* que ha tenido en España la crisis económica de 2008. Observando cómo ha evolucionado, desde 2006 a 2012, la distribución de la población española según los tipos de felicidad, comprobamos que se ha producido un gran incremento tanto de los españoles no satisfechos como de los no felices (estos dos tipos han registrado un incremento porcentual de 37,8% y 32,4%, respectivamente); que han descendido los españoles contentos y satisfechos, sobre todo los primeros (incremento porcentual de -17,7% y -7,14%, respectivamente); y que, paradójicamente, el porcentaje de españoles felices ha pasado del 14,9% al 16,1%, registrando un incremento porcentual del 8,1%.

Estos datos también demuestran la gran *desigualdad emocional* existente en nuestras sociedades. Mientras que muchas personas nunca están tristes, deprimidas o solas, se sienten felices y disfrutan de la vida, son optimistas y están orgullosas de sí mismas, rebosan de energía y vitalidad, y viven calmadas y tranquilas, sin preocupaciones, agobios o estrés, otras se sienten la mayor parte del tiempo tristes, deprimidas o solas, sufren y no disfrutan de la vida, se avergüenzan de sí mismas, no tienen esperanza, ni energía, ni vitalidad, y viven atenazadas por las preocupaciones, la ansiedad o el estrés.

En suma, queda demostrado que mientras unas personas viven felices, otras están sumidas en la desgracia, en el sufrimiento y en la infelicidad. Y ahora surgen nuevas preguntas. Por ejemplo, ¿quiénes son estas personas?, ¿cómo se distribuye entre ellas la *cantidad total de sufrimiento* que existe, en un momento dado, en una determinada sociedad? O también: ¿qué cantidad de este sufrimiento es causado por cada uno de los problemas sociales, es decir, por el desempleo, por la marginación, por los accidentes de tráfico, por la violencia de género, por la pobreza, etc.?

## LAS DESIGUALDADES SOCIALES EN FELICIDAD

Hemos estimado que, en 2012, casi cuatro millones de españoles estaban excluidos de la felicidad, y sabemos que el bienestar subjetivo de estas personas es muy negativo (-106,2), tan negativo como los estados emocionales que componen la estructura afectiva de su vida cotidiana. Pero ahora es esencial demostrar que la felicidad y la infelicidad no se distribuyen aleatoriamente entre la población, sino que las desigualdades emocionales están condicionadas socialmente. Entre los muchos factores que pueden causar infelicidad, hemos destacado tres asociados tanto con la posición que ocupa cada persona en la estructura social como con el conjunto de interacciones sociales que mantiene con el resto de los individuos. La falta de respeto, de dinero y de sentido se combina en cada situación dando lugar tanto a específicos niveles individuales como a específicas distribuciones sociales de felicidad.

La felicidad o el sufrimiento de una persona no dependen tan solo de factores individuales, como nos sugieren las perspectivas psicológicas y psicoterapéuticas, hoy hegemónicas en la conformación del discurso social de la felicidad (Illouz, 2010). El bienestar o malestar emocional de los individuos concretos están muy condicionados por la posición que ocupa cada uno en una estructura social muy desigualitaria. Las cuatro tablas que se ofrecen a continuación prueban lo dicho, revelando la existencia de una *estratificación social del sufrimiento* y, por tanto, de los problemas sociales. Las sociedades no solo distribuyen desigualitariamente la renta, la educación, las oportunidades vitales o la salud, sino también la felicidad y la infelicidad, el placer y el sufrimiento. Pese a que la dimensión emocional apenas ha sido tenida en cuenta en los estudios sobre desigualdad social, centrados hasta ahora casi exclusivamente en la desigualdad económica, es obvio que las ciencias sociales en general, y particularmente la sociología, deberían reparar este imperdonable olvido. Asimismo, los datos de estas cuatro tablas también demuestran la existencia de una íntima conexión entre, por una parte, los problemas sociales considerados en tanto condiciones objetivas de la situación en la que viven las personas y, por otra, los problemas sociales considerados en tanto condición subjetiva, caracterizada por unas estructuras afectivas y unas dinámicas emocionales particulares.

TABLA 3
BIENESTAR SOCIOEMOCIONAL (IBSE) Y POBLACIÓN (%), SEGÚN TRATO DE RESPETO RECIBIDO. ESPAÑA Y EUROPA

| ... LE TRATAN CON RESPETO ... | ESPAÑA IBSE | % POB. | EUROPA-27 IBSE | % POB. |
|---|---|---|---|---|
| Nunca (0) | -55,2 | 0,4 | -47,8 | 0,8 |
| 1 | -30,8 | 0,8 | -37,5 | 1,1 |
| 2 | -32,3 | 1,8 | -31,5 | 3,2 |
| 3 | -20,1 | 8,4 | -15,8 | 12,5 |
| 4 | -6,8 | 17,8 | -1,5 | 24,8 |
| 5 | -1,2 | 38,1 | 8,8 | 38,2 |
| Muy a menudo (6) | 3,8 | 32,8 | 13,2 | 19,4 |
| Total | -3,1 | 100,0 | 1,8 | 100,0 |

FUENTE: ESE 2006 Y 2012.
VERSIÓN EN INGLÉS: "EN ABSOLUTO" (0) - "MUCHO" (6).

Las cuatro tablas, seleccionadas de un estudio más amplio que hemos realizado sobre la estratificación y la desigualdad social en felicidad, muestran los vínculos entre la falta de respeto, de dinero, de sentido y de contactos sociales, de una parte, y la exclusión de la felicidad, de otra.

La tabla 3 muestra que el respeto no garantiza la felicidad. Ahora bien, la falta de respeto con que nos traten los demás sí que provocará un intenso sufrimiento e infelicidad. Por ello, la falta de consideración y deferencia, elemento consubstancial a todos los procesos de discriminación, exclusión y segregación, constituye un grave problema social. Así, en España, el valor del IBSE de las personas que nunca o casi nunca son tratadas con respeto alcanza un valor medio muy negativo (-55,2). Agrupando el 11,4% de españoles que sienten no ser tratados con respecto (categorías 0, 1, 2 y 3), y comparándolos con el 32,8% que son tratados con respeto habitualmente (categoría 6), hemos calculado que la probabilidad de ser feliz de estos últimos es tres veces superior a la de los primeros. Esto es, mientras que un 22,7% de las personas tratadas con respeto son felices, tan solo un 7,5% de quienes sienten no recibir el respeto debido forman parte de este colectivo de afortunados.

TABLA 4
TIPOS DE BIENESTAR SOCIOEMOCIONAL, SEGÚN INGRESOS NETOS DEL HOGAR: POBRES (1ª DECILA) Y RICOS (10ª DECILA). ESPAÑA Y EUROPA, 2012 (% POBLACIÓN)

| TIPOS | ESPAÑA Pobre | ESPAÑA Rico | EUROPA-27 Pobre | EUROPA-27 Rico |
|---|---|---|---|---|
| Felices | 7,5 | 22,0 | 11,9 | 24,1 |
| Contentos | 23,6 | 34,1 | 24,5 | 39,2 |
| Satisfechos | 29,3 | 37,2 | 32,3 | 27,6 |
| No satisfechos | 18,3 | 5,0 | 16,0 | 6,1 |
| No felices | 21,2 | 1,8 | 15,2 | 3,0 |
| Total | 100 | 100 | 100 | 100 |

FUENTE: ESE 2012.

La tabla 4 muestra la distribución de tipos de personas felices o infelices según los ingresos netos del hogar al que pertenezcan. Comparando el 10% de individuos con menores ingresos (1ª decila), con el 10% con mayores ingresos (10ª decila), se observa que si bien el 22,0% de los ricos declaran vivir felices, solamente un 7,5% de los pobres pertenecen a este tipo. Esto es, la probabilidad de ser feliz que tienen los ricos es tres veces mayor a la de los pobres. Asimismo, mientras que es altamente improbable (1,8%) que una persona con alto nivel de ingresos en su hogar sea infeliz, la probabilidad que tienen las personas pobres de ser infelices (21,2%) es muchísimo más alta, casi 12 veces mayor. El problema de falta de dinero no solamente tiene este importante efecto general sobre la felicidad y la infelicidad. En otros análisis hemos demostrado también su incidencia a la hora de sobrellevar distintos avatares o acontecimientos vitales negativos, como pueden ser los problemas de la discapacidad física, el desempleo, el divorcio o la viudedad. Por ejemplo, si bien la discapacidad física o la enfermedad crónica conducen a un descenso del índice de felicidad (-38,9), este descenso es menos intenso en aquellas personas que pertenecen a familias cuyo nivel de renta está en la octava, novena o décima decila (-28,0), y mucho más intenso en las personas de la primera decila de ingresos (-48,4). En suma, la falta de dinero agrava el sufrimiento derivado de todos los avatares de la vida y, por ello, tanto la privación absoluta y relativa como la desigualdad social constituyen, en términos subjetivos y emocionales, un gravísimo problema social.

La tabla 5 ofrece datos del grado de bienestar socioemocional de jóvenes estudiantes, trabajadores y *ninis*, de entre 15 y 29 años, que han declarado experimentar alguna falta de sentido relacionada con su actividad, bien por creer que lo que hacen no es valioso o útil, bien por no lograr las metas que se proponen. Comprobamos, así, que desciende el grado de felicidad de los jóvenes estudiantes (-20,2) y trabajadores (-9,9) que no consideran valioso o útil lo que hacen. Ahora bien, el desplome que sufre la felicidad en los jóvenes *ninis* (-40,3), caracterizados por un evidente vacío funcional, llega a ser dramático. Cuando, tras haber superado el umbral de la juventud, es decir, pasados los 29 años de edad, tanto el vacío funcional objetivo (situación *nini*) como la carencia subjetiva de sentido se mantienen, el grado de sufrimiento de estos jóvenes-maduros se intensifica. Se demuestra así que una condición objetiva idéntica puede tener unas consecuencias emocionales muy diferentes. De ahí que el sufrimiento humano cumpla, como el resto de emociones, una función de señal clave a la hora de determinar la existencia y gravedad de un determinado problema social. En el caso de la situación *nini*, vemos cómo el grado de felicidad de las personas de 30-34 o de 35-39 desciende mucho (-56,2 y -74,2, respectivamente). De ahí que incluso los jóvenes de 15 a 29 años, orientados social y naturalmente hacia el futuro, también interioricen la desesperación en el tiempo presente al vislumbrar como futuro probable la situación afectiva de profunda infelicidad que sufren algunos otros jóvenes de mayor edad. Es evidente que el sufrimiento de los jóvenes-maduros condenados a la postergación de la madurez social se intensifica mucho con la edad. En suma, la creencia de que la juventud constituye una etapa de la vida esencialmente feliz, y de que todos los jóvenes están vacunados contra la infelicidad, es simplemente una falacia.

TABLA 5
BIENESTAR SOCIOEMOCIONAL (IBSE), DE ESTUDIANTES, TRABAJADORES Y 'NINIS', SEGÚN VALOR Y EFICACIA DE LA ACTIVIDAD. EUROPA

| EDAD | ESTUDIA | TRABAJA | 'NINI' |
|---|---|---|---|
| | Lo que hago no es valioso/útil | | |
| 15-29 | -20,2 | -9,9 | -40,3 |
| 30-34 | (-) | -25,2 | -56,2 |
| 35-39 | (-) | -39,1 | -74,2 |
| | No logro lo que me propongo | | |
| 15-29 | -30,9 | -24,2 | -35,8 |
| 30-34 | (-) | -28,1 | -54,2 |
| 35-39 | (-) | -39,7 | -60,7 |

FUENTE: ESE 2006 Y 2012.

TABLA 6

BIENESTAR SOCIO-EMOCIONAL (IBSE) DE LAS PERSONAS MAYORES
(70 Y MÁS AÑOS), Y PORCENTAJE DE POBLACIÓN, SEGÚN ACTIVIDAD
SOCIAL. ESPAÑA Y EUROPA

| ACTIVIDAD SOCIAL | ESPAÑA IBSE | % POB. | EUROPA-27 IBSE | % POB. |
|---|---|---|---|---|
| Nunca o casi | -57,5 | 12,3 | -32,8 | 13,8 |
| Mensual | -16,6 | 16,1 | -1,0 | 28,8 |
| Semanal | -9,7 | 42,4 | -0,7 | 43,4 |
| Diaria | 0,1 | 29,2 | 0,4 | 14,0 |
| Total | -14,0 | 100 | -5,2 | 100 |

FUENTE: ESE 2006+2012.

Finalmente, la tabla 6 muestra el efecto que tiene la soledad en la estructura afectiva de las personas mayores en España y en Europa. Observando el grado de infelicidad que implica la ausencia de actividad social en las personas con 70 años o más, vemos hasta qué punto la soledad objetiva, o carencia de relaciones sociales, de las personas mayores constituye un enorme y verdadero problema social. Es necesario subrayar que la información de la tabla hace referencia, no a la soledad subjetiva, sino a la objetiva, es decir, a la falta de actividad social o reducida frecuencia con la que una persona mantiene contactos cara a cara con sus amigos, compañeros de trabajo o familiares. Pues bien, en España, la felicidad de las personas mayores que nunca o casi nunca mantienen contactos con amigos o familiares desciende hasta un nivel excepcionalmente bajo del IBSE (-57,5), grado de infelicidad que afecta al 12,3% de las personas de 70 o más años. La comparación de los datos españoles y europeos muestra, de nuevo, que la relación entre la situación objetiva y la estructura afectiva que experimentan las personas que padecen un problema social es una relación contingente en la que intervienen muchos factores, como por ejemplo, en este caso, la cultura individualista o comunitaria del país, o las políticas sociales de atención a la tercera y cuarta edad. La extensión y la intensidad del sufrimiento humano nos indican el verdadero estado de ese problema social. El porcentaje de población mayor que tiene una frecuencia de contactos sociales inferior a la semanal es en Europa (42,6%), muy superior al existente en España (28,4%). Sin embargo, el impacto emocional que tienen sobre las personas mayores situaciones de soledad objetiva equivalentes es, en Europa, mucho menor que en España. En cualquier caso, también comprobamos que la creencia de que las personas mayores o ancianas, por el mero de ser mayores, son necesariamente más infelices, constituye otra falacia. La tabla 6 demuestra que las personas mayores integradas socialmente muestran unos apreciables niveles de felicidad.

# CONCLUSIONES

La plena incorporación de las emociones al estudio sociológico de los problemas sociales impulsará el desarrollo y la renovación de este ámbito de estudio. Esta necesaria incorporación requiere, en primer término, analizar las *estructuras afectivas* y las *dinámicas emocionales* experimentadas por todos los sujetos, tanto individuales como colectivos, implicados en un determinado problema social.

Desde una perspectiva emocional, consideraremos que *existe un problema social cuando algún fenómeno, factor, proceso o condición de una determinada sociedad esté provocando un sufrimiento intenso y duradero en algunos seres humanos*. De ahí que deba promoverse el desarrollo de una *sociología del sufrimiento* orientada fundamentalmente al estudio de los problemas sociales como causantes de infelicidad.

El actual debilitamiento y relativa deslegitimación de los valores materialistas, así como la evidencia de que la riqueza y el desarrollo económico son incapaces de resolver todos los problemas sociales y humanos, han restablecido la felicidad al centro de la agenda política y social de los países desarrollados. Nuestras sociedades requieren una evaluación simultánea, complementaria y equilibrada, tanto del *bienestar económico y material*, como del *bienestar subjetivo y emocional*.

Las sociedades modernas y avanzadas, pese a su promesa inicial de lograr la mayor felicidad para el mayor número, no han logrado erradicar el sufrimiento humano. En España, un 10% de la población mayor de 15 años, es decir, cuatro millones de españoles, experimentan su vida cotidiana en el seno de una estructura afectiva de plena infelicidad, y uno de cada cuatro, esto es, el 25,4%, están excluidos de la felicidad. El sufrimiento y la infelicidad constituyen el gran problema humano que late tras los problemas sociales característicos de nuestra época. Dado que la total erradicación del sufrimiento humano es imposible, debemos vigilar y mitigar permanentemente las causas y factores sociales que los producen. Toda buena sociedad debe aliviar la carga de quienes lo padecen.

El sufrimiento se distribuye siguiendo lógicas sociales que trascienden la capacidad individual de conquistar personalmente la felicidad. El grado de felicidad no depende exclusivamente de factores individuales, como nos sugieren las perspectivas psicológicas y psicoterapéuticas, hoy hegemónicas en la conformación del discurso social de la felicidad. Muy al contrario, está muy condicionado por la posición que ocupa cada uno en una estructura social muy desigualitaria, y por la calidad de la sociedad. Existe una evidente *estratificación social del sufrimiento*: mientras unos viven contentos y disfrutando de la vida, otros la experimentan sumidos en la tristeza, la depresión y la desesperación.

Mediante un proceso de inducción teórica desarrollado a partir de análisis empíricos realizados aplicando el IBSE al conjunto de la población europea, se ha establecido un esbozo de teoría sociológica de la infelicidad basada en tres privaciones fundamentales, a saber, la falta de respeto, la falta de dinero y la falta de sentido. Los datos demuestran que la carencia de cualquiera de estos tres bienes esenciales de la vida humana provoca sufrimiento e infelicidad.

## BIBLIOGRAFÍA

BERICAT, E. (2000): "La sociología de la emoción y la emoción en la Sociología", *Papers. Revista de Sociología*, 62, pp. 145-176.
— (2001): "El suicidio en Durkheim, o la modernidad de la triste figura", *Revista Internacional de Sociología*, 28, pp. 69-104.
— (2002): "¿Sienten las sociedades? Emociones individuales, sociales y colectivas", en P. Fernández y N. Ramos (coords.), *Corazones inteligentes*, Barcelona, Kairós, pp. 121-144.
— (2006): "Sociología del Sufrimiento: el sufrimiento como enfermedad social", en E. Morales y J. Ordóñez (coords.), *Medicina y Filosofía*, Sevilla, Fénix Editorial, pp. 239-258.
— (2015): "The Sociology of Emotions: Four Decades of Progress", *Current Sociology*, 1-23. DOI: 10.1177/0011392115588355.
BEST, J. (2002): "Constructing the Sociology of Social Problems: Spector and Kitsuse Twenty-Five Years Later", *Sociological Forum*, 17(4), pp. 699-706.
BRADBURN, N. M. (1969): *The Structure of Psychological Well-Being*, Chicago, Aldine Publ. Co.
COLLINS R. (2004): *Interaction Ritual Chains*, Princeton, NJ, Princeton University Press.
FREUD, S. (1999): *El malestar en la cultura*, en *Obras completas de Sigmund Freud* (vol. 8), Madrid, Biblioteca Nueva (obra original publicada en 1930).
GARCÍA DE LA CRUZ, J. J. y ZARCO, J. (2004): *El espejo social de la mujer con gran discapacidad: barreras sociales para retornar a una vida normal*, Madrid, Fundamentos.
HUPPERT, F. A. y SO, T. T. (2013): "Flourishing Across Europe: Application of a New Conceptual Framework for Defining Well-Being", *Social Indicators Research*, 110, pp. 837-861.
ILLOUZ, E. (2010): *La salvación del alma moderna. Terapia, emociones y la cultura de la autoayuda*, Madrid, Katz editores.
JASPER J. M. (2011): "Emotions and social movements: Twenty years of theory and research", *Annual Review of Sociology*, 37, pp. 285-303.
— (2014): "Constructing Indignation: Anger Dynamics in Protest Movements", *Emotions Review*, 6(3), pp. 208-213.
KEMPER T. D. (1978): *A Social Interactional Theory of Emotions*, Nueva York, Wiley.
KERBO, H. R. y COLEMAN, J. W. (2006): "Social Problems", en C. D. Bryant y D. L. Peck (eds.), *21st century sociology: A reference handbook*, California, Sage, pp. 362-369.
KOHN, M. L. (1976): "Looking back. A 25-year review and appraisal of social problems research", *Social Problems*, 24, pp. 94-112.
MERTON, R. K. (1971): "Epilogue: Social problems and sociological theory", en R. K. Merton y R. Nisbet (eds.), *Contemporary social problems*, Nueva York, Harcourt Brace Jovanovich, pp. 793-846.
LLEDÓ, E. (2011): *El epicureísmo. Una sabiduría del cuerpo, del gozo y de la amistad*, Madrid, Taurus.
RIVERA, J. DE (1992): "Emotional Climate: Social Structure and Emotional Dynamics", *International Review of Studies on Emotions*, 2, pp. 197-218.
RYAN, R. M. y DECI, E. L. (2001): "On Happiness and Human Potentials: A Review of Research on Hedonic and Eudaimonic Well-Being", *Annual Review of Psychology*, 52, pp. 141-166.
SCHEFF, T. J. (1990): *Microsociology: Discourse, Emotion and Social Structure*, Chicago, The University of Chicago Press.
SPECTOR, M. y KITSUSE, J. I. (1977): *Constructing social problems*, Menlo Park, CA, Cummings.
SENNETT, R. (2012): *El respeto. Sobre la dignidad del hombre en un mundo de desigualdad*, Barcelona, Anagrama.
STIGLITZ, J. E.; SEN, A. y FITOUSSI, J.-P. (2009): *Report by the commission on the measurement of economic performance and social progress*. Disponible en http://www.stiglitzsen-fitoussi.fr/en/index.htm
WEICK, K. E. (1984): "Small Wins. Redefining the Scale of Social Problems", *American Psychologist*, 39(1), pp. 40-49.

PARTE II

ANÁLISIS SOCIOLÓGICO
DE ALGUNOS PROBLEMAS SOCIALES

CAPÍTULO 6
# LA CIUDAD COMO PROBLEMA, LOS PROBLEMAS DE LA CIUDAD

RICARDO DUQUE CALVACHE Y JOAQUÍN SUSINO ARBUCIAS

## DE LA CIUDAD COMO PROBLEMA A LA DIVERSIFICACIÓN DE LOS PROBLEMAS URBANOS

La modernidad y la ciudad en buena medida siguen trayectorias paralelas. La urbe es el lugar moderno por excelencia, y la sociología está igualmente ligada a la experiencia del cambio social acelerado que supone la modernidad. La ciudad no es un decorado, ni el lugar donde transcurren los hechos, es un elemento central para entender el devenir de la sociedad. Es un producto social, organizado con arreglo a pautas estructurales y modelado por la acción social. El interés por lo urbano ha combinado, desde su comienzo, una doble dimensión analítica y prescriptiva: no solo se aborda lo que la ciudad es y su plasmación en "diagnósticos" urbanos sino lo que debe ser. En buena medida los problemas urbanos reflejan los cambios en las percepciones y vivencias de la modernidad y en la forma en que intervenimos sobre ellos.

La ciudad, la vida urbana, fue uno de los primeros focos de atención de la sociología y del estudio de los problemas sociales. Contemplada inicialmente desde una perspectiva objetivista, la ciudad era intrínsecamente problemática. Primero aparece como acumulación de patologías sociales: insalubridad, hacinamiento, carencias... Más adelante como lugar en que se reúnen las nuevas formas de desorganización social; es el hogar de la clase obrera y, por tanto, una amenaza al orden social. Estos planteamientos tienen raíces antiguas porque renuevan la oposición entre la visión idílica y pastoril del campo, que existe desde mucho antes (Williams, 2001), y la percepción de la ciudad como lugar de concentración de factores y agentes amenazantes, fuente de deshumanización, intriga, peligros...

El problema social que es en sí la ciudad (según esta definición objetivista) es atacado inicialmente con medios muy agresivos. Las intervenciones en materia de urbanismo se justifican a partir de estos miedos, aún vigentes, por lo que van a ser una constante de la modernidad. El higienismo es uno de los primeros planteamientos de transformación y justifica sus propuestas a partir de una concepción tremendamente negativa de la ciudad, definida como un entorno que mata.

La utilización de la metáfora del "cuerpo social" para referirse a la ciudad (Jiménez Riesco, 2007) sirve para defender la necesidad de extirpar actividades percibidas como fuente de patologías. Hablar en términos de salud, considerados neutrales y científicos, explica el éxito de múltiples propuestas higienistas (Campos Marín, 1995). Estas tienen una cierta continuidad en la posterior apuesta por la apertura de grandes vías a la que ha dado en llamarse *haussmanización*, en alusión al alcalde de París que apostó decididamente por esta estrategia. En muchas ciudades comienza el derribo sistemático de barrios abigarrados, de trazado irregular, al tiempo que se aprovecha para reconstruir la ciudad a partir de nuevos bulevares y avenidas. Aunque la retórica de la enfermedad se ve sustituida por la de la reorganización, en la práctica los efectos de este planteamiento para los vecinos desplazados son similares.

Estas formas de plantear la ciudad como problema van asociadas a las primeras fases del moderno proceso de urbanización, durante el primer capitalismo industrial del siglo XIX. A partir de aquí se entra en una nueva fase en la que se hace hincapié en la cuestión de la organización del espacio, de los distintos usos y actividades, y de los conflictos entre grupos sociales en el entorno urbano.

Esta perspectiva adquiere especial desarrollo en Norteamérica y se asocia a la ecología urbana que proponen los investigadores de la Escuela de Chicago. Distintos grupos pugnan por la utilización y el dominio del espacio, y sus interacciones dan lugar a procesos de expansión territorial o de transformación del espacio habitado (por ejemplo, a través de mecanismos de invasión-sucesión). La intervención en el territorio urbano debe ir dirigida a regular el inevitable choque de intereses. La ciudad no es un problema por sí misma, aunque el conflicto sí es inherente a ella. La figura de R. E. Park, como periodista, académico y activista, aúna roles determinantes en los procesos de construcción de los problemas sociales. En su caso, trabaja acerca de los conflictos entre las distintas comunidades, especialmente los de carácter étnico, su reflejo en la opinión pública y la formulación de nuevas formas de intervención pública.

Paralelamente, sobre todo en Europa, se desarrolla la idea de que la planificación y gestión urbanística pueden facilitar la convivencia y mejorar el funcionamiento de la vida urbana, presente en el urbanismo racionalista. La actuación sobre la ciudad tiende a diferenciar las funciones de la vida urbana, no solo desde el punto de vista de su planificación y gestión, sino separándolas en el espacio urbano. Los problemas urbanos se dividen en grandes bloques: vivienda o residencia, ocio, trabajo y transporte (Sert, 1942).

108

Precisamente, esa forma de actuar sobre los problemas a través de un determinado modo de entender y practicar la ordenación y planificación urbanística va a ser objeto de una aguda crítica desde perspectivas culturalistas (Jacobs, 1961). Esta corriente va a hacer hincapié en lo urbano como experiencia vivida y en los ciudadanos como actores fundamentales. La intervención pública sobre la ciudad ya no puede limitarse a pensar por los habitantes de la ciudad, sino que debe hacerlos partícipes del diagnóstico y de la toma de decisiones.

A pesar de estas nuevas perspectivas, vinculadas a un enfoque más construccionista, la mayor parte de la literatura sobre las ciudades sigue adoptando una perspectiva materialista (Cullen, 2013). La ciudad ha estallado en múltiples problemas que han de ser gestionados desde diferentes instancias. Pacione (1990), sin duda un referente fundamental para el estudio de los problemas urbanos, glosa las siguientes temáticas, aún vigentes: el uso del suelo, la pobreza, la justicia territorial, los riesgos ambientales, la calidad de vida, los cambios en los barrios, la vivienda, el comercio, el transporte y la cuestión del poder y la política. Todas son cuestiones relativas a la transformación misma de las ciudades y a la forma en que son percibidas como auténticos problemas sociales.

Por una parte, algunos problemas tienden a entenderse desde una perspectiva puramente técnica, como ingeniería urbana (De Pina y De Pina, 2010). Por otra parte, en las últimas décadas han cobrado una enorme importancia intervenciones poco sistemáticas, a veces de gran escala (urbanística) y frecuentemente puntuales (arquitectónicas), que buscan la singularidad y la significación, para moldear la imagen de las ciudades, su lectura interna y su proyección exterior. Porque la ciudad no es solo un entorno físicamente edificado, es también la plasmación material de los discursos sobre lo urbano. La ciudad misma aparece como discurso.

De todos estos problemas vamos a tratar dos: vivienda y desigualdad. El de la vivienda proporciona un clarísimo ejemplo del cambio de perspectiva en el enfoque, desde el objetivismo en periodos anteriores a otra situación que exige una perspectiva construccionista para ser entendida. El de la desigualdad, que siempre ha estado ligada a la vida urbana, pero ha pasado por distintas etapas y manifestaciones y que contribuye a dar forma a las ciudades actuales.

## LA VIVIENDA COMO PROBLEMA SOCIAL EN ESPAÑA

El análisis del problema social de la vivienda en España permite ilustrar la capacidad de la intervención pública para condicionar, delimitar y moldear el debate, contribuyendo a la definición misma del problema. Los acercamientos construccionistas necesitan enraizarse en realidades sociales específicas, por eso este análisis se circunscribe al Estado español y tiene fuerte componente histórico, puesto que es en este marco en el que se puede comprender la situación actual, tan distinta de otros países de nuestro entorno.

En España, hasta hace poco, cuando se ha hablado de problemas de vivienda se ha utilizado una categoría que parece organizar la mayor parte de los acercamientos al tema, tanto técnico-científicos como político-administrativos, con amplio predominio en la opinión pública. Nos referimos al acceso a la vivienda, fruto de un largo proceso social de construcción y transformación de las imágenes sociales en torno a la vivienda. Las categorías utilizadas, desde su uso más técnico al más popular, se construyen a lo largo del tiempo. A veces, para intentar comprender procesos sociales y problemas que han cambiado. La categoría de acceso a la vivienda es, posiblemente, una herencia de la época en que la política de vivienda se orientaba hacia la producción masiva de alojamientos para amplias capas sociales, en pleno proceso de desarrollismo económico y urbano. Pero desde entonces ha cambiado su significado porque han cambiado los problemas mismos, la forma en que la gente y los poderes públicos se acercan a ellos y, por tanto, cómo tales problemas son concebidos y representados.

## LA ESCASEZ DE VIVIENDA DURANTE EL DESARROLLISMO

En la época de la Segunda República la situación de la vivienda, en cuanto se refiere a forma de acceso y régimen de tenencia, no divergía en exceso de la pauta seguida en otros países. Tras la guerra civil, los problemas de vivienda se derivaban de la necesidad de proveer de viviendas dignas a todos: los que hasta entonces vivían en situaciones de infravivienda y los que llegaban a las ciudades provenientes de las zonas rurales y menos dinámicas. En los primeros estudios sociológicos sobre la situación de España de la Fundación FOESSA, la vivienda ocupaba un papel importante, a pesar de los innumerables problemas que afectaban entonces a la sociedad española.

Lo que hoy denominamos infravivienda —soportar condiciones de habitabilidad por debajo de las que se estiman necesarias— se derivaba de diversas situaciones. En primer lugar, la ausencia de dotaciones sanitarias mínimas, como la falta de agua corriente en la propia vivienda, de retrete o inodoro y de baño o ducha. Estas carencias podían afectar a principios de los sesenta a un tercio de los hogares (los dos primeros servicios mencionados), e incluso llegar a dos tercios (la dotación de baño o ducha). Eran carencias más agudas en las zonas rurales que en las urbanas, pero presentes en ambas. En segundo lugar, el hacinamiento. En torno a una décima parte de los hogares superaban el umbral de dos personas por habitación. En tercer lugar, las viviendas en mal estado de conservación, por problemas estructurales que afectaban a la seguridad misma de la construcción o por falta de mantenimiento que había conducido a humedades, goteras..., que podían afectar a la salud de sus ocupantes.

Las carencias más importantes se derivaban de la alta movilidad de la población, especialmente de las migraciones de las zonas rurales a las urbanas, tan numerosas que fueron denominadas "éxodo rural". Esto hacía que una parte importante de los recién llegados a las ciudades y principales zonas industriales se alojase en viviendas en mal estado. En su defecto se optaba por la autoconstrucción de viviendas, muchas

110

veces planteadas como provisionales, pero que acababan constituyéndose en permanentes. Se extendió así el fenómeno del chabolismo. A esto se añadían las dificultades de los más jóvenes para encontrar una vivienda adecuada y formar nuevos hogares.

Ante estos dos problemas, definidos de forma objetivista, se respondió impulsando la construcción de nuevas viviendas. El Plan Nacional de Vivienda aprobado en 1961 estimaba en un millón las viviendas necesarias en ese momento. El primer informe FOESSA (1966) elevaba el número de viviendas que sería necesario construir a lo largo de 16 años, hasta 1976, a más de cuatro millones. Incluyendo no solo el crecimiento demográfico y el derivado de los flujos migratorios, sino las necesidades de reposición de las existentes. Partía de la hipótesis de que era necesario renovar, no rehabilitar, gran parte del parque de viviendas existente en ese momento. Además, la solución se hizo bascular sobre la propiedad de la vivienda. La caracterización del problema acaba vinculándose a un tipo de solución, el problema se define en función de esta: vivienda nueva y en propiedad.

Las políticas públicas se orientan a estimular la construcción del mayor número de viviendas posible. Se facilita el acceso a la vivienda, con un claro predominio de la propiedad como régimen de tenencia preferente. Es en esa etapa cuando se forja en España una clara divergencia con la mayor parte de los países de nuestro entorno europeo: predominio de la propiedad y escasa presencia de un parque público o social de vivienda. A esa intervención se debe la extensión de la vivienda en propiedad a todas las clases sociales, empezando por las más humildes, lo que es muy característico de España. En 1991, según la Encuesta Sociodemográfica, el porcentaje de hogares de clase obrera que ocupaban vivienda de su propiedad superaba al de profesionales y técnicos (Susino, 2003).

El acercamiento al problema de la vivienda en esos años es objetivista, pero la forma en que se aborda y se intenta resolver condicionará cómo se percibirá el problema de la vivienda en fases posteriores. Porque esa etapa ha dejado una cultura de la propiedad que no tiene parangón en Europa occidental. La vivienda en alquiler va a ser, desde entonces, el recurso al que se verán abocados quienes no puedan comprar, y una opción voluntaria solo para grupos y categorías sociales muy concretos, como algunos profesionales con alta movilidad laboral y geográfica.

EL ACCESO A LA VIVIENDA HASTA LA CRISIS DE 2008

Para entender el problema de la vivienda en las décadas siguientes, desde los años ochenta hasta el estallido de la crisis de 2008, conviene adoptar una perspectiva constructivista, porque no sería comprensible sin esa peculiar cultura de la propiedad que se había ido forjando en la etapa anterior. Mentalidad colectiva que condiciona la forma en que se percibe y se define socialmente el problema, pero que también es producto de toda la batería de actuaciones y regulaciones con las que se le ha hecho frente. Es durante este periodo en que la categoría de acceso a la vivienda se va reconfigurando de una manera peculiar.

111

El acceso a la vivienda desde la carencia absoluta era la imagen predominante en el periodo del desarrollismo, sobre todo en los años sesenta y setenta. Pero, de alguna forma, también podía aplicarse a quienes accedían a la vivienda desde unas condiciones habitacionales consideradas inadecuadas o indignas. Desde principios de los años ochenta, las necesidades ligadas a la infravivienda tienen un carácter cada vez más residual. Según el censo de 1991 (INE, 1994), el 0,7% de la población ocupaba viviendas sin agua corriente, el 2,5%, sin retrete y el 3,5% sin baño o ducha; además, el 1,4% vivía en edificios mal conservados o en ruinas, porcentaje que subía al 8,3% si añadimos los que estaban en situación deficiente. El menor peso estadístico de estas situaciones se traducía en menor peso en el imaginario social. Además, se daba por supuesto que quienes las sufrían necesitaban una nueva vivienda, no la rehabilitación de la que ocupaban. Todos los problemas tienden a caracterizarse entonces como de acceso a la vivienda.

La palabra acceso se deriva del latín *accedĕre*, acercarse. En relación con la cuestión que nos ocupa, acceder tiene un doble significado: el primero se emplea como paso o entrada a un lugar; el segundo como acción de llegar o acercarse a una situación, condición o grado superiores. Esta aproximación permite vislumbrar dos posibles usos del término: el acceso a la vivienda desde la carencia absoluta y el acceso a la vivienda como mejora, desde la insatisfacción o la carencia relativa.

En los discursos sobre los problemas de la vivienda, tanto científico-técnicos como político-administrativos, se advierte esta deriva semántica (Susino, Hernández Hurtado, Isac Martínez y Torres Padilla, 2006). En muchos textos, al hablar de acceso a la vivienda se entiende implícitamente acceso a la propiedad de la vivienda. Hasta el punto de que en el imaginario colectivo no tener vivienda llega a confundirse con no tener una vivienda en propiedad. Siguiendo esta lógica, el acceso a la vivienda acaba confundiéndose con el cambio de vivienda. Su significado social no sería otro que la realización de las aspiraciones residenciales de cada cual.

La expresión "primer acceso", referida a los jóvenes, es indicativa de los usos del concepto (Leal, 1992; Sánchez Martínez, 2002). Si hay un primer acceso es que posteriormente se sigue accediendo a la vivienda, con lo que el acceso vendría a identificarse con el cambio de vivienda, siempre a una situación o grado superior, como recoge el diccionario en una de sus acepciones. Este acceso a la vivienda, tan ampliamente entendido, se configuraría, por tanto, como adecuación de la situación residencial a las expectativas y a los recursos de los sujetos, aunque también a las oportunidades presentes en el mercado. En términos sociológicos, esta es una forma de movilidad espacial que frecuentemente se presenta como movilidad social (San Martín, 2000), es decir, como un intento de mejorar la posición que ocupan los sujetos en el espacio social, un proceso que en sí no tiene límites, pues siempre es posible mejorar (Pérez Barrio, 2001).

En estos términos, los problemas de acceso se convierten en imposibilidad o dificultad para acceder a esa nueva situación, lo que sitúa el problema más en las viviendas, los objetos destinados a satisfacer tales pretensiones, que en los sujetos mismos que son sus portadores. El problema acaba radicando en los precios crecientes que las viviendas tienen en el mercado inmobiliario, algo muy distinto a las necesidades de provisión de viviendas de la etapa anterior.

Desde principios de los años ochenta, el ciclo inmobiliario ha atravesado varias fases para desembocar en una situación, a principios del siglo XXI, en la que el problema de la vivienda está vinculado a los altos precios para cualquiera que quiera comprar, incluyendo los jóvenes en su proceso de emancipación (Díaz Rodríguez, 2003; De Mesa Gárate y Valiño Castro, 2001; Sánchez Martínez, 2002). Algunos planteamientos del problema, los que utilizan un concepto más ampliado de acceso, parten de la lógica y el comportamiento del mercado inmobiliario (Martí Ferrer, 2000; San Martín, 2000). Aunque se admite que el mercado es intrínsecamente incapaz de responder a todas las necesidades, las dificultades de vivienda son de grado y afectan potencialmente a todos, cualquiera sea el lugar que se ocupa en el espacio social.

Otros planteamientos identifican los problemas de vivienda con grupos sociales concretos. Se interesan por las dificultades con las que determinados colectivos se enfrentan para resolver sus específicos problemas o sus necesidades de vivienda. Los jóvenes son el grupo con mayor presencia en las preocupaciones populares y en los discursos sobre los problemas sociales de la vivienda (Conde, 2000; Consejo Económico y Social, 2003; Leal, 2000). Los inmigrantes extranjeros son objeto de creciente atención con el cambio de siglo (Algaba, 2003). Por último, los altos precios de la vivienda dejan fuera del mercado inmobiliario a las familias económicamente más débiles. Por eso, son las principales beneficiarias de la intervención pública en materia de vivienda, especialmente de la vivienda protegida (Díaz Rodríguez, 2003; Sánchez Martínez, 2002). Por otro lado, los colectivos más desfavorecidos, frecuentemente concentrados en determinados barrios, son identificados como los principales beneficiarios de la intervención directa del Estado en la producción de vivienda pública (Algaba, 2003; De Mesa y Valiño, 2001; Valenzuela Rubio, 2000).

Como consecuencia de la intervención pública se produce una elevada segmentación del mercado inmobiliario. Frente a un segmento de vivienda libre, se desarrolló otro de vivienda protegida, casi siempre en propiedad, cuyo principal objetivo es facilitar el encuentro de oferta y demanda, remercantilizando la provisión de viviendas para una parte de la demanda que, en otro caso, habría quedado al margen (Susino, 1996). Pero el segmento más vulnerable de la población no puede acceder al mercado, permaneciendo rehén de la actividad directa del sector público como promotor de viviendas, que las asigna mediante procedimientos administrativos ajenos al mercado que atienden más a la necesidad que a la solvencia económica. La vivienda pública queda, así, totalmente estigmatizada. Es una vivienda para los que están en las situaciones socialmente más vulnerables, si no en la exclusión. Esta circunstancia también supone un punto de alejamiento con respecto a otros países en los que la vivienda pública es más frecuente y está menos dirigida a las situaciones más extremas.

## DE LA PROPIEDAD A LA DESPOSESIÓN DE LA VIVIENDA

Una tercera fase es la que vivimos a partir del estallido de la crisis económica en 2008, que se manifiesta en primer lugar como una crisis inmobiliaria de dimensiones colosales. La vivienda se había convertido en el primer bien patrimonial de las familias españolas, lo que había provocado dos tipos de comportamientos: acumulación de dos o más viviendas por un único hogar y mejora residencial de hogares ya constituidos, casi siempre en el mercado de compra-venta. Según el censo de 2011, en comparación con el de 2001, el número de hogares que ocupaban una vivienda de su propiedad aumentó en un 22% y en un 84% los hogares que tenían pagos pendientes, es decir, hipotecas. Paralelamente, se había acumulado una ingente bolsa de viviendas desocupadas, además de las secundarias, algo sin parangón en otros países.

La crisis va a alimentar dos situaciones que, aunque siempre se habían dado, adquieren una relevancia pública inusitada: el problema del acceso a la mera disposición de una vivienda (no ya a la propiedad) y, sobre todo, los desahucios. Estos tienen una presencia constante en los medios de comunicación y en la opinión pública (Chavero, 2014) y han ocupado una cuota significativa de la agenda política y legislativa. Pero, al decir hipotecas, el problema percibido no es la dificultad de acceso al préstamo o su coste, como en la etapa anterior, que prácticamente ha desaparecido del imaginario colectivo como problema. Lo que actualmente se presenta como tal es la amenaza de no poder hacer frente al pago de la hipoteca, es decir, el riesgo de la pérdida, de la desposesión de la vivienda.

La figura 1 muestra la presencia de las cuestiones residenciales entre los tres principales problemas sociales percibidos por los españoles, según los barómetros del CIS. La vivienda llegó a ser considerada el principal problema del país en 2007, pero cae bruscamente con la crisis, por el ascenso de otros problemas derivados de la situación económica (el paro) o la situación política e institucional (la corrupción). Los desahucios y las hipotecas, en cambio, ganan importancia, especialmente en 2013, aunque con un peso mucho menor.

El desahucio es, sin duda, una experiencia dramática para quien la vive. Si hasta 2007 el número de ejecuciones hipotecarias varía poco, desde entonces se multiplican por cuatro las ingresadas y resueltas anualmente y casi por diez las pendientes de ejecución (Méndez, Abad y Plaza, 2014)[1]. Pero su volumen no es tan elevado como para que constituya una experiencia que afecte directamente a gran parte de la población, a pesar de ser el país con mayor número de desahucios en Europa Occidental (Cano, Etxezarreta, Dol y Hoekstra, 2013).

---

1. Las estadísticas sobre desahucios y ejecuciones hipotecarias están sujetas a múltiples problemas que aquí no procede considerar. Lo que es indicativo de la relevancia del tema es la aparición de nuevas fuentes estadísticas y los intentos de mejora de las existentes por parte del Consejo General del Poder Judicial, los Registradores de la Propiedad, el Banco de España y el Instituto Nacional de Estadística (Colau y Alemany, 2013; Consejo General del Poder Judicial, 2013).

GRÁFICO 1
EVOLUCIÓN DE LOS PROBLEMAS SOCIALES PERCIBIDOS EN RELACIÓN CON LA VIVIENDA

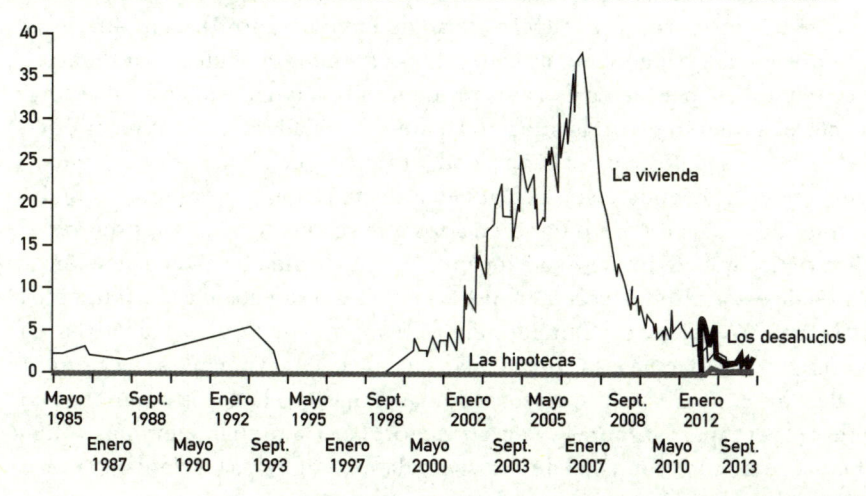

FUENTE: BARÓMETROS DEL CIS. VARIOS AÑOS.

Lo que hace que personas alejadas de la experiencia del desahucio lo sientan como un verdadero problema social es un sentimiento de empatía anclado en la importancia que la vivienda en propiedad tiene para todos nosotros. Ser desahuciado no es solamente perder la casa, sino la categoría social de propietario. La vivienda no es solo bien de uso, sino el principal bien de inversión y ahorro de las familias españolas. La vivienda parece tener algo de encarnación material del esfuerzo de toda una vida, pero también de un proyecto vital. Por eso escandaliza más que echen a una familia de su casa, por no poder hacer frente a la hipoteca, que el que haya personas que no tengan hogar. Lo que esa familia pierde es "su casa", con toda su carga emocional, de pertenencia e incluso de identidad, no el espacio funcional e instrumental en el que vive, una mera vivienda. Probablemente esta es una de las claves para entender la relevancia actual del problema de los desahucios. Resulta mucho más fácil empatizar con quienes nos recuerdan a nosotros mismos, y si algo se esfuerzan en mostrar las noticias sobre desahucios es que es una situación que le puede pasar a cualquiera. Tal como se percibe y vive el problema, constituye una forma de descontento vicario[2].

Quizás por eso otros problemas parecen haber pasado a un segundo plano y organizaciones como la Plataforma de Afectados por las Hipotecas o Stop Desahucios han tenido mucha más proyección pública que los movimientos más generalistas por una vivienda digna (Aguilar y Fernández, 2010). La necesidad de vivienda, ligada a la emancipación de los jóvenes, aunque sigue presente, parece haber perdido

---

2. Debemos a Juan Carlos de Pablos su insistencia en esta forma de descontento. Por otra parte, este análisis sobre el desahucio se apoya en el material empírico derivado de las entrevistas, realizadas por Alba Álvarez, tanto a personas que han vivido el desahucio como a activistas y otros vecinos.

relevancia frente al periodo anterior. Gran parte del aumento que se está produciendo en el número de hogares que viven en alquiler está vinculado a su crecimiento, desde 2007, entre los más jóvenes (Ministerio de Fomento, 2013). Los "sin hogar" tienen una presencia creciente en las calles de las grandes ciudades, o al menos en la percepción pública, pero lejos de otros problemas residenciales. La crisis económica provoca el aumento de otras situaciones de necesidad, como la imposibilidad de hacer frente al pago de agua o electricidad, el impago de alquileres y la amenaza de la expulsión de la vivienda. Estas dificultades afectan a los hogares que ya estaban en situaciones de exclusión, pero también a los que se encontraban en procesos de integración y a los que de improviso experimentan una caída hacia la exclusión. La gran mayoría de estos últimos perciben que la crisis les ha afectado especialmente al respecto (Martínez Vito, 2010). Tampoco el hacinamiento de algunos colectivos, sobre todo inmigrantes, parece estar problematizado de la misma manera. La situación residencial de los extranjeros ha empeorado mucho más que la de los españoles, entre el doble y el séptuplo (Lasheras y Zugasti, 2010). Pero la inmigración más antigua y que había accedido a la propiedad de una vivienda se ve inmersa en el mismo tipo de problemas que la población autóctona: el riesgo a la pérdida.

La vivienda sigue siendo un derecho insatisfecho para diversos colectivos. Hay un conglomerado de problemas emergentes que llevan a una reconstrucción del problema de la vivienda, pero este no cuenta aún con el grado de reconocimiento y legitimación social suficientes. El lema que se ha podido escuchar en manifestaciones recientes, "casas sin gente, gente sin casas", apunta a la percepción del problema de la vivienda como una cuestión de distribución de la riqueza, de desigualdad social. El acceso a la vivienda está de nuevo en cuestión, pero desde una perspectiva diferente. El desahucio no tendría tal virulencia si no se apoyase en todo un proceso social por el que la vivienda misma, su propiedad, ha llegado a convertirse en un aspecto central de la vida de los españoles.

## A MODO DE CONCLUSIÓN PARCIAL

El problema social de la vivienda está muy relacionado con las soluciones sociales que se plantean (alquiler o propiedad, hipotecas…). Cualquiera sea la dimensión objetiva que tenga este problema (burbuja inmobiliaria, aumento de precios respecto a salarios, infravivienda, escasez…), la subjetiva, la de cómo se entiende la necesidad de vivienda, es fundamental en la forma en que socialmente se presenta el problema. En este sentido es preciso seguir el decurso desde lo que se dice a aquello de lo que se habla, de los significados a las referencias, de las categorías conceptuales de abordaje a las situaciones residenciales de los distintos colectivos. Una categoría nos parece central, la de acceso a la vivienda, porque refleja cómo se organizan los discursos sociales en que se articula el proceso de construcción social de la vivienda como problema, en su configuración en un momento dado y en su proceso de transformación.

La construcción social del problema de la vivienda está atravesada por varias dicotomías claramente ideológicas (vivienda como mercancía frente a vivienda como necesidad, libre mercado frente a intervención estatal, políticas de oferta frente a políticas orientadas a la demanda). Lo llamativo es que, por muy alejados que estén entre sí, los discursos sociales sobre la vivienda aparecen en la época central considerada —la que va desde los ochenta hasta el estallido de la crisis— atravesados por una categoría común casi omnipresente: el acceso a la vivienda. Lo escrito sobre temas de viviendas es muy abundante y permite, sin duda, entender los problemas de la vivienda. Pero también oculta parte de los problemas: primero, porque las categorías utilizadas seleccionan la porción de la realidad que socialmente es considerada digna de atención; además, porque organizan esa realidad presentándola desde un determinado punto de vista, probablemente ignorando otros también posibles; y porque, en resumen, construyen socialmente el objeto que se trata, y esta construcción no es neutra ni casual.

## DESIGUALDAD URBANA: SEGREGACIÓN, EXCLUSIÓN Y HUIDA[3]

### DE LA SEGREGACIÓN A LA EXCLUSIÓN

La ciudad del capitalismo siempre ha estado ligada a la desigualdad y la segregación urbanas. La transformación de las ciudades anteriores no puede entenderse sin la decisiva influencia de la nueva forma de organización social y económica, y son las dinámicas de funcionamiento del capitalismo —acumulación de capital, producción en fábricas, desarrollo del trabajo asalariado, mercantilización del suelo y de la vivienda— las que facilitan un creciente grado de segregación.

La producción fabril y las enormes necesidades de mano de obra que implica ocasionan el crecimiento explosivo de la población de muchas ciudades que no pueden alojar los grandes flujos de inmigrantes en las viviendas disponibles. El hacinamiento y la escasez de vivienda se solventan con el levantamiento de los barrios obreros, áreas destinadas específicamente a la población trabajadora. Engels (1845/2013) dedica un capítulo de su análisis sobre la condición de la clase obrera en Inglaterra a la cuestión de las grandes ciudades. En fechas tan tempranas diagnostica así la dinámica segregadora: "Desde luego, es frecuente que la pobreza resida en callejuelas recónditas muy cerca de los palacios de los ricos; pero, en general, se le ha asignado un campo aparte donde, escondida de la mirada de las clases más afortunadas, tiene que arreglárselas sola como pueda" (Engels, 2013: 2).

---

3. Este epígrafe es fruto de nuestra participación en dos proyectos de investigación financiados, respectivamente, por los ministerios de Ciencia e Innovación —el titulado "La movilidad residencial en la reconfiguración social de las áreas metropolitanas españolas" (ref. CSO2011-29943-C03-03)— y de Economía y Competitividad —"Procesos de reconfiguración social metropolitana" (ref. CSO2014-55780-C3-3-P)—.

Las condiciones de vida de los habitantes de estos enclaves obreros eran tremendamente duras, teniendo que soportar graves problemas de insalubridad; los informes médicos de la época recogen escenas y situaciones sobrecogedoras. El objetivo de estos desarrollos urbanos era solventar la escasez de vivienda, sin que preocupase en modo alguno la calidad de la misma. Pero ni siquiera con esa laxitud pudo solventarse la carencia. Aunque los ejemplos más tempranos y más conocidos de este tipo de urbanismo suelen ser las ciudades británicas, este modelo de barrios precarios para trabajadores se extendió al tiempo que la industrialización. También en España se construyeron muchas "viviendas baratas", como describen Barreiro Pereira (1992) para el caso de Madrid o Jiménez Riesco (2007) para el conjunto del país.

Desde los primeros enclaves obreros que la industrialización iba generando, pasando por las formas de segregación vertical en inmuebles ocupados por diferentes clases sociales pero en distintas plantas, al desarrollo de nuevos barrios para acoger a los recién llegados a la ciudad, o la formación de enclaves étnicos, la ciudad ha tendido a plasmar en el espacio residencial las diferencias sociales y de clase. En parte, esta segregación era consecuencia de la forma en que se hacía frente al problema, socialmente percibido, de la necesidad de viviendas asequibles y que garantizaran unos mínimos de habitabilidad a tales grupos.

En algunos casos la segregación está muy acusada, como ha ocurrido en Norteamérica. Hanlon (2001) sostiene que el grado de segregación actual de las ciudades estadounidenses tiene su origen en prácticas urbanísticas en la primera mitad del siglo XX, dirigidas a mantener la supremacía económica y racial existente en el país. Prácticas que, lejos de haberse abandonado, aún pueden intuirse en situaciones recientes —el ejemplo que el autor emplea es el de Lexington, en Kentucky—. Sin embargo, la segregación urbana nunca ha sido tan exacerbada en Europa como en los Estados Unidos, a pesar, como en el caso de España, de las masivas intervenciones en la promoción de viviendas en las periferias urbanas típicas de los años sesenta y setenta, destinadas a las clases más desfavorecidas. No obstante, en otros casos, como en Francia, los *grandes ensembles* incorporaban una voluntad de favorecer una cierta mezcla social que, con el tiempo, no se ha mantenido.

La tendencia al aumento de las diferencias sociales ha generado un creciente interés en el estudio de esta problemática. Cassiers y Kesteloot (2012) llegan a varias conclusiones interesantes. La primera es la tendencia al aumento de la segregación en Europa. La segunda es la relación compleja entre la segregación y la cohesión social, es decir, cómo determinar hasta qué punto la separación de diferentes grupos puede dificultar la integración en el futuro. En tercer lugar, las diferentes estructuras socioespaciales pueden dar lugar a escenarios muy diferentes, por tanto, no hay una respuesta única para cualquier contexto.

Las políticas públicas destinadas a resolver los problemas de vivienda (carencias absolutas y habitabilidad) alimentaban un proceso de segregación que, si bien al principio no aparecía en la opinión pública como problema social, ha acabado estallando como tal. No es el hecho de la segregación en sí mismo lo que se percibe como problema, sino sus consecuencias más extremas, la existencia de enclaves socialmente degradados, los barrios en proceso o en situación de exclusión.

Desde hace unas décadas, los problemas sociales ligados a la pobreza, la vulnerabilidad, la exclusión, la emergencia de enclaves étnicos vinculados a la inmigración... aparecen como problemas fundamentalmente urbanos (Cortés Alcalá, 2000). Incluso las formas de delincuencia cotidiana que más inquietan se asocian a ellos. La exclusión social ha llegado a representarse como exclusión física, como acumulación en determinados barrios de los excluidos. A veces se presentan como los barrios peligrosos dentro de la ciudad. Hasta tal punto de que la pertenencia al barrio acaba convirtiéndose en un factor más de exclusión, en un auténtico estigma territorial (Wacquant, 2007).

El problema de la exclusión social urbana, sin duda, es percibido como tal por la población, sobre todo a nivel local, pero también a nivel nacional e internacional. Un ejemplo son los estallidos de violencia que parecen afectar periódicamente a las *banlieues* de las grandes ciudades francesas, como el ocurrido en noviembre de 2005. Por eso, los barrios más vulnerables son objeto de múltiples formas de intervención social, sobre todo pública pero también privada y desde múltiples instancias, tanto locales como internacionales. Estas formas de intervención no son ajenas a las vistas en el apartado anterior sobre los problemas de vivienda. La construcción de grandes promociones de vivienda pública en la que se concentraba a la población más necesitada, más vulnerable y, por consiguiente, con mayores posibilidades de caer en la exclusión, ha contribuido decisivamente a la aparición de tales enclaves de exclusión. En toda España hay buenas muestras de ellos, pues muchos de los considerados barrios desfavorecidos tienen origen público (Arias Goytre, 1998), como las Tres Mil Viviendas en Sevilla o Almanjáyar en Granada.

Las causas últimas de la no integración de los sectores sociales más desfavorecidos —como el desempleo estructural y la progresiva incapacidad de las economías más avanzadas para dar empleo a los menos formados y cualificados— no pueden abordarse desde las instancias que intervienen en los barrios de exclusión. Sus actuaciones son casi siempre asistenciales, frecuentemente urbanísticas, pero rara vez tienen capacidad de transformar su situación económica. Por eso, acaban teniendo un carácter paliativo, cuyo mantenimiento en el tiempo puede constituirse en parte del proceso de exclusión o, al menos, en uno de sus síntomas.

## LA MOVILIDAD RESIDENCIAL Y LA REPRODUCCIÓN DE LA SEGREGACIÓN

Pero a la acción y regulación colectiva hay que sumar la acción individual. Una de las características más particulares de la ciudad percibida como problema social es la posibilidad que otorga de optar por soluciones individualistas: distintas formas de huida. Puesto que los problemas urbanos están vinculados al territorio, espacialmente localizados, pueden evitarse alejándose de ellos, posibilidad que no es tan sencilla en otro tipo de asuntos. Por eso, la movilidad residencial, mudarse a una zona mejor, constituye un mecanismo complementario de movilidad social.

La suburbanización puede entenderse como la forma más generalizada de escape: supone poner distancia suficiente para que no nos lleguen los nocivos aires de la urbe, pero no tan lejos como para no gozar de sus ventajas si lo estimamos necesario. Esta visión es fruto, sobre todo, de la experiencia norteamericana, en que las clases medias abandonan el núcleo urbano, que se asocia a problemas como la delincuencia, la contaminación urbana o vinculada a la búsqueda de un estilo de vida diferente —*flight from blight*, según la denominación de Mieszkowski y Mills (1993)—, lo que genera un aumento de los problemas y degradación de la ciudad central, además de alimentar el ciclo de abandono y, como consecuencia, de la segregación. Pero la suburbanización parece extenderse por todo el mundo. En Europa se ha producido a una escala menor, adoptando otras formas morfológicas y sociales. En España, los protagonistas de la suburbanización son los jóvenes en proceso de emancipación y las clases medias, pero no faltan ejemplos de ciudades metropolitanas donde las clases trabajadoras se han unido a este tipo de movimientos (Susino y Duque, 2013).

Algunos grupos rechazan incluso esta cercanía a lo urbano y apuestan por vivir en zonas alejadas del influjo de la urbe. Este flujo de personas hacia lo rural se compone de diferentes grupos, desde los emigrantes retornados a los originarios de la ciudad que optan por una ruptura, los denominados neorrurales (Morillo Rodríguez y Susino Arbucias, 2012). Este último ejemplo supone otra forma de rechazo aún más radical de la ciudad.

Otra opción residencial, cuando se exacerba el temor, es la huida a comunidades cerradas —o *gated communities*— (Hita Alonso, Sánchez Hita y Muñoz Alcaraz, 2014). Ya no basta con el alejamiento de la ciudad compacta propio de la suburbanización: es necesario crear un espacio protegido (en ocasiones físicamente amurallado). Se busca impedir la entrada a aquellos que no pertenezcan a la comunidad y, por supuesto, la comunidad se reserva el derecho a escoger a sus nuevos miembros. Es un modelo residencial excluyente, que goza de mayor popularidad cuanto mayor es la desigualdad y el miedo. Por eso, en Europa su importancia es aún pequeña y, sin embargo, en América constituye una opción creciente. En España, aunque no abunden las comunidades cerradas definidas estrictamente, sí es perfectamente apreciable una creciente tendencia defensiva que adquiere diversas formas. El vallado de espacios anteriormente abiertos, la contratación de seguridad privada, las urbanizaciones con su viario en fondo de saco no utilizable por el tránsito de paso —llamadas frecuentemente "residenciales"—, la construcción de pequeños espacios de ocio en el interior de los bloques —inaccesibles para los que no viven en ellos— son pasos en esa dirección.

Las movilidades migratoria y residencial son cruciales para entender las formas de producción y reproducción de la segregación. La movilidad individual agrava el problema colectivo del siguiente modo: las personas que alcanzan una movilidad social ascendente y que viven en barrios degradados se marchan, y esos huecos son ocupados por quienes no pueden permitirse algo mejor. Y, en el extremo contrario, las zonas más deseables tienden a ser ocupadas por población con más recursos a medida que los precios se elevan, a veces en un proceso de suburbanización, otras desplazando a poblaciones de menor estatus social en procesos de gentrificación. Mientras, otros colectivos tienden a perpetuarse en los mismos enclaves (Donzelot, 2004). Estas tendencias explican la reproducción de la desigualdad urbana a nivel de los actores individuales: la gente busca vivir con los que considera sus iguales ("gente como nosotros") y rehúye a los que percibe diferentes. Cuando la desigualdad es extrema, las posibilidades de salir de las zonas más estigmatizadas se reducen, dando lugar a la exclusión: la imposibilidad de participar plenamente en la sociedad.

Kallin y Slater (2014) consideran que no se puede desvincular la estigmatización de la gentrificación: son dos caras de una misma moneda. La definición de ciertos espacios como peligrosos, molestos o marginales genera el contexto adecuado para intervenir agresivamente en ellos, desplazando a los vecinos e introduciendo nuevos grupos considerados más deseables.

En cualquier caso, sin importar la valoración de la segregación, su existencia y repercusión sobre la estructura urbana es innegable. Como se ha comentado anteriormente, los problemas sociales urbanos se fijan en el territorio, a través de la interacción de los sujetos se generan espacios problemáticos y otros que no los son. E insistimos en la idea de que la posibilidad de solución individual (mudarse) dificulta especialmente que algunos temas se construyan como problemas colectivos. Por eso, la segregación, como tal, no aparece como un problema urbano, o no como uno de los más graves, aunque sí sus consecuencias más extremas: la concentración de la pobreza, la marginación o la delincuencia.

## LA ESCALA ESPACIAL DE LOS PROBLEMAS URBANOS

Los sujetos individuales no son los únicos que tienen una visión fragmentada del espacio urbano. Los actores colectivos, al abordar problemas urbanos como la movilidad, la contaminación, la eliminación de los residuos, la planificación y ordenación urbana, la vivienda pública, la lucha contra la exclusión, etc. parten de un espacio compartimentado. En España, el municipio es la unidad administrativa desde la que se gestionan la mayor parte de estos problemas. Correa Díaz (2010) subraya la dificultad de responder a problemas sistémicos a golpe de iniciativas puntuales, que además pueden verse condicionadas por estrategias electorales. La intervención debe considerar el contexto urbano en que se generan tales problemas.

En la actualidad, pese a que muchas de nuestras ciudades se han configurado como áreas metropolitanas (Feria y Albertos, 2010), son pocas las decisiones que se toman a ese nivel. Los que toman como ciudad el municipio (o solo se centran en la capital) no percibirán siquiera los mismos problemas que los que aborden la ciudad como realidad metropolitana. Y, por supuesto, tampoco las soluciones coincidirán. Sin embargo, los actores individuales toman sus decisiones frente a los problemas vividos (o incluso los imaginados: ambos son reales en tanto que tienen consecuencias sobre la ciudad) en una escala que ya no es municipal sino metropolitana. No pensar a escala metropolitana está ocasionando una deficiente aproximación pública a muchos problemas sociales.

A nivel internacional, hay un caso bien conocido pero quizás no siempre bien interpretado: Detroit, considerada el ejemplo de ciudad en crisis —y en bancarrota— (Glaeser, 2011). Sin embargo, si se adopta una visión de escala metropolitana, la situación no es tan evidente, pues lo que se pone de manifiesto es la crisis de la ciudad o municipio central, a costa de una huida generalizada a los condados metropolitanos suburbanos, tanto de población como de las actividades económicas. Lo que le ocurre al centro tiene que ver más con la deserción de los ricos y el abandono a su suerte de los pobres, algo que en Estados Unidos es favorecido por una organización de la administración local que concede una amplia autonomía a estas entidades, hasta el punto de recaudar gran parte de los impuestos. La escala y virulencia de los problemas puede ser resultado, por tanto, de la inadecuada escala de las soluciones, de la forma que adopta la intervención pública. En ocasiones, esta misma puede llegar a ser parte constitutiva del problema.

De hecho, muchos consideran la propia ruptura de la escala espacial, la expansión excesiva (o *urban sprawl*), el mayor problema urbano en la actualidad. Y en muchos contextos se puede considerar que, de hecho, lo es. Downs (1994) sostiene que a través del control de la expansión urbana es posible dar respuesta a problemáticas como la delincuencia y la pobreza, y que este control incluso es la única manera de mantener la buena situación de los espacios suburbanos. Las llamadas megaciudades son casos en los que incluso la planificación más ambiciosa en términos de infraestructuras no llega a ser capaz de responder al crecimiento urbano. Los interminables atascos en vías de 8 o 10 carriles en ciudades como Los Ángeles componen una imagen que resume esta cuestión de un solo vistazo. El modelo de ciudad extensa que representa la metrópolis californiana plantea retos de difícil solución al extenderse a gran escala.

La vivienda y la segregación están vinculadas entre sí por la movilidad residencial. A su vez, la movilidad está condicionada por la percepción de los problemas urbanos, fruto de un largo proceso social que impregna las representaciones e intervenciones sociales y políticas sobre la ciudad. La segmentación de los mercados de vivienda y la existencia de un parque inmobiliario destinado a los sectores sociales más vulnerables favorece la segregación urbana. Cuando las formas más extremas de desigualdad social, que los actores sociales experimentan como peligrosas o indeseables, se presentan ante el imaginario social concentradas en determinados enclaves urbanos, las consecuencias son dos. La primera, que el problema social que supone la exclusión aparenta poderse aislar más fácilmente, afectando a "otros", quienes viven en tales enclaves. La segunda, que los demás ciudadanos pueden alejarse de los problemas sociales fijados en el territorio, lo que distorsiona la percepción de la situación y su urgencia. La intervención pública sobre los problemas urbanos tiene que ser consciente de cómo al potenciarse las soluciones individuales la posibilidad de remediarlos colectivamente se debilita.

## BIBLIOGRAFÍA

AGUILAR, S. y FERNÁNDEZ, A. (2010): "El movimiento por la vivienda digna en España o el porqué del fracaso de una protesta con amplia base social", *Revista Internacional de Sociología*, 68(3), pp. 679-704.

ALGABA, A. (2003): "La discriminación en el acceso al mercado de la vivienda: las desventajas de la inmigración. Novedades y permanencias", *Scripta Nova. Revista Electrónica de Geografía y Ciencias Sociales*, VII(146). Disponible en http://www.ub.es/geocrit/nova.htm

ARIAS GOYTRE, F. (1998): *Barrios desfavorecidos en las ciudades españolas*. Disponible en http://habitat.aq.upm.es/bv/gbd09.html

BARREIRO PEREIRA, P. (1992): *Casas baratas: la vivienda social en Madrid, 1900-1939*, Madrid, Colegio Oficial de Arquitectos de Madrid.

CAMPOS MARÍN, R. (1995): "La sociedad enferma: higiene y moral en España en la segunda mitad del XIX y principios del XX", *Hispania*, 55(191), pp. 1093-112.

CANO, G.; ETXEZARRETA, A.; DOL, K. y HOEKSTRA, J. (2013): "From Housing Bubble to Repossessions: Spain Compared to Other West European Countries", *Urban Studies*, 28(8), pp. 1197-1217.

CASSIERS, T. y KESTELOOT, C. (2012): "Socio-spatial inequalities and social cohesion in European cities", *Urban Studies*, 49(9), pp. 1909-1924.

CHAVERO, P. (2014): "Los desahucios en la prensa española: distintos relatos sobre los asuntos públicos", *CIC Cuadernos de Información y Comunicación*, 19, pp. 271-284.

COLAU, A. y ALEMANY, A. (2013): *2007-2012: Retrospectiva sobre desahucios y ejecuciones hipotecarias en España, estadísticas oficiales e indicadores*. Plataforma de Afectados por las Hipotecas. Disponible en http://goo.gl/TewPWC

CONDE, F. (2000):"La cuestión de la vivienda y los modelos de consumo", *Estudios de consumo*, 55, pp. 9-28.

CONSEJO ECONÓMICO Y SOCIAL (2003): "La emancipación de los jóvenes y la situación de la vivienda en España (Colección Informes, 3/2012)", Castilla y León, Consejo Económico y Social.

CONSEJO GENERAL DEL PODER JUDICIAL (2013): "Una aproximación a la conciliación de los datos sobre ejecuciones hipotecarias y desahucios", *Boletín Información Estadística*, 35. Disponible en http://goo.gl/2YvJYH

CORREA DÍAZ, G. (2010): "Transporte y ciudad", *EURE*, 36(107), pp. 133-137.

CORTÉS ALCALÁ, L. (2000): "La vivienda como factor de exclusión en la ciudad", *Documentación social*, 119, pp. 295-312.

CULLEN, I. (2013): *Applied urban analysis: a critique and synthesis*, Oxon, Routledge.

DÍAZ RODRÍGUEZ, C. (2003): "La vivienda en España: reflexiones sobre un desencuentro", *Scripta Nova. Revista electrónica de geografía y ciencias sociales*, VII(146). Disponible en http://www.ub.es/geocrit/nova.htm

DONZELOT, J. (2004) : « La ville à trois vitesses: relégation, périurbanisation, gentrification", *Esprit*, 303, pp. 14-39.

DOWNS, A. (1994): *New visions for metropolitan America*, Washington, DC y Cambridge, MA, Brookings Institution, Lincoln Institute of Land Policy.

FERIA, J. M. y ALBERTOS, J. M. (coords.) (2010): *La ciudad metropolitana en España: procesos urbanos en los inicios del siglo XXI*, Pamplona, Civitas-Thompson Reuters.

ENGELS, F. (2013): "Las grandes ciudades", *Bifurcaciones: revista de estudios culturales urbanos*, 12, pp. 1-14 (obra original publicada en 1845).

FOESSA (1966): *Informe sociológico sobre la situación social de España (FOESSA)*, Madrid, Euramérica.

GLAESER, E. (2011): *El triunfo de las ciudades*, Madrid, Taurus.

HANLON, J. (2001): "Unsightly urban menaces and the rescaling of residential segregation in the United States", *Journal of Urban History*, 37(5), pp. 732-756.

HITA ALONSO, C.; SÁNCHEZ HITA, L. y MUÑOZ ALCARAZ, A. (2014): "Comunidades cerradas: realidades y utopías", en A. López Gay; F. Rojo; M. Solsona; A. Andújar; J. Cruz; R. Iglesias; J. M. Feria y A. Vahí (eds.), *XIV Congreso Nacional de Población. Cambio demográfico y socio territorial en un contexto de crisis*, Sevilla, Grupo de Población de la AGE, pp. 625-636.

INE (1994): *Censo de Población y Viviendas 1991*, Madrid, INE. Disponible en www.ine.es

JACOBS, J. (1961): *The death and life of great American cities*, Nueva York, Random House.

JIMÉNEZ RIESCO, M. (2007): "La vivienda barata en España (1883-1936): un estado de la cuestión", *Memoria y Civilización*, 10, pp. 137-181

KALLIN, H. y SLATER, T. (2014): "Activating territorial stigma: gentrifying marginality on Edinburgh's periphery", *Environment and Planning A*, 46(6), pp. 1351-1368.

LASHERAS, R. Y ZUGASTI, N. (2010): "La crisis y el proceso migratorio", en M. Laparra y B. Pérez Eransus (coords.), *El primer impacto de la crisis en la cohesión social en España*, Madrid, Fundación FOESSA, pp. 261-298.

LEAL, J. (coord.) (1992): *Informe para una nueva política de vivienda*, Madrid, Ministerio de Obras Públicas y Transporte.

— (2000): "Dinámica familiar y acceso a la vivienda", en A. Pedro Bueno y J. A. Sanchís Cuesta (coords.), *Problemas de acceso al mercado de la vivienda en la Unión Europea*, Valencia, Tirant lo Blanch, pp. 79-94.

MARTÍ FERRER, M. (2000): "La oferta de vivienda: la perspectiva empresarial", En P. Taltavull de la Paz (coords.), *Vivienda y familia*, Madrid, Fundación Argentaria-Visor, pp. 319-332.

MARTÍNEZ VITO, L. (2010): "·Estrategias de supervivencia y adaptación de los hogares a los malos tiempos", en M. Laparra y B. Pérez Eransus (coords.), *El primer impacto de la crisis en la cohesión social en España*, Madrid, Fundación FOESSA, pp.159-191.

MÉNDEZ, R.; ABAD, L. y PLAZA, J. (2014): *Geografía de las ejecuciones hipotecarias en España*, Madrid, Fundación 1º de Mayo.

MESA GARATE, L. DE y VALIÑO CASTRO, A. (2001): "Política de vivienda: Aspectos teóricos y características en Europa y España", documentos de Trabajo de la Facultad de Ciencias Económicas y Empresariales, 27). Disponible en http://eprints.ucm.es/6749/

MIESZKOWSKI, P. Y MILLS, E. S. (1993): "The Causes of Metropolitan Suburbanization", *The Journal of Economic Perspectives*, 7(3), pp. 135-147.

MINISTERIO DE FOMENTO (2013): *Observatorio de Vivienda y Suelo. Boletín Especial de Rehabilitación y Alquiler*, Madrid, Centro de Publicaciones, Secretaría General Técnica del Ministerio de Fomento.

MORILLO RODRÍGUEZ, M. J. y SUSINO ARBUCIAS, J. (2012): "Los inmigrantes hacia el mundo rural andaluz", en O. de Cos Guerra y P. R. Velasco, *La población en clave territorial: procesos, estructuras y perspectivas de análisis. Actas del XIII Congreso de la Población Española*, Santander, Dirección General de Investigación y Gestión del Plan Nacional de I+D+i, pp. 285-293.

PACIONE, M. (1990): *Urban Problems: An Applied Urban Analysis*, Londres, Routledge.

PÉREZ BARRIO, G. (2001): "El mercado de la vivienda de primera residencia en 2001. ¿El fin del ciclo expansivo?", *Cuadernos de Información Económica*, 163, pp. 19-27.

PINA FILHO A. C. DE y PINA A. C. DE (eds.) (2010): *Methods and Techniques in Urban Engineering*, Rijeka, InTech. Disponible en http://goo.gl/RZhByD

SAN MARTÍN, J. I. (2000): "Accesibilidad de la vivienda en los países del área euro", en A. Pedro Bueno y J. A. Sanchís Cuesta (coords.), *Problemas de acceso al mercado de la vivienda en la Unión Europea*, Valencia, Tirant lo Blanch, pp. 179-204.

SÁNCHEZ MARTÍNEZ, M. T. (2002): *La política de vivienda en España. Análisis de sus efectos redistributivos*, Granada, Universidad de Granada.

SERT, J. L. (1942): *Can our cities survive? An ABC of urban problems, their analysis, their solutions*, Cambridge, MA, Harvard University Press.

SUSINO, J. (1996): "Necesidades de vivienda, política social y mercado", En F. Conde, *La vivienda en Huelva. Culturas e identidades urbanas*, Sevilla, Junta de Andalucía, pp. XI-XXII.

— (2003): *Movilidad residencial. Procesos demográficos, estrategias residenciales y estructura social* (Tesis doctoral no publicada), Granada, Universidad de Granada.

SUSINO, J.; HERNÁNDEZ HURTADO, D. M.; ISAC MARTÍNEZ, B. y TORRES PADILLA, P. (2006): *Los discursos técnico-científicos sobre los problemas de la vivienda. Informe de investigación no publicado realizado para la Empresa Pública de Suelo de Andalucía* (Informe de investigación), Sevilla, Empresa Pública de Suelo de Andalucía.

SUSINO, J. y DUQUE, R. (2013): "Veinte años de suburbanización en España (1981-2001). El perfil de sus protagonistas", *Documents d'Anàlisi Geogràfica*, 59(2), pp. 265-290.

VALENZUELA RUBIO, M. (2000): "Oferta de Vivienda y desajustes sociales y territoriales de la demanda", en P. Taltavull de la Paz (coord.), *Vivienda y familia*, Madrid, Fundación Argentaria-Visor, pp. 333-356.

WACQUANT, L. (2007): *Los condenados de la ciudad. Gueto, periferias y Estado*, Buenos Aires, Siglo XXI.

WILLIAMS, R. (2001): *El campo y la ciudad*, Buenos Aires, Paidós.

CAPÍTULO 7
# CAMBIOS, PROBLEMAS Y DESAFÍOS DE LA RURALIDAD Y DE AGRARIA EUROPEA

FRANCISCO ENTRENA-DURÁN Y JOSÉ FRANCISCO JIMÉNEZ-DÍAZ

## INTRODUCCIÓN: LOS PROBLEMAS Y LOS CAMBIOS DE LA RURALIDAD EUROPEA DESDE UNA PERSPECTIVA CONSTRUCCIONISTA

Desde finales de los ochenta, el mundo rural europeo está inmerso en un complejo y multidimensional escenario de incertidumbres económico-financieras (Comisión de las Comunidades Europeas, 1988). Regular adecuadamente o gestionar esta situación, que se ha agravado como consecuencia de la crisis general de la economía europea (manifestada con especial intensidad desde 2008 en España), es uno de los principales desafíos de la presente política agraria común. Para encarar esos desafíos es muy conveniente conocer, no solo los problemas actuales de la ruralidad europea, sino también cómo estos se han producido o construido. Tales problemas son analizados aquí, a la vez que se hacen referencias específicas al caso español, desde una perspectiva que los considera como construcciones sociales. Con esto no queremos decir que los mismos sean meros constructos o imaginarios que solo están en las mentes de los sujetos sociales que los producen, perciben o viven.

Si bien la toma en consideración de los imaginarios subjetivos (más o menos incorporados por los sujetos sociales individuales o colectivos) de los problemas sociales resulta fundamental para el entendimiento completo de estos, lo cierto es que los problemas sociales tienen también una base real, ya que su existencia se puede constatar empíricamente estudiando los procesos a través de los cuales se construyen como realidades objetivas subjetivamente percibidas (Frigerio, 1995), así como analizando los contextos sociotemporales específicos en los que tiene lugar la construcción de esas realidades. En gran medida, coincidimos aquí con Rubington y Weinberg (2010), quienes diferencian dos líneas analíticas construccionistas en el ámbito de los problemas sociales: de una parte, el construccionismo estricto, focalizado en la definición subjetiva de los problemas y, de otra, el construccionismo contextual, que incluye además el contexto en el que se producen o reproducen esos problemas como un elemento esencial a tener en cuenta.

De todos modos, la dimensión subjetiva de los problemas sociales, incluso si se la considera, desde el punto de vista de ese construccionismo estricto al que hacen referencia Rubington y Weinberg, como una mera definición de tales problemas (o construcción mental acerca de ellos, expresión que hemos usado nosotros anteriormente), es tan constatable y analizable empíricamente como lo es la dimensión objetiva. Ello es debido a que, a fin de cuentas, también la dimensión subjetiva es objetivable a través de la identificación de las valoraciones, las representaciones o los discursos construidos sobre determinados fenómenos o circunstancias sociales que son percibidos como problemas sociales por parte de los sujetos sociales que voluntaria o involuntariamente (o, también, de forma consciente o inconsciente) los producen o experimentan (Blumer, 1971).

De lo antedicho se desprende que, cuando hablamos de construcción social de los problemas sociales, no entendemos esto como si se tratara de una mera elaboración de representaciones de esos problemas (los antes aludidos constructos o imaginarios mentales), como si esos problemas solo existieran en las ideas y a través de las ideas que los actores construyen o producen acerca de ellos y del mundo social en el que se generan. En vez de ello, consideramos que dichas representaciones o imaginarios responden a procesos de producción de los problemas sociales *stricto sensu*, así como a procesos mentales a través de los cuales los individuos y los grupos generan o construyen objetivaciones provistas de sentido de esos problemas sociales; es decir, percepciones, explicaciones o discursos acerca de los mismos (Lorenc Valcarce, 2005). Y, a la vez que construyen o interiorizan esos discursos, los sujetos sociales dotan de sentido a dichos problemas; es decir, les confieren existencia, contribuyendo así a su construcción, deconstrucción o reconstrucción (Pofhl, 1985; Spector y Kitsuse, 1977), así como a su definición, valoración, diagnóstico o intervención sobre ellos.

Por lo general, solo una parte de los fenómenos sociales se acaba constituyendo o concibiendo como problemas sociales, para lo que tienen que darse unas determinadas circunstancias socioeconómicas (Spector y Kitsuse, 1977), las cuales son variables en cada caso, como variables y diversas son las perspectivas que tienen o desarrollan los sujetos sociales acerca de esos problemas. En cualquier caso, esas perspectivas son ubicables entre dos posiciones extremas. Una de tales posiciones es la representada por esas actitudes más conservadoras, tendentes a la aceptación y legitimación (explicación o justificación) de los problemas sociales como consustanciales al sistema social, concibiendo este como algo natural e inherente a un orden de cosas cuya lógica esencial de funcionamiento será siempre así, y ante lo cual lo único que cabe plantearse es cómo gestionarlo mejor para, de este modo, tratar de minimizar los efectos de sus problemas. En el otro extremo se podrían situar aquellas actitudes más críticas, o incluso subversivas, ante los problemas sociales; actitudes que, por lo tanto, tienden a la deslegitimación, el desmantelamiento o la transformación del orden social donde esos problemas se producen y reproducen. Un orden social que, en consecuencia, es considerado, no como una especie de estado de cosas natural o inmodificable, sino como una situación más o menos transitoria correspondiente a una determinada circunstancia sociohistórica que, para los que comparten esta perspectiva, es posible y necesario cambiar.

Aparte de su mayor o menor grado de aproximación a una de las dos posiciones extremas referidas, el hecho es que cualquiera de las valoraciones, construcciones o percepciones de los problemas sociales se sustenta en la construcción o reconstrucción (o, si se quiere, producción o reproducción) de una serie de marcos simbólico-culturales que confieren legitimidad (es decir, explicación o justificación) a esas valoraciones, construcciones o percepciones y, por ende, a las prácticas y las actitudes de los sujetos sociales que viven o afrontan los problemas sociales, los cuales, de este modo, encuentran explicación y sentido para dichos sujetos. Un sentido y explicación que no les llevan necesariamente a la aceptación de esos problemas, sino que, como se ha dicho antes, puede oscilar entre la aprobación acrítica del sistema establecido que los sustenta o las tentativas críticas o subversivas encaminadas a favorecer cambios radicales o reformadores de ese estado de cosas.

Son los propios sujetos sociales los que producen los problemas sociales, pero también los que los definen, interpretan, perciben o viven, los que tienen la capacidad de abordarlos y de intervenir sobre ellos. Esto último, sobre todo, tratando de modificar o regular los modelos de orden social, las acciones y las prácticas sociales que los generan, lo que, a su vez, suele conllevar apostar por propiciar los cambios parciales, estructurales o sistémicos (es decir, en las estructuras sociales) necesarios para la superación de dichos problemas.

En suma, más que hablar de lo que se podría tipificar como meros constructos culturales o imaginarios mentales desprovistos de base real, lo que aquí queremos decir, cuando aseveramos que los problemas sociales se construyen socialmente, es que estos se construyen o reconstruyen (o, si se prefiere, producen o reproducen) como resultados previstos o imprevistos, buscados o no (la mayoría de las veces, lo segundo) de determinadas prácticas o acciones por parte de los sujetos sociales individuales o colectivos, las cuales, a su vez, hay que ubicar en procesos o contextos sociales específicos.

Pues bien, analizamos aquí esas prácticas, acciones o procesos sociales de acuerdo con un enfoque amplio y omnicomprensivo del término social, en el que incluimos sus dimensiones socioeconómica, político-institucional y simbólico-cultural. Asimismo, somos conscientes del hecho de que las prácticas, acciones o procesos sociales no tienen lugar de manera descontextualizada, sino que acontecen en contextos espacio-temporales concretos, y, a medida que esos contextos se modifican, se experimentan sucesivas definiciones y redefiniciones de los problemas sociales; o sea, una especie de secuencia procesual de lo que se podría conceptuar como diferentes definiciones, deconstrucciones y reconstrucciones o redefiniciones de tales problemas.

En particular, cuando seguidamente analizamos la evolución en las maneras de definición y producción o construcción social de los problemas del mundo rural europeo, lo hacemos durante los 53 años de vigencia de la Política Agrícola Común (PAC), de la que examinamos sus sucesivas reformulaciones desde su implementación inicial en 1962. Consideramos, para ello, las tres dimensiones antedichas de lo social. De ahí, que hablemos de transformaciones socioeconómicas y de las políticas agrarias, así como de las legitimaciones discursivas de esas transformaciones.

## TRANSFORMACIONES SOCIOECONÓMICAS DEL MUNDO RURAL Y CAMBIOS EN LAS POLÍTICAS AGRARIAS EN EUROPA

La Unión Europea (UE), a la que hoy pertenecen 28 estados, se denomina así desde el 1 de noviembre de 1993. Su origen se remonta al 18 de abril de 1951, cuando fue fundada en París la Comunidad Europea del Carbón y del Acero (CECA), en la que se integraron Bélgica, Francia, Alemania occidental, Italia, Luxemburgo y los Países Bajos. Seis años más tarde, estos mismos países firmaron el Tratado Constitutivo de la Comunidad Europea (1957), el cual dio lugar al denominado Mercado Común. Poco después, en 1962, la PAC entró en vigor, siendo desde entonces la política pública principal de la UE. La historia de dicha política, en sus 53 años de existencia, ha estado unida estrechamente a los sucesivos problemas y cambios socioeconómicos experimentados en el medio rural de la UE; de hecho, sus diferentes reformulaciones han tratado de responder a los distintos desafíos que tales problemas y cambios han ido planteando.

Seguidamente se hacen una serie de consideraciones acerca de lo que han supuesto las orientaciones pasadas y actuales de la PAC, la evolución de las legitimaciones discursivas en las que se asienta esta política pública, así como sus desafíos pendientes hoy. A este respecto, las reflexiones que se hacen aquí han de ser entendidas en el marco de los análisis que se están realizando, al menos desde el año 2007, respecto a la redefinición o refundación de la PAC (Barco Royo, 2012; Massot Martí, 2009: 7).

### ORIENTACIONES PASADAS Y ACTUALES DE LA POLÍTICA AGRARIA COMÚN

En 1962, al inicio de la PAC, Europa occidental no había superado aún las consecuencias de la Segunda Guerra Mundial, debido a la cual una considerable parte de la actividad agraria había quedado paralizada. Esto, junto con el entonces relativamente bajo grado de modernización de la agricultura europea, era una de las principales causas de que el abastecimiento alimentario no estuviera garantizado en aquellos años. Los objetivos prioritarios de la primera PAC fueron aumentar la productividad agraria, garantizar dicho abastecimiento, proporcionar unos niveles equilibrados de renta a los agricultores, estabilizar los mercados agrarios y asegurar a los consumidores unos precios asequibles. Para lograr tales objetivos, se estableció un sistema de subvenciones y procedimientos que garantizaban unos niveles de precios a los agricultores y les incentivaban a producir más. Igualmente, se proporcionaba asistencia financiera para la reestructuración de la agricultura, concediendo, por ejemplo, subsidios a las inversiones agrícolas encaminadas a favorecer el crecimiento y la modernización de las explotaciones con el propósito de estimular el aumento de la producción agraria.

Esto, que en el lenguaje de la UE se denomina primer pilar de la PAC, supuso un trato privilegiado a la producción agraria por parte la UE entre 1962 y 1985, el cual se legitimó sobre cuatro bases fundamentales (Barco Royo, 2012: 59-60): primera, las características particulares de la actividad agraria en la Europa de la posguerra; segunda, la necesidad de crear condiciones para la integración europea, la cual se fue fraguando de manera lenta y durante largo tiempo se restringió prácticamente a la aplicación de la PAC como única política común; tercera, la urgencia de fundar un mercado común agrícola mediante las políticas agrarias nacionales; y, cuarta, la gran influencia de los planteamientos keynesianos en las políticas agrarias de los años cincuenta y sesenta.

Todo ello contribuyó a la conformación de una PAC intervencionista y proteccionista que fomentaba las producciones mediante diferentes sistemas de precios y ciertos mecanismos de intervención en los mercados que situaban los precios internos en la UE por encima de los del mercado mundial. Tales bases se pusieron en cuestión durante los años ochenta debido a que, en el tiempo anterior en que se había aplicado la PAC, el objetivo de alcanzar el autoabastecimiento se había logrado en casi todos los sectores, surgiendo grandes excedentes y, por ende, las particulares condiciones de la agricultura de posguerra habían desaparecido. Así, desde la década de 1980, las políticas centradas básicamente en incentivar la producción agraria fueron perdiendo fuerza, a la vez que las políticas keynesianas empezaron a ser deslegitimadas por los economistas neoliberales. No obstante, pese a que en dicha década la UE era excedentaria en producción alimentaria, muchas de sus áreas rurales se encontraban en declive socioeconómico (Comisión de las Comunidades Europeas, 1988).

En estas circunstancias, a partir de 1988, tras evaluar la referida orientación productivista de la PAC y considerarla insuficiente, la UE incorporó un conjunto de políticas públicas territoriales, multisectoriales e integradas dirigidas a toda la población de las regiones y zonas rurales atrasadas. De tal modo, se pretendían incentivar "sistemas locales que pusieran en marcha programas capaces de generar procesos endógenos de desarrollo" (Pérez, Caballero y Agostini, 2003: 2). Tales políticas públicas manifestaban la nueva manera de entender el desarrollo rural europeo consistente en lo que se denominó segundo pilar de la PAC. Así, esta, que desde sus inicios fue y sigue siendo la más relevante política pública común de Europa, ha experimentado sucesivos cambios en sus orientaciones. Ello ha sucedido a medida que ha ido variando la situación socioeconómica y política de la UE y ha aumentado el número de países integrados en ella.

En la historia de la PAC se observan tres grandes periodos: un periodo inicial, que transcurre desde el momento de su puesta en marcha (principios de los años sesenta) hasta la primera gran reforma (la emprendida por el comisario irlandés Raymond MacSharry en 1992); una segunda etapa, que mantiene el pulso reformador, dando un paso más con la Agenda 2000 y la reforma del comisario austriaco Franz Fischler en 2003, a la que se le une el llamado "chequeo médico" de la PAC en 2008, dirigido por la comisaria danesa Mariann Fischer Boel. Finalmente, puede hablarse de una tercera fase, iniciada con el proyecto de reforma presentado en 2011 por el comisario rumano Dacian Ciolos. Tal y como se muestra más adelante, esta fase prosigue con las reformulaciones de la PAC que se están llevando a cabo desde 2014 y está previsto que continúen hasta 2020, bajo el liderazgo del comisario irlandés Phil Hogan. Estas reformas se están desarrollando en el marco de la nueva Estrategia Europa 2020 que pretende favorecer el crecimiento económico de la UE en la presente década.

## DEL PRIMERO AL SEGUNDO PILAR DE LA POLÍTICA AGRARIA COMÚN: DESDE 1962 HASTA LA REFORMA MACSHARRY EN 1992

Como se ha dicho, debido a los problemas de producción y abastecimiento agrario y ganadero existentes en la posguerra europea, se priorizó el objetivo de garantizar a los ciudadanos-consumidores que dispusieran de un suministro estable y suficiente de alimentos a precios en correspondencia con sus niveles adquisitivos en los primeros tiempos de la PAC. De ahí que la incentivación del crecimiento y la modernización de las explotaciones, junto con el subsiguiente apoyo a la productividad agrícola y ganadera, fueran objetivos centrales entonces.

Al llegar la década de 1980, además de que ya se habían conseguido los objetivos iniciales de garantizar la autosuficiencia alimentaria en la UE, empezaron a plantearse, cada vez con mayor intensidad, problemas de superproducción y de excedentes en la agricultura y la ganadería. Tales excedentes fueron, en el mejor de los casos, exportados con la ayuda de subvenciones o donados a países en desarrollo y, en otras ocasiones, almacenados o destruidos en el seno de la propia UE. Esto, aparte de que suponía considerables costes presupuestarios, provocaba distorsiones en algunos mercados mundiales, por lo que comenzó a ser criticado cada vez más duramente por diferentes sectores sociales.

En tales circunstancias se explica que, cuando España se incorporó a la entonces todavía denominada Comunidad Económica Europea (CEE) el 1 de enero de 1986, la PAC estuviera ya en fase de reforma de sus tradicionales presupuestos productivistas. Dos objetivos importantes de aquella reforma eran, de una parte, encarar el susodicho problema de la superproducción y, de otra, frenar la sobreexplotación productiva de la tierra, que amenazaba la preservación del equilibrio ambiental de los ecosistemas agrarios. Todo ello acontecía cuando el mundo, después del derrumbe del muro del Berlín y el fin de la guerra fría, entraba en una fase de creciente globalización, a la vez que se generalizaban cada vez más las sensibilidades y las preocupaciones de la ciudadanía por asuntos como el desarrollo sostenible[1] y la mejora o salvaguarda del medio ambiente; sobre todo, tras la celebración de la Cumbre de la Tierra en Río de Janeiro en 1992.

Ello originó un contexto mundial propicio para que fuera a comienzos de los noventa cuando acontecieron la mayor parte de los cambios, si bien es cierto que, en la década anterior, la PAC ya había experimentado transformaciones importantes encaminadas a reducir los excedentes generados por el productivismo; por ejemplo, la aprobación de las cuotas a la producción lechera en 1984.

No obstante, fue en 1992 cuando la denominada Reforma MacSharry posibilitó que la PAC pasara de ser una política centrada básicamente en la regulación de los precios agrarios y en el estímulo de la producción a otra cuya principal finalidad era el mantenimiento de la renta de los agricultores. Asimismo, se pusieron en marcha medidas para fomentar métodos de producción agraria compatibles con el respeto y la preservación del medio ambiente. Tales medidas (el denominado programa agroambiental) constituían una novedad, ya que, por primera vez, se aprobaba en la UE un conjunto estructurado de normas de obligado cumplimiento para los países miembros cuya finalidad era promover la introducción de prácticas agrícolas sostenibles desde el punto de vista ambiental (Moyano y Garrido, 1998).

Por otra parte, aquella reforma de la PAC aconteció en un contexto que hacía necesaria la modificación del sistema europeo de barreras comerciales y arancelarias, a fin de adecuarlo a las exigencias del GATT (Acuerdo General sobre Aranceles Aduaneros y Comercio), cuya conclusión en Uruguay en diciembre de 1993 había tenido importantes consecuencias para los productos agroalimentarios europeos, los cuales ya por entonces estaban entrando, cada vez más a fondo, en el ámbito de la competencia de los mercados globales.

## EVOLUCIÓN DEL SEGUNDO PILAR DE LA POLÍTICA AGRARIA COMÚN: LA AGENDA 2000, LA REFORMA FISCHLER (2003) Y EL 'CHEQUEO MÉDICO'

A partir de 1999, en el marco de las recomendaciones hechas por la Agenda 2000, tuvo lugar otra modificación en las orientaciones de la PAC, de tal modo que, a la vez que se continuaba apostando por la competitividad de la agricultura en el mercado interno y en el externo a la UE, se añadía una preocupación preferente por las políticas de desarrollo rural, fomentando para ello iniciativas dirigidas a apoyar a los

---

[1]. En España se aprobó la Ley 45/2007, de 13 de diciembre, para el Desarrollo Sostenible del Medio Rural.

agricultores en la reestructuración de sus explotaciones y en la diversificación de sus funciones. Un objetivo básico de ello era seguir manteniendo la producción agrícola, pero complementando este objetivo con la incentivación de actividades paralelas. Asimismo, se imponía un tope máximo al presupuesto para evitar un aumento desmesurado de los costes de la PAC.

La antedicha diversificación de las funciones de los agricultores se entiende actualmente en un sentido amplio, según el cual los presentes modelos de desarrollo rural suelen englobar tanto las tendencias hacia producciones agrícolas o ganaderas no convencionales como la incorporación en la explotación de diferentes fases de los procesos de comercialización o de elaboración de productos agroindustriales, así como la oferta en ella de servicios de ocio o de tipo turístico (Arnalte, 2002: 55). Ello se corresponde con lo que se dice en la Declaración de la reunión, celebrada entre el 7 y el 9 de noviembre de 1996 en la localidad irlandesa de Cork, en la que se mostró la disminución del peso relativo de la agricultura y de los bosques en la economía rural europea y se estableció que el modelo de desarrollo a promover debía ser armonioso, equilibrado y duradero en lo referente a las actividades económicas, a la vez que integrar las crecientes preocupaciones sociales sobre la salubridad, la calidad de los alimentos y la preservación del medio rural. Asimismo, dicho modelo debe estar dirigido a buscar un alto nivel de empleo, corregir los desequilibrios demográficos, eliminar las diferencias en el acceso a la movilidad, promover la igualdad de género y un alto grado de mejora y protección del entorno medioambiental. El propósito es hacer de las zonas rurales lugares atractivos socioeconómica y vitalmente (Camarero, 2009; Camarero et al., 2009; Tolón y Lastra, 2007: 38), lo cual requiere crear las condiciones en estas zonas para que los actores sociales se adapten a los cambios y puedan desarrollar los objetivos propuestos en las reformas de la PAC.

A este respecto, se han producido significativos cambios en los discursos legitimadores de las transformaciones en los modelos productivos del mundo rural en general, a medida que este ha pasado desde las economías de subsistencia tradicionales a la fase de superproducción, y desde esta a las actuales tendencias hacia la búsqueda de un desarrollo sostenible socioeconómica y ecológicamente. De esta forma, tales discursos han evolucionado desde lo que puede tipificarse como un antropocentrismo productivista a un ecocentrismo naturalista (Entrena-Durán y Villanueva-Pérez, 2000).

En primer lugar, el antropocentrismo productivista legitimó los cambios que supusieron la superación de los límites productivos de las tradicionales economías agrarias de subsistencia y el tránsito al modelo productivista que hizo posible que, a la vez que tenía lugar una progresiva reducción de la mano de obra en el medio agrario, se produjeran aumentos sin precedentes de la producción en dicho medio.

En cuanto al ecocentrismo naturalista, constituye el discurso subyacente a la generalidad de las tendencias hacia el desarrollo sostenible que vienen afianzándose en las últimas décadas. Unas tendencias que se plantean como alternativas al anterior modelo productivo legitimado por el discurso antropocéntrico productivista y que, en consecuencia, abogan por formas de desarrollo más sostenibles ambiental y socialmente de lo que fue dicho modelo.

Es en el contexto de estos cambios discursivos, en el que hay que situar el gradual abandono de los anteriores modelos productivistas de la PAC y su progresivo desplazamiento por otros modelos de producción que apuestan por las políticas de desarrollo sostenible del medio rural, priorizando los siguientes aspectos:

- Aumentar la inversión en energías renovables.
- Fomentar la Inversión más el Desarrollo y la Innovación (I+D+i).
- Utilización de Tecnologías de Información y de las Comunicaciones (TIC).
- Impulsar la agricultura ecológica.
- Diversificar la actividad económica y el desarrollo local.
- Mantener a la población en las áreas rurales.
- Procurar la dinamización sociodemográfica y elevar el bienestar social en los entornos rurales.
- Desarrollo rural y medioambiental que integre los avances en biotecnología.
- Garantizar la seguridad alimentaria.
- Reforzar las actuaciones de la Red Natura 2000 y compensar a las explotaciones dentro de estas zonas.
- Incrementar la inversión en zonas con dificultades estructurales y medioambientales.
- Fomentar la equidad de género, racial, religiosa, etc.
- Promover una gobernanza y un liderazgo local eficaces.
- Utilizar indicadores para evaluar los procesos de desarrollo (Arroyos, 2007; Ley 45/2007, de 13 de diciembre de 2007; Reglamento CE 1698/2005).

Desde estas premisas, en 2003, tuvo lugar la Reforma Fischler, que incorporaba los conceptos de desacoplamiento y condicionalidad. El desacoplamiento significaba, en primer lugar, la ruptura de la clásica relación directa entre las ayudas y el volumen de producción, que había sido tan característica de las primeras fases de la PAC, en las que predominaban las prácticas agrarias legitimadas por el discurso antropocéntrico-productivista. En lugar de dicha relación directa entre ayudas y producción, se fijaba un pago único por explotación; es decir, una ayuda que se abonaba independientemente de que el agricultor produjera o no. Una finalidad básica de esto ha sido motivar a los agricultores a buscar la rentabilidad de sus explotaciones y a producir en función de las demandas del mercado. En lo que se refiere al concepto de condicionalidad, ha significado que los agricultores tengan que respetar una serie de buenas prácticas agrícolas, de normas ambientales, de inocuidad de los alimentos, de sanidad vegetal y de bienestar de los animales. El incumplimiento de tales normas se traduce en una reducción de las ayudas directas.

Después, el llamado "chequeo médico" de la PAC, durante el mandato de la comisaria danesa Mariann Fischer Boel en 2008, continuó con el proceso de reformas, consolidando los instrumentos desarrollados con anterioridad. Así, el "chequeo médico" ha afianzado de hecho el régimen regional de pagos únicos como horizonte a seguir. Este modelo se fundamenta en una ayuda por regiones administrativas, zonas o sistemas productivos territoriales (pastos, montaña, etc.) que, a su vez, supone una importante redistribución de las cantidades percibidas en el pasado por los agricultores (Massot Martí, 2009).

## PRINCIPALES DESAFÍOS DE LA POLÍTICA AGRARIA COMÚN Y DE LAS POLÍTICAS DE DESARROLLO RURAL

Las posiciones favorables al desarrollo sostenible, justificadas mediante el denominado discurso ecocéntrico-naturalista, constituyen el escenario característico de las actuales orientaciones de la PAC, las cuales tratan de incorporar los objetivos centrales de la cohesión socioeconómica y territorial establecidos por el Tratado de Lisboa en diciembre de 2007. En este contexto, el vigente proceso de reforma de la PAC coincide con el nuevo marco financiero multianual de la UE (2014-2020) y trata de estar en concordancia con los objetivos de la Estrategia Europa 2020 para un crecimiento inteligente, sostenible e integrador.

Los principales desafíos de esta nueva reforma son: la seguridad alimentaria en Europa, la competitividad de los agricultores europeos, el cambio climático y la gestión sostenible de los recursos y el mantenimiento de una sociedad rural viva. A este respecto, como un primer paso en el presente proceso de reformas, la Comisión Europea publicó, el 18 de noviembre de 2010, un documento titulado *La PAC en el horizonte de 2020: responder a los desafíos futuros en el ámbito territorial, de los recursos naturales y alimentarios* (Comisión Europea, 2010).

No se analizan aquí los aspectos técnicos del presente proyecto de reforma, pues ello excede el espacio asignado a este capítulo. En vez de ello, se reflexiona a continuación sobre algunos de los desafíos pendientes de la PAC, con objeto de que el lector comprenda la actual propuesta de política agrícola de la Comisión.

Uno de los principales desafíos se refiere a la necesidad y la conveniencia de estimular la participación en la gestión de la PAC de los actores sociales afectados por ella. Facilitar o reforzar esta participación es muy importante en el marco de los complejos y cada vez más globalizados procesos que afectan a las dinámicas de los muy diversos territorios locales europeos donde tienen lugar las implementaciones específicas de la PAC. La uniformidad de los presupuestos de esta política pública, pensada a nivel europeo, no debe hacernos olvidar la necesidad de adecuar la misma a la heterogeneidad de tales territorios y de las variadas formas de agricultura características de estos.

La finalidad de dicha adecuación consiste en intentar optimizar los resultados de la implementación de la PAC en cada territorio concreto, de modo que se acreciente al máximo la contribución de esta en lo relativo a frenar el crecimiento de las posibles disparidades socioeconómicas y territoriales existentes e, incluso, a que su aplicación redunde en la reducción de esas disparidades. A este respecto, es esencial que, aparte de las medidas de apoyo y ayudas contempladas en la PAC para las prácticas agrarias (productivistas o medioambientalistas), se procure motivar y empoderar a los actores sociales locales. Se trata de que tales actores, sin renunciar a seguir reivindicando sus peculiaridades sociales y productivas locales, sean capaces de coordinarse y sumar esfuerzos encaminados a implicarse en estrategias, coordinadas a escala de la UE, de sus Estados o de sus regiones. La finalidad de esas estrategias es contribuir efectivamente a que la implementación de la PAC repercuta en el desarrollo humano y socioeconómico del mundo rural europeo y en el aumento de la cohesión entre los territorios rurales.

De acuerdo con ello, a diferencia del sesgo paternalista que podría sugerir la mera concesión de ayudas, una PAC que facilite o estimule la participación de los actores sociales por ella afectados sería, sin duda, más empoderadora para los actores locales. Por ejemplo, podría contribuir a promover sus potencialidades de organización, así como a articular o fomentar liderazgos locales capaces de actuar coordinadamente ante los problemas y desafíos globales que han de afrontarse, a la vez que a acrecentar las capacidades de cooperación orientadas a garantizar la sostenibilidad alimentaria y socioeconómica.

En relación con esto, otro desafío clave para las políticas públicas europeas en general, y en concreto para la PAC, es alentar las sociabilidades locales o trabajar por su fortalecimiento. Todo ello en contextos de creciente globalización socioeconómica, en los que, cuando ya ha quedado atrás el periodo histórico en el que los estados-nación eran todavía los centros principales de la actividad socioeconómica y la decisión sociopolítica, cada vez son más difícilmente visibles y predecibles los obstáculos que hay que superar, así como los procesos y las dinámicas que es preciso afrontar para intentar cambiar las cosas o abordar los problemas del mundo rural.

Asimismo, si bien aquellos aspectos del desarrollo territorial relacionados directamente con la agricultura (especialmente, los relativos a la producción agraria y sus procesos de comercialización) han de estar contemplados en la PAC, esta no debe responsabilizarse de todos los costes y tareas inherentes a dicho desarrollo, tal y como corresponde a una realidad, en la que en las dinámicas de desarrollo de las áreas rurales suelen estar implicados una gran diversidad de actores socioeconómicos individuales y de instituciones públicas y privadas (ayuntamientos, diputaciones, mancomunidades, organismos periféricos de la administración regional, entidades financieras, entidades religiosas, etc.), así como de actores colectivos e individuales (partidos políticos, organizaciones empresariales, asociaciones profesionales, sindicatos, cooperativas, comunidades de regantes, grupos y redes de desarrollo rural, líderes locales, asociaciones de mujeres, asociaciones culturales/recreativas, etc.). Todos estos actores e instituciones pueden y deben intervenir en las estrategias de desarrollo rural, ya sea acompañando las diversas iniciativas individuales, ya apoyando con ayudas o incentivos económicos a los emprendedores, ya prestando servicios de diverso tipo, ya participando en la formación de líderes o bien actuando como verdaderos protagonistas en aquellas zonas en las que las iniciativas individuales son inexistentes o no tienen el suficiente empuje para impulsar el desarrollo (Moyano, 2009: 115).

En las presentes circunstancias, caracterizadas por un horizonte de incertidumbres globales y recortes presupuestarios, los diversos actores socioeconómicos e institucionales implicados en la PAC, que se acaban de referir, deben concentrar sus esfuerzos y los recursos disponibles en promover un nuevo modelo agrario europeo asentado en el apropiado equilibrio de las contradictorias exigencias y orientaciones existentes entre, de una parte, los objetivos de competitividad y eficiencia y, de otra, las necesidades de llevar a cabo unas prácticas agrícolas sostenibles e inclusivas socialmente. Dicha sostenibilidad e inclusividad han de ser entendidas, sobre todo, en el sentido de fomentar y desarrollar formas de agricultura adecuadas para asegurar la integración social y para avanzar en ella, y, por lo tanto, eficaces para evitar o frenar las desigualdades, a la vez que para crear empleo, o al menos para no destruirlo.

De todos modos, la PAC no puede asumir en su declinante presupuesto todos los costes de estimular el desarrollo integral de los diversos territorios rurales (Moyano, 2011). Por ello, las acciones de desarrollo territorial no relacionadas directamente con la agricultura tendrían que ser asumidas por otras políticas europeas, como por ejemplo las de cohesión (aunque no exclusivamente). Entre tales acciones de desarrollo territorial se podrían incluir las encaminadas a salvaguardar los patrimonios culturales (tradiciones, costumbres, etc.), arquitectónicos y artesanales (herramientas y utensilios diversos) de los distintos espacios locales. Tales acciones resultan muy pertinentes en una situación en la que las presentes mudanzas de las áreas rurales europeas se sustentan, básicamente, en la demanda privada de ese conjunto de bienes y servicios no directamente relacionados con la producción agraria y que pueden etiquetarse como "rurales": alimentos "típicos", productos artesanales, servicios turísticos y de disfrute de los espacios naturales, entre otros (Arnalte, 2002: 56).

En tanto en cuanto las mencionadas acciones de desarrollo territorial exceden los cometidos de la PAC, centrada prioritariamente en lo agrario, dicha política ha de ser implementada en combinación con el resto de las políticas públicas de desarrollo que afectan a los territorios. Entendida de esta manera, la PAC puede contribuir decisivamente a la dinamización social de los entornos locales, coadyuvando a su desarrollo endógeno y al fomento de sus potencialidades socioproductivas. Ello puede resultar crucial en una economía cada vez más globalizada y desterritorializada, la cual, con frecuencia, amenaza la persistencia como escenarios sociales vivos de un considerable número de ámbitos rurales, cuyas singularidades socioeconómicas, peculiaridades naturales y biodiversidad no siempre encajan en las lógicas productivas estandarizadas predominantes a escala mundial.

En esta situación, es necesario apoyar tanto la agricultura empresarial como la familiar, que es la que cumple como principal función la preservación social y ambiental de los territorios. Dicho de otro modo, se trata de procurar la adecuada conjugación, a nivel práctico, de las contradicciones existentes entre las dimensiones económico-productiva, económico-social y ambiental-territorial presentes en los objetivos de la PAC. Ello, a pesar de que cada una de esas tres dimensiones se orienta respectivamente por una lógica diferente; a saber: a) la lógica de la competitividad de la agricultura y del sector agroalimentario; b) la lógica de la generación de riqueza y empleo en el medio rural, diversificando sus actividades y creando en él equipamientos e infraestructuras; y c) la lógica de la protección medioambiental y preservación de la biodiversidad de los espacios naturales, luchando así contra el cambio climático.

La apropiada conjugación de estas tres lógicas contradictorias debe ser un desafío irrenunciable, no solo para la PAC, sino también para el resto de las políticas territoriales con las que la implementación de la misma debe estar coordinada. Esto, sobre todo, para procurar que las políticas públicas europeas sean capaces de articular los intereses diversos, e incluso opuestos, de los diferentes sectores socioeconómicos y territorios a los que van dirigidas. Solo esa articulación de lo diferente y lo contradictorio creará condiciones propicias para lograr una serie de objetivos ineludibles en el presente, tales como la creación de empleo, la dinamización social de los entornos locales, la preservación del medio ambiente o asegurar la suficiencia y salubridad alimentarias. Objetivos que responden a lógicas variadas e incluso opuestas; de ahí, los intereses y dinámicas contradictorias que suscitan.

Particularmente, en lo que respecta a la suficiencia y salubridad alimentarias, la conciencia acerca de la necesidad de formas de agricultura no estrictamente productivistas, que también consideren los requerimientos medioambientales y las exigencias de trazabilidad de los alimentos, se ha ido plasmando cada vez más en las sucesivas reformas de la PAC. Así, dichas reformas han estado, en gran medida, motivadas porque el mero productivismo sin los debidos controles ha conducido en el pasado a problemas, más o menos graves, como el abuso de los pesticidas y de los productos fitosanitarios, la despoblación de determinados territorios o incluso serias amenazas para la salud de los consumidores. Estas amenazas se han concretado en diferentes crisis alimentarias y sanitarias, tales como la enfermedad de las vacas locas (que causó gran impacto en los medios de comunicación y afectó a la salud de numerosas personas desde la década de 1990), la crisis de la carne de pollo contaminada con dioxinas en Bélgica, durante el verano de 1999, o la crisis sanitaria alemana de la bacteria *E.coli* en brotes germinados de soja, en la primavera de 2011.

Por otra parte, las exigencias de vertebrar lo agrario, lo territorial y lo ambiental se intensifican cada vez más, al tiempo que se afianzan progresivamente las tendencias y las demandas orientadas al desarrollo territorial, entendido este como un desarrollo que se ocupa tanto de las zonas rurales como de las urbanas, a la vez que toma en consideración las áreas rurales, no solo como espacios para la producción agraria, sino también como escenarios ambientalmente sostenibles y adecuados para el ocio o el turismo. Además, no se puede perder de vista que tal desarrollo territorial ha de incorporar la sostenibilidad social de la ciudadanía que vive cotidianamente en las zonas rurales, y más cuando dicha sostenibilidad es todavía la gran asignatura pendiente de las políticas de desarrollo rural en la UE (Camarero, 2009). Ello sigue ocurriendo a pesar de la mencionada tendencia hacia la extensión de los discursos ecocéntrico-naturalistas legitimadores de las actuales prácticas agrarias europeas.

Específicamente, en el caso español, la referida visión integrada de lo territorial, lo ambiental y lo agrario está en consonancia con el hecho de que muchos de los entornos naturales, con gran valor ecológico (debido a su contribución a la biodiversidad), están ubicados en zonas donde la agricultura sigue siendo un importante motor de su desarrollo y un elemento clave para su preservación. Por ello, sin agricultura no es posible conservar de forma sostenible (en términos socioeconómicos y ecológicos) el patrimonio natural de tales entornos. Se explica así que Moyano (2008) abogue por la convergencia entre agricultura extensiva y medio ambiente como una opción viable para asegurar la biodiversidad en los espacios rurales españoles. Unos espacios donde la actividad agraria continúa siendo un factor fundamental tanto para mantener sus entornos naturales como para la configuración cultural de sus imaginarios colectivos y la protección de estos (García Sanz, 2008).

## A MODO DE CONCLUSIÓN

De acuerdo con la perspectiva construccionista de los problemas sociales y el enfoque tridimensional de lo social adoptados al comienzo de este trabajo, hemos examinado en el mismo las distintas definiciones, deconstrucciones y reconstrucciones o redefiniciones político-institucionales, socioeconómicas y simbólico-culturales de los problemas rurales europeos y los diferentes modos de abordarlos que ello ha supuesto.

Por una parte, las sucesivas reformulaciones de la PAC, en tanto que diferentes respuestas a los problemas rurales europeos, han sido estudiadas como representativas de la que hemos llamado la dimensión político-institucional de lo social. Por otra parte, en lo concerniente a la dimensión socioeconómica, hemos analizado las transformaciones en las sociedades y en las economías rurales europeas experimentadas paralelamente a las susodichas reformulaciones de la PAC. Estas han sido y son, al mismo tiempo, producidas por y productoras de esa política agrícola; es decir, a la vez que en gran parte han sido promovidas por ella, han constituido y constituyen un importante factor causante de las diferentes maneras de entenderla e implementarla durante su más de medio siglo de vigencia.

Finalmente, con respecto a la dimensión simbólico-cultural subyacente a la definición, producción y reproducción de los problemas del mundo rural europeo, también hemos aludido en las páginas precedentes a los discursos más o menos elaborados legitimadores de los sucesivos cambios en las orientaciones de la PAC, así como de las situaciones y los problemas rurales que mediante esos cambios se han pretendido o se pretenden abordar. En otros términos, tales discursos reflejan, de una u otra forma, las maneras mediante las cuales los artífices de la PAC han ido construyendo, deconstruyendo o reconstruyendo sus perspectivas sobre el mundo rural europeo y sus problemas y, en consonancia con ello, determinando sus sucesivas maneras de abordar e intervenir sobre estos últimos.

En concreto, las apuestas productivistas de la PAC durante sus primeros años resultaron muy funcionales en el contexto decadente de la economía europea tras la Segunda Guerra Mundial. La implementación de dichas apuestas, que aconteció en las décadas posteriores al conflicto, se produjo a la vez que se experimentaba una fase expansiva del conjunto de la economía de acuerdo con el modelo keynesiano-fordista de producción en masa. Después, el declive de tal modelo y su progresiva sustitución por el posfordismo (declive acentuado, sobre todo, a partir de los años ochenta) produjo también la gradual relegación de la vieja PAC y su creciente reemplazo por otras nuevas orientaciones de ella. Estas orientaciones, aunque mantienen la exigencia básica de asegurar el abastecimiento alimentario y el nivel de precios, han ido incorporando, poco a poco, regulaciones y directrices encaminadas a lograr un desarrollo más sostenible ambiental y socialmente. Los discursos legitimadores de esta forma de entender el desarrollo han adquirido en la historia reciente una posición central, tanto en la implementación de la PAC, como en las políticas europeas de desarrollo rural y territorial en general. Un desarrollo encaminado a buscar o fomentar nuevas maneras de articulación entre la sociedad y el medio rural, cuyas concepciones actuales tratan de ir más allá de la preponderante funcionalidad agraria asignada tradicionalmente a dicho medio, a la vez que, de acuerdo con ello, se generaliza en la UE el consenso sobre una PAC más multifuncional que puede proporcionar grandes estímulos en esa dirección (Arnalte, 2002: 46).

La intensificación de la producción agraria, derivada de la aplicación de aquellas primeras directrices productivistas de la PAC, estuvo basada en una creciente tecnificación, mecanización y modernización de las explotaciones. Como resultado de ello, a la vez que se reducía paulatinamente la mano de obra en las explotaciones que, por su extensión, orografía o accesibilidad, eran más fácilmente modernizables, las explotaciones de las áreas marginales, con mucho menores rendimientos y peores condiciones para ser modernizadas, sufrieron, en muchos casos, intensos procesos de abandono de sus cultivos tradicionales y movimientos migratorios hacia los entornos urbano-industriales en busca de mayores oportunidades sociolaborales. Ese fue uno de los efectos secundarios más nocivos de la etapa productivista de la PAC. Particularmente en España, tales movimientos se produjeron con especial intensidad y virulencia entre las décadas de 1950 y 1970; décadas en las que, si bien a este país no formaba parte de la entonces conocida como CEE, tuvieron lugar en él procesos de modernización de la agricultura, intensificación de la producción agrícola y desagrarización de las áreas rurales, similares a los que por entonces se estaban produciendo en la UE.

Dichos procesos de modernización permitieron la reducción de la necesidad de mano de obra agrícola, a la vez que esta quedaba "liberada" para trabajar en el sector industrial y en el de servicios. De hecho, estos sectores crecieron intensamente a partir de entonces. Sin embargo, en el actual contexto de crisis económica general, es muy conveniente que la PAC, en vez de seguir fomentando la "liberación" (en realidad, la expulsión) de mano de obra agraria hacia los servicios o la industria, se centre preferentemente en el mantenimiento o la revitalización del dinamismo socioproductivo de los territorios rurales, al mismo tiempo que en trabajar, de manera coordinada con las otras políticas en ello concernidas, por la preservación de los patrimonios naturales y culturales de esos territorios. Esto, que conlleva inevitablemente la necesidad de incentivar formas de agricultura creadoras de empleo y de fomentar las fuentes de ocupación y de actividad económica, se hace especialmente patente en el caso de España; no solo por la necesidad de intentar contrarrestar en muchas zonas los muy negativos impactos demográficos y socioeconómicos que en ellas han tenido los pasados movimientos migratorios del campo a la ciudad, sino también porque la difícil situación socioeconómica presente se agravará aún más si no se hallan fuentes alternativas de empleo en los medios rurales, cuya sostenibilidad socioeconómica y ambiental hay que preservar para las generaciones futuras.

Por otra parte, si bien el productivismo promovido inicialmente por la PAC fue muy conveniente para superar, en parte, las recurrentes escaseces de las economías rurales de subsistencia, actualmente se cuenta con suficientes excedentes de alimentos, por lo que la prioridad ya no es intensificar la producción agraria, sino objetivos tales como:

- Cultivar reduciendo las emisiones de gases de efecto invernadero.
- Implementar métodos de agricultura ecológica.
- Cumplir las directrices sobre protección de la salud pública, el medio ambiente y el bienestar de los animales.
- Fomentar la producción y comercialización de las especialidades alimentarias autóctonas.
- Mejorar el aprovechamiento productivo de los bosques y los espacios forestales.
- Desarrollar nuevos usos de los productos agrícolas en sectores tales como la cosmética, la medicina o la artesanía.

En definitiva, la consideración de los anteriores objetivos muestra la necesidad de tener en cuenta la realidad de las presentes ruralidades, las cuales están cada vez más diversificadas funcional o productivamente, al tiempo que más desagrarizadas.

## BIBLIOGRAFÍA

ARNALTE, E. V. (2002): "PAC y desarrollo rural: una relación de amor-odio", *Información Comercial Española, ICE: Revista de economía*, 803, pp. 45-60.
ARROYOS, C. (2007): *Desarrollo rural sostenible en la UE. El nuevo FEADER 2007-2013*, Madrid, Ediciones Mundi-Prensa.

Barco Royo, E. (2012): "Sobre la PAC y sus reformas", en E. Moyano (comp.), *Agricultura familiar en España. Anuario 2012*, Madrid, Fundación de Estudios Rurales y Unión de Pequeños Agricultores y Ganaderos (UPA), pp. 59-64.

Blumer, H. (1971): "Social problems as collective behavior", *Social Problems*, 18, pp. 298-306.

Camarero, L. (2009): "La sostenible crisis rural", *Documentación Social*, 155, pp. 16-22.

Camarero L.; Cruz F.; González M.; Del Pino, J. A.; Oliva, J. y Sampedro R. (2009): *La población rural de España. De los desequilibrios a la sostenibilidad social*, Barcelona, Fundación La Caixa.

Comisión de las Comunidades Europeas (1988): *El futuro del mundo rural*, Madrid, Ministerio de Agricultura, Pesca y Alimentación.

Comisión Europea (2010): *La PAC en el horizonte de 2020: responder a los desafíos futuros en el ámbito territorial, de los recursos naturales y alimentarios*. Disponible en http://ec.europa.eu/agriculture/cap-post-2013/communication/com2010-672_es.pdf

Entrena-Durán, F. y Villanueva-Pérez, J. L. (2000): "Cambios en la concepción y en los usos de la ruralidad: del antropocentrismo productivista al ecocentrismo naturalista", *Cadernos de desenvolvimiento e Meio ambiente*, 2, pp. 11-27.

Frigerio, A. (1995): "La construcción de los problemas sociales: cultura, política y movilización", *Boletín de Lecturas de Sociales y Económicas*, 6, pp. 12-17. Disponible en http://200.16.86.50/digital/33/revistas/blse/frigerio4-4.pdf

García Sanz, B. (2008):"Agricultura y vida rural", en V. Pérez-Díaz (ed.), *Colección Mediterráneo Económico: "Modernidad, crisis y globalización: problemas de política y cultura"*, El Ejido (Almería), 14, CAJAMAR Caja Rural, Sociedad Cooperativa de Crédito, pp. 55-70.

Ley 45/2007, de 13 de diciembre de 2007, para el desarrollo sostenible del medio rural, *Boletín Oficial del Estado*, Madrid, 14 de diciembre de 2007, nº 299, pp. 51339-51349.

Lorenc Valcarce, F. (2005): "La sociología de los problemas públicos. Una perspectiva crítica para el estudio de las relaciones entre la sociedad y la política", *Nómadas*, 12(2), PP. 141-150. Disponible en http://pendientedemigracion.ucm.es/info/nomadas/12/florenc.pdf

Massot Martí, A. (2009): *España ante la refundación de la Política Agrícola Común de 2013*, Madrid, Real Instituto Elcano (Documento de Trabajo 35/2009).

Moyano, E. (2008): "Integrando la agricultura y el medio ambiente en España. Sobre el nuevo Ministerio de Medio Ambiente y Medio Rural y Marino", *Revista de Fomento Social*, 250, pp. 289-307.

— (2009): "Capital social, gobernanza y desarrollo en áreas rurales", *Ambienta: La revista del Ministerio de Medio Ambiente*, 88, pp. 112-126.

—. (2011): *El Foro IESA ante la reforma de la PAC*, Córdoba, IESA.

Moyano, E. y Garrido, F. (1998): "Acción colectiva y política agroambiental en la Unión Europea", *Política y Sociedad*, 2, pp. 85-101.

Pérez A.; Caballero J. M. y Agostini, P. (2003): *La nueva ruralidad en Europa y su interés para América Latina*, Roma, Organización de las Naciones Unidas para la Agricultura y la Alimentación (FAO).

Pofhl, S. (1985): "Toward a sociological deconstruction of social problems", *Social Problems*, 32(3), pp. 228-232.

Reglamento CE 1698/2005, del Consejo, de 20 de septiembre de 2005, relativo a la ayuda al desarrollo rural a través del Fondo Europeo Agrícola de Desarrollo Rural. *DO L*, 277, de 21 de octubre de 2005, pp. 1-61.

Rubington, E. y Weinberg, M. (eds.) (2010): *The Study of Social Problems*, Nueva York, Oxford University Press.

Spector, M. y Kitsuse, J. I. (1977): *Constructing Social Problems*, Menlo Park California, Cummings.

Tolón, A. y Lastra, X. (2007): "Evolución del desarrollo rural en Europa y en España: las áreas rurales de metodología LEADER", *Revista Electrónica Medio Ambiente (M+A)*, 4, pp. 35-62. Disponible en https://goo.gl/2kPqKP

CAPÍTULO 8
# EL ENVEJECIMIENTO COMO PROBLEMA SOCIAL EN EUROPA

JOAQUÍN SUSINO ARBUCIAS, MARIANO SÁNCHEZ MARTÍNEZ
Y JUAN LÓPEZ DOBLAS

"Abocados al envejecimiento". Este titular de prensa (Cañas, 20 de mayo de 2014), uno de muchos, nos sirve de muestra: el envejecimiento humano está en la agenda pública europea. Y lo está con sentidos diversos: para unos, como un logro; para otros, como un desafío; para algunos, como algo preocupante e incluso como un problema. Y lo está con discursos que utilizan en su argumentación lo que podríamos llamar evidencias científicas, procedentes de distintos campos disciplinares, en especial de la medicina, la psicología, la economía, la sociología y la demografía. Aunque si nos referimos a la consideración del envejecimiento como fenómeno social, quizá sea la demografía la más utilizada para sentar las bases del problema: la baja fecundidad, el retraso de la edad media a la maternidad, una creciente esperanza de vida y unas altas tasas de dependencia —se nos anuncia— harán inviable una parte de nuestros actuales sistemas sanitarios, de protección social y de pensiones, en resumen, el Estado de bienestar.

Teniendo en cuenta el trasfondo demográfico pero conectándolo con la imaginación sociológica, la tesis sobre la que se apoya este capítulo es que el surgimiento de la vejez y del envejecimiento como problemática social en Europa es resultado de un trabajo social sobre algunas de las repercusiones que ciertas transformaciones asociadas al envejecimiento biológico —de los cuerpos y mentes— y demográfico —de la estructura de edades de las poblaciones— pueden tener sobre nuestra vida en común. Esas repercusiones, entendidas como posibles trastornos, han sido formuladas y evocadas públicamente, legitimadas y, hasta cierto punto, impuestas por quienes, teniendo la capacidad de hacerlo, han tomado parte en los procesos necesarios para lograr desplegar sus visiones e intereses al respecto. Finalmente, procesos y formas de institucionalización (en estudios académicos, políticas públicas y programas sociales) han ordenado, en parte, las intervenciones posibles, con recomendaciones normativas acerca de lo que conviene hacer.

## LA DESCONTEXTUALIZACIÓN DEL PROBLEMA DEMOGRÁFICO

Comencemos repasando algunas claves del trasfondo demográfico de la problematización del envejecimiento, que tiende a plantearse en los discursos dominantes como un proceso producto de una alta esperanza de vida combinada con una baja fecundidad, algo que caracteriza a los países más desarrollados. Sin embargo, este planteamiento demuestra una compleja descontextualización de la evolución demográfica.

Por una parte, se trata de una descontextualización histórica y geográfica. En sentido histórico, porque tiende a separar el presente de un pasado, de más de dos siglos, necesario para su plena comprensión, y de un futuro que no solo debemos proyectar a partir de tendencias recientes sino como propósito, como lo que desearíamos que ocurriese y no solo como lo que puede ocurrir. Además, esa proyección tiende a verse como algo típico de los países más desarrollados, con independencia de lo que ocurra en el resto del mundo (Alfageme, 2005: 42).

Por otra parte, en el análisis del envejecimiento demográfico a nivel europeo y mundial opera un segundo proceso de descontextualización, esta vez social y económica. Llama la atención el tratamiento del envejecimiento demográfico como una variable independiente que, por sí misma, determina los riesgos sociales y económicos a los que se enfrenta nuestro mundo, es decir, un modelo social y un modo de articular políticamente las relaciones sociales y económicas características, en concreto, de Europa.

### DESCONTEXTUALIZACIÓN HISTÓRICA Y GEOGRÁFICA

Para entender la idea de la descontextualización histórica y geográfica de la evolución de la población necesitamos recordar, muy brevemente, cómo se ha producido en el largo plazo y con perspectiva mundial. La historia demográfica, aún en marcha, es la de una auténtica revolución a la que normalmente se denomina transición demográfica. Recordemos la secuencia aproximada de los cambios producidos: a) la mejora de la supervivencia, especialmente en las primeras edades, es el factor impulsor de tal revolución demográfica; b) su consecuencia inmediata es el aumento del ritmo de crecimiento de la población y el rejuvenecimiento de las estructuras demográficas, con un crecimiento extraordinario de la relación de dependencia demográfica, sobre todo en los países menos desarrollados, debido al elevado número de niños; c) el descenso de la fecundidad es, seguramente, consecuencia del descenso de la mortalidad y, a la vez, solución al excesivo crecimiento demográfico y a estructuras demasiado jóvenes y dependientes; y d) el efecto a medio plazo es el envejecimiento de la población, por la disminución de la presencia relativa de niños, a la que ahora se ha añadido la mayor supervivencia de los más viejos, un fenómeno reciente porque, para que se produzca, la esperanza de vida tiene que ser previamente alta y la fecundidad baja.

Como resultado de estos cambios, actualmente hay en el mundo algo más de 7.000 millones de personas, cuando hace dos siglos había poco más de 1.000 millones. Además, se calcula que, según las hipótesis más plausibles, a finales de este siglo se habrán superado holgadamente los 10.000 millones, alcanzando una situación aproximadamente estacionaria. Por eso, resulta llamativo que si hasta hace un cuarto de siglo el excesivo crecimiento de la población mundial era el principal problema demográfico, este haya perdido su aparente prioridad, al menos en la opinión pública, para ser sustituido por el envejecimiento demográfico, que se presenta como problema regional más que mundial.

Hay un hecho que pone de manifiesto de forma muy aclaratoria algunas de las consecuencias del proceso de construcción del envejecimiento como problema del mundo desarrollado: la extendida idea de que la relación de dependencia demográfica, la que se da entre los grupos en edad dependiente frente a los que están en edad activa, es muy superior en los países más desarrollados. La realidad es la contraria: son los estados menos desarrollados los que tienen más alto índice de dependencia demográfica, por la simple razón de que son mucho más jóvenes —en algunos países menos desarrollados los menores han llegado a ser dos de cada tres habitantes—. Para la mayoría de los europeos, este problema de dependencia de los más jóvenes resulta casi invisible porque la dependencia suele ilustrarse con referencia a las personas mayores pero casi nunca a los niños (Swanson, 2008). En la tabla 1 se destaca el año en torno al cual se produce un punto de inflexión en los índices de dependencia: la máxima dependencia se alcanza en todo el mundo en 1965, en la Unión Europea (UE) en 1970 y en los países menos desarrollados en 1985, para disminuir después. En la UE, no obstante, estamos en un nuevo punto de inflexión en el que de nuevo comienza a aumentar la dependencia.

En la actualidad, hay aproximadamente un 8% de personas de 65 y más años en el planeta. Por cada persona en edad no activa hay dos en edad activa. Esta relación no ha dejado de aumentar desde 1950, siendo cada vez más favorable a las edades activas. Lo que sí ha cambiado ha sido la composición de quienes están en edad dependiente, con menos niños y más personas mayores. Por eso, hay 32 mayores por cada 100 niños cuando, a mediados del siglo XX, esa cifra era la mitad. En todo caso, estamos muy lejos de tener, a escala mundial, un problema de envejecimiento o de dependencia demográfica.

Para tratar el envejecimiento como un riesgo es necesario aislar las poblaciones de su contexto histórico y geográfico más amplio, lo que significa, por una parte, que el envejecimiento demográfico es una consecuencia inevitable de estos procesos de cambio que son indudablemente positivos. Hoy día, todas las poblaciones envejecen, como lo señalan algunos de los indicadores de la tabla 1, porque todas se encuentran ya, afortunadamente, en las fases b o c que señalábamos anteriormente. De ahí que el demógrafo español Julio Pérez Díaz (2011: 62) haya afirmado que "no debemos seguir viendo el envejecimiento de la población, que es solo una expresión de la revolución productiva y probablemente el mayor logro de la humanidad en toda su historia, como si fuese nuestro enemigo". Es posible que los europeos, entre otros, nos hayamos pasado de frenada en cuanto al descenso de la fecundidad, pero a nivel mundial esto sigue siendo un problema menor. Por ejemplo, en el caso español, una población con una fecundidad suficiente para garantizar el reemplazo de las generaciones y con una esperanza de vida alta parecida a la actual, una de las más elevadas del mundo, tendría a largo plazo, y con crecimiento cero, un porcentaje de mayores de 65 años cercano al 23%; no obstante, en el último censo español ese porcentaje es aún del 18%.

TABLA 1
EVOLUCIÓN DE LA POBLACIÓN E INDICADORES BÁSICOS DE LAS ESTRUCTURAS DEMOGRÁFICAS: MUNDO, UNIÓN EUROPEA Y PAÍSES MENOS DESARROLLADOS

|  | MUNDO | | | | UNIÓN EUROPEA | | | PAÍSES MENOS DESARROLLADOS | | |
|---|---|---|---|---|---|---|---|---|---|---|
|  | 2100 | 2015 | 1965 | 1950 | 2013 | 1970 | 1950 | 2015 | 1985 | 1950 |
| Población total | 10.854 | 7.325 | 3.329 | 2.526 | 507 | 441 | 379 | 940 | 446 | 195 |
| Porcentaje de 0 a 14 años | 17,9 | 26,0 | 38,0 | 34,4 | 15,6 | 24,7 | 25,2 | 39,4 | 44,8 | 41,4 |
| Porcentaje de 65 y más | 21,9 | 8,2 | 5,1 | 5,1 | 18,2 | 11,6 | 8,8 | 3,6 | 3,2 | 3,3 |
| Índice de envejecimiento | 122,2 | 31,7 | 13,5 | 14,8 | 116,6 | 46,8 | 35,1 | 9,0 | 7,1 | 7,9 |
| Índice de dependencia | 66,1 | 52,1 | 75,7 | 65,1 | 51,1 | 57,1 | 51,5 | 75,3 | 92,3 | 80,6 |

POBLACIÓN EN MILLONES DE HABITANTES. LOS DATOS CORRESPONDEN A LA UE DE 28 PAÍSES DURANTE TODO EL PERIODO. LOS PAÍSES MENOS DESARROLLADOS SON 49, LA MAYOR PARTE AFRICANOS, DEFINIDOS DE ACUERDO A LAS RESOLUCIONES DE LA ASAMBLEA GENERAL DE LAS NACIONES UNIDAS.
FUENTE: EUROSTAT (2015); UNITED NATIONS (2013).

Por otra parte, la consideración del envejecimiento como riesgo inminente supone olvidar que las poblaciones nacionales son sistemas abiertos, sometidos a entradas y salidas provenientes del exterior. Prueba de ello es la poca relevancia que se concede a las migraciones como mecanismo de compensación de los eventuales desequilibrios entre países. Si hay una variable que siempre ha estado presente y que ha sido determinante de la población europea y de los países más desarrollados en los últimos dos siglos, esa es la migración, un componente que exige una óptica mundial. En las proyecciones demográficas, que desempeñan un papel fundamental en la construcción del problema del envejecimiento, raramente se concede a las migraciones la relevancia que merecen. ¿Cómo pueden aparecer, una y otra vez, proyecciones que predicen una disminución drástica de la población europea? Pues ignorando la enorme presión inmigratoria que, incluso en tiempos de crisis, se produce en sus fronteras, y aislando esa población del contexto en que evoluciona y con el que interactúa, lo que hace que buena parte de tales proyecciones sean poco realistas (Wilson,

Sobotka, Williamson y Boyle, 2013). Así, la descontextualización geográfica se hace patente de nuevo.

DESCONTEXTUALIZACIÓN SOCIAL Y ECONÓMICA

Analizando la evolución demográfica, una cosa es decir que la población envejece y otra bastante diferente concluir cuántas personas mayores hay. Para analizar el envejecimiento, usualmente o bien comparamos los grupos de edad extremos —los mayores y los más jóvenes—, o bien calculamos el porcentaje que representa el grupo de mayores sobre el total. Dónde pongamos los límites demarcadores de esos grupos casi nunca tiene incidencia sobre la evidencia demográfica de la tendencia al envejecimiento; ahora bien, sí la tiene sobre la medida del grado de envejecimiento.

La demografía no tiene instrumentos conceptuales propios para contar el número de personas mayores porque no los tiene para decir quién es o no viejo. Lo que hace es limitarse a contar a aquellos que socialmente se consideran viejos, mayores o niños. La sociología intenta, como veremos, identificar los límites institucionales de tales edades en la medida en que los grupos etarios pueden indicar etapas distintas del curso vital. Básicamente, son los sistemas de jubilación y de pensiones los que establecen el comienzo de la vejez en los países más desarrollados; por ello, la proporción de personas mayores y los índices de envejecimiento y de dependencia que calcula la demografía se verían inmediatamente modificados con el cambio de esas dos instituciones.

Si la proporción de mayores de una población estacionaria con una esperanza de vida de 85 años la calculamos para los de 70 y más años —en vez de para quienes tienen 65 y más—, dicha proporción se reduce en más de 5 puntos porcentuales (de 24,5 a 19,0). El grado de envejecimiento, en el sentido de cuántas personas mayores hay, no es una medida demográfica sino social, y como tal cambia cada vez que la definición social de la vejez lo hace, aunque la población sea la misma. El proceso de envejecimiento del que venimos hablando tiene una evidente componente demográfica, pero su cuantificación no es de naturaleza demográfica. De ahí la necesidad de que demografía y sociología del envejecimiento vayan de la mano: aquella para caracterizar lo que esta concreta que es la parte de la población socialmente producida como envejecida.

Dado que tras el problema del envejecimiento lo que late es la sostenibilidad del sistema de pensiones, la definición institucional de los límites de las edades es fundamental. No solo es una cuestión importante socialmente sino también económicamente; desde el punto de vista de la dependencia, la clave no es únicamente la relación entre grupos de edades demográficos sino entre grupos social y económicamente dependientes o independientes. La dependencia económica, que es la que realmente interesa en términos de sostenibilidad del Estado de bienestar, no equivale a la dependencia demográfica, que es la que acabamos de analizar.

Varios son los cambios que se han producido en la UE a lo largo de los años en la actividad económica y el empleo que determinan la evolución de la población cotizante que es, en última instancia, la relevante a efectos del sistema de pensiones. En primer lugar, la disminución de las tasas de actividad como consecuencia del adelanto en el abandono de la actividad a edades avanzadas —en la OCDE, unos 8 años en el caso de los hombres, entre mediados de la década de 1970 y el estallido de la crisis de 2007 (Conde-Ruiz y González, 2010)— y del retraso en la entrada de los jóvenes a la vida activa —en el mismo periodo, aproximadamente otros 8 años—. En segundo lugar, la incorporación de las mujeres al mercado de trabajo, en gran medida gracias a que el descenso de la fecundidad ha liberado fuerza de trabajo disponible para la producción económica y no solo para la reproducción, lo que ha traído consigo, en cuatro décadas, un aumento de más de 20 puntos de la tasa de actividad de las mujeres hasta alcanzar el 67% en 2013 en la UE (OCDE, 2015). En tercer lugar, la incorporación al mercado laboral de población inmigrante, al principio solo en los países del norte de Europa, luego también en los del sur, elevando las tasas de actividad y, sobre todo, los efectivos de ocupados. En cuarto lugar, la evolución del empleo y el paro que acompaña a los ciclos económicos. Además, lo relevante desde el punto de vista de la sostenibilidad del sistema de pensiones es el empleo formal, que cotiza, no cualquier tipo de empleo.

El conjunto de estas cuatro transformaciones acumuladas han producido unas variaciones en la relación de dependencia económica superiores a las derivadas de la evolución demográfica. El primer factor tiende a aumentar la dependencia, al acortar la vida laboral, más que el efecto derivado del aumento de la esperanza de vida a los 65 años, que ha sido de algo más de 6 años. Sin embargo, los factores segundo y tercero la hacen disminuir. El cuarto, ligado a la evolución del empleo y el paro según el ciclo económico, actúa en ambos sentidos, y su importancia difícilmente podría exagerarse. En España, desde 2007 hasta febrero de 2015, la disminución del número de afiliados a la Seguridad Social (más de dos millones y medio de cotizantes) supera con mucho el aumento de pensionistas (poco más de 800.000 personas) (Ministerio de Empleo y Seguridad Social, 2015a y 2015b).

Sin embargo, en los discursos sociales, políticos, técnicos y, también, científicos, el envejecimiento demográfico aparece como factor clave al que se le adjudica un poder causal que no se le reconoce a los factores económicos y sociales. La importancia que se otorga al envejecimiento demográfico, su obviedad como tendencia, apoyada en su descontextualización histórica y geográfica y en su aparente eficacia causal, parecen hacer innecesaria una profundización adicional. Se naturaliza lo demográfico y su incidencia en la sostenibilidad de todo un modelo de sociedad. Se obvia, así, lo más importante: que los efectos que sobre ese modelo tiene la evolución demográfica dependen de múltiples mediaciones sociales y económicas a las que es necesario prestar mucha más atención. Estamos ante un efecto de naturalización de lo social que hace descansar en algo tan aparentemente natural como es el envejecimiento las causas últimas de las dificultades del sistema de bienestar.

# CLAVES SOCIOLÓGICAS EN LA CONSTRUCCIÓN SOCIAL DE LA VEJEZ

## LA INSTITUCIONALIZACIÓN DE LA TERCERA EDAD

De la demografía pasamos a la sociología. Quizá la primera formulación del envejecimiento como problema se concretó en la invención de la vejez como etapa singular del ciclo de vida típico de las personas. Esa invención hunde sus raíces en los primeros estudios científicos sobre el envejecimiento humano de la mano de la geriatría, en los albores del siglo XX. Las disciplinas correspondientes a las ciencias sociales se incorporarían mucho más tarde, con un cénit —el nacimiento de la gerontología— en la década de 1940. A partir de ese momento podemos hablar del envejecimiento humano como tema de la agenda de análisis social; de hecho, entre 1950 y 1960 se publicó más literatura científica en torno al envejecimiento que toda la producida en los 115 años anteriores (Birren y Clayton, 1975, citado en Katz, 1996).

Desde el punto de vista sociológico, la vejez no puede considerarse simplemente un estado que llega con la edad (Lenoir, 1993), sino una resultante del cruce de acciones y órdenes sociales. ¿Qué acciones sociales? ¿En qué ordenes sociales? Ya hemos aludido a una: el abordaje disciplinar del envejecimiento humano en su etapa más avanzada, arrancando con la geriatría, cuyo centro de atención fueron las enfermedades y déficits propios de esa etapa. Pero también podemos referirnos a acciones de manejo de recursos de poder asociados a posiciones de clase social o generacional: cuestiones como la obediencia y el respeto a las personas de más edad como norma social a la que atenerse, o la distinta valoración de la manera de envejecer aplicada a quienes ocupan posiciones de clase privilegiadas, por ejemplo, estarían dentro de ese tipo de acciones. Y, por supuesto, está el papel de los estados y de las políticas públicas al respecto; de hecho, Phillipson y Baars (2007) han explicado que, al menos en Norteamérica y Europa occidental, la concepción del envejecimiento como problema social comenzó a plantearse tras la Segunda Guerra Mundial y que el envejecimiento se identificó como "un nuevo problema social abordable mediante el desarrollo o la consolidación de los sistemas de pensiones y, de modo más general, a través de la construcción del Estado de bienestar" (p. 70). En esta última lógica hay una evidente componente productivo-económica: el envejecimiento como nuevo problema social nace a raíz de la pregunta en torno a qué hacer con los trabajadores que han dejado de ser productivos. La respuesta europea fue la invención de los sistemas de jubilación, que abrieron la puerta a una apreciación diferenciada de las vidas de los trabajadores antes y después de su periodo productivo y, con ello, propiciaron que se diese forma a una nueva clase de edad, que sería convertida más adelante en un grupo demográfico y social distinto (Lenoir, 1993).

En el proceso de autonomización de la tercera edad, Lenoir señala la importancia de la aparición de instituciones y agentes específicamente dedicados a ocuparse de la vejez como etapa. El aumento de tales instituciones (asilos y seguridad social, por ejemplo) y agentes (geriatras y psicólogos, entre otros) ha supuesto la reconfiguración de las funciones y obligaciones familiares con respecto a los miembros de la familia más envejecidos. En este sentido, quizá la cuestión más sobresaliente sean los cambios que se están observando en la organización y prestación del cuidado a esas personas (Roca, 2014).

Esta institucionalización de la vejez es paralela a la de la infancia y al proceso de alargamiento de la adolescencia y la juventud. La primera, debido, sobre todo, a la universalización de la enseñanza obligatoria y gratuita; la segunda, por la extensión, a lo largo de casi todo el espacio social, de la enseñanza no obligatoria (secundaria y universitaria). Una vez creada la categoría de tercera edad —la última, junto con la infancia/juventud y la adultez, de las tres edades más estandarizadas en el contexto europeo hasta el siglo pasado— ya podía ser examinada, entre otras, por la imaginación sociológica. Conceptos, modelos, teorías, observaciones, programas y políticas sobre la vejez, primero, y sobre el envejecimiento, después, seguirían a continuación.

## LA SIMPLIFICACIÓN DE LA EDAD

Los análisis sociológicos han privilegiado el uso de la edad cronológica como variable independiente y vía de acceso al estudio del envejecimiento, a menudo con el consiguiente olvido de la estructura social (Riley y Riley, 1999). No es la edad sino la interrelación entre vidas y estructuras sociales —en sentido amplio—, lo que debería haber ocupado el centro de atención de la investigación sociológica del envejecimiento. Usar la cronología fuera del orden social equivaldría a sostener que dos personas de, digamos, 75 años han de ser consideradas sin más como pertenecientes al mismo grupo social. Sin embargo, la diversidad y heterogeneidad no hacen sino aumentar con la edad, tanto fuera como, sobre todo, dentro de cada cohorte (Ferraro, 2006).

Puede sostenerse que calificar el envejecimiento como un problema basándonos en el uso de las edades cronológicas para entender quiénes y cómo envejecemos sesga el análisis hacia lo adscrito, lo atributivo e individual y no hacia lo relacional, más propio de la perspectiva sociológica. El envejecimiento tiene elementos relacionales que se pierden cuando su concepto se reduce a la idea de cumplir años. Sin embargo, para envejecer socialmente no basta con cumplir años, hay que ir haciéndose mayor o viejo socialmente hablando (Sánchez y Díaz, 2009). No todos los cambios constatados a medida que la edad varía son cambios debidos a o conectados con el envejecimiento; no todos los problemas de edad son problemas de envejecimiento y viceversa. Eso sí, parte de las investigaciones sociológicas han puesto a su servicio la edad cronológica —cual variable independiente ejemplar— para proponer explicaciones y, sobre todo, para construir argumentos en torno al envejecimiento echando mano de cualquier análisis (demográfico, económico u otro) que también utilice la edad como criterio de demarcación de lo viejo.

## EL ENVEJECIMIENTO, ¿ETAPA O PROCESO?

La construcción del envejecimiento como problema tiene también que ver con la predilección por considerar como una etapa lo que puede ser visto como un proceso. Y aunque hay quienes se muestran a favor de utilizar una perspectiva de curso vital a la hora de observar, explicar e interpretar el envejecimiento, en la práctica la problematización se reduce en muchos casos a los denominados como problemas de las personas mayores —o de una parte de ellas—. De ahí la necesidad de concretar quiénes son esas personas de modo que el objeto de estudio sociológico quede claramente delimitado desde el principio. Si, como decíamos antes, la demografía no ha conceptualizado quiénes son las personas protagonistas del supuesto problema del envejecimiento, la sociología sí lo ha hecho aunque con insuficiente profundidad: o se trata de todas las personas que se encuentran en su vejez o de las que tienen una cierta edad cronológica. Con ello, la idea del envejecimiento como proceso es dejada de lado o, cuando menos, colocada en un segundo plano.

¿Qué importancia tiene la consideración del envejecimiento como etapa o como proceso de cara a su problematización? En el primer caso —el envejecimiento es una etapa del ciclo vital—, el grupo social más afectado por el problema —las personas mayores y viejas— es uno, delimitado y diferenciable; por tanto, el estudio del problema tiene que ver con lo que le sucede a esas personas o con lo que las actuaciones de esas personas ocasionan sobre el resto. Según se considere, las personas mayores pueden aparecer como víctimas del problema del envejecimiento —por ejemplo, siendo objetivo de una discriminación social específica— o pueden pasar a ser consideradas parte de las causas del problema —por ejemplo, cuando se habla de la creciente e insostenible demanda de servicios sanitarios por parte de las personas mayores—. Se mire como se mire, la idea de etapa es la que impone las maneras de explicar las reglas y recursos necesarios para entender quiénes son los viejos y cómo actúan.

Sin embargo, si consideramos el envejecimiento como un proceso a lo largo de toda la vida, el problema ya no sería solo de un grupo de personas sino de todos, puesto que se envejece mientras se vive; en consecuencia, cualquier sujeto es candidato a ser víctima o responsable. Esto convierte el estudio del problema en una tarea más inmanejable y compleja porque no es consustancial a un momento concreto —ni, como hemos visto antes, a unas ciertas edades—; las acciones y órdenes sociales pueden producir envejecimiento en cualquier espacio social y con relación a cualquier actor. Así, el envejecimiento, considerado como fenómeno social, no sería sino la atención que prestamos y los significados e interpretaciones que concedemos al transcurso del tiempo a la hora de organizarnos individual y colectivamente en sociedad. En esta línea están quienes apuestan por una transición desde una sociología de la vejez a una sociología del curso vital, aun con el riesgo implícito que ello acarrea de cierta disolución del objeto de estudio (Angel y Settersten, 2011: 671).

## EL PROBLEMA EN LA AGENDA INVESTIGADORA EUROPEA

El envejecimiento afecta a muchos aspectos de la vida personal, familiar y social, y en Europa adquiere unas dimensiones mayores que en cualquier otro lugar del mundo (a excepción de Japón). Durante las últimas décadas, diversas cuestiones relacionadas con este proceso vienen formando parte, de modo creciente (Wahl, Deeg y Litwin, 2013), de la agenda investigadora europea. Hemos revisado los contenidos de las principales revistas internacionales especializadas en el estudio sociológico del envejecimiento durante cinco años —de enero de 2010 a febrero de 2015[1]—, con una clara conclusión: del envejecimiento interesan, sobre todo, los problemas sociales que se le asocian y, en especial, los relacionados con la salud.

El gran reto que se plantea en la agenda investigadora con más frecuencia es cómo hacer frente a las necesidades de un número creciente de personas que padecerán enfermedades o discapacidades. Multitud de investigaciones tratan problemas concretos de salud de los mayores: depresión, demencia o alzhéimer, por ejemplo. Se ha indagado, además, sobre las personas mayores con débil salud física, sobre las que pierden facultades sensoriales o sufren discapacidad intelectual u otros trastornos mentales. Son trabajos que analizan, en general, cómo afectan estas enfermedades a las personas así como a sus familias, qué consecuencias tienen y con qué recursos las afrontan.

En este sentido, las políticas públicas de atención a las personas mayores de frágil salud son objeto de un interés prioritario. Diversos estudios se ocupan de la situación de quienes reciben cuidados y servicios en instituciones o la intervención de profesionales en la prestación de los servicios de cuidado; hay unos trabajos que comparan el suministro de cuidados en casa y en instituciones, otros que consideran la contratación privada de ayuda y, cada vez más, aparecen los que valoran la contribución de trabajadores inmigrantes a los cuidados. También hay estudios sobre las actitudes y las estrategias familiares para combinar el cuidado informal con el que ofrecen las instituciones o personas contratadas al efecto. El apoyo de la familia a las personas mayores con problemas de salud recibe especial atención; sin embargo, se ha indagado muy poco sobre los cuidados informales que procuran amistades o vecinos.

---

1. Como criterio de búsqueda, nos hemos centrado en los artículos que abordaban asuntos relacionados con el envejecimiento en Europa, fuese en algún país en concreto o en varios conjuntamente. El objetivo ha sido identificar las temáticas más comunes en la agenda investigadora publicada. Aunque hemos prestado una atención preferente a las publicaciones periódicas editadas en Europa, también hemos ojeado, por su elevado índice de impacto, varias estadounidenses. Han sido las siguientes: *Ageing and Society*, *European Journal of Aging*, *International Journal of Aging and Human Development*, *Journal of Aging Studies*, *Journal of Family Issues*, *Journal of Gerontology*, *Journal of Marriage and Family*, *Research on Aging* y *The Gerontologist*. Hemos encontrado contenidos sociológicos, además, en revistas de corte demográfico como *Demography*, *Demographic Research*, *European Journal of Population* y *Population and Development Review*. En total, hemos seleccionado 136 artículos que han analizado, cuantitativa o cualitativamente, temáticas relacionadas con el envejecimiento en Europa.

La mayor parte de los estudios sobre las relaciones intergeneracionales se orientan hacia la familia y, precisamente, hacia la cuestión del apoyo informal a las personas mayores enfermas. Por ejemplo, se ha analizado el perfil sociológico de quienes tienden más a suministrar ese apoyo y el grado en que las tareas de cuidado son compartidas entre familiares; también se ha abordado la valoración que hacen quienes participan en ellas y sus consecuencias en planos diversos e incluso algún trabajo advierte del riesgo de abuso hacia las personas mayores que, a veces, existe en el ejercicio de la actividad cuidadora.

Se han analizado, asimismo, algunos aspectos ligados a la jubilación, como la edad a la que se desea abandonar el mercado de trabajo, la planificación del proceso, los factores que lo determinan, la decisión de jubilarse anticipadamente o la percepción social de la jubilación. Otros estudios han tratado la adaptación de las personas a la jubilación, por ejemplo teniendo un mayor compromiso con la familia y la sociedad, participando en actividades deportivas o incluso optando por el autoempleo posretiro. En este sentido, objeto de estudio frecuente en la agenda investigadora son los modos de vida de las personas mayores, que llevan décadas transformándose; estos modos suelen tratarse, no obstante, ligados a problemáticas como la soledad, el aislamiento o la vulnerabilidad, en el caso de que vivan en solitario o con necesidades relacionadas con la salud, en el caso de las personas institucionalizadas. La incidencia del sentimiento de soledad en las personas mayores es una temática frecuente a la que se relaciona con el grado de apoyo social del que disponen, con su modo de vida o con varios factores a la vez. La viudedad, sus consecuencias y las estrategias de adaptación que adoptan las personas que la experimentan, también es un tema de frecuente abordaje; no lo es tanto, sin embargo, la vida matrimonial de las personas mayores y apenas se ha investigado sobre la singularidad de las personas mayores solteras.

En definitiva, y según la agenda investigadora publicada, la sociología, contagiada por antecedentes geriátricos y psicológicos, ha dedicado demasiados esfuerzos a construir un imaginario de la vejez entendida, sobre todo, como tiempo de pérdida, fragilidad y vulnerabilidad. Al respecto, pueden resultar aclaratorios los resultados de un estudio Delphi sobre el estado de la sociología de la vejez en España realizado en 2013 (Sánchez y López, 2015) en el que se preguntaba a un grupo de sociólogos cuáles eran, por orden de importancia, los cinco asuntos más relevantes de la agenda docente e investigadora de ese campo. Las respuestas fueron las siguientes: desigualdad (desigualdades de cualquier tipo relacionadas con la vejez, exclusión social, diversidad y equidad, vejez y clase social, derechos y servicios en el Estado de bienestar), dependencia (asuntos relacionados con fragilidad, vulnerabilidad y dependencia, soledad y pérdida de relaciones familiares, y provisión de cuidados), relaciones intergeneracionales (relaciones entre generaciones tanto dentro como fuera del contexto familiar, redes de apoyo intergeneracional familiar, papel de los abuelos en la familia) y, por último, trabajo (empleo y desempleo en la vejez, procesos de prejubilación y jubilación). Como vemos, la atención a lo desfavorable y deficitario sigue colocándose por delante en la agenda investigadora.

## DE LA VEJEZ AL ENVEJECIMIENTO COMO PROBLEMA SOCIAL

Hablar del envejecimiento como problema social exige que alguien perciba el envejecimiento como una situación indeseable, amenazante, perjudicial. Además, hace falta que ese alguien —uno o varios agentes— proponga tal construcción, la haga visible y encuentre eco en la estructura social. No existen problemas sociales mantenidos a solas, a menos que se trate de individuos que ocupan posiciones en el sistema social que les legitiman para la definición de lo que es o no es un problema social.

## LA INSTITUCIONALIZACIÓN DEL ENVEJECIMIENTO COMO PROBLEMA

Por lo que respecta a los procesos de reconocimiento, legitimación e institucionalización, algunos actores internacionales han tenido un papel especialmente protagonista. Por ejemplo, Naciones Unidas. A comienzos de la década de 1980, la primera Asamblea Mundial sobre el Envejecimiento, convocada por Naciones Unidas, aprobó un Plan de Acción Internacional con el que se trataba de "fomentar una respuesta internacional adecuada a los problemas del envejecimiento mediante medidas para el establecimiento del nuevo orden económico internacional y el aumento de las actividades internacionales de cooperación técnica" (Naciones Unidas, 1983: 5). El Plan distinguía entre problemas humanitarios ("relativos a las necesidades particulares de las personas de edad") y de desarrollo ("se refieren a las consecuencias socioeconómicas del envejecimiento de la población, que puede definirse como un aumento de la proporción de personas de edad avanzada en la población total"). A este último respecto se abordaron problemas relacionados con los efectos del envejecimiento sobre la producción, el consumo, el ahorro, las inversiones y sobre las condiciones sociales y económicas en general, visto el crecimiento de la tasa de dependencia de las personas de más edad. Eso sí, por entonces no cabía duda alguna de que se tenía delante un problema, que no era tan solo de protección y prestación de servicios sino también de actividad y participación de la población de más edad (Naciones Unidas, 1983: 10).

Veinte años más tarde, en Madrid, el nuevo Plan de Acción Internacional resultante de la Segunda Asamblea Mundial sobre el Envejecimiento planteaba un giro en la cuestión, el problema no era el envejecimiento sino algunas de las consecuencias de este: falta de recursos o sostenibilidad de los sistemas de pensiones, por ejemplo (Naciones Unidas, 2002: 12).

Por otro lado, en 2002 se podía constatar una personalización en la construcción del problema: más que del envejecimiento como problema se había pasado a hablar de algunos problemas (de disponibilidad de recursos, de salud mental, de transporte en las zonas rurales, etc.) de las personas de más edad. Y se insistía, en cambio, en que esos problemas suponían retos y desafíos pero, a la vez, nos ofrecían oportunidades (Naciones Unidas, 2002: 82).

Lo que no parecía haber cambiado era la insistencia en que la financiación de los servicios sociales y de los sistemas de protección social estaba en serio peligro; es decir, que la problemática relacionada con el envejecimiento era, en el fondo y por encima de todo, una cuestión de ingresos, gastos y financiación, o sea, una cuestión económica.

En el caso de Europa, en 2006, la Comisión Europea se decantó claramente por una doble estrategia de reconocimiento del envejecimiento como algo fundamentalmente positivo pero, a la vez, de efectos económicos evidentes sobre las posibilidades reales de las prestaciones de los servicios del Estado de bienestar: "Los estados miembros se enfrentan más a un problema de pensiones que a un problema de envejecimiento" (Comisión Europea, 2006: 14). En línea con este discurso economicista, en 2012 el Fondo Monetario Internacional (FMI) avisó del impacto de lo que denominó como "riesgo de longevidad", entendido como el riesgo financiero que gobiernos y sistemas de pensiones tienen delante en tanto en cuanto los costes de seguridad social y de pensiones van a crecer más de lo inicialmente pensado (International Monetary Fund, 2012). El hecho de que en algunos lugares del planeta las personas "vivan tres años más de lo esperado" —lo que, según el FMI, es una nueva prueba de que las estimaciones demográficas al respecto son erróneas— podría suponer un crecimiento del 50% de los ya de por sí altos costes asociados al envejecimiento. De nuevo, el problema del envejecimiento —aun reconociendo los beneficios que una mayor longevidad aporta a individuos y sociedad— es planteado como un problema presupuestario de falta de financiación: el envejecimiento se ha ido convirtiendo crecientemente en una pesada carga. Según esto, en la actualidad el problema de financiación descrito por el FMI tiene, por tanto, dos raíces fundamentales: el pago de la seguridad social y de las pensiones de jubilación.

En su repaso de la sociología del envejecimiento, Wilson (2007) reconoce que, a menudo, el envejecimiento de la población se exagera como problema social, sobre todo por parte de los enfoques más económicos. Hay abundantes ejemplos de análisis y propuestas desde los ámbitos técnicos y científicos que inciden en la necesidad de reformar los sistemas de pensiones, imperativo que casi siempre remite a la evolución demográfica (Barr y Diamond, 2012), precisamente el trasfondo del que comenzamos hablando. En España hay abundantes trabajos que advierten del peligro que el envejecimiento demográfico supone para la sostenibilidad de las instituciones básicas del Estado de bienestar y, en concreto, de los sistemas de pensiones. Como ilustración sirvan algunos de los análisis de FEDEA, o de autores ligados a ella, que muestran que tales planteamientos vienen de lejos y que se han producido en todo tipo de fases del ciclo económico español, al final de una crisis (Herce, 1994), en un momento de auge (Conde-Ruiz y Alonso Meseguer, 2004) o en plena recesión (FEDEA, 2010).

Casi todos estos análisis y propuestas parten de perspectivas sobre la población futura. Sin embargo, normalmente no diferencian entre previsiones que tienen pretensiones de predecir un futuro cercano y proyecciones que solo pueden aspirar a decir qué pasaría si determinadas hipótesis se cumpliesen en el futuro —de hecho, si ese futuro es lejano, tales hipótesis nunca podrán predecir lo que ocurrirá. La forma en la que se construyan esas hipótesis es determinante. Sin embargo, las proyecciones son condicionales y casi nunca se enfatiza esa condicionalidad —por ejemplo, haciendo hincapié en que dichas proyecciones necesitan que las tendencias actuales se mantengan—. Además, las proyecciones tienen un valor prescriptivo: nos dicen que si queremos evitar ese futuro posible, o sus consecuencias sociales o económicas, hemos de actuar. Así, las hipótesis utilizadas en las proyecciones son las que marcan el camino de la intervención en forma de políticas y programas.

## ALGUNAS APROXIMACIONES CRÍTICAS

Ahora bien, el hecho de que la política europea insista en el discurso de la necesidad de introducir recortes en los gastos de bienestar para poder hacer frente a los elevados costes causados por la necesidad de atender a las personas mayores no suele incluir alusión alguna a la posibilidad de que tal expectativa sea improbable (Gee, 2002). ¿Por qué? Porque esos recortes encajan perfectamente con una visión neoliberal de la organización del bienestar, a cuyo servicio se ha colocado parte de la demografía.

En este contexto han aparecido voces discordantes. Por ejemplo, Mullan (2000) ha defendido que la problematización del envejecimiento, como si se tratase de una imaginaria "bomba de tiempo", no es sino un caso específico de un fenómeno que él sitúa a comienzos de la década de 1990: la naturalización de las discusiones de política económica mediante el recurso a factores demográficos sobre la estructura de la población considerados como fenómenos naturales y, por tanto, inevitables. El envejecimiento demográfico de la población no es una predicción sino una realidad —se defiende desde la posición naturalizante—, la mecha ya ha sido prendida y las consecuencias presupuestarias se nos vienen inevitablemente encima. Frente a afirmaciones como esta, Mullan (2000) adoptó una posición claramente distinta: "La creciente preocupación en torno al envejecimiento no tiene nada que ver con el impacto directo de los cambios demográficos. La nueva prominencia del envejecimiento demográfico descubierta hace un par de décadas es el chivo expiatorio de cambios en la sociedad y la economía que no tienen causas demográficas […] la obsesión en torno al envejecimiento que ha crecido más allá del discurso tradicional de la economía tampoco se debe a cambios demográficos" (p. 6).

De hecho, Mullan (2000) hablaba no de una sino de dos bombas de tiempo. La primera, creada por algunos políticos y agentes de la opinión pública en la década de 1980, utilizó el envejecimiento como amenaza para justificar la disminución del papel económico de los estados y la necesidad de reformar los sistemas de bienestar. La segunda, puesta en marcha sobre todo en la década siguiente, supuso un cambio de enfoque: de los argumentos de política económica se pasó a una cuestión de ansiedad y sentimientos, de inseguridad y temor, de percepción generalizada de estar en peligro —uno más de los peligros a los que se refiere el capítulo 11 en este mismo volumen. Nada mejor que la metáfora de la bomba de tiempo para representar la idea de una amenaza de enormes consecuencias y con la cuenta atrás en marcha—. Eso sí, la parte de la metáfora que habría dado lugar a hablar de las posibilidades de desactivación de la bomba ha pasado desapercibida; todo lo más, lo que se discute es qué hacer tras el estallido.

## CONCLUSIÓN

La consideración del envejecimiento como problema social no tiene fecha concreta de partida. De ahí que no hayamos tenido interés en datar el momento sino en hacer ver que tildar al envejecimiento como problema social no es algo natural, que haya estado siempre ahí sino que, como todo fenómeno social, ha aparecido a raíz de un trabajo social de producción de tal consideración, en circunstancias concretas, mediante prácticas situadas y llevadas a cabo por agentes específicos, que siguen actuando en la actualidad.

En principio, envejecer, vivir más, ser más longevo se ha percibido siempre como una meta. Al menos a nivel individual. Ahora bien, ¿qué sucede cuando conseguimos ese objetivo para el mayor número posible de personas? ¿Por qué, entonces, el envejecimiento se considera problemático socialmente hablando?

Este capítulo ha prestado atención específica al trabajo de producción del envejecimiento como problema social retomando el precedente creado por la obra del sociólogo francés Rémi Lenoir (1993). Lenoir planteó que la vejez —como categoría histórica, médica, cultural, política, económica y social— ha nacido más como fruto de acciones intencionadas que por un accidente demográfico. A juicio de este sociólogo francés, reconocimiento, legitimación e institucionalización constituyen los tres procesos fundamentales a los que hay que referirse al analizar la problematización de la vejez. Pero, a la vez, hay que reconocer que lo que él denominó como "accidente demográfico" ocupa un lugar prioritario en dicho trabajo de producción.

La concepción del envejecimiento como problema social se apoya en discursos muy divulgados y que han penetrado profundamente en el tejido social: entre el público en general, entre profesionales con responsabilidades de gestión en el Estado de bienestar, entre los cargos políticos e, incluso, entre técnicos y científicos —de ahí que hayamos aludido a agendas y discursos a lo largo del capítulo—. No cabe duda de que entre esos discursos cabe encontrar muchos más matices pero, en el fondo, todos tienden a estar conectados, de un modo u otro, con el indiscutido binomio envejecimiento/insostenibilidad de los sistemas de pensiones, que se construye atribuyendo a la demografía algo que hemos intentado rebatir: una eficacia causal que se bastaría por sí misma, cual variable independiente única, para explicar lo que se plantea como un destino irremediable.

En línea con la versión contextual del construccionismo social descrita por Best y Loseke en uno de los capítulos de este mismo volumen, cuando hemos insistido en la descontextualización de la evolución demográfica en que se apoyan los discursos sociales sobre el envejecimiento no pretendíamos negar su realidad demográfica sino desvelar que, como cualquier otro discurso con eficacia social, conseguida o pretendida, el del envejecimiento se basa en una determinada lectura de la realidad, en una selección de lo que se considera importante y de lo que se cree irrelevante o prescindible. En nuestro caso, tal selección ha desembocado en una visión estrecha de lo que se considera dependencia demográfica. Igualmente, predomina una óptica localista, especialmente chocante cuando la globalización parece imponerse en todos los ámbitos sociales y, en concreto, económicos.

Por supuesto que hemos de preguntarnos si las que hasta ahora han venido considerándose como condiciones sociales objetivas del problema —por ejemplo, el impacto económico de algunos cambios demográficos, de la gestión de los sistemas de jubilación y de la atención sanitaria a la población, o las transformaciones de las normas sociales reguladoras de las relaciones entre las distintas generaciones familiares— han cambiado. Efectivamente, lo han hecho, pero también hemos de considerar si los cambios propiamente económicos producidos en las últimas décadas no son, quizás, más importantes, sobre todo pensando en la capacidad para asegurar un crecimiento económico estable y sostenible. ¿No podríamos contemplar que el verdadero problema al que nos enfrentamos no es tanto el envejecimiento sino la dificultad de nuestras economías de generar empleo suficiente y de calidad?

No obstante, el panorama de representación del problema no deja de cambiar y los lenguajes se renuevan. Lo que hasta hace poco era considerado, sobre todo, un problema —el excesivo e imparable envejecimiento— pretende presentarse, también, como un reto, un desafío —lograr un envejecimiento saludable y activo (Plouffe y Voelcker, 2015).

## BIBLIOGRAFÍA

ALFAGEME, A. (2005): "Desigualdades mundiales ante el proceso de envejecimiento demográfico", *Recerca, Revista de Pensament i Anàlisi*, 5, pp. 41-62

ANGEL, J. L. y SETTERSTEN, R. A. (2011): "Sociology of Aging in the Decade Ahead", en R. Settersten y J. L. Angel (eds.), *Handbook of Sociology of Aging*, Nueva York, NY, SpringerScience+Bussiness Media, pp. 661-672.

BARR, N. y DIAMOND, P. (2012): *La reforma necesaria: el futuro de las pensiones*, Madrid, El Hombre del Tres.

CAÑAS, G. (20 de mayo de 2014): "Abocados al envejecimiento", *El País*. Disponible en http://goo.gl/ZercCO

COMISIÓN EUROPEA (2006): *El futuro demográfico de Europa: transformar un reto en una oportunidad*. Disponible en http://goo.gl/QUH59q

CONDE-RUIZ, J. I. y ALONSO MESEGUER, J. (2004): "El futuro de las pensiones en España: perspectivas y lecciones", *ICE (Información Comercial Española)*, 815, pp. 155-173.

CONDE-RUIZ, J. I. y GONZÁLEZ, C. I. (2010): "Envejecimiento: pesimistas, optimistas y realistas", *Panorama Social*, 11, pp. 112-133.

EUROSTAT (6 de abril de 2015): "Data Base by Themes. Population and Social Conditions". Disponible en http://ec.europa.eu/eurostat/data/database

FEDEA (2010): "La reforma de las pensiones". Disponible en http://documentos.fedea.net/pubs/pr/2010/pr-2010-01.pdf

FERRARO, K. F. (2006): "Imagining the Disciplinary Advancement of Gerontology: Whither the Tipping Point?", *The Gerontologist*, 46(5), pp. 571-573.

GEE, E. M. (2002): "Misconceptions and misapprehensions about population ageing", *International Journal of Epidemilology*, 31, pp. 750-753.
HERCE, J. A. (1994): "Consecuencias socioeconómicas de las tendencias demográficas españolas", *Economía industrial*, 300, pp. 39-54.
INTERNATIONAL MONETARY FUND (2012): *Goblal Financial Stability Report. The Quest for Lasting Stability*. Disponible en http://goo.gl/73Rdvm
KATZ, S. (1996): *Disciplining Old Age: The Formation of Gerontological Knowledge*, Charlottesville, University Press of Virginia.
LENOIR, R. (1993): "Objeto sociológico y problema social", en P. Champagne; R. Lenoir; D. Merllié y L. Pinto, *Iniciación a la práctica sociológica*, Madrid, Siglo XXI, pp. 57-102.
MINISTERIO DE EMPLEO Y SEGURIDAD SOCIAL (2015a, 8 de abril): *Mercado de Trabajo. Afiliación de Trabajadores al Sistema de la Seguridad Social*. Disponible en http://www.empleo.gob.es/es/estadisticas/mercado_trabajo/index.htm
— (2015b, 8 de abril): *Seguridad Social. Pensiones y pensionistas*. Disponible en http://www.seg-social.es/Internet_1/Estadistica/Est/index.htm
MULLAN, P. (2000): *The Imaginary Time Bomb: Why an Ageing Population is not a Social Problem*, Londres, I. B. Taurus & Co Ltd.
NACIONES UNIDAS (1983): *Vienna International Plan of Action on Aging*, Nueva York, Naciones Unidas. Disponible en http://www.un.org/es/globalissues/ageing/docs/vipaa.pdf
— (2002): *Informe de la Segunda Asamblea Mundial sobre el Envejecimiento*, A/CONF.197/9, Nueva York, Naciones Unidas. Disponible en http://goo.gl/QXv1TI
OCDE (6 de abril de 2015): "Labour Force Statistics". Disponible en http://stats.oecd.org/.
PÉREZ DÍAZ, J. (2011): "Demografía, envejecimiento y crisis. ¿Es sostenible el Estado de Bienestar?", en Federación de Cajas de Ahorros Vasco-Navarras, *El Estado de bienestar en la encrucijada: nuevos retos ante la crisis global*, Ekonomi Gerizan, 18, Federación de Cajas de Ahorros Vasco-Navarras, pp. 47-62. Disponible en http://goo.gl/XX2n7T
PHILLIPSON, C. y BAARS, J. (2007): "Social theory and social ageing", en J. Bond; S. Peace; F. Dittmann-Kohli y G. Westerhof (eds.), *Ageing in Society*, Londres, Sage, pp. 68-84.
PLOUFFE, L. y VOELCKER, I. (2015): *Active Ageing: A Policy Framework in Response to the Longevity Revolution*, Río de Jaineiro, International Longevity Centre Brazil. Disponible en http://goo.gl/3HqSkD
RILEY, M. y RILEY, J. (1999): "Sociological research on age: legacy and challenge", *Ageing and Society*, 19, pp. 123-132.
ROCA, M. (2014): "El cuidado de las personas mayores: ¿reorganización o reproducción de responsabilidades?", *AFIN*, 67, pp. 1-8.
SÁNCHEZ, M. Y LÓPEZ, J. (2015): *Presente y futuro de la Sociología de la Vejez en España, Conclusiones de un estudio Delphi*. Manuscrito presentado para su publicación.
SÁNCHEZ, M. Y DÍAZ, P. (2009): "Análisis sociológico de la vejez en las sociedades occidentales", en J. C. Jiménez y F. Torralba (coord.), *La ancianidad en nuestro mundo: más allá de los tópicos*, Barcelona, Prohom Edicions, pp. 13-44.
SWANSON, D. A. (2008): "Population Aging and the Measurement of Dependency: The Case of Germany", *Applied Demography*, 21(1), pp. 8-10.
UNITED NATIONS (2013): *World Population Prospects. The 2012 Revision*, Nueva York, United Nations. Disponible en http://goo.gl/BXozQj
WAHL, H.W.; Deeg, D. J. H. y Litwin, H. (2013): "European ageing research in the social, behavioral and health areas: a multidimensional account", *European Journal of Ageing*, 10(4), pp. 261-270. DOI: 10.1007/s10433-013-0301-9
WILSON, A. (2007): "The Sociology of Aging", en C. D. Bryant y D. L. Peck (eds.), *21st Century Sociology*, Thousand Oaks, CA,Sage Publications, pp. 148-155.
WILSON, C.; SOBOTKA, T.; WILLIAMSON, L. y BOYLE, P. (2013): "Migration and Intergenerational Replacement in Europe", *Population and Development Review*, 39(1), pp. 131-157. DOI: 10.1111/j.1728-4457.2013.00576.x.

CAPÍTULO 9
# GLOBALIZACIÓN, INMIGRACIÓN Y MIGRACIÓN ILEGAL: LA CONSTRUCCIÓN DE UN PROBLEMA SOCIAL ESTADOUNIDENSE

DOUGLAS S. MASSEY

Las naciones de todo el mundo han aceptado el mercado global, y la globalización se ha convertido en la consigna del siglo XXI. La globalización se produce mediante la expansión de los mercados dentro y entre países y la consecuente monetización de las relaciones e intercambios interpersonales dentro y fuera de las fronteras nacionales. Los mercados son una invención humana; no constituyen un estado natural. Se crean con acciones formales e informales llevadas a cabo para establecer mecanismos que faciliten el intercambio de bienes y servicios con base en un precio (Fiske, 1991). Formalmente, los gobiernos establecen monedas de cambio, definen los derechos de propiedad, imponen contratos y mantienen el Estado de derecho. Los gobiernos también invierten en infraestructuras sociales y físicas para facilitar las transacciones comerciales. Al mismo tiempo, las estructuras y prácticas formales que establecen los gobiernos están siempre respaldadas por relaciones sociales y por convenciones culturales informales, tales como redes interpersonales, organizaciones voluntarias, guiones estandarizados y esquemas cognitivos. Estas convenciones informales crean el entendimiento común y las rutinas de comportamiento que hacen posible la interacción humana.

El mercado es un invento muy reciente del ser humano. Los humanos se desarrollaron en África oriental hace más de 150.000 años y vivieron casi toda su vida en la Tierra sin la existencia de mercados. De hecho, estos solo cobraron vida con la aparición de las primeras ciudades hace cerca de 10.000 años; e incluso entonces tardaron milenios en desarrollarse por completo (Massey, 2005). La primera moneda se introdujo hace solo 2.700 años; y a pesar de inventar el dinero, los mercados siguieron teniendo un alcance limitado y un funcionamiento rudimentario durante miles de años. Ciertamente, hasta hace pocos siglos, la mayoría de las interacciones humanas se producían fuera de los mercados. Las propiedades se heredaban, el trabajo estaba regulado socialmente, no había bienes de consumo disponibles y el capital escaseaba. Hasta la llegada de la industrialización y la urbanización, los mercados no dominaron las interacciones humanas, hasta el punto en el que hoy hay mercados para casi todo: bienes, servicios, capital, crédito, trabajo, seguros, futuros, materias primas, conocimiento e información. Los economistas hablan incluso de mercados matrimoniales (Becker, 1974).

Ahora mismo nos hallamos en la segunda oleada de globalización comercial (Williamson, 2004). La primera se desarrolló entre 1800 y 1914, cuando Europa industrializó y exportó capital y tecnología al extranjero para estimular el desarrollo industrial en las Américas al tiempo que colonizaba buena parte de África, Asia y el Pacífico, uniendo regiones lejanas del mundo en un efectivo régimen global de comercio, inversión y migración internacional (O'Rourke y Williamson, 1999). La primera oleada de globalización se detuvo con el estallido de la guerra mundial en agosto de 1914. El posterior conflicto destruyó cantidades masivas de tierra, mano de obra y capital en todo el mundo industrializado y dejó en ruinas el orden internacional, lo que motivó un giro hacia el proteccionismo, la autarquía económica y la restricción, que culminó en una crisis global que allanó el camino a otra guerra mundial.

Los cimientos de la segunda era de globalización se levantaron sobre las cenizas de la Segunda Guerra Mundial, cuando las grandes potencias se unieron para crear un nuevo conjunto de instituciones multilaterales para promover el comercio y la inversión global: las Naciones Unidas, para apaciguar conflictos y prevenir otra guerra mundial; el Banco Mundial, para financiar el desarrollo económico; el Fondo Monetario Internacional, para garantizar la liquidez internacional; y el Acuerdo General sobre Aranceles Aduaneros y Comercio (GATT), para reducir las barreras del comercio entre fronteras. Durante las sucesivas rondas negociadoras del GATT, se fueron eliminando los obstáculos para el comercio y la inversión hasta culminar en la creación de la Organización Mundial del Comercio en 1995 (Stiglitz, 2002).

En principio, la segunda oleada de globalización sucedió lentamente, a medida que se reconstruían las economías de Europa y Japón después de la guerra; pero el ritmo de cambio se disparó en 1970 con la aceleración de la revolución digital, que creó una nueva economía basada en el conocimiento. Con el giro de China hacia los mercados en 1979 y la caída de la Unión Soviética en 1991, emergió por fin una economía verdaderamente global, que se estableció con firmeza a comienzos del nuevo siglo. Sin embargo, a diferencia de la primera era de globalización, la actual adolece de una contradicción fundamental en la base de la economía global.

Al igual que antaño, la globalización supone la penetración de los mercados en las sociedades y a través de los países; como en la primera era, los países han creado estructuras multinacionales para apoyar los intercambios comerciales globales. Pero a diferencia del primer periodo de globalización, los países de hoy no permiten el libre movimiento de personas (Williamson, 2004). Al contrario, todos los países imponen restricciones sobre la migración internacional con un sistema de visados y controles de pasaportes creado tras la Primera Guerra Mundial. Este sistema de control de la inmigración restringe la globalización de los mercados de mano de obra y capital humano como no sucedió en la primera oleada. Por ello, la contradicción fundamental de la globalización posindustrial es que hoy los países quieren participar en una economía global donde algunos productos y factores sean móviles y otros no.

Esta contradicción conduce inevitablemente a un pacto faustiano posmoderno: si los factores y productos carecen de agencia, se fomenta y facilita su movilidad, pero si poseen agencia, la movilidad se controla y restringe. En general, la migración internacional de las personas se permite únicamente cuando se valoran sus rasgos personales, pero se bloquea dicha movilidad cuando no se valoran los rasgos y características personales. Como consecuencia, se permite, e incluso se alienta, la entrada de trabajadores cualificados vinculados a la inversión, el comercio y la producción, pero a menudo se prohíbe, o al menos se restringe fuertemente, la entrada de trabajadores de base.

Este pacto faustiano ha producido tres niveles de movilidad en la economía globalizada de hoy. Se concede un nivel muy elevado de movilidad a capital financiero, capital físico, bienes de consumo, conocimiento, materias primas y recursos naturales, en especial a los productores de energía. Se ofrece una movilidad moderada, aunque regulada, a las personas con capital humano, social, cultural y otros recursos valorados y demandados. Pero se limita y controla en gran medida la movilidad de quienes carecen de cualquier forma de capital y cuya principal aportación a la producción económica es el poder de su mano de obra.

La gran paradoja de la globalización del siglo XXI es que la expansión de los mercados en nuevas regiones y sectores reemplaza las formas de vida tradicionales de las personas y da lugar a poblaciones más tendentes a la movilidad internacional. Asimismo, crea infraestructuras físicas y sociales que hacen más barata y más fácil la migración internacional entre países asociados, pero, al mismo tiempo, no proporciona lo necesario para que se ejerza dicha movilidad, sino que intenta limitar y bloquear la migración creada por la propia globalización (Massey, 1995). Permaneciendo el resto constante, la gente suele migrar dentro de un sistema económico integrado, y eso fue lo que ocurrió en la economía global entre 1800 y 1914, cuando más de 50 millones de personas abandonaron Europa (Massey, 1988). Hoy no es posible una migración a tal escala porque los estados desean crear una economía global con una movilidad selectiva según ciertos factores, lo que constituye una contradicción básica manejada hábilmente mediante la imposición de controles de inmigración más estrictos y represivos que nunca, aunque los responsables políticos adopten políticas para fomentar la libre circulación entre países de bienes, capital, ideas y materias primas.

En el contexto integrador de los mercados transnacionales, estas políticas restrictivas de inmigración no suelen tener éxito, sobre todo en democracias liberales con fuertes regímenes de derechos humanos, lo que produce un nuevo problema social en todo el mundo: la migración ilegal. Hoy, todos los países desarrollados se han convertido en países de inmigración y han tenido que albergar, en distintos grados, a poblaciones no autorizadas (Massey y Taylor, 2004). Estados Unidos ejemplifica bien la contradicción entre la integración de mercados transnacionales y las restricciones de inmigración. En 1994 entró en el Tratado de Libre Comercio de América del Norte (NAFTA) con el objetivo de integrar los mercados de Canadá, Estados Unidos y México. De acuerdo con el NAFTA, Estados Unidos adoptó políticas para promover una circulación entre fronteras más libre de bienes, capital, información y materias primas; pero en 1994 lanzó simultáneamente la Operación Gatekeeper en el sector de cruce más concurrido de la frontera entre México y Estados Unidos para bloquear la libre circulación de la mano de obra (Massey, Durand y Malone, 2002).

Por desgracia, dada la realidad de la oferta y demanda de mano de obra en la economía estadounidense y la existencia de redes de migración bien desarrolladas que unen comunidades mexicanas con destinos estadounidenses, la migración de trabajadores no se vio limitada por estas políticas represivas de restricción fronteriza. Al contrario, los esfuerzos de las autoridades produjeron un efecto no deseado, porque la migración no autorizada neta aumentó y la población ilegal creció más rápidamente, de 2 a 12 millones en dos décadas. Este capítulo describe cómo surgió una población de indocumentados tan numerosa, cómo la migración ilegal acabó siendo definida como un problema social amenazante para Estados Unidos, y cuáles han sido las consecuencias de esta situación para los latinos en Estados Unidos.

## LA FABRICACIÓN DE LA ILEGALIDAD MASIVA

La larga historia de la migración entre México y Estados Unidos se remonta a principios del siglo XX. El gráfico 1 resume las tendencias migratorias entre Estados Unidos y México desde 1900 hasta 2013 a partir de estadísticas oficiales. La inmigración legal se mide por el número de entradas de residentes legales permanentes; la migración temporal se mide por el número de entradas de personas con visado temporal de trabajo; y la inmigración ilegal la indica el número de migrantes no autorizados detenidos en la frontera entre México y Estados Unidos por cada 1.000 agentes de Patrulla Fronteriza estadounidenses. Con independencia del momento, el número de detenciones refleja tanto el número de personas que intentaron cruzar como el alcance del esfuerzo para controlar la frontera. Dividir las detenciones entre el tamaño de la Patrulla Fronteriza corrige el peso del esfuerzo de control fronterizo y nos proporciona un indicador razonablemente fiable de las tendencias del volumen de migración ilegal (véase Massey y Pren, 2012a).

La migración mexicana a gran escala comenzó en 1907, cuando Estados Unidos llegó a un acuerdo con Japón que puso fin a la migración de mano de obra desde dicho país, lo que creó una escasez de mano de obra en los estados occidentales que animó a los patronos a reclutar trabajadores mexicanos como sustitutos (Massey, Durand y Malone, 2002). La migración mexicana aumentó cuando Estados Unidos se involucró en la Primera Guerra Mundial en 1917 y se extendió de nuevo en los años veinte, después de que se restringiera la llegada de inmigrantes europeos (Cardoso, 1980). Pero con el inicio de la Gran Depresión, los trabajadores, antes valorados, se convirtieron en competidores no bienvenidos y en potenciales dependientes cuya presencia se consideraba "ilegal". Por ello, una deportación prolongada acabó de modo efectivo con la primera oleada de migración entre Estados Unidos y México (Hoffman, 1974). De 1929 a 1937, 458.000 mexicanos fueron expulsados por la fuerza de Estados Unidos para reducir a la mitad el número de mexicanos que vivían al norte de la frontera.

GRÁFICO 1
**INMIGRACIÓN MEXICANA A ESTADOS UNIDOS (1900-2010)**

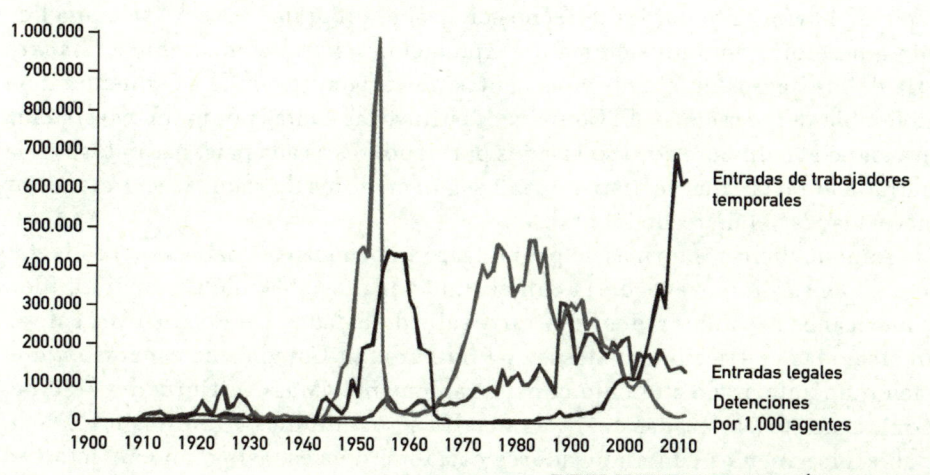

FUENTE: PROYECTO SOBRE MIGRACIÓN MEXICANA, 2015.

La migración mexicana era prácticamente nula hasta que Estados Unidos entró en la Segunda Guerra Mundial y en 1942 negoció con México un tratado para trabajadores extranjeros conocido como el Programa Bracero (Galarza, 1964). Aunque el Congreso intentó eliminar gradualmente el Programa Bracero tras el fin de la guerra en 1945, se mantuvo la fuerte demanda de mano de obra y los empleadores comenzaron a contratar migrantes sin autorización oficial. El Congreso respondió a las presiones políticas derivadas de intereses agrícolas y aumentó el número de visados de braceros en 1949 y 1951, pero dichos aumentos no lograron satisfacer la demanda. En medio de una breve recesión, el flujo continuo de migrantes no autorizados produjo la primera crisis de migración ilegal en 1953-1954, cuando las autoridades estadounidenses lanzaron la Operación Wetback, un importante esfuerzo de control de la frontera entre Estados Unidos y México que acabó con la detención y repatriación de más de un millón de mexicanos (Calavita, 1992).

Al tiempo que las autoridades federales deportaban cada semana a decenas de miles de mexicanos, el Congreso aumentaba en silencio el número de visados de braceros hasta más de 400.000 al año, lo que acabó por satisfacer la demanda de trabajadores y frenó en seco la migración ilegal. A finales de los años cincuenta, en pleno auge del Programa Bracero, unos 450.000 braceros y 50.000 inmigrantes legales entraban en Estados Unidos cada año, y la migración no autorizada era mínima. En la práctica, todos los braceros y muchos de los inmigrantes legales regresaban a México anualmente, y la población mexicana de Estados Unidos creció lentamente, hasta situarse en 3,9 millones en 1964.

Sin embargo, en 1965 el Congreso finalizó el Programa Bracero de forma abrupta y modificó la ley de inmigración estadounidense para instaurar límites numéricos a la inmigración de países americanos. Dichas acciones no se consideraron reformas de inmigración, sino de derechos civiles. En los años sesenta, en pleno movimiento por los derechos civiles, el Programa Bracero se había llegado a percibir como un sistema de explotación laboral comparable a la aparcería de los negros en el sur, y las cuotas por origen nacional se consideraban intolerablemente racistas. El Congreso sustituyó las cuotas por un nuevo sistema que asignó anualmente 20.000 visados permanentes a cada país, basándose en la neutralidad racial, que se distribuirían según criterios de reunificación familiar y necesidades del mercado laboral.

Aunque dichas reformas se promulgaron por motivos loables, pocos legisladores pensaron qué sucedería con el flujo anual establecido de medio millón de mexicanos acostumbrados a entrar y salir de Estados Unidos una vez cobraran efecto las restricciones (Massey y Pren, 2012a). Como cabía esperar, la migración no autorizada aumentó considerablemente (Massey, Durand y Malone, 2002). Durante las décadas del Programa Bracero, millones de mexicanos habían establecido vínculos con empleadores estadounidenses, así como contacto con personas en sus zonas de destino en Estados Unidos. Cuando después de 1965 disminuyeron las oportunidades de entrar por la vía legal, los migrantes aprovecharon esos vínculos para seguir migrando a pesar de las restricciones.

Tal y como muestra el gráfico 1, el número de detenciones por cada mil agentes pasó de 37.000 en 1965 a 464.000 en 1977, antes de estabilizarse y fluctuar en pequeña medida hasta 1986. Aun así, la migración continuó siendo circular, en gran medida. Según Massey y Singer (1995), el 85% de las entradas no autorizadas entre 1965 y 1985 se compensaron con salidas hasta producir un lento aumento de la población indocumentada que se estima que alcanzó los 3,2 millones en 1986 (Wasem, 2011). Básicamente, el flujo circular de trabajadores legales mexicanos de finales de los cincuenta se había restablecido con trabajadores indocumentados a comienzos de los ochenta y la población mexicana siguió aumentando lentamente.

## LA PROLIFERACIÓN DE LA NARRATIVA DE LA AMENAZA LATINA

En términos prácticos, poco había cambiado entre finales de los años cincuenta y comienzos de los ochenta. Un flujo circular similar de trabajadores mexicanos seguía las rutas migratorias tradicionales hacia destinos habituales para acceder a periodos limitados de trabajo remunerado y remitía dinero a sus familiares en México para después regresar con sus ahorros e invertir en proyectos económicos en su país de origen (Massey, Alarcón, Durand y González, 1987). No obstante, simbólicamente sí había cambiado mucho, porque los flujos eran ahora "ilegales" y, por tanto, enmarcados como una amenaza para Estados Unidos (Chavez, 2001). Por definición, los migrantes ilegales eran "malhechores" y "delincuentes", y de modo creciente se les percibía públicamente como un problema social que debía resolverse, dando lugar a la que Chavez (2008) ha denominado "narrativa de la amenaza latina".

La narrativa de la amenaza está bien ilustrada en un artículo de 1976 publicado en *Reader's Digest* por el presidente del Servicio de Inmigración y Naturalización estadounidense. Titulado "Illegal Aliens: Time to Call a Halt!", advertía a los estadounidenses de una nueva "invasión silenciosa" que amenazaba al país:

Cuando me nombraron presidente del Servicio de Inmigración y Naturalización (INS) en 1973, teníamos exceso de personal, bajo presupuesto, y nos enfrentábamos a una invasión creciente y silenciosa de extranjeros ilegales. A pesar de nuestros mejores esfuerzos, el problema —crítico entonces— amenaza ahora con convertirse en un desastre nacional. El año pasado, un estudio independiente encargado por el INS estimó que hay 8 millones de inmigrantes ilegales en EE UU. Como mínimo, cada año llegan entre 250.000 y 500.000 más. Juntos, exprimen al contribuyente estadounidense 13.000 millones de dólares anuales (Chapman, 1976: 188-189).

Posteriores estimaciones demográficas situaron la cifra real de inmigrantes no autorizados en 1,3 millones en 1976, frente a los ocho millones defendidos por el presidente (Wasem, 2011); pero la retórica alarmista siguió aumentando y echando raíces en los medios de masas y debates políticos. En su codificación de las portadas de las tres revistas de noticias semanales estadounidenses, Chavez (2001) descubrió un aumento continuado de las representaciones alarmistas de inmigrantes entre la década de 1970 y 1990; y Massey y Pren (2012b) documentaron igualmente un incremento sostenido, entre 1965 y 1979, del número de referencias de prensa a la inmigración mexicana en términos de crisis, oleada o invasión. Sin embargo, después de esa fecha, la frecuencia se estabilizó y paso a fluctuar con los ciclos económicos estadounidenses; pero cada pico sucesivo de cobertura alarmista dio lugar a una nueva legislación antiinmigración o a una operación de control fronterizo.

La proliferación de la narrativa de la amenaza latina formó parte de una respuesta negativa más amplia de la población blanca contra la transformación de la composición racial de Estados Unidos (Abrajano y Hajnal, 2015), en virtud de la cual los latinos, cada vez con más frecuencia, eran enmarcados y tratados como intrusos raciales (Massey, 2014). El aumento de la narrativa de la amenaza latina estuvo estrechamente relacionado con el aumento de detenciones en la frontera, que políticos y críticos usaban como prueba concreta de la invasión en curso, algo que requería más control en la frontera. Con el incremento de dichas intervenciones aumentaron también las detenciones, a pesar de que el volumen subyacente de entradas se había estabilizado a finales de los setenta. Esto provocó un ciclo de creciente control fronterizo que se reproducía por sí solo, y según el cual un mayor intervencionismo en la frontera llevó a más detenciones, lo que provocó la demanda de más controles, que produjeron más arrestos, y así sucesivamente (Andreas, 2000; Massey y Pren, 2012a). El gráfico 2 muestra la evolución de las detenciones totales en la frontera, así como de las detenciones por cada mil agentes de la Patrulla Fronteriza (nuestro indicador de flujo real de entradas) de 1965 a 2013 para ilustrar la brecha creciente entre el volumen subyacente de migración y el número de detenciones en la frontera.

GRÁFICO 2
**DIFERENCIA ENTRE DETENCIONES Y FLUJO DE ENTRADA (DETENCIONES POR 1.000 AGENTES)**

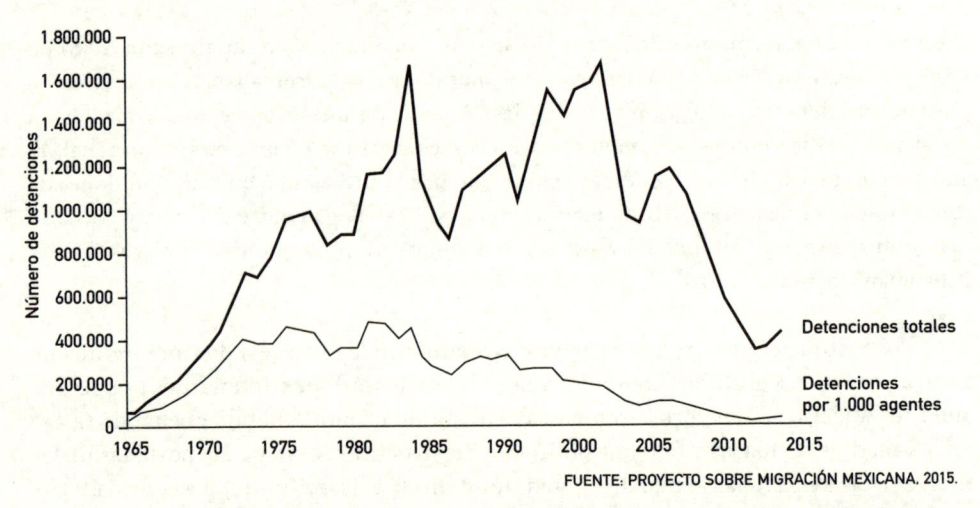

FUENTE: PROYECTO SOBRE MIGRACIÓN MEXICANA, 2015.

La consecuencia última de este bucle de retroalimentación fue una militarización progresiva de la frontera de México y Estados Unidos después de 1986, que se incrementó con el tiempo de forma exponencial. El gráfico 3 ilustra el incremento dinámico del intervencionismo en la frontera y muestra el presupuesto de la Patrulla Fronteriza estadounidense en dólares de 2013 desde 1965 hasta 2013. Comparando los gráficos 2 y 3 vemos que el incremento masivo del intervencionismo en la frontera se produjo después de que la entrada de migrantes no autorizados ya se hubiera estabilizado. Tal incremento fue motivado por la retórica política de la narrativa de la amenaza latina, y no por un aumento real de la migración indocumentada, lo que confirma la construcción social de la migración ilegal como problema nacional.

GRÁFICO 3
PRESUPUESTO DE LA PATRULLA FRONTERIZA DE EE UU, EN DÓLARES DE 2013

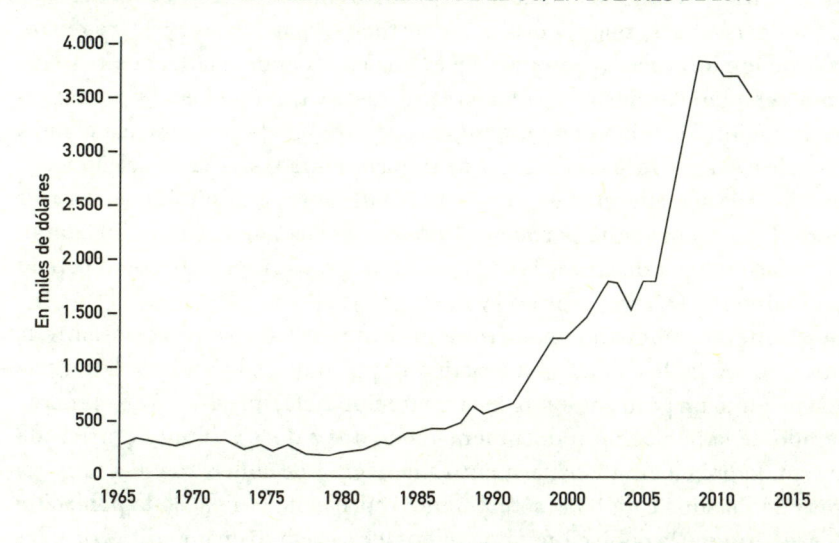

FUENTE: PROYECTO SOBRE MIGRACIÓN MEXICANA, 2015.

## LAS CONSECUENCIAS DE UNA CONSTRUCCIÓN SOCIAL

Según lo mostrado en párrafos anteriores, la entrada real de migrantes mexicanos en Estados Unidos cambió relativamente poco después de 1965. Los migrantes mexicanos siguieron entrando y saliendo, dependiendo de las cambiantes condiciones económicas a ambos lados de la frontera. Una fracción relativamente pequeña de ellos se instaló al norte de la frontera, pues habían logrado contactos sociales y vínculos económicos con Estados Unidos, pero la gran mayoría entraba para después regresar. Lo que sí cambió fue el estatus legal de entrada de los migrantes. A finales de los setenta, la gran mayoría eran *ilegales*, y los políticos y burócratas de inmigración los consideraban una grave amenaza. Esto fomentó una imagen pública cada vez más frecuente de la migración ilegal como un serio problema social al que había que prestar atención. La posterior militarización de la frontera tuvo profundas consecuencias en la estructura y organización del sistema de migración entre México y Estados Unidos.

La militarización de la frontera se llevó a cabo por etapas y en un principio se centró en los dos sectores más transitados: El Paso-Juárez y San Diego-Tijuana. Aunque el control centrado en zonas geográficas comenzó en 1986 con la aprobación de la *Immigration Reform and Control Act* (Ley de Reforma y Control de la Inmigración), se intensificó drásticamente en 1993 y 1994 con la respectiva puesta en marcha de la Operación Blockade en El Paso y la Operación Gatekeeper en San Diego. Como consecuencia, los flujos migratorios se desplazaron a sectores de la frontera no patrullados, en el desierto de Sonora. Esto produjo un gran incremento de la migración a través de Arizona. Como resultado, el flujo de migrantes se alejó de forma permanente de California hacia nuevos destinos por todo el país (Massey y Capoferro, 2008). La sustitución de cruces fronterizos en entornos urbanos relativamente seguros por regiones en pleno desierto, montañas escabrosas y ríos con fuertes corrientes llevó a la proliferación de muertes de migrantes a lo largo de la frontera, así como a un incremento de las tasas de los traficantes de indocumentados. A su vez, el aumento de los costes y los riesgos migratorios indujo a los migrantes a minimizar los cruces por la frontera. Esto no hizo que permanecieran en México, sino que se instalaran en Estados Unidos en lugar de cruzar la frontera en uno y otro sentido, como habían hecho tradicionalmente (Massey, Durand y Pren, 2014).

Aunque el intervencionismo en la frontera tuvo pocas consecuencias sobre la migración no autorizada de entrada, su drástico impacto de reducción de la migración de salida produjo un gran aumento de la migración neta, que derivó en el incremento acelerado de la población indocumentada de dos a doce millones entre 1988 y 2008. Por esto, la población hispana superó a la negra y se convirtió en la minoría más numerosa de Estados Unidos, y actualmente representa el 17% de la población estadounidense. Aunque la población indocumentada se redujo en un millón de personas entre 2008 y 2009 como respuesta a la Gran Recesión, en los años siguientes el número de migrantes no autorizados se estabilizó en unos 11 millones, un 62% de los cuales eran mexicanos y un 18% centroamericanos.

## EL NUEVO DILEMA ESTADOUNIDENSE

Es evidente que los latinos no son el primer grupo de inmigrantes estadounidenses que ha sido marginado y excluido por pertenecer a otra raza. Ninguna ola de inmigrantes llegada a Estados Unidos se ha considerado asimilable ni "blanca" pura —lo sufrieron, primero, irlandeses y alemanes en el siglo XIX, y después los judíos rusos y los católicos polacos e italianos, a comienzos del XX. No obstante, con el paso del tiempo y las generaciones y con el aumento del estatus socioeconómico y la integración residencial, estos grupos inmigrantes, antes "no blancos", del sur y este de Europa se convirtieron en "blancos" al contraer matrimonio con los descendientes de estadounidenses del norte y oeste de Europa. Así crearon una única población blanca paneuropea en la cual la etnia era una opción más que una adscripción (Bashi Treitler, 2013; Brodkin, 1998; Ignatiev, 1995; Roediger, 2005; Waters, 1990).

Por el contrario, históricamente, los latinos han tenido más dificultades para ser aceptados en la corriente principal de los blancos estadounidenses y han sufrido "generaciones de exclusión" (Telles y Ortiz, 2008). Antes de la era de los derechos civiles, en Texas, los mexicanos sufrieron la censura racista del sistema de segregación legal de Jim Crow (Behnken, 2011), y en todo el suroeste, los mexicanos, al igual que los afroamericanos, fueron linchados con frecuencia (Carrigan y Web,

2013; Gonzales-Day, 2006;). La llegada de puertorriqueños, cubanos y dominicanos a Estados Unidos en la segunda mitad del siglo XX agregó grandes poblaciones afrocaribeñas al grupo de latinos, lo que les hizo sufrir los habituales prejuicios en contra de los negros, antes reservados a los afroamericanos (Denton y Massey, 1989). Más recientemente, los latinos en general y los mexicanos en particular han sido objeto de atribuciones raciales en virtud del cliché de la ilegalidad (Massey, 2014).

En 2012, los migrantes indocumentados incluían aproximadamente a un tercio de todos los latinos presentes en Estados Unidos, al 58% de los inmigrantes latinoamericanos, al 60% de los inmigrantes mexicanos y a dos tercios de los inmigrantes centroamericanos. Por ello, la ilegalidad masiva se ha convertido en una característica estructural de la población latina estadounidense. No ha habido, desde los días de la esclavitud, un grupo tan numeroso de residentes carentes de derechos sociales, económicos o políticos en el país (Massey, 2013). Con 11 millones de personas sin estatus legal y deportaciones que superan las 400.000 anuales, las presiones actuales sobre los latinos no tienen precedentes. De forma muy real, la ilegalidad masiva entre inmigrantes latinos supone la mayor barrera para su integración social y su progreso económico en Estados Unidos.

La investigación reciente ha documentado los efectos negativos del estatus de indocumentado para los individuos latinos, así como las consecuencias perjudiciales de la ilegalidad masiva para la población latina en conjunto. Según cálculos recientes, la criminalización de la contratación ilegal en 1986 a cargo de la *Immigration Reform Act* (IRCA), combinada a partir de entonces con el incremento masivo de la población indocumentada, ha empujado a la baja sustancialmente los salarios no solo de los migrantes indocumentados, sino de todos los trabajadores inmigrantes (Massey y Gelatt, 2010; Massey y Gentsch, 2014).

Además de una reducción de salarios entre los trabajadores inmigrantes, el estatus de ilegal implica de por sí una cuantiosa penalización salarial (Caponi y Plesca, 2014). Si bien antes de la IRCA el estatus de indocumentado no afectaba negativamente a los ingresos, esta supuso una penalización salarial del 21% (Phillips y Massey, 1999). Estudios más recientes de Hall, Greenman y Farkas (2010) calcularon una desigualdad salarial del 17% entre hombres inmigrantes mexicanos documentados e indocumentados, y de un 9% entre las mujeres inmigrantes mexicanas, así como grandes diferencias en los rendimientos del capital humano según el estatus legal. Massey y Gentsch (2011) también consideraron que el paso a un régimen nuevo y más intenso de riguroso control fronterizo e interno coincidió con un descenso de los rendimientos económicos relativos a diversas formas de capital humano y social, lo que limitó el logro de una ocupación y los ingresos; y Greenman y Hall (2013) descubrieron que los estudiantes indocumentados tenían menos probabilidades que los documentados de graduarse en el instituto y matricularse en una universidad, lo que debilitaba su poder adquisitivo en el futuro.

En un estudio de los asalariados de bajos ingresos en Chicago, Los Ángeles y Nueva York en 2008, Bernhardt, Spiller y Polson (2013: 725) descubrieron que "son generalizados los incumplimientos de las leyes de empleo y de trabajo en las industrias y actividades con salarios bajos". Según sus cálculos, al 31% de los trabajadores inmigrantes no se les pagó el debido salario mínimo, comparado con solo el 16% de casos en trabajadores nativos; así como a un 37% entre los indocumentados frente a un 21% entre los poseedores de papeles legales (Bernhardt *et al.*, 2009). Otro estudio sobre trabajadores inmigrantes en Nueva Orleans descubrió que un 41% había sufrido usurpación salarial (Fussell, 2011).

En su análisis de los trabajadores agrícolas, Alves Pena (2010a) señaló que los migrantes indocumentados tienen más probabilidades de cobrar a destajo que otros trabajadores, que trabajan menos horas y, por consiguiente, cobran salarios más bajos. Los trabajadores agrícolas indocumentados también sufren una penalización salarial media del 5%-6% (Alves Pena, 2010b). Apoyándose en datos del *Current Population Survey* o Encuesta de Población Actual, Orrenius y Zavodny (2009) hallaron un descenso pronunciado en la contratación, horas trabajadas e ingresos de hombres latinoamericanos que han inmigrado recientemente, cambio que atribuyeron al endurecimiento de la legislación tras el 11-S. La investigación de Hall y Greenman (2014) demuestra que los trabajadores indocumentados también se enfrentan a mayores riesgos laborales, tales como agotamiento físico, exposición a las alturas y movimientos repetitivos. Además, reciben peores remuneraciones por trabajar en entornos peligrosos.

El aumento de un sentimiento antiinmigración, la intensificación de la legislación sobre inmigración y la exposición a puestos de trabajo peligrosos está pasando factura a la salud de los migrantes mexicanos indocumentados, cuya buena salud destaca cuando parten para Estados Unidos, pero refleja un empeoramiento cuando regresan, en comparación con otros no migrantes similares (Goldman *et al.*, 2014; Ullmann, Goldman y Massey, 2011). Rugh y Massey (2014) han demostrado una estrecha relación entre el sentimiento de antiinmigración y el nivel de segregación de los hispanos en las zonas metropolitanas, mientras que Hall y Stringfield (2014) plantean que la segregación entre blancos e hispanos aumenta cuanto más crece el predominio de migrantes indocumentados en la población. Asimismo, Hall y Greenman (2013) destacan que los inquilinos indocumentados tienen muchas menos probabilidades de convertirse en propietarios de sus viviendas que los migrantes documentados y los blancos no hispanos, así como más probabilidades de vivir en hogares hacinados, con mayores deficiencias estructurales y en barrios de peor calidad.

## CONCLUSIÓN

El caso de los latinos indocumentados en Estados Unidos puede ser un ejemplo extremo de las consecuencias derivadas de la contradicción fundamental que he identificado en la segunda era de la globalización, aunque en ningún caso sean únicas. En virtud de su pertenencia a la Organización Mundial del Comercio, los países desarrollados del mundo aceptan de forma tácita la contradicción, ya que pretenden integrarse en los mercados globales de bienes, materias primas, capital financiero y recursos, al mismo tiempo que tratan de limitar la integración del capital laboral y humano en los mercados globales restringiendo la inmigración. Como consecuencia, los inmigrantes ilegales y la inmigración no deseada se han convertido en un hecho generalizado en la economía de los mercados globales (Cornelius, Martin y Hollifield, 1994; Massey y Taylor, 2004). Se han extendido los movimientos reaccionarios antiinmigrantes (Art, 2012; Berezin, 2009) y cada país receptor parece haber elegido su propio exogrupo sobre el que proyectar una especial exclusión racial: los marroquíes en España, los argelinos en Francia, los turcos en Alemania y, naturalmente, los mexicanos y, por extensión, los latinos, en Estados Unidos (Alba y Foner, 2015; Crul y Mollenkopf, 2013; Massey, Connor y Durand, 2011).

La lección que podemos extraer de la historia de la política de inmigración estadounidense desde 1965 es que los responsables políticos, por norma general, no toman decisiones basadas en la comprensión real de los procesos sociales y económicos que intentan influenciar. Al contrario, estrategas políticos y empresarios burocráticos manipulan a menudo a los inmigrantes y la inmigración y los usan como símbolos para movilizar la opinión pública, para amasar poder político y para garantizar el acceso a los recursos públicos. Los cambios en las políticas de inmigración revelan más las esperanzas y aspiraciones de responsables políticos y votantes —o, más habitualmente, sus miedos y recelos— que cualquier hecho relativo a las realidades de la migración internacional en sí.

Durante los años sesenta, por ejemplo, Estados Unidos atravesaba un momento de bonanza económica y el movimiento por los derechos civiles se extendía para corregir la inmoralidad del racismo autorizado por el Estado y la segregación legal. En este contexto, los políticos de 1965 actuaron con base en sus esperanzas y aspiraciones de lograr un mundo más justo mediante la reforma del sistema de inmigración —abolieron las cuotas discriminatorias según países de origen y pusieron fin a un programa laboral explotador—. No obstante, no pensaron demasiado en cómo sus decisiones afectarían a la ya establecida migración circular de medio millón de mexicanos que entraban y salían cada año de Estados Unidos.

Aunque el incremento de la migración de indocumentados entre 1965 y 1985 no supuso en un principio una amenaza tangible para los ciudadanos estadounidenses, la militarización de la frontera en respuesta al aumento de la narrativa de la amenaza latina transformó lo que había sido un flujo circular de hombres migrantes dirigido a tres estados norteamericanos en una población más numerosa y establecida de familias viviendo en 50 estados. Al mismo tiempo, se sometió a los nuevos migrantes o medidas policiales más represivas y a políticas más agresivas de exclusión, que, en último término, acabaron minando el estatus socioeconómico, la educación y la salud de la que se convirtió en la minoría más numerosa del país.

En gran medida, a resultas de unas políticas de inmigración y de fronteras contraproducentes implementadas desde 1986, Estados Unidos se enfrenta ahora a un nuevo Dilema Estadounidense. El Dilema Estadounidense original, articulado por Gunnar Myrdal en 1944, consistía en que los blancos oprimían a los negros y después usaban el pobre rendimiento socioeconómico de estos como prueba de su inferioridad y como justificación para seguir oprimiéndolos. En el nuevo Dilema Estadounidense, se impuso la ilegalidad masiva a los latinos en Estados Unidos, lo que hizo que fueran considerados como una amenaza para el bienestar de los ciudadanos, lo que justificó políticas más agresivas de exclusión y represión que, a su vez, redujeron sus ingresos, empeoraron sus condiciones laborales, minaron su salud física y mental, bloquearon sus progresos educativos e inhibieron en general la movilidad social de los hispanos, tanto documentados como indocumentados.

La solución al Dilema Estadounidense original fue la concesión de derechos civiles a los afroamericanos durante los años sesenta y setenta gracias a acciones federales llevadas a cabo para ilegalizar la discriminación racial y hacer cumplir los derechos sociales y económicos de la población negra. La solución al dilema actual pasa por otorgar plenos derechos sociales, económicos y políticos a la numerosa población de migrantes no autorizados que vivía en Estados Unidos a finales de la década de 2010 y ofrecerle la legalización y, en última instancia, una puerta hacia la ciudadanía. Por desgracia, dichas perspectivas son inciertas, puesto que uno de los dos partidos mayoritarios estadounidenses ha adoptado una postura implacable contra cualquier programa de regularización de migrantes no autorizados (Parker y Barretto, 2013). Hoy en día, para los republicanos, los migrantes indocumentados son más útiles como símbolo para proyectar los miedos de los blancos ante los cambios sociales, económicos y demográficos que como miembros potencialmente productivos de la sociedad, capaces de contribuir libremente al crecimiento económico y a la prosperidad del país (Abrajano y Hajnal, 2015). Mientras las reformas de inmigración continúen en un punto muerto, la creciente población latina del país seguirá ahondando su posición de clase social inferior, cada vez más arraigada y marginada (Massey, 2007). Deberían tomar nota los políticos europeos que trabajan ahora para intentar responder al flujo de entrada de inmigrantes que cruzan el Mediterráneo.

# BIBLIOGRAFÍA

Abrajano, M. y Hajnal, Z. L. (2015): *White Backlash: Immigration, Race, and American Politics*, Princeton, NJ, Princeton University Press.
Alba, R. y Foner, N. (2015): *Strangers No More: Immigration and the Challenges of Integration in North America and Western Europe*, Princeton, NJ, Princeton University Press.
Alves Pena, A. (2010a): "Poverty, Legal Status, and Pay Basis: The Case of US Agriculture", *Industrial Relations*, 49(3), pp. 429-456. DOI: 10.1111/j.1468-232X.2010.00608.x
— (2010b): "Legalization and Immigrants in Agriculture", *The B. E. Journal of Economic Analysis and Policy*, 10(1), pp. 1-22.
Andreas, P. (2000): *Border Games: Policing the US-Mexico Divide*, Ithaca, NY, Cornell University Press.
Art, D. (2012): *Inside the Radical Right: The Development of Anti-Immigrant Parties in Western Europe*, Cambridge, UK, Cambridge University Press.
Bashi Breitler, V. (2013): *The Ethnic Project: Transforming Racial Fiction into Ethnic Factions*, Stanford, CA, Stanford University Press.
Becker, G. S. (1974): "A Theory of Marriage", en T.W. Schultz (ed.), *Economics of the Family: Marriage, Children, and Human Capital*, Chicago, IL, University of Chicago Press, pp. 299-351.

BEHNKEN, B. D. (2011): *Fighting Their Own Battles: Mexican Americans, African Americans, and the Struggle for Civil Rights in Texas*, Chapel Hill, NC, University of North Carolina Press.
BEREZIN, M. (2009): *Illiberal Politics in Neoliberal Times: Culture, Security and Populism in the New Europe*, Nueva York, NY, Cambridge University Press.
BERNHARDT, A.; MILKMAN, R.; THEODORE, N.; HECKATHORN, D.; AUER, M.; DE FILIPPIS, J., GONZALEZ, A. L.; NARRO, V.; PERELSHTEYN, J.; POLSON, D. y SPILLER, M. (2009): *Broken Laws, Unprotected Workers: Violations of Employment and Labor Laws in America's Cities*, Nueva York, NY, National Employment Law Project.
BERNHARDT, A.; SPILLER, M. W. y POLSON, D. (2013): "All Work and No Pay: Violations of Employment and Labor Laws in Chicago, Los Angeles, and New York City", *Social Forces*, 91(3), pp. 725-746. DOI: 10.1093/sf/sos193.
BRODKIN, K. (1998): *How Jews Became White Folks and What That Says About Race in America*, New Brunswick, NJ, Rutgers University Press.
CALAVITA, K. (1992): *Inside the State: The Bracero Program, Immigration, and the I.N.S.* Nueva York, NY, Routledge.
CAPONI, V. y PLESCA, M. (2014): "Empirical Characteristics of Legal and Illegal Immigrants in the USA", *Journal of Population Economics*, 27, pp. 923-960.
CARDOSO, L. (1980): *Mexican Emigration to the United States 1897-1931*, Tucson, AZ, University of Arizona Press.
CARRIGAN, W. D. y WEB, C. (2013): *Forgotten Dead: Mob Violence against Mexicans in the United States, 1848-1928*, Nueva York, NY, Oxford University Press.
CHAPMAN, L. F. (1976): "Illegal aliens: Time to call a halt!", *Reader's Digest*, octubre, pp. 188-192.
CHAVEZ, L. R. (2001): *Covering Immigration: Population Images and the Politics of the Nation*, Berkeley, CA, University of California Press.
— (2008). *The Latino Threat: Constructing Immigrants, Citizens, and the Nation*, Stanford, CA, Stanford University Press.
CORNELIUS, W.; MARTIN, P. y HOLLIFIELD, J. (1994): *Controlling Immigration: A Global Perspective*, Stanford, CA, Stanford University Press.
CRUL, M. y MOLLENKOPF, J. (2013): *The Changing Face of World Cities: Young Adult Children of Immigrants in Europe and the United States*, Nueva York, NY, Oxford University Press.
DENTON, N. A. y MASSEY, D. S. (1989): "Racial Identity among Caribbean Hispanics: The Effect of Double Minority Status on Residential Segregation", *American Sociological Review*, 54, pp. 790-808.
FISKE, A. P. (1991): *Structures of Social Life: The Four Elementary Forms of Human Relations*, Nueva York, Free Press.
FUSSELL, E. (2011): "The Deportation Threat Dynamic and Victimization of Latino Migrants: Wage Theft and Robbery", *The Sociological Quarterly*, 52, pp. 593-613.
GALARZA, E. (1964): *Merchants of Labor: The Mexican Bracero Story*, Santa Bárbara, CA, NcNally and Loftin.
GOLDMAN, N.; PEBLEY, A. R.; CREIGHTON, M. J.; TERUE, G. M.; RUBALCAVA, L. N. y CHUNG, C. (2014): "The Consequences of Migration to the United States for Short-Term Changes in the Health of Mexican Immigrants", *Demography*, 51, pp. 1159-1173. DOI: 10.1007/s13524-014-0304-y.
GONZALES-DAY, K. (2006): *Lynching in the West: 1850-1935*, Durham, NC, Duke University Press.
GREENMAN, E. y HALL, M. (2013): "The Influence of Legal Status on Educational Transitions among Mexican Immigrant Youth: Empirical Patterns and Policy Implications", *Social Forces*, 91, pp. 1475-1498. DOI: 10.1093/sf/sot040.
HALL, M. y GREENMAN, E. (2013): "Neighborhood and Housing Quality among Undocumented Immigrants", *Social Science Research*, 42, pp. 1712-1725. doi:10.1016/j.ssresearch.2013.07.011
— (2014): "The Occupational Risk of Being Illegal in the United States: Legal Status, Job Hazard, and Compensating Differentials", *International Migration Review*, 49, pp. 406-442. doi:10.1111/imre.12090
HALL, M. y STRINGFIELD, J. (2014): "Undocumented Migration and the Residential Segregation of Mexicans in New", *Social Science Research*, 47, pp. 67-78. DOI: http://dx.doi.org/10.1016/j.ssresearch.2014.03.009.
HALL, M.; GREENMAN, E. y FARKAS, G. (2010): "Legal Status and Wage Disparities for Mexican Immigrants", *Social Forces*, 89, pp. 491-513. DOI: 10.1353/sof.2010.0082.
HOFFMAN, A. (1974): *Unwanted Mexican Americans in the Great Depression: Repatriation Pressures, 1929-1939*, Tucson, University of Arizona Press.
IGNATIEV, N. (1995): *How the Irish Became White*, Nueva York, NY, Routledge.
MASSEY, D. S. (1988): "International Migration and Economic Development in Comparative Perspective", *Population and Development Review*, 14, pp. 383-414
— (1995): "The New Immigration and the Meaning of Ethnicity in the United States", *Population and Development Review*, 21, pp. 631-52.
— (2005): *Strangers in a Strange Land: Humans in an Urbanizing World*, Nueva York, NY, Norton Publishers.
— (2007): *Categorically Unequal: The American Stratification System*, Nueva York, NY, Russell Sage Foundation.

— (2013): "America's Immigration Policy Fiasco: Learning from Past Mistakes", *Daedalus*, 142(3), pp. 5-15. DOI: 10.1162/DAED_a_00215.
— (2014): "The Racialization of Latinos in the United States", en M. Tonry y S. Bucerius (eds.), *The Oxford Handbook on Ethnicity, Crime, and Immigration*, Nueva York, Oxford University Press, pp. 21-40.
Massey, D. S. y Capoferro, C. (2008): "The Geographic Diversification of U.S. Immigration", en D. S. Massey (ed.), *New Faces in New Places: The Changing Geography of American Immigration*, Nueva York, Russell Sage, pp. 25-50.
Massey, D. S. y Gelatt, J. (2010): "What Happened to the Wages of Mexican Immigrants? Trends and Interpretations", *Latino Studies*, 8, pp. 328-354. DOI: 10.1057/lst.2010.29.
Massey, D. S. y Gentsch, K. (2011): "Labor Market Outcomes for Legal Mexican Immigrants under the New Regime of Immigration Enforcement", *Social Science Quarterly*, 92(3), 875-893. DOI: 10.1111/j.1540-6237.2011.00795.x.
— (2014): "Undocumented Migration and the Wages of Mexican Immigrants in the United States"; *International Migration Review*, 48(2), pp. 482-499. DOI: 10.1111/imre.12065.
Massey, D. S. y Pren, K. A. (2012a): "Unintended Consequences of US Immigration Policy: Explaining the Post-1965 Surge from Latin America", *Population and Development Review*, 38, pp. 1-29. DOI: 10.1111/j.1728-4457.2012.00470.x.
— (2012b): "Origins of the New Latino Underclass", *Race and Social Problems*, 4(1), pp. 5-17.
Massey, D. S. y Singer, A. (1995): "New Estimates of Undocumented Mexican Migration and the Probability of Apprehension", *Demography*, 32, pp. 203-13.
Massey, D. S. y Taylor, J. E. (2004): *International Migration: Prospects and Policies in a Global Market*, Oxford, Oxford University Press.
Massey, D. S.; Alarcón, R.; Durand, J. y González, H. (1987): *Return to Aztlan: The Social Process of International Migration from Western Mexico*, Berkeley, CA, University of California Press.
Massey, D. S.; Connor, P. y Durand, J. (2011): "Emigration from Two Labor Frontier Nations: A Comparison of Moroccans in Spain and Mexicans in United States", *Papers: Revista de Sociología*, 96(3), pp. 781-803.
Massey, D. S.; Durand, J. y Malone, N. J. (2002): *Beyond Smoke and Mirrors: Mexican Immigration in an Age of Economic Integration*, Nueva York, Russell Sage Foundation.
Massey, D. S.; Durand, J. y Pren, K. A. (2014): "Explaining Undocumented Migration", *International Migration Review*, 48(4), pp. 1028-1061. DOI: 10.1111/imre.12151.
Mexican Migration Project (2015): "Database of the Mexican Migration Project". Disponible en http://opr.princeton.edu/archive/mmp/
Myrdal, G. (1944): *An American Dilemma: The Negro Problem and Modern Democracy*, Nueva York, NY, Harper.
O'Rourke, K. H. y Williamson, J. G. (1999): *Globalization and History: The Evolution of a Nineteenth Century Atlantic Economy*, Cambridge, MIT Press.
Orrenius, P. M. y Zavodny, M. (2009): "The Effects of Tougher Enforcement on the Job Prospects of Recent Latin American Immigrants", *Journal of Policy Analysis and Management*, 28(2), pp. 239-257. DOI: 10.1002/pam.20425.
Parker, C. S. y Barreto, M. A. (2013): *Change They Can't Believe In: The Tea Party and Reactionary Politics in America*, Princeton, NJ, Princeton University Press.
Phillips, J. A. y Massey, D. S. (1999): "The New Labor Market: Immigrants and Wages after IRCA", *Demography*, 36, pp. 233-246.
Roediger, D. R. (2005): *Working toward Whiteness: How America's Immigrants Became White: The Strange Journey from Ellis Island to the Suburbs*, Nueva York, NY, Basic Books.
Rugh, J. S. y Massey, D. S. (2014): "Segregation in Post-Civil Rights America: Stalled Integration or End of the Segregated Century?", *The DuBois Review: Social Science Research on Race*, 11(2), pp. 202-232. DOI: http://dx.doi.org/10.1017/S1742058X13000180.
Stiglitz, J. E. (2002); *Globalization and Its Discontents*, Nueva York, Norton.
Telles, E. E. y Ortiz, V. (2008): *Generations of Exclusion: Mexican Americans, Assimilation, and Race*, Nueva York, NY, Russell Sage Foundation.
Ullmann, N.; Heidi, S.; Goldman, N. y Massey, D. S. (2011): "Healthier Before They Migrate, Less Healthy When They Return? The Health of Returned Migrants in Mexico", *Social Science y Medicine*, 73(3), pp. 421-428. DOI: 10.1016/j.socscimed.2011.05.037.
Wasem, R. E. (2011): *Unauthorized Aliens Residing in the United States: Estimates since 1986*, Washington, DC, Congressional Research Service.
Waters, M. C. (1990): *Ethnic Options: Choosing Identities in America*, Berkeley, CA, University of California Press.
Williamson, J. G. (2004): *The Political Economy of World Mass Migration: Comparing Two Global Centuries*, Washington, DC, AEI Press.

CAPÍTULO 10
## SOSTENIBILIDAD COMO ESCENARIO DE FUTURO: EL MEDIO AMBIENTE COMO PROBLEMA Y SOLUCIÓN

ADOLFO TORRES RODRÍGUEZ Y JUAN F. BEJARANO BELLA

## INTRODUCCIÓN

Durante la segunda mitad del siglo XX empezamos a intuir (gracias entre otras a las nuevas tecnologías, los modelos de medición del cambio climático o los efectos de la contaminación en personas, animales, plantas, suelos y atmósfera) que los problemas ambientales constituían una amenaza para la supervivencia de la vida en el planeta Tierra. Concretamente, desde finales de la década de 1970 la sostenibilidad se ha considerado, cada vez con mayor contundencia, como un problema social en las agendas públicas y en la preocupación e interés de los ciudadanos. Los problemas medioambientales no están desligados del modelo de desarrollo de las sociedades, antes al contrario, son una manifestación del mismo y se caracterizan porque su tratamiento y solución afecta a los modos de organización de las sociedades. En el ámbito de la sociología, García (2004) sintetiza esta idea en la necesidad de considerar al medio ambiente como una variable sociológica. La propia trayectoria de la sociología del medio ambiente supone llegar al análisis de las interacciones medioambientales (Dunlap y Catton, 1978; Redclift y Woodgate, 2002) donde el elemento objetivo (medio biofísico) se incorpora como problema social. Los problemas ambientales (ecológicos) habrán de considerarse como medioambientales en tanto manifestación de las relaciones sociedad-medio. En sociología se admite que no existe el excepcionalismo humano y, por lo tanto, los problemas medioambientales son la consecuencia de la interacción social con el medio. En la actualidad, el cambio ambiental global incorpora a sus manifestaciones más objetivas (cambio climático, reducción de la biodiversidad, deforestación, erosión de suelos, etc.) aspectos tales como la seguridad alimentaria, la suficiencia energética o garantizar el acceso a elementos esenciales para la vida (agua, aire); desde el punto de vista del análisis se trata de explicar el proceso mediante el cual estos problemas se han convertido en problemas sociales, desde el de la reflexión, de indagar la viabilidad de las alternativas que se formulan. Como no podía ser de otro modo, en al ámbito de la sociología el consenso en este campo no existe.

La perspectiva objetivista pone de manifiesto que el medio ambiente se ha convertido en un área conflictiva con un componente de desigualdad generada por la degradación ecológica; llega a afirmar que se trata de una crisis del modelo industrial capitalista, en particular, y civilizatorio occidental, en general. Los problemas medioambientales se convierten en problemas sociales cuando existen condiciones objetivas de degradación del medio debidos a los modelos de desarrollo. Cuáles son las condiciones de degradación medioambiental y cuál la parte de responsabilidad de la sociedad serán cuestiones a las que dar respuesta desde esta perspectiva. El enfoque de la modernización ecológica señala que, más allá de la esfera económica, lo que hace falta es más modernización, "la innovación tecnológica y la utilización de los mecanismos de mercado para lograr resultados positivos, mediante la transformación de los métodos de producción y la reducción de la contaminación en sus orígenes" (Giddens y Sutton, 2014: 230). Se trata, a la vez, de un programa político y de una formulación teórica sobre el cambio social (en esencia, la formulación más institucionalizada del desarrollo sostenible aunque sin prestar demasiada atención a las desigualdades sociales).

El enfoque construccionista indaga sobre los agentes y los valores que guían su modo de acción. Más allá de la importancia objetiva del problema medioambiental, a este enfoque le interesa analizar los sujetos, las bases éticas de sus estrategias de conducta y formas de organización en tanto creadores y receptores de los problemas medioambientales que escaparían a las relaciones entre la sociedad y el medio. El medioambientalismo, centrado en el individuo, analiza las dimensiones de la conciencia ambiental y su consistencia a la hora de manifestarse en acciones proambientales, convirtiendo a la educación ambiental en el instrumento para crear conciencia y favorecer este tipo de comportamientos.

Más allá del debate entre construccionistas sociales y realistas críticos, han surgido recientemente nuevos enfoques que pretenden superar los tres paradigmas científicos de la sostenibilidad (analítico, sistémico y normativo) al señalar la posibilidad de crear nuevos escenarios como respuestas alternativas al modelo capitalista occidental de interacción entre la sociedad y el medio. Se trata de posiciones deconstruccionistas que consideran actores e intereses hasta ahora no contemplados —o mínimamente— en los procesos de adopción de las políticas aplicadas; el debate teórico es rico (decolonialismo, ecofeminismo, decrecimiento, holismo, etc.) y son numerosas las experiencias sociales que amplían y complejizan más aún el análisis de los problemas medioambientales y las propuestas para resolverlos.

En este trabajo, en primer lugar, pretendemos hacer un paralelismo entre la trayectoria seguida por el medio ambiente en la teoría sociológica y la creciente importancia adquirida por los problemas medioambientales como problemas sociales hasta llegar a su trascendencia actual. En los siguientes epígrafes, planteamos la cuestión de la sostenibilidad desde el análisis de la crisis medioambiental que nos enfrenta al dilema de la bifurcación entre el colapso civilizatorio (ecosuicidio) o el avance en la transición (no exenta de incertidumbres y riesgos) hacia una nueva sociedad fruto de un macrocambio donde la sostenibilidad se fija como meta para la humanidad y el planeta Tierra.

## EL MEDIO AMBIENTE EN LA TEORÍA SOCIOLÓGICA: LOS PROBLEMAS MEDIOAMBIENTALES

En la literatura sociológica existe coincidencia en considerar a H. Spencer como padre de la ecología humana. El proyecto normativo de Spencer argumentando el tránsito a una sociedad modélica entronca con las corrientes del pensamiento occidental sobre la evolución y el progreso moderno. El primer paso de este procedimiento consiste en "despojar a los individuos humanos de su incuestionable condición social y agruparlos en un agregado genérico al cual es posible —por analogía— atribuirle unas determinadas actitudes intencionales preconcebidas por teorizaciones derivadas de las investigaciones efectuadas en botánica o en zoología" (Sanz López y Sánchez Alhama, 1998: 6). No es hasta el año 1921 cuando aparece por primera vez la acuñación "ecología humana"; los fundadores de la Escuela de Chicago establecen paralelismos entre ciudades y comunidades vegetales y animales que podríamos sintetizar en dos conceptos: darwinismo —competencia y dominación— y urbanización. Su única pretensión consistía en deducir un modelo de relaciones y comportamientos que pudiera explicar los cambios (sociales y espaciales) que ocurrían en las principales ciudades norteamericanas. Las críticas que recibieron versaron sobre su falta de consideración de la estructura de clases y el ensalzamiento de la competición como motor de la sociedad. Posteriormente, A. H. Hawley incorpora el enfoque funcionalista y las nuevas orientaciones sistémicas. Su modelo sigue los supuestos teóricos de una evolución monolineal adaptativa con base en las características fisiológicas, morfológicas e intelectuales de la especie humana. Su aportación supone la constitución de un sistema teórico generalizable de forma que sea utilizable para explicar prácticamente cualquier sistema social en el espacio y en el tiempo. Por su parte, Duncan (1976) especificó un marco ecológico ecosistémico y se interesó por el estudio de las interacciones (circulación, flujos de materias, energía, trabajo e información) como factores que organizan e impulsan el cambio social y la expansión espacial, el estudio de las interacciones le descubrió efectos recíprocos de índole negativa. Su contribución fue importante en la medida que por primera vez se consideraban causas y efectos de la degradación ecológica en teorizaciones sociológicas, rompiendo el encorsetamiento sociologista en las relaciones interhumanas que hacía caso omiso al medio en que tales relaciones tenían lugar. Es decir, hasta ese momento se consideraba que el medio en el que se desenvolvía la vida de los individuos humanos era la sociedad. En la elaboración teórica de Duncan se defendía que el medio ambiente afectaba al sistema social en su conjunto. Hay, pues, una concepción de la interacción medio ambiente-población-sistema social como un proceso que afecta al desarrollo social. Este es el elemento que permite considerar a Duncan como antecedente en su conexión con el interés de la actual sociología por los problemas ambientales. En definitiva, "la teoría social del siglo XIX y principios del XX, y con independencia de que un análisis heurístico de sus propuestas aportaría elementos interesantes, se presenta inadecuada para tratar con el tipo de problemas ambientales actuales" (Pardo, 1998: 334).

La tardía introducción de estudios ambientales dentro del ámbito de interés de la sociología no solo obedece a factores circunstanciales propios de la crisis de la disciplina en los años setenta sino también a la propia tradición epistemológica de la disciplina que, como hemos tratado de exponer, tiene su origen en la inadecuación del paradigma dominante del exencionalismo humano (HEP) (el hombre no estaría sujeto a las leyes universales ecológicas de la naturaleza) para entender la influencia de los procesos ecológicos en las sociedades humanas. En este sentido, la degradación ecológica desencadenó un nuevo debate en el seno de la sociología. La actual diversidad de enfoques sobre los problemas ambientales desde la sociología a partir del convencimiento teórico y práctico de que no existe el excepcionalismo abre dos vías principales de análisis. Una, generalista, según la cual los humanos contaminan, consumen, etc., muy relacionada con los análisis de la sociología medioambientalista de Estados Unidos, de las ciencias naturales y de los movimientos ecologistas; y otra, que toma como referente a las distintas sociedades al asumir que el individuo humano es un ser social, que abre un abanico de problemas sociales relacionados con la sostenibilidad (educación, solidaridad, desigualdad, producción de alimentos y hambre, riesgos, nuevos conflictos armados, entre otros motivos, por el acceso a los recursos y fundamentalmente al agua, participación ciudadana en los procesos de elaboración de políticas, etc.) y los distintos enfoques ideológico-políticos con que se abordan estos problemas.

Dunlap y Catton (1978) desarrollan en los últimos años de la década de 1970 un enfoque denominado *New Environmental Paradigm* (NEP), fundamentado en la proposición básica de que cada sociedad se comporta de acuerdo con un paradigma social o punto de vista básico (principalmente un conjunto de valores e ideas que provoca una determinada actitud), que se basa en la experiencia y que dirige su comportamiento. Desde este enfoque son admisibles la existencia de límites al crecimiento económico y de la población, que los seres humanos tienen responsabilidad en el uso de los recursos naturales y que la tecnología crea nuevos problemas a la vez que resuelve otros. Su pretensión será desarrollar una serie de valores que conduzcan a una mayor integración del hombre con los procesos ecológicos, proponen construir indicadores para medir los valores que responderían al NEP y permitir su comparación a nivel internacional. En el subapartado de este epígrafe se analiza el estudio de la conciencia ambiental en España como un ejemplo de aplicación y crítica de la propuesta de Dunlap y Catton.

Simultáneamente al enfoque medioambientalista estadounidense, en Europa se desarrollan otras líneas de investigación que estudian causas y efectos de los problemas ambientales socialmente originados y que tienen en común considerar que el hombre es un ser social que nace, vive y se desarrolla en sociedad, de manera que las características de la sociedad en la que vive le confieren carácter. "El referente de las interacciones con el medio no es el individuo sino la sociedad" (Sanz López y Sánchez Alhama, 1998: 24), las relaciones entre el sistema social y el sistema natural, que Redclift y Woodgate (2002) denominan relaciones socioambientales. En su modelo sugieren que la transición desde ecosistemas naturales a sistemas transformados antropológicamente significa la transferencia de ciertas funciones físicas de conservación y realimentación desde el ecosistema al sistema social. La creciente complejidad de las estructuras sociales alarga la cadena de conexión entre la sociedad y la naturaleza, de tal modo que la sustentabilidad de sociedades altamente desarrolladas llega a hacerse dependiente no solo del mantenimiento de los lazos entre la sociedad y el entorno natural, sino también de los lazos que se dan entre los actores sociales y las instituciones. Esto implica procesos de transferencia de conocimiento —y de transformación—, la consecuente construcción y reconstrucción social de los espacios socioambientales y, por ende, de los problemas medioambientales.

Desde la corriente construccionista, el axioma básico será concebir la naturaleza como un conjunto de símbolos culturalmente generados. Para este enfoque, los problemas ambientales no se materializan por sí mismos, más bien deben ser construidos por individuos u organizaciones. Lo fundamental será comprender por qué ciertas condiciones son percibidas como problemáticas. Las limitaciones del enfoque del construccionismo social son claras, pues ven los ambientes naturales en gran medida como construcciones sociales, es decir, la naturaleza como una variable social potencialmente importante que corre el riesgo de convertirse en simple naturaleza socialmente variable en virtud de sus distintas construcciones posibles. Sin embargo, ocurre que el medio ambiente no es simplemente representado a través de una construcción social, ya sea mediante el lenguaje o simbólicamente; la experiencia ambiental de la acción humana tiene un carácter material, lo que también hace al medio ambiente producto de la actividad humana (realismo crítico). Una posición intermedia para responder al interrogante de cómo los problemas medioambientales llegan a constituirse en problemas sociales será la de considerar que es necesaria pero no suficiente la existencia de condiciones objetivas para que un problema medioambiental adquiera relevancia pública; de acuerdo con esto, no todos los problemas con importancia objetiva desde el punto de vista ecológico logran convertirse en problemas sociales, aunque la categoría de problemas medioambientales implica tanto relaciones e interacciones sociales como fenómenos naturales no humanos; en este sentido, se trata de temas *híbridos* de sociedad y medio ambiente (Irwin, citado en Giddens y Sutton, 2014: 196).

## EL ESTUDIO DE LA CONCIENCIA AMBIENTAL EN ESPAÑA

La conciencia y conducta ambiental constituye uno de los campos temáticos medioambientalistas mayoritariamente tratados tanto a escala internacional como local (estatal, regional). Una revisión de las aportaciones realizadas por la sociología en la medida de la percepción social del medio ambiente nos la proporciona Tábara (2001). Este autor examina cómo la disciplina ha resuelto cuestiones entrelazadas respecto a qué medir, quién medir, cómo medir y para qué medir. De las aportaciones realizadas en España destacan, de entre el catálogo de encuestas de temática medioambiental del Centro de Investigaciones Sociológicas (CIS), los estudios denominados Ecología y Medio Ambiente I, II y III (estudios nº 2209 de 1996, nº 2590 de 2005 y nº 2682 de 2007). El estudio de 1996 fue explotado por Gómez Benito, Noya y Paniagua (1999) y publicado por el CIS en el nº 25 de su colección Opiniones y Actitudes. Las principales conclusiones de este trabajo indicaban que:

a) La sensibilidad por los problemas ambientales está instalada en la conciencia de dos de cada tres españoles, pero sin llegar a formar parte de sus prioridades.
b) La noción de medio ambiente se asocia a "naturaleza" frente a lo "artificial humano".
c) Los elementos constitutivos de la naturaleza serán (en este orden): bosques, montes, campo, mar, ríos y playas, parques, jardines y plantas, aire que respiramos, animales salvajes y agua que bebemos.
d) A la hora de identificar los problemas medioambientales más importantes hay diferencias a escala local, nacional e internacional.
e) El nivel de estudios será la variable explicativa más determinante de las actitudes medioambientales.

El análisis conjunto de los otros dos estudios mencionados permite afirmar la poca consistencia entre los valores y el comportamiento proambiental de los españoles (casi la mitad, aunque respeta el medio ambiente no se preocupa por él), una inconsistencia ambiental que persiste años después. La constatación de este hecho debe hacernos reflexionar sobre las posibilidades de cambios en la conciencia y comportamientos medioambientales de los individuos en general. En este punto es interesante seguir las aportaciones de Brand (2002), quien formula un modelo de contextualización múltiple a la hora de estudiar esos cambios. Este autor incluyó en su modelo el entorno estructural y cultural, el discurso medioambiental público, los modelos de vida específicos de cada medio social, las mentalidades medioambientales y los contextos situacionales. Como vemos, el modelo de Brand distingue básicamente tres niveles: el entorno cultural, la mentalidad medioambiental y las situaciones cotidianas. Este autor denomina "disonancia" a la inconsistencia entre actitudes y comportamientos y la explica afirmando que no basta con incrementar el conocimiento (la información) sobre el medio ambiente y la conciencia (representaciones) medioambiental para modificar los comportamientos individuales. En estos influyen una serie muy heterogénea de variables como son: los valores, los contextos situacionales, las infraestructuras, los incentivos monetarios, etc., variables (sociales) que se muestran más importantes que el conocimiento y la conciencia individual para generar cambios en las conductas. Así, como demuestra Brand, en el proceso de configuración de la conducta individual proambiental intervendrán los grupos sociales y los estilos de vida mediatizados por una diversidad de variables particulares para cada contexto cultural. En definitiva, rechazo del excepcionalismo y afirmación del carácter social del ser humano y de los problemas medioambientales.

## DE COLAPSOS Y TRANSICIONES AMBIENTALES HACIA LA SOSTENIBILIDAD

Hoy pocos ponen en duda que la vida en el planeta Tierra depende ineludiblemente de la sostenibilidad de los *desarrollos socioeconómicos*. Esta idea implica hacer referencia tanto a la necesidad de analizar los modelos políticos, sociales y económicos con relación a la sostenibilidad como al factor tiempo en la concreción de la misma, o de su contrario, la insostenibilidad. Como señala Dobson (1997: 38): "La centralidad de la tesis de los límites del crecimiento y las conclusiones extraídas conducen a los ecologistas políticos a afirmar que se requieren cambios radicales en nuestras prácticas y hábitos sociales. Los verdes se refieren a menudo al tipo de sociedad que incorporaría tales cambios como la sociedad sustentable".

Para tratar el asunto de cómo el medio ambiente puede constituirse en factor de cambio social hacia la sostenibilidad seguimos las aportaciones de Diamond (2007) sobre el aprendizaje histórico de por qué unas sociedades triunfan y permanecen y otras fracasan y desaparecen. Este autor señala que, entre los factores de un fracaso medioambiental putativo, las respuestas de la sociedad a sus problemas medioambientales[1] resultarán determinantes sobre la gravedad del declive ambiental (leve o colapso, como forma extrema de los diversos tipos de declive más leves con efectos de degradación ecológica e inclusive de desaparición de una sociedad concreta) y que los factores que contribuyen a errar en la toma de decisiones colectivas serán: no prever un problema antes de que se plantee; manifestado el problema, el grupo puede no conseguir percibirlo; una vez percibido pueden no conseguir siquiera tratar de resolverlo y, por último, que traten de resolverlo sin conseguirlo. En cuanto

---

1. El resto de factores que menciona son: deterioro medioambiental —fragilidad y recuperación—; cambio climático; vecinos hostiles y socios comerciales amistosos.

a las decisiones catastróficas señala: la incapacidad para anticiparse, la incapacidad para prever, la conducta racional inadecuada, los valores desastrosos, las incapacidades irracionales y las soluciones infructuosas. De otra parte, Diamond enumera doce problemas medioambientales concretos a los que la humanidad se enfrenta en la actualidad[2]; del éxito de las respuestas colectivas que adoptemos ante ellos dependerá nuestro futuro, lo que nos sitúa ante los retos de iniciar un proceso de transición e innovación socioambiental dentro de los procesos de cambio social globales y locales si no queremos provocar el colapso y desaparecer.

El aprendizaje social consciente es esgrimido por García (2004) como elemento fundamental en la cuarta de las acepciones que menciona sobre la sostenibilidad (las otras tres son el paradigma mecanicista, la perspectiva coevolucionista y el análisis de la ley de entropía); los seres humanos son capaces de aprender por anticipación y, por tanto, de modificar su conducta por razones de la constricción física directa. Ahora bien, el aprendizaje consciente tiene dos condiciones básicas: tener tiempo y disponer de márgenes de error. En estas condiciones, la sostenibilidad consiste en mantener la flexibilidad evitando una aceleración y una interconexión excesivas. Una sociedad se torna insostenible cuando tiene más y más opciones —márgenes de error— en intervalos temporales más y más cortos que actúan como bloqueo del aprendizaje. Si el aprendizaje social está mediado por el sistema de instituciones que regulan la producción y distribución de bienes, el orden político, los sistemas de creencias y valores, etc., entonces todo esto entra —directamente— en el análisis de sostenibilidad. En este sentido, la sostenibilidad no es un problema objetivo, no es un problema principalmente técnico, se trata de un principio de conducta en y ante la naturaleza. El concepto de sostenibilidad posee un carácter político-normativo, básicamente lo que hace es incorporar una preocupación ética sobre la necesidad de mantener una infraestructura ecológica tanto para las generaciones actuales como para las futuras. Coincidimos con Jiménez Herrero (2000) cuando afirma que la sostenibilidad es un fin y el medio hasta ahora más difundido para alcanzarlo es el desarrollo sostenible. En 1987, la Comisión Mundial del Medio Ambiente y del Desarrollo, con el Informe Brundtland, planteó que el desarrollo no es un estado de armonía fijo, sino un proceso de cambio por el que la explotación de los recursos, la dirección de las inversiones, la orientación de los procesos tecnológicos y la modificación de las instituciones concuerdan con las necesidades de las generaciones tanto presentes como futuras; de esta forma, los nuevos modelos alternativos de desarrollo tienen que incluir tanto a los países pobres como a los ricos, lo que nos permite afirmar que habrá de considerarse que existen límites ecológicos al crecimiento material.

---

2. Deforestación y destrucción del hábitat; problemas del suelo: erosión, salinización y fertilidad; problemas de gestión del agua; abuso de la caza; pesca excesiva; introducción de nuevas especies y sus consecuencias sobre las autóctonas; aumento de la población humana; aumento del impacto per cápita de las personas; cambio climático inducido; concentración de productos químicos tóxicos; escasez de fuentes de energía; agotamiento de la capacidad fotosintética de la Tierra por parte del ser humano.

De acuerdo con lo dicho hasta ahora, las políticas, programas y proyectos de desarrollo medioambientales han de identificar estrategias para la inclusión de las dimensiones de la sostenibilidad. Mayoritariamente se ha aceptado que son tres las dimensiones de la sostenibilidad (ecológica, económica y social), mas resulta evidente que un papel fundamental para su puesta en práctica corresponde a las instituciones, de aquí que junto a las tres dimensiones anteriores haya que incluir la institucional.

En el debate científico sobre la sostenibilidad podemos encontrar tres grandes acercamientos paradigmáticos. Los modelos analíticos —dentro de la tradición científica que proviene del paradigma de las ciencias naturales—, los modelos sistémicos —que tratan de lidiar con el fenómeno de la incertidumbre— y los modelos normativos —como aproximación práctica orientada a objetivos en un proceso de consenso—. En el último caso, la sostenibilidad supondría un acercamiento multidimensional considerando los aspectos ecológicos, económicos, sociales y políticos en niveles equivalentes. Este enfoque se basa en un proceso de consenso entre las partes afectadas e interesadas (*stakeholders*) para definir los objetivos, los indicadores y las estrategias de implementación y evaluación. Se trata de un modelo de conceptualizar la sostenibilidad orientada a objetivos; el problema son las discrepancias existentes en la práctica sobre la valoración equivalente de las dimensiones de la sostenibilidad y que faltan modelos referenciales para la formulación de estrategias. La ventaja será su aspecto participativo, al permitir el intercambio de información entre los actores. El desafío consiste en la sistematización del procedimiento, su modelización, y en la institucionalización de los procesos de planificación desde los niveles locales hasta el nivel estatal y mundial. El proceso de transición hacia formas societales sostenibles significa, de acuerdo con Manzini y Bigues (2000), que la sostenibilidad implica una nueva sociedad fundamentada en nuevas bases tanto físicas como institucionales, económicas, éticas, culturales e incluso estéticas. El proceso de transición requiere, en tanto proceso de cambio social, que se produzca una discontinuidad con la actual sociedad del crecimiento material. Ocurre que la sostenibilidad no implica un determinismo ni espacial ni histórico: es previsible una multiplicidad de sociedades sostenibles diversas. De esta forma comprobamos cómo la sostenibilidad no predefine la forma de la/las sociedades futuras. El resultado —incierto, indeterminado— vendría representado por un gradiente en uno de cuyos extremos encontraríamos la autodestrucción ecocida (una sociedad suicida, insostenible) y, en el otro extremo, diversas formas de múltiples sociedades sostenibles inéditas aún a día de hoy. Así pues, avanzar hacia la sostenibilidad supondría situarse en un plano de dimensiones espacio-temporales y éticas radicalmente diferentes a las que han venido manteniéndose hasta ahora; si bien en la actualidad no existe acuerdo ni consenso al respecto, "implantar este tipo de sociedad sustentable es una tarea infinitamente más difícil que incluir simplemente el medioambientalismo en el programa político" (Dobson, 1997: 199).

## LA CRISIS AMBIENTAL GLOBAL Y EL FINAL DEL CRECIMIENTO

Para ilustrar el proceso de transición en el que estarían inmersas las sociedades actuales y el momento de discontinuidad señalados iniciamos este subapartado recogiendo los aportes de Heinberg (2014) sobre el final del crecimiento. Según este autor, hoy existen barreras fundamentales a la expansión económica actual y el mundo está chocando con esas barreras. Los factores primarios que se interponen en el camino hacia un mayor crecimiento económico serán el *agotamiento* de importantes recursos, entre los que se encuentran los combustibles fósiles y los minerales; la proliferación de *impactos medioambientales negativos*, que se producen tanto por la extracción y uso de los recursos que llevan a costes que crecen como una bola de nieve como de los esfuerzos para evitarlos; y los *trastornos financieros* debidos a la incapacidad de nuestros sistemas monetario, bancario y de inversión para ajustarse a la escasez de recursos y a los crecientes costes medioambientales. Esto le lleva a cuestionar el tipo de crecimiento, ya que si bien los problemas relacionados con el crecimiento abarcan todos los ámbitos, suele ponerse especial interés y hacerse mayor hincapié en aspectos tales como la energía, el consumo, el transporte, la agricultura, la demografía y la tecnología; y, en menor medida, en los conflictos bélicos, la paz, la desigualdad social, la equidad, el trabajo, la distribución de la riqueza, la diversidad cultural, los valores, la justicia y la ética.

En términos de sostenibilidad habría de realizarse un tratamiento equivalente para cada una de estas dimensiones. Por ejemplo, en el campo de la ética y de la moral, Boff (2001) señala la ética fundada en la dignidad de la Tierra como la sexta forma de argumentación para una posible ética planetaria y destaca que más que leyes fijas e indicaciones rígidas en la naturaleza encontramos: 1) una totalidad de sentido, es decir, diversidades que se articulan en una unidad dinámica; 2) un crecimiento de la complejidad y convergencias y finalidades que constituyen valores y excelencias por realizar en la vida personal, comunitaria y social; 3) la convivencia, la adaptación, la tolerancia y la solidaridad entre todos, hecho que inspira actitudes fundamentales para la existencia humana personal y social; y 4) las posibilidades de regeneración, de utilización óptima de todos los recursos, ausencia de desechos, demostración de la sinergia y la manifestación del todo en la parte y la inserción de la parte en el todo, visión que se había perdido en el mundo de la atomización, de la racionalización y de la tecnificación de los proyectos humanos.

La economía del futuro será (debería ser) estacionaria, basada en el uso de recursos renovables capturados a una tasa menor que su reabastecimiento natural y con el uso de recursos no renovables con tasas decrecientes, reciclando y reutilizando los metales y los minerales siempre que sea posible; pero ¿qué pasa con los beneficios sociales y culturales? Los dilemas medioambientales del mundo también son susceptibles de ser resueltos si estamos dispuestos a cambiar nuestro estilo de vida y las estructuras fundamentales de la sociedad, las iniciativas existen bajo la denominación genérica de comunidades en transición o iniciativas en transición (Hopkins, 2008, citado en Heinberg, 2014: 212). De alguna forma tenemos que prepararnos individual y colectivamente para una nueva etapa de poscrecimiento y post-combustibles fósiles. Es importante reconocer que no hay mucho que los individuos podamos hacer por nosotros mismos (véase lo apuntado al final del subapartado sobre conciencia ambiental), nuestros activos personales más valiosos serán comunidades locales que funcionen compuestas de personas que, a pesar de sus diferencias, estén dispuestas y sean capaces de trabajar juntas para resolver los problemas y maximizar las oportunidades. El mantenimiento de la cohesión social deberá ser la máxima prioridad en un futuro de retos económicos y medioambientales.

## RETOS DE FUTURO Y NUEVOS ENFOQUES

Con la expresión "nuevos enfoques" nos referiremos a aquellos que señalan la posibilidad de crear nuevos escenarios y contextos como respuestas alternativas al crecimiento insostenible que implica el modelo capitalista occidental moderno y a sus versiones más dulcificadas en términos de desarrollo sostenible (capacidad de satisfacción de necesidades presentes y futuras sin sobrepasar la capacidad de carga del planeta) o de modernización ecológica (Mol, 2002) al incorporar criterios de calidad ambiental en las políticas y la reestructuración medioambiental de los procesos de producción y consumo. El debate teórico es rico (decolonialismo, ecofeminismo, decrecimiento, etc.) en el análisis de los problemas medioambientales desde una base epistemológica de la naturaleza de carácter político. Como plantea Latour (2013), no solo es preciso hablar de la naturaleza y la política, sino también de la ciencia. Ahora bien, aquí es precisamente donde radica el problema: el ecologismo no puede ser una forma fácil de hacer entrar la naturaleza en la política, puesto que se trata de una concepción de la ciencia de la que depende no solo la idea de naturaleza sino también la idea de política. Según este autor, para darle a la ecología política un lugar legítimo basta con introducir las ciencias en la democracia. Desde el enfoque de la ecología política se plantea la necesidad de profundizar en la democracia ambiental y en la creación de nuevos instrumentos de participación ciudadana, ya que el medio ambiente se concibe y trata como aspecto conflictivo con efectos desigualmente distribuidos en la estructura social.

Al tratar de las nuevas bases políticas democráticas de la sociedad sostenible aparece la gobernanza, que hace referencia a las medidas que permiten la participación activa en el proceso de transición hacia la sostenibilidad de la amplia variedad de sectores, comunidades e intereses presentes en cada sociedad. Las políticas apropiadas de gobernanza consistirán, entre otras cosas, en habilitar a la ciudadanía para la participación y en asegurar una distribución equitativa de los costos y beneficios relacionados con la sostenibilidad. De acuerdo con Sosa Espinosa (2003), es difícil encontrar una definición única y compartida de participación; en todo caso, y referida a la sostenibilidad, podemos definirla como un proceso de información, de aprendizaje interactivo, de concienciación y de compromiso en la intervención. De esta forma, la participación pública se convierte en un requisito de sostenibilidad para conseguir una ciudadanía informada, participativa y comprometida con los objetivos que la definan; pero la participación exige la creación de mecanismos que la estimulen, donde la determinación y consecución de los objetivos de la sociedad sostenible serán fruto de la directa imbricación entre sí de los diferentes intereses particulares legítimos de los grupos que ponen algo en juego en la adopción de decisiones y en las diversas formas de conocimiento que les son propias. Se consigue con esto desterrar la incertidumbre institucional en la determinación de decisiones equitativas y la valoración de la participación como una forma de intrusismo, tanto activo como pasivo. El intrusismo activo se refiere a la intromisión de colectivos sociales —de un supuesto estatus subordinado— en un terreno —preconcebido como propio— de expertos y gestores. En el intrusismo pasivo los expertos y administradores confunden el saber cualificado —autoridad racional basada en el saber— con la participación —intereses particulares legítimos—. De esta forma se concreta la gobernabilidad como proceso de toma de decisiones informado científicamente y participado socialmente de forma democrática bajo criterios de sostenibilidad. Comprobamos que la participación supone cambios en las estructuras de poder e implica una nueva configuración de la/las organizaciones en las que se aplica.

Este es el terreno abonado en el que germinan enfoques alternativos al modelo de desarrollo socioeconómico dominante. Como señala Christian Comeliau (citado en Latouche, 2008: 35): "La búsqueda de alternativas es hoy deseada por todos los insatisfechos del desarrollo, y estos son numerosos: constituye también la prolongación indispensable de cualquier crítica radical de las concepciones y prácticas actualmente dominantes. Pero esta búsqueda es de las que provocan vértigo, cuando el investigador, el responsable político, o el ciudadano descubren a la vez la urgencia de nuevas soluciones y el vacío o la pequeñez de las propuestas que les presentan".

Así pues, queda lo más difícil: ¿cómo construir una sociedad sostenible? Algunas de las alternativas que más importancia han conseguido como formas de entender el cambio las encontramos dentro de la teoría del posdesarrollo (Tortosa, 2001 y 2010) a través de autores como A. Escobar, G. Esteva, M. Rahnema, W. Sachs, J. Ferguson, S. Latouche, G. Rist y F. Sabelli, que vienen a plantear la deconstrucción del desarrollo, una visión de la sociedad lejos del discurso del desarrollo, la modernidad y las influencias culturales y económicas orientadas a los mercados de Occidente. Entre sus propuestas está depender menos de los conocimientos expertos y más de la gente común en la construcción de mundos más humanos, cultural y ecológicamente sostenibles, dando relevancia a los movimientos sociales y sus demandas.

El decrecimiento es una corriente económica, social y de pensamiento político que pretende la disminución controlada de la producción económica como búsqueda de un nuevo equilibrio entre el ser humano y la naturaleza, así como entre los propios seres humanos. Para Latouche (2008), el decrecimiento es simplemente un estandarte tras el cual se agrupan aquellos que han procedido a una crítica radical del desarrollo y que quieren diseñar los contornos de un proyecto alternativo para una política del posdesarrollo. El propósito principal de la consigna del decrecimiento será la renuncia al objetivo del crecimiento ilimitado, cuyo motor no es otro que la búsqueda del beneficio de quienes detentan el capital con consecuencias desastrosas para el entorno y, por ende, para la humanidad. El cambio dependería de una revolución cultural que debería desembocar en una refundación de lo político; la transición se realizaría tomando como base la simplicidad voluntaria que supone la aplicación de principios como escala reducida, relocalización, eficiencia, cooperación, autoproducción, durabilidad y sobriedad. En su apuesta por el decrecimiento, Latouche señala diferentes etapas: cambiar de valores y de conceptos; cambiar de estructuras, de sistema; relocalizar la economía y la vida; revisar nuestros modos de uso de los productos; responder al reto específico de los países del sur y, por último, asegurar la transición de nuestra sociedad de crecimiento a la sociedad de decrecimiento por medio de medidas apropiadas. Este autor deja claro que el decrecimiento no es un concepto o una teoría sino un conjunto de teorías que se unen en una política llamada decrecimiento que, frente al fracaso del desarrollo en el sur y la pérdida de referentes en el norte, se cuestiona la sociedad de consumo y sus bases imaginarias: el progreso, la ciencia y la técnica.

El proyecto se ha ido formulando desde finales de los años setenta por una variedad importante de autores. A efectos de este trabajo nos resulta interesante destacar a Gorz (2007) y a Leff (2008), quienes tratan de la revolución informacional: el conocimiento como dimensión inmaterial no es privatizable ni convertible en mercancía, se trataría de un bien común. La economía del conocimiento estaría dando pie a la era de la gratuidad: el trabajo será productor de cultura, la cultura un modo de plenitud y la creación de riqueza no se sometería a criterios de rentabilidad. "Salir del capitalismo implica necesariamente nuestra emancipación de la influencia que ejerce el capital sobre el consumo y de su monopolio sobre los medios de producción. Significa restablecer la unidad del sujeto de la producción y del sujeto del consumo y retomar la autonomía en la definición de nuestras necesidades y de su modo de satisfacción" (Gorz, 2007: 7).

Por su parte, Leff plantea que el decrecimiento debe afincarse en una sólida argumentación teórica y una estrategia política de deconstrucción de la economía (que implica un ejercicio filosófico, político y social complejo) al tiempo que se construye una nueva racionalidad productiva (una racionalidad ambiental), en tanto la economía es una racionalidad que se ha institucionalizado y se ha incorporado a nuestra subjetividad. La reconstrucción ha de reorganizar la producción guiada no solo por una racionalidad ecológica sino por las formas y procesos culturales de resignificación de la naturaleza. Se trata de un proceso de transición a través del cual se desactive el dispositivo interno de la economía sin desencadenar una recesión de tal magnitud que genere mayor pobreza y destrucción de la naturaleza, esto es, la descolonización del imaginario que sostiene a la economía dominante. Diseñar una sociedad del poscrecimiento supone una productividad ecotecnológica y neguentrópica sustentable y sostenible, pero no solo, también una nueva forma de ser en el mundo: nuevos procesos de significación de la naturaleza y nuevos sentidos existenciales en la construcción de un futuro sustentable. La transición hacia una sociedad de decrecimiento, de manera serena no se define como etapas de una agenda. Se entiende que la revolución que implica la transformación puede representarse en ocho cambios interdependientes que se refuercen unos a otros y que se sintetizan en las ocho R: revaluar, reconceptualizar, reestructurar, redistribuir, relocalizar, reducir, reutilizar y reciclar. Todas las R son importantes pero tendrán un valor estratégico la reevaluación (porque es lo que conduce al cambio), la reducción (porque condensa todos los imperativos) y la relocalización (porque concierne a la vida cotidiana y al empleo). Por su papel central, la relocalización será lo que se convierta en programa político, ya que se asume que el decrecimiento empieza por lo local: de un lado, el ecomunicipalismo como recuperación de los bienes comunales para lo que se necesita autoorganización en biorregiones entendidas como entidades espaciales coherentes (misma realidad geológica, social e histórica); de otro lado, la autosuficiencia alimentaria, económica y financiera, la autonomía energética local e inventar una política monetaria local —sistemas de monedas locales conocidas con el acrónimo LETS, *Local Exchange Trading Systems* (Bowring, 1998)—.

Junto al decrecimiento, que se formula principalmente en Europa, en América Latina encontramos el enfoque del Buen Vivir como otro de los planteamientos deconstrucionistas en auge que incorpora perspectivas de saberes indígenas y otras corrientes alternativas occidentales y que debe ajustarse a cada circunstancia social y ambiental (Gudynas y Acosta, 2011). Identificar valores intrínsecos en lo no-humano es uno de los elementos que más diferencia a este enfoque respecto de la modernidad occidental fundamentada en el paradigma del exencionalismo humano. Se redefinen las comunidades integrando lo no-humano y convirtiendo así al ambiente en sujeto de derechos. Si bien existen distintas manifestaciones del Buen Vivir, destacan dos componentes comunes a ellas: a) una ética alejada de la insistencia en convertir todo lo que nos rodea en mercancía con valor de cambio frente a su valor de uso y b) la descolonización de saberes: reconocer, respetar e incluso aprovechar la diversidad de saberes (De Sousa Santos, 2010). Se rompe o se intenta romper con las relaciones de poder dominantes abandonándose la pretensión de un saber privilegiado que debe dominar y encauzar el encuentro de las culturas y saberes. El Buen Vivir supone abandonar la pretensión moderna de dominar y manipular todo lo que nos rodea, sean personas o la naturaleza, para convertirlo en medios que sirven a nuestros fines, disolver la dualidad sociedad-naturaleza y reubicar a los seres humanos como integrantes de la trama de la vida. La erradicación de la pobreza y el detenimiento de la debacle ambiental aparecen como medidas urgentes. Buen Vivir es plural y además un enfoque en construcción, por lo tanto, resulta difícil pretender contar con un recetario de medidas específicas de algo que se está gestando en este preciso momento. Sin embargo, está en la propia esencia del Buen Vivir una relatividad que permita ajustarse a cada contexto cultural y ambiental.

## REFLEXIONES FINALES

Desde la irrupción de la cuestión ambiental en el panorama de las sociedades contemporáneas (Cumbre de Estocolmo 1972, límites al crecimiento, etc.) se ha recorrido un intenso camino en lo teórico, no siempre acompañado de las correspondientes actuaciones en la práctica —a excepción del desarrollo sostenible— para la transformación de la sociedad. En la actualidad, "la amenaza de extinción es real, pero es posible evitarla. En la fase crítica de un macrocambio siempre aparecen nuevas oportunidades, incluyendo la de evolucionar. En este caso, la oportunidad no es la evolución genética pues no somos únicamente una especie biológica, sino la evolución social y cultural hacia una nueva sociedad y una nueva cultura: hacia una nueva civilización" (Laszlo, 2009: 31).

Esto viene a significar el proceso de transición para cada una de las dimensiones de la sostenibilidad a nivel local y global que hemos tratado. Todo son interrogantes ante el dilema de la crisis que abre nuevas oportunidades de cambio. Según Laszlo (2009), en el diagrama básico de la bifurcación (discontinuidad) el macrocambio aumenta hasta alcanzar un punto en el que se escinde el camino evolutivo de la sociedad entre el colapso o el avance. La principal intuición procedente de lo que este autor denomina nuevo paradigma científico (holismo) no es la tecnología sino la estrecha relación de nosotros y con el cosmos. Los pueblos tradicionales la conocieron y la vivieron, pero la civilización moderna primero la descuidó y luego la negó. La cultura de Holos incluye los instintos espirituales más profundos: llegar a ser un ser humano íntegro y realizado; crear comunidades sanas e íntegras, locales y globales a la vez; incluir y preocuparse de todos los elementos y dimensiones; conectar y sentir que formamos parte de todo el sentido y el misterio de la existencia. Cuando los individuos que piensan y actúan de manera holística sean conscientes de que son muy numerosos y están muy extendidos pasarán a organizarse y, a partir de ese momento, podrán lograr la influencia social, económica y política que pueda llegar a convertirlos en un importante agente de cambio. De esta forma, la configuración de espacios vitales mediante la interacción socioambiental a lo largo del siglo XXI obliga a la especie humana, mediante su capacidad de organizarse socialmente, a responsabilizarse de la preservación o destrucción de Gaia y de sí misma. Todo apunta que para conseguir la preservación del Todo (la nueva sociedad y sus nuevas bases físicas, económicas, sociales, políticas, culturales, éticas y humanas) sea necesaria una sociedad feliz: gratificante para sus individuos, de economía estacionaria y renovable, y ecológica y éticamente digna.

En este apartado final obviamos intencionadamente incorporar conclusiones como modo de invitar al lector a elaborar las suyas propias ante los dilemas medioambientales a los que estamos abocados. A modo de recopilatorio apuntamos la trascendencia del factor tiempo en la relación del sistema social con el sistema ecológico en tanto los problemas medioambientales son complejos y contienen múltiples manifestaciones: el papel de la ciencia (certeza e incertidumbre), la influencia de la tecnología (riesgos), la economía (ecoeficiencia), el mercado (consumismo), la política (gobernanza global-local), los estilos de vida (salud y calidad de vida), la ética (ecocentrismo, antropocentrismo, egocentrismo), etc. El debate, además de rico, es sin duda apasionante para el sociólogo: el medio ambiente situado en el origen del cambio social abriendo una época nueva donde lo único seguro es que la sociedad, para bien o para mal, será distinta a la actual.

# BIBLIOGRAFÍA

Boff, L. (2001): *Ética planetaria desde el Gran Sur*, Madrid, Trotta.
Bowring, F. (1998): "LETS: an eco-socialist iniciative?", *New Left Review*, 22, pp. 91-111.
Brand, K. (2002): "Conciencia y comportamientos medioambientales", en M. Redclift y G. Woodgate (coords.), *Sociología y Medio Ambiente*, Madrid, McGraw Hill, pp. 205-222.
De Sousa Santos, B. (2010): *Para descolonizar Occidente. Más allá del pensamiento abismal*, Buenos Aires, Prometeo Libros.
Diamond, J. (2007): *Colapso. Por qué unas sociedades perduran y otras desaparecen*, Barcelona, DeBolsillo.
Dobson, A. (1997): *Pensamiento político Verde. Una nueva ideología para el siglo XXI*, Barcelona, Paidós.
Duncan, O. D. (1976): "La organización social y la ecología", en E. L. Robert (dir.), *La vida social. Tratado de sociología III*, Barcelona, Editorial Hispano-Europea, pp. 1-78.
Dunlap, R. y Catton, W. (1978): "Environmental Sociology", *Annual Review of Sociology*, 5, pp. 243-273.
García, E. (2004): *Medio ambiente y sociedad. La civilización industrial y los límites del planeta*, Madrid, Alianza.
Giddens, A. y Sutton, P. W. (2014): *Sociología*, 7ª edición, Madrid, Alianza.
Gómez Benito, C.; Noya, F. J. y Paniagua, A. (1999): *Actitudes y comportamientos hacia el medioambiente en España*, Colección Opiniones y Actitudes nº 25, Madrid, CIS.
Gorz, A. (2007): "La salida del capitalismo ya ha empezado", *Ecorev*, 33, pp. 1-8.
Gudynas, E. y Acosta, A. (2011): "La renovación de la crítica al desarrollo y el buen vivir como alternativa", en J. Guardiola; M. A. García Rubio y F. González (coords.), *Desarrollo humano: teoría y aplicaciones*, Granada, Comares, pp. 267-281.
Heinberg, R. (2014): *El final del crecimiento*, Barcelona, El Viejo Topo.
Jiménez Herrero, L. M. (2000): *Desarrollo Sostenible. Transición hacia la coevolución global*, Madrid, Pirámide.
Laszlo, E. (2009): *El cambio cuántico. Cómo el nuevo paradigma científico puede transformar la sociedad*, Barcelona, Kairós.
Latouche, S. (2008): *La apuesta por el decrecimiento. ¿Cómo salir del imaginario dominante?*, Barcelona, Icaria.
Latour, B. (2013): *Políticas de la Naturaleza. Por una democracia de las ciencias*, Barcelona, RBA.
Leff, E. (2008): "Decrecimiento o desconstrucción de la economía: Hacia un mundo sustentable", *Revista de la Universidad Bolivariana*, 21. Disponible en http://www.redalyc.org/articulo.oa?id=30502105
Manzini, E. y Bigues, J. (2000): *Ecología y Democracia. De la injusticia ecológica a la democracia ambiental*, Barcelona, Icaria.
Mol, A. (2002): "Modernización ecológica: transformaciones industriales y reforma medioambiental", en M. Redclift y G. Woodgate (coords.), *Sociología y Medio Ambiente*, Madrid, McGraw Hill, pp. 143-156.
Pardo, M. (1998): "Sociología y medio ambiente: estado de la cuestión", *Revista Internacional de Sociología*, 19-20, pp. 329-367.

Redclift, M. y Woodgate, G. (coords.) (2002): *Sociología del Medio Ambiente. Una perspectiva internacional*, Madrid, McGrawHill.
Sanz López, C. y Sánchez Alhama, J. (1998): *Medio ambiente y sociedad: de la metáfora organicista o la preservación ecológica*, Granada, Comares.
Sosa Espinosa, A. (2003): "La participación pública en el camino hacia la sostenibilidad y en las políticas y programas de desarrollo", *Revista Sociedad y Utopía*, 21, pp. 209-224.
Tábara, D. (2001): "La medida de la percepción social del medio ambiente. Una revisión de las aportaciones realizadas por la sociología", *Revista Internacional de Sociología*, 28, pp. 127-171.
Tortosa, J. M. (2001). *El juego global. Mal desarrollo y pobreza en el capitalismo mundial*, Barcelona, Icaria
— (2010): "Pasado, propuestas y futuros para el desarrollo", *Revista Atlántida*, 2, pp. 155-169.

CAPÍTULO 11
# LA CULTURA GLOBAL DEL MIEDO COMO PROBLEMA SOCIAL: PERCEPCIÓN, DISTORSIÓN Y REALIDAD DE LAS AMENAZAS GLOBALES Y SU REPERCUSIÓN EN LA VIDA COTIDIANA

PABLO GALINDO CALVO

> La tragedia del hombre es que su miedo a perecer, las amenazas de que se cree objeto, son del orden de lo fantasmagórico, es decir, que aun faltando toda amenaza, toma medidas de retorsión preventivas y extermina a aquel en quien ve su propio exterminador potencial.
>
> Revel (1972: 242)

## INTRODUCCIÓN

En este trabajo se defiende la tesis de que la cultura global del miedo es una construcción social, un producto cultural derivado del complejo funcionamiento de los diferentes sistemas en el seno de las sociedades modernas y en el contexto de la globalización. Por lo tanto, los procesos de reproducción social y cultural así como las estrategias y técnicas, conscientes y no conscientes, de percepción social, se tornarán claves para la comprensión del problema social objeto de estudio.

Como se verá, en el análisis del problema social aquí presentado se diferenciarán claramente las variables objetivas generadoras de miedo, alarma y temor, de las variables y hechos sociales subjetivizados que, distorsionados, deformados o decodificados erróneamente, construyen situaciones y verdaderos problemas sociales objetivos de enorme importancia y coste social.

En este sentido, el enfoque teórico subjetivista planteado en este trabajo se encontrará muy marcado por la variable contextual, esto es, las condiciones históricas, económicas, sociales, tecnológicas, políticas, culturales, religiosas, educativas, etc., imperantes en la actualidad se constituirán como indicadores clave para la comprensión del problema social aquí abordado. No obstante, los enfoques descriptivos presentados variarán según la mirada sociológica utilizada por los diferentes actores, así como por sus niveles de capacidad crítica y razonamiento jerarquizador.

## LA CONSTRUCCIÓN SOCIAL DEL MIEDO Y EL IMAGINARIO SOCIAL DEL INDIVIDUO EN EL SENO DE LAS SOCIEDADES COMPLEJAS

El miedo, como emoción y sentimiento íntimamente vinculado a la historia y desarrollo de la especie humana, ha sido objeto de estudio, reflexión, ideologización y politización a lo largo de la historia por parte de los pensadores y estudiosos de lo social. Así, la relación existente entre miedo y comportamiento humano —individual, grupal, organizacional y comunitario— presenta enorme interés pues, una vez identificado y contrastado su irrefutable poder socializador y modulador de la conducta, son muchos los actores deseosos de conocer, gestionar y controlar su impacto.

Pese al enorme desarrollo material, tecnológico, científico y sanitario experimentado en los últimos tiempos por las sociedades modernas, no solo perduran sino que se han amplificado sobremanera los sentimientos de inseguridad y miedo, hasta límites generadores de verdaderos impactos inhabilitantes en la vida cotidiana de los ciudadanos. Miedo ante el futuro económico y laboral, el crimen organizado, la inmigración, virus y enfermedades, atentados terroristas, etc., encabezan las temáticas potenciadoras de sentimientos de inseguridad y miedo cada vez más enquistados en el sistema social y cultural. Esto es lo que se pregunta Martínez (2012: 3) cuando dice: "¿Cómo es posible que en el mundo occidental coincidan en el tiempo una sociedad nunca como hasta ahora tan segura, con una civilización del miedo, que temamos más cuando hay muchos menos motivos de temor que en otras sociedades?".

Como recuerda Ordóñez (2006), "la globalización de las relaciones económicas, políticas y culturales ha generado efectos no deseados entre los que destacan el alarmismo creciente, el miedo y la incertidumbre constantes" (p. 95). La inseguridad percibida existente en la actualidad en el seno de la sociedad global se encuentra íntimamente ligada al proceso de modernización y, en concreto, a la cotidianidad basada en la incertidumbre; en palabras de Bauman (2010): "El miedo constituye, posiblemente, el más siniestro de los múltiples demonios que anidan en las sociedades abiertas de nuestro tiempo" (p. 42).

Para Giddens (2001), "salvo en algunos contextos marginales, el riesgo no existía en la Edad Media" (p. 34) y, "las culturas tradicionales no tenían un concepto de riesgo porque no lo necesitaban" (p. 35). ¿Qué es lo que ha cambiado? El riesgo solo tiene sentido en una sociedad orientada al futuro, y siempre ha estado vinculado a la modernidad: "La idea de riesgo supone una sociedad que trata activamente de romper con su pasado —la característica fundamental, en efecto, de la civilización industrial moderna" (p. 35).

La gran diferencia entre las amenazas del pasado y los riesgos existentes o percibidos en la actualidad radica en el factor de imprevisibilidad de algunos de ellos, como por ejemplo es el caso del terrorismo global, una amenaza percibida como incontrolable por el conocimiento y tecnología existentes en la actualidad (Cossarini, 2010).

La vida moderna es cambiante, dinámica e imprevisible, pero son los procesos de socialización y los valores, creencias y actitudes imperantes en la cultura, los elementos que actúan como iniciadores o condicionadores del equilibrio entre identificación de riesgo objetivo y subjetivo. Para Inácio (2004: 383), "esa cultura se configura en parte por las experiencias personales de victimización pero, sobre todo, a partir de percepciones y valores colectivos".

Son muchos los autores (entre otros, Bauman, 2010; Beck, 1998; Castel, 2006; Giddens, 2001; Gil Calvo, 2003) que han desarrollado interesantes y detallados modelos explicativos en los que la industrialización, la modernización, la hipertecnologización, la globalización, la tecnificación, la individuación y la virtualización de la vida social han ido construyendo un nuevo entorno en el que el temor, la alarma, la incertidumbre, el miedo y la inseguridad se fusionan con el individuo y comparten junto a él su vida en todos sus ámbitos: trabajo, salud, familia, ocio, sexualidad, economía, política, etc. En palabras de Bauman (2010: 21): "Ahora el progreso representa la amenaza de un cambio implacable e inexorable que, lejos de augurar paz y descanso, presagia una crisis y una tensión continuas que imposibilitarán el menor momento de respiro". Para Estefanía (2011: 16), en este nuevo contexto surge la denominada ideología del miedo: "El miedo no solo como construcción social sino también ideológica".

Así, Gil Calvo (2003: 35) defiende que "la globalización, también es responsable directa del crecimiento de la alarma social, pues la cada vez más densa y frecuente interconexión de las interacciones incrementa la probabilidad de que se produzcan realmente las crisis, los desastres y las catástrofes".

En la era moderna tienen cabida todo tipo de miedos. El miedo a las catástrofes de la naturaleza, a los atentados terroristas indiscriminados, a las nuevas enfermedades, a la insignificancia social, a las amenazas medioambientales, a la invasión del otro, etc. caracteriza la sociedad que Bauman denomina como modernidad líquida (2000). Esto es, una sociedad imbuida de un miedo basado en lo inesperado, en lo imprevisto y en la incertidumbre, ante el cual, bien por desconocimiento o bien por percibir la imposibilidad de su control, el individuo entiende que nada puede hacer. De esta manera, aun siendo imprevistos "los riesgos tiene que ver esencialmente con la previsión, con destrucciones que aún no han tenido lugar, pero que son inminentes, y que precisamente en este significado ya son reales hoy" (Beck, 1998: 39). Es más, a juicio de Estefanía (2011: 17), "hoy no se trata solo de los temores tradicionales a la muerte, al infierno, la enfermedad, la vejez, la indefensión, el terrorismo, la guerra, el hambre, las radiaciones nucleares, los desastres naturales, las catástrofes medioambientales sino también —y no hay que banalizar las diferencias— del miedo a un nuevo poder fáctico que denominan dictadura de los mercados".

Para Castel (2006), la percepción de altos niveles de inseguridad en un mundo desarrollado y opulento, en el que han sido superadas las grandes amenazas del pasado —enfermedades, catástrofes naturales, pobreza extrema—, ha generado en el individuo una necesidad constante de sentirse seguro a toda costa: "La imprevisibilidad de la mayor parte de nuevos riesgos, la gravedad y el carácter irreversible de sus consecuencias, hacen que la mejor prevención consista a menudo en anticipar lo peor y en tomar medidas para evitar que eso advenga, aun cuando sea muy aleatorio" (p. 78). Igualmente, para Ordoñez (2006: 97), "la inseguridad nos afecta a todos, inmersos como estamos en un mundo fluido e impredecible de desregulación, flexibilidad, competitividad e incertidumbre endémicas".

Se debe aludir aquí al concepto de sociedad del riesgo, acuñado por Beck (1998), para referirse al nuevo clima de incertidumbres desconocidas que, lejos de reducirse, se ve incrementado constantemente a consecuencia de los procesos de desarrollo tecnológico y científicos propios de las sociedades modernas. Estas incertidumbres desconocidas, denominadas por Beck (1998) como inseguridades no cuantificables o, por Giddens (2001), riesgos manufacturados, dan lugar a nuevos escenarios en los que la percepción de inéditos y múltiples males, en mayor o menor medida, rodea la existencia de todo ser humano.

Las cosas han cambiado mucho en las últimas décadas: "Nuestra era no es más peligrosa —ni más arriesgada— que las de generaciones anteriores, pero el balance de riesgos ha cambiado" (Giddens, 2001: 47). En una sociedad repleta de posesiones y propiedades ahora hay mucho más que perder, los riesgos no son tan predecibles, la idea de seguridad se encuentra inserta en el proceso de comunicación social y las incertidumbres inundan la vida del individuo. En otras palabras, este miedo es cultural, este miedo es aprendido, este miedo es un producto social: "Los riesgos y las contradicciones siguen siendo producidos socialmente; solo se está cargando al individuo con la responsabilidad y la necesidad de enfrentarlos" (Bauman, 2000: 40).

Cuando Beck (1998: 33) afirma que "muchos de los nuevos riesgos (contaminaciones nucleares o químicas, sustancias nocivas en los alimentos, enfermedades civilizatorias) se sustraen por completo a la percepción humana inmediata" intenta transmitir que, por un lado, sus temibles consecuencias pueden no ser efectivas a corto plazo, por lo que no serán vividas por el sujeto a lo largo de su vida y, por otro, que muchos de estos nuevos riesgos aún no pueden ser evidenciados por el conocimiento científico actual. En cualquier caso, a juicio de Beck (1998: 39), "la bomba de relojería está en marcha".

La esencia colateral del miedo, producto del modelo de desarrollo y progreso elegido por las sociedades complejas, se convierte en el tema objeto de estudio que mayor valor puede tener para comprender el comportamiento social en la actualidad. Y los riesgos y el miedo afectan a todos, sin diferencias de clase; como afirma Beck (1998: 43), "los riesgos afectan, más tarde o más temprano, a quienes los producen o se benefician de ellos. Los riesgos muestran en su difusión un efecto social de boomerang: tampoco los ricos y los poderosos están seguros ante ellos".

## LA CULTURA GLOBAL DEL MIEDO COMO PROBLEMA SOCIAL: EL 'CAPITALISMO DEL MIEDO'

En la actualidad, el miedo, dada su naturaleza eminentemente emocional y cultural, encuentra su mayor fuerza en la irracionalidad y la dispersión de las motivaciones y fines de los supuestos enemigos del siglo XXI (terroristas, delincuentes organizados, etc.), pues deja sin armas de reflexión y decodificación a una parte importante de la sociedad que, en esta situación de extrema vulnerabilidad cognitiva, sucumbe sin apenas resistencia a sus efectos inhabilitantes, imposibilitando así la supervivencia de una visión crítica de la realidad.

En el sistema global actual impera una necesidad de búsqueda desesperada de nuevos riesgos de todo tipo, económicos, sanitarios, ambientales, terroristas, etc., lo que se traduce en una falsa legitimidad de los sistemas democráticos para controlar a una población sumida en un estado profundo de miedo y en el fortalecimiento de los denominados negocios del miedo (Vidal, 2009). Así, según Estefanía (2011: 18), "este miedo contemporáneo hace a todos susceptibles de ser dominados, subyugados por los que poseen la capacidad de generarlos: por los que ejercitan el poder, que someten a los miedosos y les inyectan pasividad y privatización de sus vidas cotidianas [...]".

La progresiva deslegitimización experimentada por los estados-nación obliga hoy más que nunca a la articulación de nuevas formas alternativas de identificación con la sociedad (Bauman, 2010). Así pues, la fórmula del miedo, basada en la presentación, a golpe de taladro mediático, de nuevas y constantes amenazas, se erige como la nueva estrategia legitimadora del Estado: "[...] no sorprende en absoluto que se busque ahora una legitimación alternativa de la autoridad estatal, y una fórmula política distinta en beneficio de la ciudadanía obediente, en la promesa del Estado de proteger a sus ciudadanos frente a los peligros de la seguridad personal" (Bauman, 2010: 27).

Dicho de otra manera, el miedo a las pandemias, ataques terroristas, ciberataques, invasiones de inmigrantes, delitos varios, entre otras amenazas, ha devuelto al Estado su funcionalidad y necesaria existencia en la vida del individuo. Hasta el punto de que el ciudadano, en su empeño por proteger y ser protegido, cede parcelas de su libertad cada vez más discutibles, para garantizar su bienestar y seguridad (control de datos personales, telefonía móvil, correos electrónicos, escáneres en aeropuertos, obligación de deshacerse de determinados productos potencialmente peligrosos, cámaras de videovigilancia, datos bancarios, etc.).

En este sentido, Bauman, muy acertadamente, recupera, en su libro *Tiempos líquidos*, la aseveración profética de Alexander Hamilton: "La destrucción violenta de la vida y la propiedad a consecuencia de la guerra, el continuo esfuerzo y la alarma que provoca el estado de peligro sostenido, llevarán a las naciones amantes de la libertad, a buscar el reposo y la seguridad poniéndose en manos de instituciones con tendencia a socavar los derechos civiles y políticos. Para estar más seguras correrán el riesgo de ser menos libres" (Hamilton, 1787, citado en Bauman, 2010: 18).

Nos encontramos, en términos de Duclos, ante una nueva forma de capitalismo, el capitalismo del miedo (Laca, 2011). Para Duclos, el negocio del miedo mueve miles de millones en tecnología de la seguridad y vigilancia así como en personal de protección y, como negocio que es, necesita tener un número cada vez mayor de clientes, esto es, individuos, grupos y sociedades que sientan miedo y amenaza constantes. Así, según Bauman (2010: 22), "de la inseguridad y del temor pueden extraerse un gran capital comercial, como de hecho se hace".

En otras palabras, el individuo del siglo XXI, en el seno de las sociedades modernas, asume esta realidad como irrefutable, indiscutible y casi consustancial a la vida en sociedad, experimentando así un estado de angustia que le empuja a depositar, cada vez más, las garantías de su libertad en manos de los sistemas, normas y modelos de vigilancia y control preventivos.

A juicio de Ordóñez (2006), el clima de temor e incertidumbre que impera en la sociedad global no es tanto producto del aumento de riesgos existentes sino más bien, por un lado, del impacto y papel que los medios de comunicación de masas tienen en la creación de realidades interconectadas muy cercanas y reales para cualquier contexto local y, por otro, consecuencia de la "utilización estratégica del miedo por parte de los poderes político-económicos del capitalismo global" (p. 102).

Precisamente, este clima constante de incertidumbre percibida se convierte en el mejor caldo de cultivo para la utilización y gestión del miedo como poderosa herramienta de influencia social, política, sanitaria, económica o militar, entre otras. En este sentido, Bauman (2011: 94) afirma que, "los gobiernos, al fin y al cabo, deben demostrar a sus electores que velan a diario por su vida y bienestar, protegiéndoles de catástrofes atroces, de una lista interminable de amenazas mortales y diversas formas de perdición".

Por todo ello, una parte importante de los miembros de una sociedad experimentan, de manera más o menos consciente, los efectos devastadores de esta cultura global del miedo, pues de ella se derivan multitud de realidades que desembocan de una u otra manera, en la intensificación o perpetuación de innumerables problemas sociales: destrucción de las relaciones sociales, percepción de mayor inseguridad, incremento del individualismo, aislamiento, conflicto, marginalidad, empobrecimiento, rechazo social, privación de libertades, desintegración de la solidaridad, etc., muchos de ellos altamente disfuncionales para la consecución de objetivos tan deseables como la cohesión social, la corresponsabilidad, la justicia social, la cooperación, el desarrollo humano o el incremento del capital social de una sociedad, entre otros.

## LA CONSTRUCCIÓN Y PERCEPCIÓN DE LAS AMENAZAS GLOBALES. UN REPASO A LA AGENDA DEL MIEDO

Si partimos de la idea de que la agenda política de la clase gobernante, tanto a nivel nacional como internacional, viene marcada por determinadas temáticas, problemas, amenazas o realidades, identificadas como prioritarias para el desarrollo, evolución, cohesión y supervivencia de los pueblos y naciones, se podrá comprender mejor el porqué de la inclusión de un número cada vez mayor de amenazas y riesgos en sus contenidos. En palabras de Cossarini (2010: 232): "En este contexto, el resurgir del miedo —y la propagación de los riesgos— en el centro de la agenda política, junto a la renovación de la demanda de seguridad pública y privada en el marco de transformaciones globales, hacen que el paradigma seguritario moderno vuelva a ser un eje teórico de primer nivel".

Con objeto de justificar por qué determinadas amenazas aparecen sobrerrepresentadas en las agendas políticas y sobredimensionadas en el proceso general de comunicación social se ha acudido al Informe Respuestas Globales a Amenazas Globales (Abbott, Paul y Sloboda, 2006), llevado a cabo por la Fundación para las Relaciones Internacionales y el Diálogo Exterior (FRIDE) y el Oxford Research Group (ORG).

Según los autores del informe, el terrorismo internacional aparece como la amenaza número uno del sistema mundial, cuando en realidad esta amenaza es considerablemente menor que otras que, en cambio, obtienen menor cobertura mediática y, por lo tanto, son presentadas como de menor importancia para el equilibrio del sistema mundial. A juicio de estos autores, son cuatro los grandes factores causales a la hora de explicar y entender los conflictos e inseguridad en el mundo: el cambio climático, la competencia por los recursos, la marginación del mundo mayoritario[1] y la militarización global.

El informe se muestra bastante crítico con el modelo de control de la inseguridad a través de medios militares y aboga por un modelo de seguridad sostenible, no basado en la fuerza militar ante las amenazas sino en la identificación e intervención sobre las causas subyacentes que las generan.

Los expertos que realizaron el informe concluyeron que la inseguridad futura en el mundo estará determinada fundamentalmente por cuatro grandes factores (algunos de ellos poco o nada tienen que ver con la multitud de amenazas que sobrevuelan constantemente los comunicados y contenidos de un parte importante de la agenda política internacional):

- Los efectos adversos del cambio climático y del calentamiento global.
- La competencia por los recursos cada vez más escasos.
- Las crecientes diferencias socioeconómicas y la marginación.
- La expansión creciente de las tecnologías militares.

A continuación, se expondrán algunas de las amenazas más recurrentes o conocidas que circulan por el proceso de comunicación social y político actual así como algunos de sus impactos en el devenir de individuos, grupos, organizaciones y comunidades.

---

1. El mundo mayoritario —*Majority World*— se refiere a las naciones que no pertenecen a Europa, Norte América, Australia o Nueva Zelanda.

## TERRORISMO INTERNACIONAL

Podría decirse que el denominado "terrorismo global" o, mejor dicho, la reconstrucción global de una realidad conocida hasta ahora como algo local, no es sino uno de los muchos efectos no deseados del sistema capitalista global. Es decir, la propia naturaleza del capitalismo global se traduce en una de las mayores amenazas para la libertad, la seguridad y la justicia social (Beck, 2002, citado en Ordoñez, 2006).

Tras los atentados del 11-S, el gobierno de Bush aprobó en 2002 la Estrategia para la Seguridad Nacional, que no vino sino a legitimar y legalizar actuaciones de guerra en pos de la lucha por la libertad. Esto es lo que se conoció con el nombre de guerra preventiva, a la que se sumaron, en su momento, los gobiernos de España, Italia y Reino Unido. Con el paso del tiempo son pocos los que dudan que los atentados del 11-S (2001) en Estados Unidos, los atentados del 11-M (2004) en España y los atentados del 7-J (2005) en Gran Bretaña fueron confirmando y legitimando, poco a poco, el diseño de estrategias internacionales conjuntas de lucha contra el terrorismo global (aunque en la mayoría de los casos se reduzcan al denominado "terrorismo islamista"). En el caso español, son de sobra conocidos las disputas y enfrentamientos político-mediáticos, que perviven, a día de hoy, sobre la autoría de los atentados perpetrados en la estación de Atocha el 11 de marzo de 2004.

Como consecuencia del atentado yihadista perpetrado en Francia contra el semanario satírico *Charlie Hebdo*, aparecieron en nuestro país numerosas noticias en las que se aludió al gran peligro que corría España a manos de los grupos terroristas yihadistas. Si bien los atentados ocurridos en Francia el 7 de enero de 2015 fueron reivindicados por *Al Qaeda*, este nombre parece haber pasado a un segundo plano, mediáticamente hablando, y expresiones como Estado Islámico o el maldenominado Yihadismo o, hasta hace unos años, el concepto de "lobo solitario" —con relación a los atentados perpetrados en Boston o Londres en abril y mayo de 2013—, se han abierto camino hasta copar los contenidos centrales de las noticias internacionales. En este sentido, Reinares (2008), experto en terrorismo yihadista, alerta en sus trabajos del peligro que sigue suponiendo Al Qaeda para Europa Occidental, principalmente para el Reino Unido. Reinares insiste en que, aunque es estadísticamente improbable un ataque químico o radiológico, este aumenta con el paso del tiempo, y no solo eso sino que España es hoy, más que nunca, objeto de la amenaza yihadista (2008). En este sentido, según los resultados del estudio *Climate Change Seen as Top Global Threat* (Pew Research Center, 2015) España es uno de los países cuyos habitantes manifiestan un mayor miedo al terrorismo yihadista del ISIS (Estado Islámico), un 77% de la población encuestada, encontrándose entre los primeros puestos junto a Francia, Alemania, el Líbano o Australia.

## INSEGURIDAD Y MIEDO AL DELITO

En este trabajo nos serviremos del concepto de Serrano y Vázquez (2007: 26) para concretar el significado de miedo al delito como: "Aquellos comportamientos, opiniones y actitudes de los ciudadanos ante el riesgo de ser víctima de la delincuencia. Es un estado de ánimo o sensación de inseguridad que manifiestan las personas ante el riesgo de victimización al salir a la calle, en sus hogares, en determinados lugares [...]".

Como es sabido, en diferentes países y en diferentes momentos, la percepción de inseguridad y miedo al delito pueden ser independientes de las situaciones objetivas de riesgo, esto es, de la tasa objetiva de delitos de una zona o ciudad concreta (Vozmediano, 2010). Así, ya en la Encuesta Europea de Delito y Seguridad de 2005 (Van Dijk, Manchin, Van Kesteren, Nevala y Hideg, 2007), se observaba que algunos países presentaban altos niveles de miedo al delito aunque el riesgo de victimización fuese bajo.

Para el desarrollo de este trabajo se ha considerado relevante rescatar el concepto de "paradoja del miedo al delito" (Lindquist y Duke, 1982, citado en San Juan y Vozmediano, 2005), para referirnos a que, precisamente, los individuos y colectivos que perciben un mayor sentimiento de inseguridad son quienes sufren un número más bajo de victimizaciones. Por tanto, el miedo al delito será resultante de un esfuerzo de interpretación que realiza el individuo con base en variables de corte psicológico, social, político, geográfico, mediático y económico.

Conviene destacar que este fenómeno del miedo al delito es un fenómeno fundamentalmente urbano, dadas las características y naturaleza del mismo. En este sentido, Vozmediano (2005) señala las aportaciones de la Escuela de Chicago, de autores como Weber, Simmel, Belyea y Zingraff, Kury y Ferdinand, etc., que encuentran que el miedo al delito es menor en las zonas rurales que en aquellas con menor población así como que la propia arquitectura de la ciudad también influye en la percepción de miedo e inseguridad.

## MIEDO AL OTRO

Con relación al miedo al otro, a la invasión tercermundista o la inmigración, cabe decir que la cultura global del miedo presenta constantemente nuevas amenazas en las que el otro aparece como el enemigo, enemigo al que hay que temer pero contra el que también hay que luchar.

Muchas de estas nuevas amenazas suelen estar representadas por el individuo perteneciente a un contexto tercermundista. Así, el tráfico de drogas, los fanatismos religiosos, el terrorismo islamista, las mafias, en sus diferentes variantes, aparecen protagonizadas en los medios de comunicación por el otro (Vidal, 2004). Según este autor, los valores de la seguridad y la vigilancia cobran especial relevancia en este contexto de miedo y los poderes mediáticos, inmersos en una dinámica constante de construcción de estereotipos hacia el "no-occidental", encumbran al sujeto islámico como el enemigo número uno.

No es de extrañar que la mayoría de las noticias que circulan por los medios de comunicación sobre inmigración aparezcan casi siempre relacionadas con realidades negativas o generadoras de una visión inquietante hacia el otro: prostitución, delincuencia, tráfico de drogas, pobreza, invasión, marginalidad, bandas organizadas, ilegalidad, precariedad, avalancha, etc. De esta manera, la imagen que se crea y construye por parte de la sociedad sobre qué es un inmigrante y qué ha venido a hacer aquí queda totalmente distorsionada y estereotipada, y desprovista de detalles explicativos y contextualizadores de la información que obliguen a la audiencia a hacer un esfuerzo crítico de reconstrucción y decodificación de los mensajes recibidos. En este sentido, para Bauman (2000: 117), "los esfuerzos por mantener a distancia al otro, el diferente, el extraño, el extranjero, la decisión de excluir la necesidad de comunicación, negociación y compromiso mutuo, no solo son concebibles sino que aparecen como la respuesta esperable a la incertidumbre existencial a la que ha dado lugar la nueva fragilidad y la fluidez de los vínculos sociales".

Por último, nos referiremos brevemente al miedo medioambiental, esto es, el miedo a sucesos de la naturaleza, influenciados en mayor o menor medida por el Hombre, con consecuencias impredecibles y desconocidas. En este sentido, su vínculo con el desarrollo y progreso industrial es claro: "En un escenario de crisis ecológica global, es cuando podemos encontrar un miedo medioambiental extendido en las sociedades industrializadas" (Echavarren, 2010: 44). Según este autor, se debe entender el miedo medioambiental como, "el recelo y la aprensión a peligros reales o percibidos de carácter medioambiental" (ibídem).

A diferencia de otros miedos y percepciones de la realidad, encontramos que el miedo medioambiental no suele generar situaciones de alarma social extremas, sino que, más bien, en función del grado de interacción mediática y social del individuo, la realidad es vivida o interpretada con mayor o menor nivel de amenaza, inminente o a medio o largo plazo.

## EL PAPEL DE LOS MEDIOS DE COMUNICACIÓN DE MASAS EN LA CONSTRUCCIÓN DEL MIEDO GLOBAL Y DEL CONCEPTO DE SEGURIDAD/INSEGURIDAD

Es indiscutible el enorme poder de difusión, amplificación, información, comunicación y socialización que tienen los medios de comunicación de masas, así como el gran interés de la sociología por comprender la complejidad de su impacto en el comportamiento social así como en la construcción de actitudes, creencias, valores y sentimientos. Asimismo, la escasa vertiente informativa o comunicativa, en términos objetivos, de los medios de comunicación, su intenso papel en la construcción de la opinión pública y peso en la generación de distorsiones de toda realidad contada, adquieren gran importancia en el presente trabajo. El papel que los medios de comunicación de masas tienen en la construcción del imaginario social es clave, hasta el punto de presentarse como perfiladores indispensables de la personalidad e identidad del individuo y como protagonistas de la opinión pública (López de Lizaga, 2012).

## MEDIOS DE COMUNICACIÓN, EMOCIÓN Y MIEDO

En el pasado, el tratamiento emocional de los mensajes por parte de los medios de comunicación de masas era distinto pues "la hiperemoción ha existido siempre en los media, pero se reducía al ámbito especializado de ciertos medios, a una cierta prensa popular que jugaba fácilmente con lo sensacional, lo espectacular, el choque emocional (Ramonet, 1998: 19). En la actualidad, los programas informativos, lejos de construir opinión pública, proyectan en las audiencias emociones de diversa intensidad. Las noticias que aparecen en los medios de comunicación contribuyen a la creación de un estado emocional en el individuo que, estimulado por el miedo, lo dramático, lo terrorífico y lo inhumano, encuentra en el horror su mejor calificativo (Bericat, 2005). Y en este contexto los medios de comunicación afianzan este estado emocional —los miedos imaginarios nublan el criterio y razonamiento cotidianos—, cuando presentan un mundo inseguro y hostil en el que la necesidad de protección se presenta clave para vivir con ciertas garantías y bienestar[2]. En otras palabras, "esa es la ideología del miedo, que llega a través de sus transmisores, los fabricantes del miedo, muy vinculados en la contemporaneidad a los medios de comunicación de masas y a la información, comunicación y propaganda que se transmite instantáneamente a través de internet" (Estefanía, 2011: 16).

Gil Calvo (2003) afirma que el miedo se encuentra insistentemente presente en los mensajes provenientes de los medios de comunicación y que ello influye notablemente en la construcción y visión del mundo. Así, los medios, en su ánimo de incrementar sus audiencias, magnifican el miedo generando sentimientos de alarma, inseguridad, pánico, desprotección o inquietud, apostando más por la opacidad que por la transparencia.

Es precisamente aquí donde el modelo mediático de tratamiento de la información es clave a la hora de crear, en mayor o menor medida, sentimientos de miedo o inseguridad. Por ejemplo, dependiendo de la regularidad en la emisión de noticias relacionadas con el tema en cuestión así como de la información al respecto, una

---

2. En contra de los planteamientos que defienden una cultura del miedo, Bericat (2005) plantea que no existe tanto una cultura del miedo sino más bien un bombardeo de acontecimientos horrorosos que dan lugar a su vez al miedo en sus diferentes expresiones, lo que se traduce en una cultura del horror: "No es el miedo el sentimiento que caracteriza a nuestra cultura emocional, sino las emociones colectivas de horror sentidas ante la visión de determinados acontecimientos especialmente trágicos, inhumanos, espeluznantes, brutales, crueles o monstruosos" (p. 56). En parecidos términos se expresa Ramonet (1998) cuando habla de la televisión necrófila, para referirse a que: "[...] hoy en día, una información televisada es esencialmente un divertimento, un espectáculo que se nutre fundamentalmente de sangre, de violencia y de muerte" (pp. 75-76).

sensación de miedo pasajero puede pasar a transformarse en una emoción arraigada de miedo real percibido[3].

Las noticias y mensajes que hablan de asesinatos, secuestros, accidentes, atentados terroristas, etc., pasan a formar parte del aparato emocional de las audiencias y se afianzan de esta manera en su reflexión diaria sobre las personas y las cosas, lo que genera un miedo difuso e intangible. Este miedo global difundido por los medios se retroalimenta a sí mismo, algo que produce a su vez mayores dosis de incertidumbre y alarma entre aquellos que, de una u otra manera, están en permanente contacto con sus mensajes, rumores generados o entramados grupales que actúan como poderosas cajas de resonancia.

Gil Calvo (2003) afirma que la clave en la generación de emociones de miedo y alarma radica en el conocimiento que ahora se tiene de los riesgos globales a través de los medios de comunicación de masas. Una vez más, la extensión comunicadora de los medios a través de las nuevas tecnologías de la información y la comunicación conlleva como efecto no deseado la construcción de un entorno favorecedor de la alarma e incertidumbre social constantes.

Quizás, el aporte más significativo de la obra de Gil Calvo (2003) radique en el reconocimiento de que los riesgos presentados por los medios no son tan reales, probables o posibles y, por lo tanto, la alarma mediática generada facilita la confusión en los procesos de decodificación, dando lugar a distorsiones en la percepción de la realidad. En otras palabras, los medios se convierten en mensajeros del miedo y "las revelaciones periodísticas se presentan ante su audiencia en forma de mensajes performativos, que pretenden pasar por ser los auténticos creadores de la novedad que anuncian" (p. 153).

En esta línea, conviene recordar que igualmente "las narrativas globales del miedo tienen un potencial para atemorizar a la gente que suele estar ausente en las narrativas locales" (Ordóñez, 2006: 98). Según los planteamientos de este autor, al transportar el miedo a narrativas y reinterpretaciones locales, conocidas y presentes para el individuo, este consigue, en mayor o menor medida, racionalizar el hecho en sí.

## LA TELEVISIÓN, EL HORROR, LA INCERTIDUMBRE Y LOS ESTEREOTIPOS

Desgraciadamente, la cotidianidad basada en la violencia, inseguridad, delincuencia y riesgos, invade los contenidos emitidos de manera general por televisión. Esto se traduce en incentivos socializadores muy impactantes que terminan por consolidar una cultura del miedo y de la incertidumbre. Como afirman Crovi y Lozano (2005), el

---

3. En un estudio realizado sobre la representación del mundo en los informativos de TVE, se escogieron 14 informativos emitidos del 1 al 7 de noviembre de 2006 (10 horas, 43 minutos, 50 segundos) y se analizaron diversos ítems referidos únicamente a temáticas no nacionales o globales (Díaz, 2008). El análisis mostró unos resultados muy claros, la visión del mundo que aparecía en los informativos era particular pues se presentaba "un mundo amenazante, en forma de guerras, conflictos internos y culturales, terrorismo internacional y delincuencia local y transnacional" (p. 376).

individuo percibe la incertidumbre en función de sus propias claves culturales, claves culturales basadas en gran medida en el conocimiento extraído de los medios. Todo ello, en un momento en el que la naturaleza privada de muchos de estos medios convierte el mensaje en mercancía, dando rienda suelta a la parcialidad y a la prefabricación del mismo, señas de identidad de estos propagadores de conocimiento e información.

Como muy bien señalan Serrano y Vázquez (2007: 32), los medios de comunicación, al abordar la realidad de la delincuencia, la desvirtúan y estereotipan: "La alarma social es fundamentalmente detectada o determinada por los medios de comunicación, que no solo van a pulsar el estado de la opinión pública por lo que hace a la alarma social, sino que van a contribuir decisivamente a su establecimiento. Por consiguiente, la alarma social no es tanto la sensación de inseguridad que pueda tener una parte de la población sino que es más bien la constatación o la construcción de la misma por los medios de comunicación".

Los medios de comunicación, y en concreto la televisión, tienen importantes dificultades para poder transmitir noticias relacionadas con situaciones de incertidumbre social —atentados terroristas, catástrofes naturales, etc.— con distancia y objetividad. Muchas son las causas, económicas, ideológicas, técnicas, profesionales, etc. que parecen perpetuar dicha dificultad. Por lo tanto, la audiencia debe tener muy presente que la información presentada es más bien producto de la acumulación de datos y no el resultado de un esfuerzo explicativo detallado de las causas del suceso en cuestión; por lo tanto, los receptores deberían erradicar la disparatada idea de que, como dice Ramonet (1998: 19), "basta con ver [la televisión] para comprender". Esto es, el medio de comunicación debe tener en cuenta esto para no anclar al sujeto en un estado constante de incertidumbre y desconocimiento causal de los hechos (Crovi y Lozano, 2005). Otra cosa es que los organismos e instituciones que deben velar por el buen funcionamiento de los medios, ético y profesional, hayan sido capaces de articular medidas de control, supervisión, formación o concienciación que garanticen los derechos y libertades de las audiencias.

Es más, la realidad social vivida por el individuo parece seguir en gran parte ligada a la experiencia local, cercana a su territorio y circunscrita a unos patrones culturales y contexto muy concretos. A partir de ahí, lo que traspasa los límites de su entorno cotidiano, geográfico o cultural se convierte en una realidad lejana, desconocida o estereotipada, ante la cual los medios de comunicación actúan como interlocutores de cara a su conocimiento y comprensión.

## CONSECUENCIAS DEL MIEDO GLOBAL EN LA VIDA COTIDIANA

La dinámica comportamental, cognitiva y emocional desencadenada en la población por esta cultura global del miedo, así como los efectos de las políticas y modelos de interacción social destinados a su erradicación, se convierten en el verdadero problema social pues, "en la actualidad el miedo se ha instalado dentro y satura nuestros hábitos diarios" (Bauman, 2010: 18).

Aquellos organismos, entramados legislativos, grupos y comunidades que intentan luchar contra las inseguridades y amenazas, objetivas o subjetivas, percibidas, distorsionadas o amplificadas y, fundamentalmente, contra los supuestos enemigos que amenazan a la sociedad y ponen en peligro su libertad, justifican la propuesta o puesta en funcionamiento de una espiral de actuaciones, algunas de ellas más que discutibles, desproporcionadas o incluso, en algunos casos, inconstitucionales: construcción, compra y venta de armas, nuevas fronteras, vacunas de todo tipo, control de datos de telefonía móvil, internet y cámaras de videovigilancia, control de determinados grupos en base a su nacionalidad, intensificación de controles fronterizos, registro de datos de pasajeros, prisión permanente revisable, interceptación de comunicaciones telefónicas sin autorización judicial[4], etc.

En este contexto del miedo en que el florecen los servicios privados de seguridad, también se observa que los servicios públicos aprovechan la incertidumbre y miedo existentes en el ciudadano para legitimar decisiones, normas y leyes que reducen las libertades del individuo (Cossarini, 2010).

Con relación al terrorismo, según Arcos, Castro, Cuartas y Pérez (2004), el miedo que genera el riesgo percibido de ser víctima de un atentado hace muy frecuentes los trastornos psicopatológicos en la población. Es más, en su opinión, el terrorismo da lugar a un problema de salud pública a nivel global, no solo para las víctimas o personas cercanas a ellas, sino también para aquellas que se perciben como potenciales víctimas.

Las secuelas personales, sociales, políticas, económicas y psicológicas del 11-S y posteriores atentados son innumerables hasta el punto de que es indiscutible que, de una u otra manera, han supuesto recortes en las libertades y derechos de la población en general y de determinados grupos en particular (Jordán, Pozo y Guindo, 2010). En el contexto europeo, los efectos del 11-S y, en particular, las tragedias del 11-M en España y del 7-J en Reino Unido, han dado lugar al recorte de determinadas garantías jurídicas así como a la puesta en el punto de mira de protocolos de control y la vigilancia sobre determinados perfiles de individuos, identificados o etiquetados como potencialmente peligrosos. Queda por ver en estos momentos qué tipo de leyes y controles pondrá en funcionamiento Europa tras los atentados acaecidos en Francia en enero de 2015 (incremento de controles fronterizos, control de internet y redes sociales[5], registros de datos de pasajeros, control de mezquitas, etc.).

---

4. Desde el ámbito jurídico recordamos aquí el término *Populismo Penal*, acuñado por el jurista francés Denis Salas (2005), para referirse al aumento de las penas o al endurecimiento de los castigos, implementados por las autoridades políticas de un país, pero que en el fondo no tienen un impacto real en la prevención y disminución del delito, entre otras cosas, porque no son necesarios.

5. En este sentido, en España, en el marco del Pacto Antiterrorista, se penaliza severamente la consulta habitual de servicios de comunicación en línea cuyos contenidos inciten o animen a la yihad.

Con relación a la inseguridad y al miedo al delito son muchas las consecuencias para el individuo, su grupo y el entorno que le rodea. Percibirse como potencialmente objeto de la comisión de un delito se encuentra condicionado por variables muy diversas. Como explica Vázquez-Portomeñe (2009), son variables que van desde la confianza en la policía y el sentimiento de vulnerabilidad, hasta la edad, el sexo o el nivel educativo del sujeto.

Aquellos sujetos que se sienten vulnerables ante determinados delitos suelen poner en marcha comportamientos de autoprotección con objeto de reducir su preocupación e inquietud. De acuerdo con el estudio de Vázquez-Portomeñe (2009), *Confianza en la policía y miedo al delito en Galicia*, la medida de seguridad más utilizada es la instalación de cerraduras y puertas blindadas (más del 60% de los encuestados) y, en menor medida, la instalación de alarmas. Lo interesante de estas encuestas es que aportan datos comunes extrapolables a otros contextos y países: las personas más propensas a adoptar medidas de seguridad son a su vez las que perciben un mayor grado de inseguridad y niveles más elevados de miedo al delito.

Si se parte de la idea de que "los miedos nos incitan a emprender acciones defensivas" (Bauman, 2010: 18), las conductas de autoprotección derivadas bajo este estado de miedo podrán ser muy variadas, máxime teniendo en cuenta las diferencias culturales, nacionales y legislativas entre unos contextos y otros: cambio de domicilio, compra de armas, dejar de salir por la noche, evitación de lugares públicos, adopción de medidas de seguridad en el hogar, etc. Asimismo, parece ser que existe una correlación clara entre percepción de riesgo, temor y conductas de protección, esto es, cuantas más medidas se tomen para minimizar los riesgos, mayor será la percepción de miedo e inseguridad (Vozmediano, 2010).

Si bien ya ha quedado claro que las tasas objetivas de delito no concuerdan con la percepción subjetiva de los ciudadanos, el siguiente paso consistirá en identificar las consecuencias que ello tiene para la calidad de vida de los individuos; aquí algunas de ellas: ansiedad, cambio de hábitos sociales, fractura del sentimiento de comunidad, aislamiento, etc. (Hale, 1996, citado en Vozmediano, 2010). Y, quizás, el miedo al extraño o al desconocido, una de las consecuencias más importantes.

En este sentido, Bauman (2011) se refiere al término "mixofobia" para hablar del deseo de no entrar en contacto con el extraño o el desconocido por miedo a verse afectado en la propia identidad o seguridad. Así, en la ciudad, la proliferación de urbanizaciones cerradas y vigiladas cumplen su función aparentemente protectora: "Lo que más desean es vivir resguardados del peligro. Para ser más exactos, desean vivir resguardados del miedo a la inseguridad, un miedo sobrecogedor, angustioso y paralizante. Esperan que los muros los protejan del temor" (p. 183). Dicho de otra manera, una realidad social distorsionada basada en el miedo estimula la proliferación de sentimientos favorecedores de una vuelta a lo local, de una huida de lo global.

## A MODO DE CONCLUSIÓN

La cultura global del miedo es una construcción social, un producto cultural de la modernización y la globalización en la que la alarma, la incertidumbre y la inquietud social están permanentemente presentes en los diversos canales que conforman el proceso de comunicación social, en especial, a través de los medios de comunicación de masas que, mediante la sobreinformación, la saturación de determinados temas o la opacidad con la que son tratados algunos de ellos, dificultan los procesos de decodificación, distorsionando sobremanera la percepción social de las audiencias.

Los gobiernos y sistemas democráticos han encontrado en el miedo una nueva forma de legitimidad y liderazgo ante la población, ávida de seguridad y protección frente a peligros de todo tipo, lo que a su vez incentiva y retroalimenta al sector económico dedicado a este imparable nicho de mercado. Ambos actores, gobernantes y empresas, en su diversidad de intereses y necesidades, contribuyen a encumbrar determinadas amenazas a lo más alto de la pirámide del miedo, dejando aparcadas u obviando otras, seguramente más importantes, para la sostenibilidad, el desarrollo, la cohesión y el equilibrio del sistema mundial.

Si bien sería arriesgado concluir tajantemente que la sociedad moderna no constituye el periodo de la historia de la humanidad con mayor número de amenazas objetivas —dejamos abierta la discusión y el debate al respecto—, sí podemos afirmar con rotundidad que muchos de los avances conseguidos en sus diferentes áreas y subsistemas tienen potencial suficiente como para atajar los efectos de muchas de ellas. Asimismo, la relación existente entre amenaza percibida y miedo no es proporcional. Tal y como se ha expuesto, en el análisis y reflexión que el individuo realiza sobre las amenazas que le rodean priman los procesos emocionales en detrimento de procesos cognitivos rigurosos, críticos y contrastados.

Para finalizar se dirá que si bien la globalización es un proceso imparable, la cultura global del miedo sí puede ser un fenómeno contra el que luchar si se parte de la idea de que "cualquier cosa hecha por seres humanos puede ser rehecha por seres humanos" (Bauman, 2010: 83). Así, ser crítico con los mensajes que circulan en el proceso de comunicación social se presenta de vital importancia pero, como ya se ha visto, esta es una de las muchas variables que explican el desarrollo de este fenómeno (procesos de socialización, legitimación de los sistemas democráticos, globalización, dimensión psicosocial, sistema económico, modernización, tecnologías de la comunicación y la información, regreso a lo local, individuación, pobreza y miseria, etc.). Puede que el mayor peso de la intervención se encuentre en la erradicación de las condiciones sociales y económicas que alimentan esta cultura global del miedo, así como en la reorientación del papel que los medios de comunicación tienen en los procesos de socialización global. Pero está claro que esta lucha es y será una lucha a muy largo plazo, quizás demasiado.

# BIBLIOGRAFÍA

Abbott, C.; Paul, R. y Sloboda, J. (2006): "Respuestas globales a amenazas globales: Seguridad sostenible para el siglo XXI", *Documentos de trabajo FRIDE*, 27, pp. 1-36.

Arcos González, P.; Castro Delgado, R.; Cuartas Álvarez, T. y Pérez Berrocal, J. (2009): "Terrorismo, salud pública y sistemas sanitarios", *Revista Española de Salud Pública*, 3, pp. 361-370.

Bauman, Z. (2000): *Modernidad líquida*, Argentina, Fondo de Cultura Económica.

— (2010): *Tiempos líquidos: Vivir en una época de incertidumbre*, Barcelona, Tusquets Editores.

— (2011): *44 cartas desde el mundo líquido*, Barcelona, Paidós.

Beck, U. (1998): *La sociedad del riesgo: Hacia una nueva modernidad*, Barcelona, Paidós.

Bericat Alastuey, E. (2005): "La cultura del horror en las sociedades avanzadas: de la sociedad centrípeta a la sociedad centrífuga", *Revista Española de Investigaciones Sociológicas*, 110, pp. 53-89.

Castel, R. (2006): *La inseguridad social. ¿Qué es estar protegido?*, Buenos Aires, Manantial.

Crovi Druetta, D. y Lozano, C. (2005): "Calidad frente a Incertidumbre: miedos y riesgos por ver la Televisión", *Comunicar: Revista científica iberoamericana de comunicación y educación*, 25, pp. 1-8. Disponible en http://www.revistacomunicar.com/verpdf.php?numero=25&articulo=25-2005-126

Cossarini, P. (2010): "Miedo y espacios de seguridad: Hobbes y el siglo XXI", *Bajo la palabra. Revista de Filosofía*, II Época, 5, pp. 229-238.

Díaz Arias, R. (2008): "La representación del mundo en los informativos de televisión", *Estudios sobre el Mensaje Periodístico*, 14, pp. 363-384.

Echavarren, J. M. (2010): "Bajo el signo del miedo ecológico global: La imbricación de lo sagrado en la conciencia ecológica europea", *Revista Española de Investigaciones Sociológicas*, 130, pp. 41-60.

Estefanía, J. (2011): *La economía del miedo*, Barcelona, Galaxia Gutenberg.

Giddens, A. (2001): *Un mundo desbocado. Los efectos de la globalización en nuestras vidas*, Madrid, Taurus.

Gil Calvo, E. (2003): *El miedo es el mensaje. Riesgo, incertidumbre y medios de comunicación*, Madrid, Alianza.

Inácio Thomé, H. (2004): *Victimización y cultura de la seguridad ciudadana en Europa* (Tesis Doctoral), Barcelona, Universidad de Barcelona.

Jordán, J.; Pozo, P. y Guindo, M. G. (coords.) (2010): *Terrorismo sin fronteras. Actores, escenarios y respuestas en un mundo global*, Madrid, Thomson-Aranzadi.

Laca Arocena, F. (2011): "Retorno a Hobbes: Hacia una cultura del miedo", *Revista Estudios sobre las culturas contemporáneas*, 33, pp. 9-22.

López de Lizaga, J. L. (2012): *Lenguaje y sistemas sociales: la teoría sociológica de Jürgen Habermas y Niklas Luhmann*, Zaragoza, Prensas Universitarias de Zaragoza.

Martínez Cortés, J. (2012): "La construcción social del miedo", *Revista Crítica*, 977, pp. 19-22.

Ordóñez, L. (2006): "La globalización del miedo", *Revista de Estudios Sociales*, 25, pp. 95-103.

Pew Research Center (2015): *Climate Change Seen as Top Global Threat: Americans, Europeans, Middle Easterners Focus on ISIS as Greatest Danger*. Disponible en http://www.pewglobal.org/files/2015/07/Pew-Research-Center-Global-Threats-Report-FINAL-July-14-2015.pdf

Reinares Nestares, F. (2008): "Riesgos y amenazas del terrorismo global. En Instituto Español de Estudios Estratégicos", *Panorama estratégico 2007-2008*, Madrid, Secretaría General Técnica, Ministerio de Defensa, pp. 27-64.

Revel, J. F. (1972): *Las ideas de nuestro tiempo*, Madrid, Organización Editorial.

Ramonet, I. (1998): *La tiranía de la comunicación*, Madrid, Debate.

San Juan Guillén, C. y Vozmediano Sanz, L. (2005): "Paradoja del miedo al delito: análisis asistido mediante sistema de información geográfica", en J. Romay Martínez y R. García Mira (eds.), *Psicología Jurídica, de la Violencia y de Género*, Madrid, Biblioteca Nueva, pp. 119-126.

Salas, D. (2005): *La Volonté de punir; essai sur le populisme pénal*, París, Hachette.

Serrano Gómez, A. y Vázquez González, C. (2007): *Tendencias de la criminalidad y percepción social de la inseguridad ciudadana en España y la Unión Europea*, Madrid, Edisofer.

Van Dijk, J.; Manchin, R.; Van Kesteren, J.; Nevala, S. y Hideg, G. (2007): *The Burden Of Crime In The EU. Research Report: A Comparative Analysis Of The European Crime And Safety Survey (Eu Ics) 2005*, Tilburg, UNICRI.

Vázquez-Portomeñe, F. (2009): "Confianza en la policía y miedo al delito en Galicia. Consideraciones a partir de un estudio empírico", *Revista jurídica gallega*, 62, pp. 13-34.

Vidal Jiménez, R. (2004): "El otro como enemigo: identidad y reacción en la nueva cultura global del miedo", *Nómadas*, 9. Disponible en http://www.redalyc.org/articulo.oa?id=18100930

— (2009): "¿Una Sociología (postmoderna) del miedo?", *Historia y Comunicación Social*, 14, pp. 313-328.

Vozmediano Sanz, L. (2010): "Percepción de inseguridad y conductas de autoprotección: Propuestas para una medición contextualizada del miedo al delito", *Eguzkilore*, 24, pp. 203-237.

CAPÍTULO 12
# FAMILIA Y PROBLEMAS SOCIALES

**JULIO IGLESIAS DE USSEL Y PAU MARÍ-KLOSE**

Cuando hablamos de problemas sociales es difícil pensar en problemas que experimentan sujetos individuales. Son problemas que afectan a grupos amplios, organizados en su forma más primaria en hogares, donde generalmente viven familias. En ese sentido, los problemas sociales son, en buena medida, problemas familiares. Las familias son el escenario en que los problemas sociales se materializan, el origen de alguno de estos problemas, el ámbito en que los problemas se gestionan, se contienen y, a veces, se alivian, pero también donde algunos se reproducen.

Una larga tradición sociológica ha asociado los problemas sociales al cambio social. Durkheim ya nos advirtió de que el cambio social puede traer consigo anomia como producto del desajuste entre las normas y regulaciones en una realidad social cambiante. Pocas instituciones han experimentado en las últimas décadas cambios de la magnitud de la familia (Iglesias de Ussel y Marí-Klose, 2011). En España, en los últimos tiempos han aumentado notablemente la proporción de parejas de hecho, las separaciones y divorcios, la monoparentalidad y la adopción internacional. Se han legitimado y legalizado el matrimonio homosexual y, en consecuencia, las familias homoparentales. Todo ello llega acompañado de un aumento continuado de la actividad laboral de las mujeres (especialmente de aquellas que son madres), de la transformación de las realidades de intimidad en el seno de la pareja, de la emergencia de nuevas prácticas de distribución de las responsabilidades domésticas y de los cuidados, de la caída de la fecundidad, del aplazamiento de la emancipación de los jóvenes, de la creciente autonomía personal y residencial de las personas mayores. En este contexto de cambio se han aprobado reformas legislativas importantes que afectan a las relaciones familiares y de parentesco. En las últimas décadas, los principios que regulan fenómenos como el divorcio, las uniones consensuales, la trasmisión de apellido, la reproducción asistida, las adopciones, o los regímenes de custodia tras el divorcio, han sido revisados y puestos al día, en algún caso más de una vez, para adaptarse a una realidad que desbordaba los marcos jurídicos vigentes. Esa realidad ha empujado a los propios españoles a cambiar, y esos cambios no han estado exentos de tensiones y contradicciones.

En ese sentido, en las familias españolas contemporáneas coexisten viejos problemas, descritos en manuales que se escribieron hace diez, treinta o cincuenta años, con nuevos problemas derivados de las transformaciones sociales. A ambos dedicamos este capítulo. Nuestra perspectiva privilegia la dimensión objetiva de esos problemas, aunque no ignora la dimensión intersubjetiva, construida, de esa realidad objetiva. Los problemas sociales que examinaremos en este capítulo son problemas que se incorporan a vivencias colectivas, que son definidas, relatadas y evaluadas tanto por quienes los experimentan como por quienes se proponen encontrarles solución. Solo en el curso de este proceso cobran pleno significado social.

## 1. LA FAMILIA COMO ESCENARIO DE PROBLEMAS SOCIALES

Las familias no son unidades aisladas, impermeables a las condiciones de su entorno. Los miembros de las familias viven en diferentes espacios no familiares, y esas vivencias se incorporan a la vida familiar como parte consustancial, que conforma el modo en que la familia organiza las relaciones entre sus miembros y desarrolla sus funciones. En ese sentido, las prácticas familiares tienen que ver con condiciones estructurales que imperan en el entorno —tanto el local como el macrosocial— y con las perturbaciones que puedan producirse. En este apartado nos ocupamos del impacto de *factores exógenos* a la vida familiar y cómo ese impacto se traduce en posibles problemas sociales que se viven dentro de las familias.

Hay problemas sociales que aparecen como una constante en la historia de las familias. Por ejemplo, desde que el mundo es mundo han existido unidades familiares expuestas a fenómenos de privación material. En las sociedades decimonónicas y de buena parte del siglo XX la pobreza aquejaba a segmentos muy amplios de las clases populares. Era común en muchas zonas rurales, entre pequeños propietarios de tierras dedicados a una economía de subsistencia o jornaleros sin tierras, cuya fortuna dependía de la abundancia de las cosechas. Y también era habitual entre la naciente clase obrera, cuyos miembros vivían fundamentalmente de un salario de reproducción que concedía a las familias margen muy limitado para procurarse bienes de consumo más allá de los que aseguraban la subsistencia física.

La pobreza tradicional está asociada a otros fenómenos de privación grave, como la desnutrición. En España, las hambrunas fueron frecuentes en el siglo XIX, especialmente en zonas rurales, coincidiendo con campañas militares (que conllevaban la leva obligatoria de soldados y, por tanto, la pérdida de mano de obra en la unidad doméstica), con epidemias que diezmaban las cosechas, o con la ruina provocada por el endeudamiento. El hambre fue también una experiencia cotidiana en diferentes momentos de la primera mitad del siglo XX, coincidiendo con guerras y crisis económicas severas.

La llamada transición nutricional llega a España más tarde que a otros países pero asegura, a partir del siglo XX, ingestas calóricas adecuadas a la práctica totalidad de la población. Eso no significa que no puedan originarse, puntualmente, situaciones críticas. Así, durante la reciente crisis económica experimentada por los países occidentales, y particularmente en España (2008-2014), se han planteado situaciones críticas en que la desnutrición (y sobre todo la malnutrición) se ha cernido como amenaza en muchos hogares. Sin embargo, no sería aventurado decir que la carestía alimentaria ha dejado de ser uno de los problemas sociales que requieren atención prioritaria en las sociedades occidentales. Los casos de desnutrición se han reducido a un número casi insignificante, aunque puedan saltar puntualmente a los medios y provocar gran alarma social. En España, según los indicadores de la Unión Europea, los problemas de privación alimentaria afectan aproximadamente a un 3% de los hogares (llegó a situarse en el 3,5% en 2013).

El hambre es solo la cara más amarga de la pobreza. Junto a la privación alimentaria, Eurostat registra nueve indicadores de privación para capturar diferentes dimensiones de la precariedad en los hogares europeos del siglo XIX. A partir de estos indicadores, crea una medida sintética de carencia material severa. Estarían en situación de carencia material severa aquellos hogares que señalan al menos cuatro formas de privación de las nueve posibles. Esto sucede en España, en 2014, en el 7,1% de los hogares (el doble que a inicios de la crisis).

La mayoría de investigadores consideran insuficientes los indicadores de carestía para capturar adecuadamente fenómenos de vulnerabilidad económica que afectan a los hogares y a las personas que viven en ellos. Por ello, se ha generalizado el uso de la tasa AROPE, que identifica a las personas que viven en hogares en situación de carestía material severa, riesgo de pobreza o baja densidad de empleo en el hogar (*at risk of poverty and exclusion*). Esta medida supone un reconocimiento de que la vulnerabilidad de los hogares, y los problemas que se derivan de ella, pueden estar asociados a situaciones de carencia material, pero también de falta de ingresos y participación de los miembros del hogar en el mercado de trabajo.

Convencionalmente se considera como personas en riesgo de pobreza a aquellas que viven en hogares cuyos ingresos se sitúan por debajo del 60% de los ingresos equivalentes medianos de una sociedad. Cuando nos referimos a los ingresos equivalentes, se toma en consideración el hecho de que en el hogar existen economías de escala. Por ello, la medida estándar para obtener ingresos equivalentes asigna diferentes pesos a los miembros del hogar: 1 al primer adulto, 0,5 al segundo, 0,3 a los demás adultos y menores de 16 años.

La tasa de riesgo de pobreza en los hogares españoles en 2014 era del 22,2%, cifra que ha ido incrementándose desde el inicio de la crisis. Esta tasa agregada enmascara una enorme variedad de situaciones de precariedad económica. Determinadas modalidades familiares han experimentado tradicionalmente tasas de riesgo de pobreza bastante más elevadas. En España son singularmente altas en familias numerosas y hogares monoparentales (en ambos casos, se sitúan, por término medio, por encima del 40%).

En términos generales, España tiene un problema serio de pobreza infantil. En 2014, la tasa de riesgo de pobreza de los niños menores de 16 años era del 30,1%. Un volumen ingente de investigación pone de manifiesto que, más allá de las mermas de bienestar material que produce la vulnerabilidad económica en la infancia, las experiencias de pobreza en la infancia pueden tener efectos negativos sobre el equilibrio psicológico, el desarrollo cognitivo, el progreso educativo y la salud de los menores. En los hogares que afrontan situaciones económicamente complicadas, la calidad de las prácticas parentales se resiente, y los primeros afectados son los niños. Los padres que padecen dificultades financieras se muestran más irascibles y estresados, y tienden a reaccionar de forma inconsistente y descontrolada, lo que incrementa la probabilidad de que recurran a castigos físicos (Simons, Lorenz, Conger y Chu, 1992).

El tercer componente del indicador AROPE es la baja densidad de empleo en el hogar. Un hogar exhibe baja densidad en el empleo cuando aquellos de sus habitantes con edades comprendidas entre los 18 y los 59 años trabajan en conjunto menos del 20% de los meses que podrían hacerlo. Se trata de hogares aquejados muchas veces por situaciones crónicas de desempleo o vinculaciones muy débiles y precarias con el mercado de trabajo.

El desempleo en España es vivido, desde hace muchos años, como el principal problema del país. Encuesta tras encuesta, los españoles señalan que el paro es el problema que más les afecta, ya sea personalmente o a alguien en su entorno más inmediato. Esta situación estructural se ha agravado en la crisis, tanto por el aumento extraordinario de desempleados como el de desempleados de larga duración. Según datos de la Encuesta de Población Activa (EPA), en el segundo semestre de 2015, 1,2 millones de desempleados llevaban más de cuatro años desempleados y 2 millones llevaban más de dos años. Un porcentaje significativo de ellos vive en uno de los 757.000 hogares donde en el segundo trimestre de 2015 (según datos de la EPA) todos sus miembros están en paro y no cobran una prestación contributiva.

Los efectos del desempleo en la vida familiar han sido sobradamente documentados. El valor del empleo no reside únicamente en los ingresos que proporciona a la persona y a su unidad familiar. Como ponen de relieve gran número de investigaciones, las personas desempleadas (o empleadas de forma intermitente) corren el riesgo de entrar en dinámicas perversas y arrastrar con ellos a sus allegados. Para algunas de ellas, la experiencia del desempleo, especialmente cuando es duradera, puede representar un revés serio en sus vidas, con efectos negativos sobre su capacidad de integración social e incluso su salud mental. El desempleo puede causar importantes daños psicológicos, conduciendo a la pérdida de autoestima (Gallie, Marsh y Vogler, 1994; Warr, 1987; Winefield y Tiggerman, 1985).

Las experiencias de desempleo o la precariedad laboral tienen diferente significación dependiendo de la etapa del ciclo vital en que se producen. En España, la mayoría de los jóvenes viven desde hace más de treinta años etapas prolongadas de inserción laboral, donde intervalos de empleo corto e inestable se combinan con periodos más o menos largos de desempleo. En estas condiciones, los jóvenes, incluso si están dentro del mercado de trabajo, se comportan con cautela, en una situación difusa que les impide adoptar decisiones propias de personas plenamente integradas laboralmente. Según diversos autores, estas dificultades laborales son uno de los factores principales que explican la emancipación residencial tardía de los jóvenes en nuestro país (Marí-Klose y Marí-Klose, 2006). La tasa de formación de nuevos hogares es más alta entre los jóvenes con contrato indefinido que entre quienes tienen contrato de trabajo temporal. Las condiciones laborales inciden igualmente en otras decisiones matrimoniales y de consumo (optar por la compra de una vivienda o el alquiler), en el calendario de la paternidad/maternidad y en las decisiones sobre el número de hijos (Esping-Andersen, 2013).

Más allá de los efectos individuales, las experiencias de desempleo pueden incidir en la calidad de las relaciones maritales y en la capacidad que tienen los padres de invertir y cuidar a sus hijos. Diversos estudios acreditan que los hijos de personas desempleadas (especialmente cuando las experiencias de desempleo se alargan y cronifican) se enfrentan a ambientes familiares tóxicos, donde la calidad de las relaciones intergeneracionales sale malparada. Son varios los estudios que muestran una correlación entre las experiencias de desempleo y los incrementos en los problemas de salud de menores (Mörk, Sjögren y Svaleryd, 2014).

Los recursos familiares suelen formar parte de un fondo común para hacer frente a estas diversas formas de adversidad, del que en principio se benefician todos los miembros del hogar de acuerdo a sus necesidades —*resource pooling*—. En el último apartado de este capítulo nos ocuparemos de la gestión de los problemas sociales por las familias. Pero antes exploraremos la naturaleza de problemas familiares *endógenos*.

## 2. LA FAMILIA EN LA GESTACIÓN DE LOS PROBLEMAS SOCIALES

Los problemas a los que nos hemos referido hasta ahora tienen un origen exógeno. Los hogares carecen de recursos económicos porque no pueden obtenerlos fuera del hogar. Los adultos de una familia no logran un empleo que buscan porque el mercado de trabajo no genera suficientes empleos o bien porque no viven en un entorno propicio donde pueda producirse el feliz emparejamiento de un empleador que oferta empleo y un trabajador que busca un empleo de esas características.

Sin embargo, hay una porción —no exigua— de problemas sociales que no son el producto directo de la exposición de las familias y sus miembros a contextos sociales sino que son el resultado de necesidades, dinámicas y comportamientos que surgen dentro de esas propias familias. Con ello no se afirma que esos procesos internos a las familias no pueden estar influidos por lo que ocurre en el medio externo en que se desenvuelven las familias. Por supuesto, esas influencias existen y contribuyen a conformar lo que ocurre en el interior de las familias. Pero los problemas sociales de los que nos ocupamos en este apartado son problemas genuinamente familiares. Se gestan en las familias, son vividos como asuntos propios por los miembros que las componen, y son tratados como problemas familiares por agencias externas que intervienen sobre ellos, a instancias de las propias familias —por ejemplo, un psicólogo especialista en crisis matrimoniales o en relaciones conflictivas entre padres e hijos— o motu proprio —por ejemplo, cuando una administración pública encargada de velar por el interés del menor interviene en un proceso de maltrato—. Son múltiples los problemas sociales que se gestan en las familias. Aquí solo nos podemos ocupar de una parte exigua.

Quizás el problema social por excelencia en la historia de la familia es el dominio y sometimiento de las mujeres en estructuras patriarcales. La expresión más clara es la violencia doméstica contra las mujeres. El maltrato a la esposa ya está narrado con naturalidad en la mitología griega. El derecho romano consagra la posición del varón como *pater familias*, propietario de mujeres menores y esclavos, de los que podía disponer a su antojo, y sobre los derechos de los cuales podía cometer toda clase de atropellos. Según esta doctrina, la esposa debía atenerse a una pasividad consentidora, a una adecuación sistemática al modo de vida de su marido, bajo amenaza de, en caso contrario, ser reprehendida, cuando no castigada, por sus infracciones. Hasta muy recientemente, el matrimonio forzoso o la venta de esposas acordada por las familias ha sido la regla. La mujer que contraía matrimonio entraba a formar parte del patrimonio de su marido, que este atesoraba celosamente. A lo largo de toda la historia de occidente tenemos ilustraciones reiteradas de cómo el dominio sobre las mujeres desembocaba a menudo en castigos físicos. La crueldad de los maridos con sus mujeres poco obedientes es un motivo que aparece una y otra vez en la literatura medieval y moderna. El honor de la familia es tomado como un valor sacrosanto que se defendía con sangre. La mayor ofensa para el honor del marido era el adulterio, que se vengaba con el repudio y frecuentemente el asesinato de la esposa.

La problematización social de la violencia contra las mujeres es reciente, como producto de la deslegitimación de la cultura y prácticas patriarcales tradicionales y el reforzamiento del estatus económico y social de las mujeres dentro de las parejas. El siglo XX ha visto desaparecer buena parte de las tradiciones que convertían a las esposas en patrimonio de sus maridos, y han legitimado, al menos ideológicamente, la libertad de los contrayentes como requisito indispensable de la validez del contrato matrimonial. En el nuevo contexto social se advierte con mayor fuerza la existencia de la violencia contra las mujeres y se denuncia con mayor vigor.

Pero eso no significa que la violencia se erradique. La incorporación de las mujeres al mercado de trabajo formal y la institucionalización del divorcio como salida a matrimonios insatisfactorios transforman el funcionamiento interno de las familias, otorgando a las mujeres un poder de negociación inédito. Sin embargo, las justificaciones de la violencia interpersonal y el maltrato psicológico persisten. La ira de los hombres, por su pérdida de poder, encuentra nuevos cauces y focos de agravio, que comparte con las modalidades pretéritas de violencia una necesidad de imponer la autoridad y el control sobre las mujeres.

Los daños y secuelas que produce la violencia conyugal son enormes, no solo por las consecuencias físicas que deja sino, quizás de forma más insidiosa, por los daños emocionales y psicológicos que causa, tanto a las mujeres como a los posibles niños presentes en el hogar. Junto a los trastornos de estrés postraumático provocados por episodios de violencia pueden aparecer una gama amplia de síndromes, desde la negación de su situación o la minimización de su gravedad, trastornos obsesivos y obsesivo-compulsivos, la erosión de la autoestima, cuadros depresivos, etc. Cuando las agresiones son persistentes, es frecuente que se den incluso durante el embarazo, lo que puede ocasionar abortos, malformaciones del feto y riesgos en la salud de la madre. En España existen datos según los cuales el 32,9% de las mujeres maltratadas entrevistadas afirmaron haber sufrido malos tratos durante sus embarazos (Echeburúa y Fernández-Montalvo, 1997).

Además, la violencia doméstica puede marcar para toda la vida a los niños que conviven con padres que son agresores. Junto a los efectos psicológicos inmediatos que produce sobre los niños —sintomatología depresiva, baja autoestima, déficits de competencias emocionales— hay que valorar el daño en cuanto a la socialización en la violencia que ello supone. Diversos estudios acreditan que la exposición a modelos parentales donde existe violencia doméstica es un factor que propicia la probabilidad de ser, a su vez, agresor o víctima en el futuro. La socialización en la violencia prepara tanto a los hombres como a las mujeres para admitirla con mayor naturalidad (Díaz Aguado y Martínez Arias, 2001; Green, 1998; Straus, Gelles y Steinmetz, 1980).

Los niños son víctimas principales de otros problemas sociales de índole familiar. En el clásico *Historia de la Infancia*, Lloyd de Mause (1982: 1) afirma que "la historia de la infancia es una pesadilla de la que solo hemos despertado recientemente". Desde que el mundo es mundo, algunas familias han abandonado o se han ocupado poco de sus hijos, los han maltratado, los han explotado laboralmente o incluso los han convertido en objeto de abuso. En el caso extremo, las familias han asesinado a sus hijos (infanticidio), una práctica todavía extendida en algunas sociedades.

Fenómenos como el abandono de niños han sido muy comunes en el pasado. Muchos personajes de la historia y la mitología son hijos abandonados, como Edipo, Moisés o Rómulo y Remo. Durante la Edad Media se multiplican los hospicios dedicados a recoger niños abandonados por sus padres, ya sea por incapacidad de asegurarles sustento económico o por ser fruto de una relación ilegítima. Dentro de las casas de expósitos, la vida a menudo era dura y cruel, lo que daba lugar a elevados índices de mortalidad.

El uso del castigo físico de los niños como mecanismo de disciplina y socialización ha sido habitual hasta tiempos muy recientes. La legitimidad del castigo corporal a los niños aparece en diversas civilizaciones antiguas. En el mundo cristiano, la conveniencia de estas técnicas de disciplina ya se recogen en el Antiguo Testamento (Proverbios 13:24), donde se afirma: "El que evita la vara odia a su hijo, pero el que lo ama lo disciplina con diligencia". Preceptos como estos inspiran los métodos educativos que se ponen en práctica en casas de expósitos, seminarios y, posteriormente, escuelas, y amparan la utilización del castigo en los hogares. Solo a partir del siglo XVI se alzan voces críticas (como Rousseau en *Emile*, 1762), pero el castigo corporal sigue siendo considerado un derecho de los padres, necesario para el correcto ejercicio de sus funciones parentales. En muchos países, hoy día continúa siendo tolerado como tal.

Las concepciones de la infancia que han prevalecido hasta hace unos siglos poco tienen que ver con las que imperan actualmente. A lo largo de buena parte de la historia, los niños han sido considerados, a partir de edades en que se podían desenvolver por sí solos, como pequeños adultos, que podían participar en la medida de sus posibilidades en las mismas actividades de los adultos. La situación de la infancia mejora sustancialmente en los últimos dos siglos, coincidiendo con la aparición de nuevos discursos que retratan la infancia como una etapa de especial vulnerabilidad, que necesita de protección especial, y que abogan por el desarrollo de derechos específicos. Esta evolución culmina en el siglo XX con el desarrollo de legislaciones, a nivel nacional e internacional, que consagran el derecho de los niños a la protección frente al maltrato y el abuso sexual, y conciben la infancia como una etapa exenta de cualquier compromiso laboral, forzado o voluntario. Tales principios quedan garantizados por acuerdos internacionales de amplio alcance —como la Convención Internacional de Derechos de la Infancia o la Carta de Derechos Fundamentales de la Unión Europea.

Evidentemente, estas garantías y protecciones constituyen un freno para buena parte de las situaciones de maltrato y abuso que se han dado históricamente, pero ni mucho menos las erradican. El uso del castigo corporal sigue siendo tolerado y considerado conveniente en muchas sociedades y culturas. Incluso en la nuestra persiste la aceptación de formas suaves de violencia física. Según un estudio del CIS (Estudio 2.621, 2005), en torno a dos de cada tres españoles admite el uso de cachetes o azotes a tiempo para "evitar mayores problemas".

Más allá de estas situaciones de castigo corporal puntual y "suave", nos encontramos situaciones de maltrato más grave, que pueden ocasionar daños graves a corto y más largo plazo. Las modalidades son muy variadas, desde el maltrato físico a diversas formas de maltrato emocional o negligencia. Con el tiempo, las administraciones públicas han asumido responsabilidades crecientes de intervención en estos casos, que pueden llevar a la retirada transitoria o permanente de las tutelas parentales.

Son también cada vez más los estudios que acreditan la pervivencia de un número significativo de casos de abuso sexual. En un estudio clásico sobre el tema, que analiza la prevalencia del abuso sexual en 21 países, Finkelhor (1994) estima que entre el 7% y el 36% de las mujeres y entre el 3% y el 29% de los hombres han sufrido a lo largo de su infancia algún tipo de abuso sexual. Buena parte de los agresores, especialmente cuando la víctima es una mujer, son familiares o conocidos.

Mujeres y niños se llevan, sin duda, la peor parte en estos relatos de terror familiar. Pero no son las únicas víctimas posibles de violencia y maltrato familiar. En los últimos años se ha prestado atención creciente al maltrato a mayores, que podría estar cobrando relevancia en una sociedad cada vez más envejecida, donde las generaciones más jóvenes se ven a menudo empujadas a hacerse cargo de sus progenitores hasta edades muy avanzadas. Son también diversas las posibles modalidades. Uno de los temas más frecuentemente aireados en la agenda pública de nuestro país es el *síndrome de la abuela esclava*, que afecta a un grupo amplio de mujeres mayores que asumen —generalmente de forma más o menos voluntaria— un exceso de funciones domésticas, de cuidado y crianza.

Es también creciente la reflexión sobre el posible maltrato que pueden experimentar los varones por parte de sus parejas, ya sean masculinas o femeninas. Se trata de un tema controvertido, que todavía despierta grandes suspicacias al afectar a un colectivo que tradicionalmente ha estado en el foco por constituir el principal caladero de agresores. Sin embargo, en un contexto de rápida transformación de los roles de género, las experiencias de victimización masculina cobran significación creciente, tanto por sus posibles consecuencias individuales, como por el hecho de que hacen aflorar situaciones difícilmente clasificables en los discursos sobre victimización de género hegemónicos y, por tanto, condenan estas vivencias a una suerte de invisibilidad relativa (Folguera, 2014).

En términos generales, las grandes transformaciones de la familia experimentadas en nuestro país resitúan el foco de atención de los viejos problemas sociales de índole familiar examinados hasta ahora hacia nuevos problemas que se originan en el ámbito doméstico. Los cambios de la vida familiar imponen nuevas dinámicas de convivencia en el hogar y, con ello, surgen inevitablemente nuevas contradicciones, dificultades y tensiones. Los cambios más trascendentes derivan, sin duda, de la transformación de los roles e identidades de las mujeres (Esping-Andersen, 2009). La consagración de la igualdad de derechos entre hombres y mujeres, la incorporación de la mujer a la esfera pública y el afianzamiento de nuevos valores ha creado un nuevo contexto que promueve la redefinición de la posición de la mujer dentro de la familia.

Las parejas y matrimonios se han adaptado con rapidez a este nuevo marco que regula los estilos de vida, sobre todo entre los jóvenes. Pero la transición de modelo no está exenta de problemas. Diversos trabajos han llamado la atención, por ejemplo, sobre la existencia de un desacoplamiento entre los ritmos de incorporación de la mujer al mercado de trabajo, por un lado, y las pautas de redistribución del trabajo doméstico por otro. En la mayoría de los hogares las mujeres siguen realizando las principales contribuciones a la producción doméstica. Incluso en las condiciones aparentemente más favorables a la igualación, cuando la mujer tiene ingresos propios o es la proveedora principal del hogar, el trabajo doméstico masculino suele ser habitualmente complementario al que realizan ellas.

Un número considerable de mujeres siguen asumiendo las cargas domésticas sin plantear excesivos reproches a sus parejas por su falta de dedicación, quizás porque hayan sido socializadas en la creencia de que la responsabilidad es eminentemente suya, quizás porque piensen que sus parejas no están capacitadas para desarrollar eficazmente las tareas domésticas y/o quieran retener el control sobre los procesos y resultados de esas actividades. Pero una proporción creciente de mujeres expresa disgusto con esos equilibrios, convirtiendo la cuestión del reparto de tareas domésticas en el objeto más frecuente de disputas conyugales y en uno de los factores más importantes en la generación de dinámicas de conflicto y desgaste sentimental. La conflictividad de las parejas en que el hombre no colabora suficientemente a juicio de la mujer, pero también entre las parejas en que a juicio del hombre la mujer no hace lo que le corresponde, está afectando de forma importante a los niveles de satisfacción con el matrimonio y, al interactuar con las dimensiones emocionales y afectivas, contribuye a aumentar los riesgos de inestabilidad matrimonial (Iglesias de Ussel, Marí-Klose, Marí-Klose y González, 2009).

La búsqueda de la felicidad en la pareja es un valor en alza. Frente a los principios que consagraban el matrimonio como un sacramento indisoluble, que confería estabilidad y seguridad a la unidad familiar a largo plazo, se entiende ahora que la unión debe durar lo que dure la promesa de felicidad entre los cónyuges. El matrimonio pasa a ser una opción de convivencia entre dos personas adultas condicionada por la satisfacción de aspiraciones emocionales de los miembros de la pareja. Los viejos ideales amorosos que cimentaban la relación matrimonial ven amenazada su hegemonía cultural por otros nuevos (el llamado *amor confluente*), que reconocen el derecho de los miembros de la pareja a seguir buscando la felicidad si no obtienen suficientes beneficios de la relación como para que merezca la pena continuarla.

En un escenario de vinculaciones contingentes emerge con fuerza una nueva realidad: las parejas inestables. Las parejas, en un matrimonio inestable, mantienen discrepancias frecuentes y estas diferencias se suelen resolver de forma insatisfactoria, alimentando dinámicas perversas y climas familiares tóxicos. En estas parejas se da también con más frecuencia el maltrato, ya sea verbal o físico. Según datos de Iglesias *et al.* (2009), entre parejas menores de 40 años, dos de cada cinco cónyuges reconoce haber recibido insultos por parte de su cónyuge y un 13% reconoce haber sido objeto de una agresión.

Y con el desgaste sentimental surge también la posibilidad del divorcio. Entre las tendencias demográficas que están adquiriendo mayor significación se encuentra el incremento de las tasas de separación/divorcio. En los últimos años, los españoles han perdido el miedo a poner fin a una relación matrimonial insatisfactoria. Quienes optan por la separación/divorcio han dejado de enfrentarse a sentimientos culpabilizantes y actitudes estigmatizadoras. La mayor independencia económica de las mujeres que pertenecen a las nuevas cohortes les permite afrontar con menos incertidumbre una vida en solitario.

El divorcio es, sin duda, un avance en la gestión del conflicto conyugal, que permite a muchas personas dar carpetazo a relaciones insatisfactorias, cuando no directamente opresivas. Peo su expansión ha traído consigo nuevos problemas, derivados de la restructuración familiar que comporta. El aumento de rupturas conyugales es el principal factor responsable del crecimiento de la monoparentalidad. La investigación cuantitativa y cualitativa sobre estas realidades pone de manifiesto que las madres y padres que se hacen cargo de los hijos —habitualmente las mujeres— acumulan a menudo situaciones de vulnerabilidad emocional, laboral y económica:

situaciones de aislamiento y baja estima a las que se ven abocadas cuando la ruptura ha sido provocada por su pareja; situaciones de precariedad económica provocada por la desaparición de una fuente de ingresos familiares, la limitada capacidad adquisitiva de sus salarios o el impago de pensiones de manutención de sus hijos; situaciones de discriminación en el mundo del trabajo como consecuencia de la negativa o el recelo empresarial a contratar o promocionar a madres o padres que encabezan familias monoparentales; prejuicios sociales contra sus familias; insuficiencia de ayudas y servicios de apoyo públicos, etc. (Almeda, 2004; Avilés, 2015).

Un debate muy controvertido ha girado en torno a los efectos del divorcio y la monoparentalidad sobre el bienestar y las trayectorias de los hijos tras la ruptura matrimonial. Algunos estudios longitudinales, que son capaces de capturar los estados (psicológicos, educativos, de conducta) de los menores antes y después de la ruptura sugieren que las consecuencias del divorcio son limitadas, puesto que los hijos/as de padres que se divorcian ya tendían a presentar peores resultados antes de la ruptura (Cherlin y Furstenberg, 1994). Los resultados de estos trabajos apuntan a que buena parte de los supuestos efectos del divorcio habría que atribuirlos a las situaciones conflictivas que experimentan anticipadamente familias intactas que terminan divorciándose.

Si bien la magnitud de las implicaciones de divorcio como episodio estresante sobre la vida de los menores no genera consensos, existen poderosas razones para pensar que criarse en un hogar monoparental puede tener un efecto negativo más general sobre el bienestar del menor. La separación de los progenitores influye al menos sobre dos de las principales inversiones que padres y madres pueden hacer en el bienestar de sus hijos e hijas: dinero y tiempo. El dinero asegura capacidad adquisitiva para cubrir necesidades básicas —comida, alojamiento, equipamientos en el hogar, bienes culturales—. Cuando uno de los progenitores —habitualmente el padre— abandona el hogar donde convivía con el menor, las aportaciones económicas que realiza suelen reducirse, con independencia de su capacidad económica (Hill, 1992). Esa reducción puede agravar la situación financiera de los hogares monoparentales encabezados por una madre sola. Así, según los datos del Panel de Familias e Infancia en Cataluña (Marí-Klose, Marí-Klose, Vaquera y Cunnigham, 2010), aproximadamente cuatro de cada diez madres solas afirman que no reciben recursos económicos de sus exparejas.

Con la salida de un progenitor del hogar se reducen asimismo las inversiones en tiempo que este realiza. La legislación reconoce el derecho del menor y del progenitor que abandona el hogar a mantener una relación directa y regular, y protege este derecho a través de un régimen de visitas. A pesar de ello, las oportunidades para relacionarse, compartir tiempo y actividades, a menudo disminuyen o quedan en suspenso. La salida del hogar de uno de los progenitores provoca, en terminología de James Coleman (1988), un declive del capital social de las familias; esto es, una erosión de vínculos beneficiosos para el menor —puesto que, a través de estos ligámenes paterno-filiales, se transmiten normas y expectativas, se vehicula información o se estipulan sanciones—. La erosión de estos vínculos es variable. Según datos del Panel de Familias e Infancia, el 15% de los adolescentes cuyo padre no reside con ellos no lo había visto en el último año y un 10% adicional solo lo ve en periodo de vacaciones; una cuarta parte lo ve entre una y cuatro veces a la semana; tan solo el 5% de los adolescentes que no residen con su padre lo ve cada día.

La menor dedicación de tiempo por parte de uno de los progenitores supone generalmente menor seguimiento y supervisión de comportamientos del menor. Según la teoría del control social, cuando el número de adultos en el hogar se reduce, los menores dejan de beneficiarse de los efectos positivos que procuran las prácticas de control que ejercen los adultos. De acuerdo a estas interpretaciones, los menores que se crían en un hogar monoparental son —como consecuencia de estos déficits— más permeables a otras influencias, como la del grupo de iguales, donde pueden participar en subculturas que aceptan, legitiman o alientan la adopción de comportamientos desviados, ilícitos o de riesgo (actitudes de resistencia a la escuela o desafío a la autoridad de los adultos, consumo de sustancias psicoactivas, pequeña delincuencia).

El ejercicio de la parentalidad está en el centro de nuevos debates sobre las consecuencias de las transformaciones familiares producidas en los últimos tiempos. Coincidiendo con el afianzamiento de un nuevo modelo de relación de pareja individualista, que otorga a la vida en pareja una centralidad sin precedentes, el valor de los hijos también ha cambiado. Tener hijos ha dejado de ser uno de los aspectos más importantes de la vida familiar.

Las dificultades de tener y criar hijos también ha cobrado una relevancia creciente en un contexto de reconfiguración de roles femeninos. En un marco normativo, el trabajo se erige en un elemento central en el proyecto vital de las mujeres. En estas condiciones, el cuidado de los menores está muchas veces en el epicentro de contradicciones, frustraciones y conflictos.

Este proceso coincide con una devaluación progresiva del rol de ama de casa. La dedicación exclusiva a las labores del hogar y al cuidado de los hijos ha perdido buena parte de la apreciación social de que había gozado y poco a poco pasa a ser considerada una anomalía social que desafía expectativas sociales ampliamente extendidas y tiene un difícil encaje en los nuevos esquemas de protección social. Desde un punto de vista individual, la falta de una trayectoria laboral significativa convierte a las mujeres que ponen fin a su relación de pareja o la ven interrumpida por el fallecimiento de su cónyuge en personas en riesgo de exclusión social (a causa de su escasa empleabilidad y de la baja intensidad protectora de las prestaciones sociales a las que pueden acceder). Desde el punto de vista social, la pervivencia de un colectivo que no contribuye directamente de los sistemas públicos de provisión social es vista como una amenaza para su sostenibilidad financiera.

Por otra parte, las madres que optan por carreras laborales a tiempo completo se enfrentan a otro tipo de obstáculos. Ni los horarios escolares, ni comerciales, ni las jornadas de trabajo, ni las jornadas partidas, ni los equipamientos, ni los servicios públicos de atención a la infancia, ni tantas otras cosas facilitan la crianza de niños en la sociedad española. En estas condiciones, las mujeres que tienen hijos afrontan costes elevados de oportunidad, más altos cuanto mayor es el valor monetario de su trabajo productivo y la apreciación subjetiva que les merece su carrera profesional. Organizar el cuidado de los hijos suele llevar aparejadas dificultades considerables, desajustes que pueden producir situaciones de frustración y tensión.

Tener hijos comporta renuncias, e incluso puede repercutir negativamente en los niveles de satisfacción y felicidad. Según un estudio con datos longitudinales de Margolis y Myrskyla (2015), los padres que tienen su primer hijo tienden a experimentar una pérdida de felicidad durante el primer y segundo año superior a las que se ha acreditado tras un divorcio o una pérdida de empleo. Este desgaste es un buen predictor de su decisión de tener un segundo hijo.

Otros autores han señalado que las mujeres cobran plena conciencia de la magnitud de estos costes en el momento de decidirse a tener el segundo hijo. Su proclividad a tener más hijos tras el nacimiento del primero se incrementa si creen que van a contar con una pareja que va a corresponsabilizarse en la crianza del segundo e ulteriores, y van a ser capaces, así, de reducir los costes de oportunidad asociados a la maternidad. Esto explicaría, por ejemplo, que la crisis de la fecundidad en España sea ante todo resultado del descenso de familias con dos o más hijos. La experiencia vivida en la crianza del primer hijo resulta, en este sentido, determinante (Cooke, 2003; Mills, Mencarini, Tanturri y Begall, 2008).

Una preocupación adicional es la calidad de las relaciones intergeneracionales que emergen en estas circunstancias aparentemente adversas. Cuidar requiere tiempo. En el tiempo que los padres comparten con sus hijos, estos aprenden habilidades para la vida, internalizan expectativas de logro, desarrollan sentimientos de confianza y seguridad y encuentran afecto y estabilidad. La *cantidad* y, especialmente, la *calidad* de ese tiempo es uno de los determinantes principales del bienestar y el desarrollo de los niños y niñas y, por tanto, de sus oportunidades vitales y capacidad productiva futura (Büchel y Duncan, 1998; Cooksey y Fondell, 1996). La sociología ha acuñado el término *capital social* para referirse a los beneficios que se extraen de los vínculos sociales (Bourdieu, 1986; Coleman, 1988). Las relaciones intergeneracionales de padres e hijos constituyen una de las modalidades de capital social que genera retornos individuales y sociales más elevados.

Sin embargo, parece que, ahora más que nunca, las familias ya no logran atesorar capital social debido a las dificultades y obstáculos para dedicar a sus hijos la atención que quisieran. Por un lado, el aumento de rupturas de pareja limita las posibilidades de interacción de muchos hijos con el progenitor no custodio. Por otro, se propaga una imagen según la cual los padres y, sobre todo, las madres, hacen equilibrios imposibles para conciliar su doble rol familiar y laboral, incurriendo en lo que algunos autores han llamado "doble presencia" o "jornadas interminables" (Durán, 1986; Hochschild, 1989).

La otra cara de esta moneda que presenta a unos padres estresados para cumplir sus obligaciones parentales son unos niños que a la salida del colegio se convierten en *huérfanos de las 5 de la tarde, con la llave al cuello*, o viven apresurados entre una actividad extraescolar y la siguiente. En condiciones así parece que las relaciones intergeneracionales se ven afectadas por crecientes déficits de tiempo, lo que justifica la inquietud.

Sin embargo, frente a estas imágenes, en diversos países disponemos de una evidencia sólida, basada en análisis de encuestas rigurosas que registran minuciosamente usos del tiempo en las familias, que sugieren precisamente lo contrario (Gauthier, Smeeding y Furstenberg, 2004; Sandberg y Hofferth, 2001). Muchos padres y madres dedican hoy más tiempo a sus hijos que el que les dedicaron a ellos sus progenitores. Eso es posible, entre otras cosas, gracias a la drástica reducción de la prole de la que hay que ocuparse y, por consiguiente, a la mayor capacidad de los progenitores de concentrar recursos (principalmente dinero y tiempo) en sus hijos (Becker y Lewis, 1973).

La ansiedad de muchos padres ante el incierto horizonte vital futuro de sus hijos en un mundo cambiante e impredecible —donde resulta cada vez más difícil asegurar a los hijos el mismo estatus social de su familia— ha alentado a muchos progenitores a implicarse intensamente en la formación de sus hijos desde edades muy tempranas (Collet, 2013). Comportarse como buen padre o buena madre supone extender la responsabilidad parental más allá de los espacios y actividades en que se había ejercido tradicionalmente. Cuidar ya no significa estar presente o responder diligentemente a los requerimientos de atención de los hijos. Supone dedicar a los hijos tiempo de calidad en el que estimular sus aptitudes cognitivas y apoyar sus aprendizajes, matricularlos en los mejores centros de educación infantil y colegios, ofrecerles oportunidades para expresar y desarrollar sus talentos desde la más tierna edad en actividades dirigidas, etc.

Estas nuevas orientaciones y comportamientos están generando nuevas formas de desigualdad, que se expresan desde edades tempranas. Las familias que tienen la capacidad de realizar este tipo de inversiones en sus hijos, para apoyar y promover sus aprendizajes, logran asentar sobre bases muy sólidas su progreso educativo y, con ello, alientan ventajas comparativas respecto a los hijos de familias que, por diversos motivos (déficits de capital cultural, falta de tiempo, falta de recursos económicos) no pueden realizar dichas inversiones (Hart y Risely, 1995; Phillips, 2011).

## 3. LA FAMILIA EN LA GESTIÓN DE LOS PROBLEMAS SOCIALES

La familia es una institución que realiza funciones sociales. Las familias desempeñan tareas fundamentales para satisfacer las necesidades humanas, tanto de las personas como de la sociedad en su conjunto. A pesar de las transformaciones de la estructura de las familias, de su funcionamiento interno y distribución de responsabilidades y del entorno social en el que desarrollan sus cometidos, los sociólogos/as siguen evidenciando que el papel de la familia todavía es esencial en la moderna sociedad postindustrial. Esta labor no es siempre del todo visible. El proceso de modernización comporta la transferencia de muchas funciones familiares a otras instancias, tanto del sector público como del mercado. Hoy en día, el Estado se hace cargo de alguna de las responsabilidades que tradicionalmente correspondían a la familia, como la educación, la atención sanitaria a las personas enfermas o la asistencia económica a ancianos (a través de las pensiones). Al mismo tiempo, el mercado ofrece servicios que tradicionalmente habían prestado (casi) en exclusiva las familias: centros de atención preescolar y cuidados infantiles, servicios de limpieza o lavandería, restaurantes, servicios de aseguramiento frente a desgracias familiares (el fallecimiento de un cónyuge, el incendio de la vivienda, etc.), servicios de cuidados y acompañamiento a personas mayores, etc.

Eso no significa que las familias se desentiendan de funciones cruciales para las personas o no acudan a socorrer a los miembros en situaciones de necesidad y vulnerabilidad para los que no ofrezcan soluciones adecuadas el sector público o el mercado. Esto lo resumía Iglesias de Ussel (1994) cuando llamaba a la familia "el mayor Ministerio de Asuntos Sociales de España". En este sentido, España constituye en cierto modo un caso particular. Existe un consenso académico bastante amplio que reconoce que España constituye, junto a otras sociedades mediterráneas, un bloque aparentemente compacto de países en los que predominan actitudes y orientaciones favorables hacia el *familismo*, entendido como sistema de bienestar donde los problemas individuales de los integrantes de la red familiar (como el desempleo, falta de recursos económicos o de vivienda, enfermedad) tienden a ser definidos como *asuntos familiares*.

Un número considerable de autores destaca que esa *ética* comunitarista descansa en un sistema característico de valores y representaciones morales sobre la solidaridad familiar, y se refleja en un ordenamiento jurídico que prescribe un abanico amplio de obligaciones de solidaridad mutua entre los integrantes de la familia, y sanciona su incumplimiento. Durante mucho tiempo, el Sur de Europa ha sido identificado como un área donde los lazos familiares eran particularmente fuertes en comparación con otras regiones de Europa. Estas diferencias tienen profundas raíces históricas y, según algunos trabajos, se remontan a la Edad Media (Naldini, 2003; Naldini y Jurado, 1996).

A pesar de las variaciones locales, los europeos del sur han tendido a seguir prácticas distintivas durante el curso de sus vidas, como la emancipación tardía de casa de sus padres, la corresidencia de muchos de ellos con sus padres después del matrimonio o la preservación de la proximidad espacial entre los hogares de las personas mayores y sus hijos. Estas prácticas han posibilitado el mantenimiento de lazos familiares duraderos y fuertes y han sostenido microsolidaridades intergeneracionales. La solidaridad intergeneracional es una sólida norma social, que solo se rompe en circunstancias excepcionales. Es compartida por la sociedad en su conjunto y aprendida a edad muy temprana.

La expresión más emblemática de la solidaridad familiar es el compromiso de los padres con el bienestar de sus hijos. Un hijo recibe apoyo y protección hasta que se va de casa para siempre, generalmente cuando contrae matrimonio, aunque sus progenitores deban para ello sacrificar su propio bienestar (especialmente las madres, de quien se espera que dediquen a sus hijos atención *gratis et amore*). Las ayudas familiares a sus hijos en forma de hospedaje y manutención a jóvenes sin recursos propios permite evitar que una proporción importante de ellos caiga en la pobreza, como sucede en otros países donde los jóvenes viven fuera de casa desde edades más tempranas que en el nuestro. Gracias a ello, muchos de estos jóvenes prolongan sus trayectorias educativas, o finalizadas estas pueden mantener un nivel de vida elevado y estable a pesar de la intensidad de los riesgos laborales (de desempleo y precariedad) a los que están expuestos en el mercado de trabajo[1].

La mayoría de los jóvenes encuentra en el hogar familiar no solo techo y manutención, sino la comprensión, afecto y apoyo de sus padres para planificar y promover su transición a la vida adulta. Esta solidaridad *de promoción* comienza, desde muy temprano, a través de las inversiones educativas, con las que las familias aspiran a situar a los jóvenes en buena posición para reproducir o mejorar su estatus de origen. Estas ayudas pueden prolongarse hasta edades avanzadas, cuando jóvenes adultos reciben apoyo económico para coronar sus carreras académicas con costosas titulaciones de postgrado que les permitan situarse en buena disposición de optar a los mejores empleos.

Más allá de estas inversiones, muchas familias intervienen activamente en los procesos de búsqueda de trabajo en la transición escuela-empleo. En todos los países, pero especialmente en el sur de Europa, las familias utilizan sus redes de parentesco y conocidos para encontrar empleos para sus jóvenes. Algunas familias funcionan como agencias de colocación. Según la Encuesta de la Juventud 2004, las relaciones personales constituían la vía principal de acceso al primer empleo. Uno de cada dos jóvenes de 15 a 29 años que trabajaba por primera vez declaraba haber encontrado su empleo a través de padres, otros familiares, amigos o conocidos (Chacón Rodríguez, 2004: 72).

Por otra parte, debido al enorme peso de la pequeña empresa y el autoempleo, bastantes jóvenes se integran en pequeños negocios familiares o son ayudados por parientes, con donaciones, préstamos o avales, para montar pequeñas iniciativas empresariales. Con ello, están ayudándolos a afrontar las enormes dificultades que comporta para los jóvenes la integración en un mercado de trabajo poco dinámico, supliendo la falta de otros apoyos públicos a la promoción (en forma, por ejemplo, de políticas activas de empleo) que sí existen en otros países.

Una tercera expresión de esta solidaridad de promoción es la ayuda en procesos de emancipación residencial. Muchos jóvenes sufren en España lo que Teresa Jurado (2006) ha llamado una "crisis de accesibilidad" a la vivienda, provocada por su precaria situación económica y el elevado precio relativo de las viviendas, tanto las de compra como las de alquiler. El papel de las familias en la formación de estos nuevos núcleos residenciales es crucial, especialmente en la adquisición de una nueva vivienda en propiedad. En un estudio de Iglesias *et al.* (2009) se pone de manifiesto que casi la mitad de las parejas jóvenes que adquirieron una vivienda contaron con apoyo de sus padres/suegros (41%) u otros parientes (5,8%).

---

1. La inmensa mayoría de los jóvenes que no trabajan viven en un hogar en que al menos una persona trabaja o percibe una prestación. Buena parte de los jóvenes menores de 30 años que trabajan también continúan viviendo en hogares donde algunos de sus progenitores es el sustentador principal.

El apoyo de los padres a sus hijos se extiende más allá de la formación del nuevo núcleo residencial. Una forma muy común de ayuda es la prestación de servicios domésticos y cuidado de hijos a madres trabajadoras. La proximidad geográfica y el contacto frecuente propician que se pida ayuda en multitud de ocasiones en que se requiere la colaboración de otras personas para resolver los problemas de la existencia.

En España, la mayoría de las familias con hijos menores a su cargo reconoce que recibe algún tipo de ayuda en el cuidado de los niños, ayuda que se da con tanta más frecuencia cuanto menor es la edad de los hijos (Meil, 2011). Aunque en esta red de solidaridad los abuelos no son los únicos que prestan ayudas, su papel es crucial. Según datos de la Encuesta de Relaciones Inter e Intragenerativas en la Infancia (Marí-Klose et al., 2010), el 55% de las familias con niños de 0 a 2 años recurrieron en el último mes a la ayuda de alguien que no vivía en el hogar para cuidar a sus hijos. De estas, el 76% pudieron contar con la ayuda de abuelos, y el 17% recibieron ayuda de otros parientes. Un porcentaje más reducido (9,2%) recurrió a la ayuda de vecinos o amigos y un 7,3% contrató los servicios de un canguro.

Según el estudio de Meil (2011), las ayudas que se reciben en segundo lugar por frecuencia son las asociadas a las tareas domésticas, como la que reciben los jóvenes varones emancipados cuando van a comer a casa de sus padres y llevan la ropa sucia a lavar y planchar, su madre se ocupa de aprovisionarles de bienes de consumo básicos (conservas, verduras) etc., o bien comida que prepara la madre para la familia de la hija que trabaja, lavado y planchado de cierto tipo de ropa, trabajos de costura, etc.

La solidaridad familiar tiene otra dimensión en las ayudas de emergencia. Las familias acuden, por lo general, al rescate de familiares que atraviesan una mala etapa. Un 7% de hogares señalan haber ayudado a alguien que pasaba por una situación de necesidad aguda derivada del desempleo o la quiebra de un negocio (Meil, 2011). Las ayudas recibidas proceden de distintos miembros de la red familiar, pero predominan claramente las que se reciben de los padres. Estos, sin embargo, apenas reciben ayuda en dinero de sus hijos.

Las ayudas se intensifican en las crisis económicas. Nuevas necesidades reclaman apoyo urgente, y los mecanismos institucionales previstos para proporcionarlo en periodos ordinarios a menudo no llegan a todos los necesitados, o lo hacen de manera ineficiente: no existen prestaciones para abordar algunas de las nuevas necesidades, las que existen son insuficientes, la detección de las necesidades y la tramitación de las ayudas es lenta, la información no llega a quienes deben solicitar las ayudas, o estos renuncian a los beneficios para evitar el estigma asociado al cobro de las prestaciones. Por todo ello, la ayuda que las familias ofrecen a sus miembros más vulnerables en estas situaciones puede resultar fundamental.

Es posible que, como sugiere un relato muy extendido sobre la crisis que atraviesa España desde 2008, en muchos casos se activó esta solidaridad de emergencia. En las encuestas disponibles que miden longitudinalmente estas cuestiones (por ejemplo, la Encuesta de Condiciones de Vida, o SHARE) apenas existen evidencias de que las transferencias monetarias entre hogares aumentaran durante la crisis.

Pero sí hay constancia de que se incrementaron los niveles de corresidencia entre personas de edades avanzadas y personas jóvenes. Así, el inicio de la crisis puso fin a una tendencia al aumento de las tasas de emancipación que se había vivido desde 2000, y la invirtió. Aunque solo existen indicios, aparentemente con la crisis han aumentado también los hogares que reúnen a más de dos generaciones. Por ejemplo, entre 2009 y 2011 el número de menores de 16 años que vivían con una persona de 65 o más años aumentó de 112.00 a 221.000. En un contexto de adversidad económica e inestabilidad residencia, esto podría indicar una tendencia al reagrupamiento de unidades familiares independientes.

A cambio de todos estos gestos de solidaridad descendente, cuando los padres comienzan a envejecer existe la expectativa normativa de que los hijos les ayuden. Es habitual que los hijos estén pendientes de la salud de sus padres y hagan visitas semanales o diarias a estos. Cuando la prolongación de la independencia residencial de las personas mayores deja de ser factible, se da por sentado que se irán a vivir con sus hijos, o al menos estos procurarán que disfruten de las mejores condiciones bajo la supervisión y atenciones de un cuidador o de una institución especializada que hayan contratado ellos.

El envejecimiento de la población pone las necesidades de cuidado en un primer plano. Pero es necesario recordar que la mayoría de las personas mayores llegan a edades avanzadas en buen estado y precisan de pocas atenciones. Las necesidades de cuidado se concentran en un pequeño grupo de personas enfermas y discapacitadas. La atención a estas personas está fuertemente blindada por un marco normativo que prevé el compromiso de los hijos con sus padres. Según datos de la Encuesta Europea de Valores, el 90,5% de los españoles creen que es la obligación de un hijo cuidar a sus padres enfermos.

Los datos disponibles en nuestro país sugieren también que la población anciana mantiene contacto frecuente y disfruta, por regla general, del apoyo emocional de sus familiares cuando lo necesita. Más de tres de cada cuatro ancianos que tienen hijos residen en el mismo municipio que alguno de ellos (Meil, 2000). Cuando los hijos viven en la misma localidad, las relaciones intergeneracionales son frecuentes. Cuando no es así, tienden a mantener una intensa comunicación telefónica con ellos y las visitas son habituales. Todos estos vínculos configuran un modelo de *intimidad a distancia* del que la mayoría de personas mayores dice estar muy o bastante satisfecha (IMSERSO, 2002: 64-70). Solo un porcentaje reducido dice sentirse solo con frecuencia.

Eso no significa que la dispensación de cuidados a las personas mayores esté exenta de dificultades y tensiones. Las personas que cuidan de enfermos y discapacitados en sus familias son sobre todo mujeres, que en ocasiones se ven empujadas a renunciar a sus ambiciones profesionales o a sus hábitos personales cotidianos para dedicarse en cuerpo y alma al cuidado. Las relaciones que se establecen en el ejercicio del cuidado pueden ser contradictorias y ambivalentes (Tobío, Agulló, Gómez y Martín Palomo, 2011). En ocasiones, la salud de los cuidadores no es la mejor, o incluso se resiente como resultado de la prestación de servicios de cuidado muy exigentes (como levantar a un anciano de la cama, lavarlo o sentarlo en una silla de ruedas). A veces, personas dependientes terminan cuidando, lo mejor que pueden, de otros dependientes en situaciones más severas. No es extraño encontrar a mayores que cuidan a allegados de edades muy avanzadas y con grandes necesidades de atención.

Todo ello configura estructuras de solidaridad intergeneracional que proporcionan importantes servicios para solucionar o aliviar problemas sociales en espacios donde el Estado y el mercado no han ofrecido opciones de valor equivalente. Ahora bien, no cabe dar esa provisión de servicios por descontada. La solución *familista* presenta, en algunos campos, claros síntomas de agotamiento. Los tradicionales encajes en la provisión de bienestar en que la familia cobraba gran protagonismo están siendo sujetos a grandes presiones asociadas a la transformación de los valores sociales y los estilos de vida que ponen en práctica los individuos y las familias, y a la emergencia de nuevos riesgos sociales que se ciernen sobre determinados colectivos, en particular los jóvenes.

El talón de Aquiles del familismo como mecanismo de solidaridad en los tiempos que corren es la determinación cada vez mayor de las mujeres a proseguir sus carreras laborales. A medida que nuevas cohortes de mujeres extienden su participación laboral a edades más avanzadas, está disminuyendo rápidamente el número de *mater familias* dispuestas a cuidar y ocuparse primero de sus hijos y luego de sus nietos y de sus padres dependientes. La desaparición progresiva del ama de casa a tiempo completo, pilar sobre el que se asienta este orden social, está privando al sistema de un elemento constitutivo fundamental. En estas condiciones, los arreglos familistas (el cuidado de las abuelas-mamá, por ejemplo) no están resolviendo por sí solos las necesidades de los hogares. Son cada vez más evidentes las dificultades de las familias para encontrar el tiempo que requieren las tareas del hogar y, en especial, los cuidados. Estas dificultades se materializan, como hemos visto, en no pocas frustraciones, angustias, tensiones y conflictos.

Enfrentadas a nuevas necesidades, un número cada vez mayor de familias que se lo pueden permitir están confiando las responsabilidades de cuidado y atención de las personas dependientes —menores y mayores— a trabajadores inmigrantes, que desarrollan sus actividades dentro de la vivienda familiar (Moreno-Fuentes y Bruquetas, 2011). Por otro lado, los servicios de cuidado formal están cobrando un protagonismo creciente, tanto en la primera infancia (escolarización de niños de 0-3 años) como de las personas mayores (desarrollo de la Ley de la Promoción de la Autonomía Personal y Atención a las Personas en Situación de Dependencia).

Las familias están perdiendo también cierto protagonismo en la solidaridad de promoción. Aunque el esfuerzo de las familias siga siendo crucial para abrir las puertas de la educación superior a los jóvenes, no garantiza el logro de un título, especialmente entre estudiantes poco motivados, pero inducidos por las circunstancias laborales adversas o presiones familiares a proseguir sus estudios. Además, con la entrada masiva de los jóvenes en la universidad, el valor de muchos títulos universitarios en el mercado de trabajo se ha devaluado. En los últimos tiempos, los poseedores de un título universitario no se libran de los riesgos de desempleo y precariedad, y comienzan sus vidas laborales en empleos para los que antes bastaban títulos académicos inferiores. La naturaleza cambiante de los entornos ocupacionales reclama nuevas estrategias de búsqueda de empleo. En un entorno en que la rotación laboral en empleos de corta duración se convierte en la norma, el papel de la familia y las redes informales como intermediarios en el proceso está pasando a un segundo plano, mientras cobran protagonismo las agencias de colocación privadas o la búsqueda directa de empleo a través de redes digitales.

El encarecimiento de la vivienda puso también límites a la capacidad económica de las familias de ayudar a sus hijos a adquirir viviendas. En los años de *boom* inmobiliario, la clave para acceder a una vivienda fue el acceso a crédito, que muchas veces fue facilitado por padres y suegros con mayor solvencia a través de avales. Ahora, en época de restricción crediticia, estos avales muchas veces resultan insuficientes. Por otra parte, el empobrecimiento de jóvenes emancipados en la crisis ha comprometido a familiares que habían respaldado esas adquisiciones.

En estas circunstancias nos encontramos en un *impasse* en el que las familias como agentes de prestación de servicios cruciales se hallan en aparente retirada, cediendo espacios en donde tradicionalmente habían desempeñado labores cruciales, sin que otros agentes privados o públicos terminen de ocupar su lugar, o si lo hacen lo hagan garantizando la necesaria solvencia en algunos casos (por ejemplo, como agentes de *colocación* en el mercado de trabajo) y una cobertura generalizada en otros (por ejemplo, en el cuidado a dependientes). En este ínterin, muchas familias no abdican de su papel en la gestión de problemas sociales, recurriendo a la innovación para prestar ayuda a través de estrategias inéditas, como estamos viendo con la contratación informal de inmigrantes para cuidar ancianos o en el apoyo económico a proyectos migratorios de los jóvenes que eligen emigrar ante las malas perspectivas del mercado laboral doméstico.

## BIBLIOGRAFÍA

ALMEDA, E. (2004): *Les famílies monoparentals a Catalunya: perfils, necessitats i percepcions*, Barcelona, Departament de Benestar I familia, Generalitat de Catalunya.
AVILÉS, M. (2015): *La monoparentalidad masculina en España*, Madrid, CIS.
BECKER, G. S. y LEWIS, N. (1973): "On the interaction between the quantity and the quality of children", *Journal of Political Economy*, 81(2), pp. 279-288.
BOURDIEU, P. (1986): "The forms of capital", en J. G. Richardson (ed.), *Handboodk of Theory and research for the Sociology of Education*, Nueva York, Greenwood, pp. 241-258.
BÜCHEL, F. y DUNCAN, G. J. (1998): "Do parents' social activities promote children's school attainments? Evidence from the German socioeconomic panel", *Journal of Marriage and Family*, 60(1), pp. 95-108.
CHACÓN RODRÍGUEZ, L. (2004): "Economía y empleo: procesos de transición", en INJUVE, *Informe de la juventud en España 2004*, Madrid, INJUVE, pp. 151-276.
CHERLIN, A. J. y FURSTENBERG, F. F. (1994): "Stepfamilies in the United States: A reconsideration", *Annual Review of Sociology*, 20, pp. 359-381.
COLEMAN, J. (1988): "Social capital in the creation of human capital", *American Journal of Sociology*, 94, pp. S95-S120.
COLLET, J. (2013): *¿Cómo y para qué educan las familias hoy?*, Barcelona, Icaria.
COOKE (2003): "The South Revisited: the Division of Labor and Family Outcomes in Italy and Spain", *IRISS Working Paper Series*, 12, Luxemburgo, CEPS/Instead. Disponible en iriss.ceps.lu/documents/irisswp40.pdf
COOKSEY, E. C. y FONDELL, M. M. (1996): "Spending time with his kids: effects of family structure on fathers' and children's lives", *Journal of Marriage and Family*, 58(3), pp. 693-707.
DÍAZ AGUADO, M. J. y MARTÍNEZ ARIAS, R. (2001): *La construcción de la igualdad y la prevención de la violencia contra la mujer desde la educación secundaria*, Madrid, Instituto de la Mujer.

DURÁN, M. A. (1986): *La jornada interminable*, Barcelona, Icaria.
ECHEBURÚA, E. y FERNÁNDEZ-MONTALVO, J. (1997): "Tratamiento cognitivo-conductual de hombres violentos en el hogar: un estudio-piloto", *Análisis y Modificación de la Conducta*, 23, pp. 255-284.
ESPING-ANDERSEN, G. (2009): *The Incomplete Revolution*, Cambridge, Polity.
ESPING-ANDERSEN, G. (coord.) (2013): *El déficit de natalidad en Europa*, Barcelona, Fundación La Caixa.
FINKELHOR, D. (1994): "The international epidemiology of child abuse", *Child Abuse & Neglect*, 18(5), pp. 409-417.
FOLGUERA, L. (2014): *Hombres maltratados*, Barcelona, Bellatera.
GALLIE, D.; MARSH, C. Y VOGLER, C. (1994): "Social Change and the Experience of Unemployment", *Journal of Social Policy*, 23(4), pp. 596-599.
GAUTHIER, A. M. ; SMEEDING, T. y FURSTENBERG, F. F. (2004): « Are Parents Investing Less Time in Children? Trends in Selected Industrialized Countries", *Population and Development Review*, 30(4), pp. 647-672.
GREEN, A. H. (1998): "Factors contributing to the transmission of generational child maltreatement", *Journal of the American Academy of Child Adolescent Psychiatry*, 37(12), pp. 1334-1336.
HART, B. y RISLEY, T. R. (1995): *Meaningful Differences in the Everyday Experiences of Young American children*, Baltimore, Paul H. Brookes Publishing.
HILL, M. S. (1992): "The role of economic resources and remarriage in financial assistance for children of divorce", *Journal of Family Issues*, 13, pp. 158-178.
HOCHSCHILD, A. (1989): *The Second Shift: Working Families and the Revolution at Home*, Nueva York, Penguin Books.
IGLESIAS DE USSEL, J. (ed.) (1994): "Familia", en Fundación FOESSA, *Informe Sociológico sobre la Situación Social en España*, Madrid, Euramérica, pp. 417-547.
IGLESIAS DE USSEL, J. y MARÍ-KLOSE, P. (2011): "La familia española en el siglo XXI: los retos del cambio social", en F. Chacon y J. Bestard (eds.), *Familias. Historia de la Sociedad española del final de la Edad Media a nuestros días*, Madrid, Cátedra, pp. 1001-1125.
IGLESIAS DE USSEL, J.; MARÍ-KLOSE, P.; MARÍ-KLOSE, M. y GONZÁLEZ BLASCO, P. (2009): *Matrimonios y parejas jóvenes. España 2009*, Madrid, Fundación Santa María.
JURADO, T. (2006): "El creciente dinamismo familiar frente a la inflexibilidad del modelo de vivienda español", *Cuadernos de Información Económica*, 193, pp. 117-126.
MARGOLIS, R. y MYRSKYLÄ, M. (2015): "Parental well-being surrounding first birth as a determinant of further parity progression", *Demography*, 52(4), pp. 1147-1166.
MARÍ-KLOSE, P. y MARÍ-KLOSE, M. (2006): *Edad del cambio. Jóvenes en los circuitos de la solidaridad intergeneracional*, Madrid, CIS.
MARÍ-KLOSE, P.; MARÍ-KLOSE, M.; VAQUERA, E. y CUNNINGHAM, S. A. (2010): *Infancia y futuro. Nuevas realidades, nuevos retos*, Barcelona, Fundació La Caixa.
MAUSE, L. (1982): *Historia de la Infancia*, Madrid, Alianza.
MEIL, G. (2011): *Individualización y solidaridad familiar*, Barcelona, Obra Social La Caixa.
— (2000): *Imágenes de la solidaridad familiar*, Madrid, CIS.
MILLS, M.; MENCARINI, L.; TANTURRI, M. L. y BEGALL, K. (2008): "Gender Equity and Fertility Intentions in Italy and The Netherlands", *Demography Research*, 18, pp. 1-26.
MORENO-FUENTES, F. J. y BRUQUETAS, M. (2011): *Inmigración y Estado de bienestar*, Barcelona, Obra Social La Caixa.
MÖRK, E.; SJÖGREN, A. y SVALERYD, H. (2014): "Parental unemployment and child health", *Working Paper*, 8, Uppsala, Institute for Evaluation of Labour Market and Education Policy. Disponible en www.ifau.se/.../wp-2014-8-Parental-unemployment-and-child-health.pdf
NALDINI, M. (2003): *The Family in the Mediterranean Welfare States*, Londres, Frank Cass.
NALDINI, M. y JURADO, T. (1996): "Is the South so Different? Italian and Spanish Families in Comparative Perspective", *South European Society and Politics*, 1(3), pp. 45-66.
PHILLIPS, M. (2011): "Parenting, time use, and disparities in academic outcomes", en G. J. Duncan y R. J. Murnane (eds.), *Whither Opportunity? Rising inequality, schools, and children's life chances*, Nueva York, Russel Sage Foundation, pp. 207-238.
SANDBERG, J. F. y HOFFERTH. S. L. (2001): „Changes in Children's Time With Parents: United States, 1981-1997", *Demography*, 38, pp. 423-36.
SIMONS, R. L.; LORENZ, F. O.; CONGER, R. y WU, C. (1992): "Support from Spouse as Mediator and Moderator of the Disruptive Influence of Economic Strain on Parenting", *Child Development*, 63(5), pp. 1282-1301.
STRAUS, M.; GELLES, R. J. y STEINMETZ, S. (1980): *Behind Closed Doors. Violence in the American Family*, Garden City, NY, Anchor.
TOBÍO, C. M.; AGULLÓ TOMÁS, S.; GÓMEZ, M. V. y MARTÍN PALOMO, M. T. (2011): *El cuidado de las personas*, Barcelona, Fundación La Caixa.
WARR, P. (1987): *Work, Unemployment and Mental Health*, Oxford, Oxford University Press.
WINEFIELD, A. H. y TIGGERMAN, M. (1985): "Psychological correlates of employment and unemployment: Effects, predisposing factors, and sex differences", *Journal of Occupational Psychology*, 58(3), pp. 229-242.

CAPÍTULO 13
# PROBLEMAS SOCIALES E INTERNET: DE LA INDIVIDUALIZACIÓN AL AISLAMIENTO Y LA DESIGUALDAD SOCIALES

GEORGE PLEIOS

## LOS MEDIOS DE COMUNICACIÓN Y LOS PROBLEMAS SOCIALES COMO CONSTRUCCIÓN SOCIAL

La noción de "problemas sociales" (Barkan, 2012; Blumer, 1971; Hilgartner y Bosk, 1988; Mills, 2000) hace referencia a una situación o comportamiento que tiene un significado negativo y que se considera causa de problemas en el funcionamiento de la sociedad (Kendall, 2007: 4; Weick, 1984). Los "problemas sociales" varían en cada momento y en distintas sociedades desde el punto de vista ideológico o desde el punto de vista del sistema de valores. La desigualdad social es uno de ellos. Los problemas sociales se construyen socialmente (Blumer, 1971; Crone, 2007: 2; Lauer, 1976). En la construcción de los problemas sociales tienen un papel crucial el sistema de valores, la ideología y la comunicación (Demertzis, 2002; Fuchs, 2001; Hilgartner y Bosk, 1988; Spector y Kitsuse, 2009), en particular los medios de comunicación.

En las aproximaciones clásicas, los medios de comunicación no constituyen el mecanismo básico para la creación de problemas sociales (Mooney, Knox y Schacht, 2000: 2-3). Por el contrario, las aproximaciones críticas perciben a los medios de comunicación como un problema que contribuye al mantenimiento de relaciones sociales desiguales (Adorno y Horkheimer, 2001; Castells, 2003; Herman y Chomsky, 2001; Kellner, 2004). En teorías recientes de los problemas sociales centradas en los medios de comunicación, estos tienen un papel protagonista tanto en la definición de los problemas sociales como en su creación (Demertzis, 2002; Spector y Kitsuse, 2009). En cuanto a internet, numerosos estudios postulan que ayuda a magnificar problemas sociales como la pornografía, especialmente la infantil (Jenkins, 2003; Sabina, Wolak y Finkelhor, 2008; Tsaliki, 2011), los suicidios (Biddle, Donovan, Hawton, Kapur y Gunnell, 2008; Mishara, Weisstub y David, 2007), etc.

En este capítulo no pretendemos abarcar toda la gama de problemas sociales vinculados a internet, sino que nos centraremos únicamente en algunos de los problemas sociales básicos que están asociados a este medio de comunicación.

## INTERNET, INDIVIDUALIZACIÓN Y (ALGUNOS) PROBLEMAS SOCIALES (FUNDAMENTALES)

Internet se diferencia de los medios de comunicación tradicionales, en primer lugar, en su estructura tecnológica. Sus características particulares son la interacción (Negroponte, 1994) y la multimodalidad (vinculación digital de textos escritos, imágenes y sonido) (Castells, 1996). En segundo lugar, se diferencia de ellos en el aspecto cultural, relacionado con el significado y el contenido derivados de él.

El término interactividad es del ámbito técnico y sugiere la potencialidad de interacción entre usuarios. En clave social, y habida cuenta de que el uso del ordenador es individual, tras la interacción se esconde la individualización (Hodkinson, 2007; Rheingold, 2002) como característica de las relaciones sociales.

La sociología reflexiva considera que la individualización es una de las tres características principales de la modernidad (Beck, 1994). La individualización consiste en que un individuo se estructura su propia identidad con reflexividad (Beck y Beck-Gernsheim, 2001; Giddens, 1991; Lash y Urry, 1994). Un parámetro esencial de la reflexividad es el aumento de las habilidades que tiene el actor para la generación de relaciones sociales y el desarrollo de actividades y, por consiguiente, para disfrutar de mayor libertad. Los medios de comunicación constituyen una de las principales fuentes de individualización (Giddens, 1991).

Por un lado, el individuo se individualiza en el consumo de los medios de comunicación bajo la forma de una carta de contenidos y un significado individuales. La abundancia de medios de comunicación (Keane, 2008) ofrece al individuo la posibilidad de formarse su propia y única realidad a base de temas, emociones y significados. El individuo construye su propia imagen del mundo y su forma individual de pensar, que escapa a los estándares de la comunicación de masas.

Por otra parte, mediante la individualización del consumo de los medios de comunicación, el individuo alcanza niveles más altos de libertad en numerosas relaciones y ámbitos sociales (Charlot, 1992; Lash y Urry, 1994: 50-51; Melucci, 1996). Esta visión concreta se vio reforzada con la llegada de internet y de las teorías sobre la sociedad de la información (Castells, 1996; Hodkinson, 2007) debido al acceso individualizado del actor a una variedad de contenidos mucho más amplia, a la naturaleza multimodal de tales contenidos y, fundamentalmente, a la interacción, también con otros usuarios. Por tanto, en cuanto a la relación entre los medios de comunicación y la individualización, internet proporciona una forma históricamente sin precedentes de individualización y libertad.

En la teoría social, la individualización se entiende como la ampliación de las posibilidades (o la libertad) de un individuo para la interacción social y para actividades que emanan de los objetivos que el propio individuo se plantea (Pleios, 1998). En relación con los medios de comunicación, esto se traduce en la ampliación de su libertad para elegir contenidos, así como en la libertad de determinar con quién y cómo se relacionará en el proceso de generación/consumo de contenido, o en otras actividades a las que accederá a través de ese contenido.

Internet amplía esta posibilidad. En términos de construcción social de la teoría de la realidad (Berger y Luckmann, 1967), internet ofrece en mayor medida que otros medios de comunicación la oportunidad de internalizar una parte mucho más vasta del mundo exterior —lo que constituye un importante parámetro de la individualización—. Sin embargo, la individualización a través de internet, dadas ciertas limitaciones espaciales y temporales, se produce fundamentalmente en el propio ciberespacio. En este sentido, dicha individualización, entendida como un mayor grado de libertad y de subjetivación del mundo objetivo, sucede en la medida en que la realidad social es la misma realidad que la del ciberespacio.

Esto desemboca en el problema del denominado "aislamiento social". Olds y Schwartz (2009) sostienen que internet desvía la atención de las relaciones físicas y locales y que las actividades en línea pueden debilitar las formas tradicionales de las relaciones sociales. La búsqueda de más información y de (mayor) libertad/individualización conduce a un creciente acceso a internet en términos de tiempo, lo que va asociado a una adicción a internet (Howard, Rainie, y Jones, 2002), aunque se trata de dos fenómenos diferentes. Desde un punto de vista sociológico, lo más interesante es el aislamiento del mundo físico o la "soledad-individualización completa" (Morahan-Martin y Schumacher, 2003).

El aislamiento social en el uso de los medios de comunicación existía antes de la aparición de internet y es distinto en cada medio de comunicación. No obstante, por principio, el consumo de los antiguos medios de comunicación es colectivo, no solo por la tecnología de dichos medios de comunicación, sino también por la organización social en instituciones. Internet contribuyó a pasar de la organización colectiva de las relaciones sociales a su organización a través de internet (Wellman, Boase y Chen, 2002), es decir, a una situación donde las relaciones sociales están mediadas a través de la red y del ordenador y, por tanto, hay menos interacción formal en instituciones sociales. Por consiguiente, internet está intrínsecamente relacionado con la soledad (individualización solitaria), ya que su uso es, por definición, individual, incrementándose tanto durante el tiempo de trabajo como en tiempo de ocio.

No obstante, es más evidente en las actividades de ocio (entretenimiento, contactos e interacción) porque afecta a la generación libre y autorreferenciada de relaciones. Si en el ocio la individualización solitaria está asociada con el aislamiento social, en el trabajo está relacionada con la desigualdad social preexistente a internet.

Ni la limitación social ni la desigualdad social están relacionadas con internet y la individualización solitaria mediante una línea recta, sino que esa relación está mediada por los cambios que se producen en las relaciones sociales tanto en el tiempo de ocio como en el de trabajo.

## INTERNET Y EL AISLAMIENTO SOCIAL

El aislamiento social originado en internet está considerado un grave problema social (McPherson, Smith-Lovin y Brashears, 2006). Se expresa como la ausencia de actividades/contactos sociales al margen de internet o incluso como la sustitución de dichas actividades/contactos por los que tienen lugar en la red (Kraut et al., 2002). Algunas investigaciones señalan que los grandes usuarios de internet parecen reducir sus contactos sociales, sus salidas de compras y otras actividades (Cole, 2000; Hampton y Wellman, 2000; Nie y Erbring, 2000). Según Putnam (2000: 177), los usuarios de internet no se diferencian de los no usuarios en su implicación ciudadana. Según otras fuentes, aunque los individuos tienen contactos con un gran número de personas a través de las redes sociales, en internet interactúan ante todo con aquellos con los que tienen interacciones fuera de la red (Papacharissi y Rubin, 2000; Parks, 2010), es decir, que en lugar de sustituir sus actividades fuera de la red, las complementan (DiMaggio, Hargittai, Russell y Robinson, 2001: 316).

Los resultados mencionados hasta aquí hacen referencia al periodo inicial de internet. Posteriormente, con el aumento de la utilización de los nuevos medios de comunicación, así como con el desarrollo de las redes sociales, se ha incrementado el aislamiento social de los individuos (Hampton, Sessions y Her, 2011). Sin embargo, estos medios de comunicación son importantes para la interconexión de las personas con dificultades de movimiento y participación (por ejemplo, las personas con discapacidad) (Huang y Baorong, 2005) y de las personas en situaciones de dispersión y aislamiento geográfico (Hampton, Sessions y Her, 2011).

La cuestión de si el uso de internet reduce o aumenta los contactos sociales fuera de la red ha sido analizada desde el punto de vista del capital social. En algunos análisis, el capital social trata la participación de un individuo en grupos en la red o fuera de ella en términos cuantitativos. Internet, efectivamente, multiplica la posibilidad de inclusión del individuo en comunidades virtuales; por consiguiente, el capital social del individuo aumenta a menudo.

Según Sennett, existen dos maneras de entender el capital social. En primer lugar, y en referencia a la aproximación de Putnam (2000) (como se cita en Sennett, 2008: 69-70), se puede entender como una cantidad de contactos. En segundo lugar, conforme al concepto de Portes y White (White, 2002) (como se cita en Sennett, 2008: 69-70), se puede concebir como la identificación del individuo con los grupos en los que participa. Por tanto, el capital social no depende tanto de la participación en sí del individuo en distintos grupos como de la importancia que el individuo confiera a dicha participación.

Pero ¿qué importancia otorga el individuo a su participación en grupos virtuales? La investigación previa muestra que en estos grupos existen problemas de confianza (Walther y Bunz, 2005). Estos problemas disminuyen cuando los miembros del grupo cumplen las normas, algo que resulta más fácil en los grupos cerrados que en los abiertos. Además, en las redes sociales se identifican otros obstáculos para el desarrollo del capital social (Smith, 2011). Por tanto, aunque es cierto que internet favorece la participación individual en comunidades virtuales, se observa un bajo grado de valoración de esta participación. A las comunidades virtuales, especialmente a las de ocio, les falta la estabilidad y la solidaridad social que son habituales en los grupos sociales del mundo físico (Phulari et al., 2010).

Por otra parte, si la conexión a internet ocupa un espacio de tiempo constantemente creciente en las actividades de las personas, es posible que se produzca un debilitamiento de la cohesión de los grupos sociales del mundo físico (Chen y Wellman, 2005). Dichos grupos son la familia, los compañeros de trabajo, la comunidad de correligionarios, etc. Por consiguiente, aunque se mantenga el contacto físico, se produce la individualización de la participación y de la interacción, al estar más mediada por la potencialidad del ciberespacio. Por consiguiente, la cuestión no es que internet reduzca o multiplique los contactos de las personas, sino que altera la naturaleza de los contactos sociales tanto en el ciberespacio como fuera de él (Hodkinson, 2007).

De este modo, la individualización a través de internet tiende a adquirir la forma de la individualización social. Sin embargo, la individualización social mediada a través de internet y del ordenador en un ciberespacio mercantilizado tiende a convertirse en personalización. Existen numerosas pruebas de ello en las compras electrónicas, la formación electrónica, etc., así como en las redes sociales. En este sentido, el nuevo menú de medios de comunicación que consume el usuario no es generado por los propios consumidores; se deriva de los cálculos automáticos de preferencias previas realizados por los proveedores de contenidos. De modo que, en lugar de cambiar el interés y las rutinas de los usuarios, la personalización, es decir, la adaptación a las características individuales, los mantiene. Esta personalización tiende a limitar el yo, lo que contradice el elemento más básico de la individualización, que es el yo. Así, la individualización se convierte en una cuasi-individualización.

Dado que la búsqueda de una mayor simetría entre la realidad interior y exterior constituye una fuerza básica que impulsa a la conexión a la red y, por tanto, a la individualización solitaria, el grado extremo de este comportamiento es la adicción a internet (Goldberg, 1995; Mitchell, 2000; Young, 1996). La adicción a internet constituye un creciente problema social vinculado al uso de este medio de comunicación. En Grecia, por ejemplo, en 2011, el 11,8% de los jóvenes de entre 15 y 18 años eran adictos a internet (Theodora, 2013), en Corea del Sur lo eran el 2,8% (Ha y Hwang, 2014) y en el sur de Italia, el 3,9% (Bruno et al., 2014), mientras que en España el

20% de los jóvenes cumplía los criterios propios de un uso problemático de internet (González y Orgaz, 2014).

Esta adicción tiene dos características. En primer lugar, el tiempo excesivo que el individuo dedica a las actividades en línea y, en segundo lugar, el descuido de otras actividades (sueño, escuela, deportes, etc.) (Siomos *et al.*, 2012). No obstante, la frontera entre un intenso uso de internet y una adicción parece ser arbitraria para los expertos (Adiele y Olatokun, 2014; Charlton y Danforth, 2010).

La adicción a internet no es idéntica a la individualización solitaria, pero tampoco se trata de algo totalmente distinto a esta. La adicción se distingue de un uso intensivo de internet porque la persona adicta ignora actividades obligatorias como alimentarse, dormir o trabajar, algo que no sucede en el caso del uso intensivo no convertido en adicción. La adicción a internet es una expresión psicológica de aislamiento social, una individualización solitaria que viene acompañada de los trastornos psíquicos correspondientes.

## INTERNET Y LA DESIGUALDAD SOCIAL. POR QUÉ IMPORTA LA INDIVIDUALIZACIÓN

La desigualdad social es una relación social en la que distintos grupos de individuos tienen un acceso desigual a bienes materiales o intelectuales, derechos civiles o políticos, etc. en función de atributos sociales como su clase o sus ingresos, su identidad cultural, su sexo, su raza, etc. (Blackburn, 1999; Grabb, 1984; Tilly, 1998, 2005).

Los distintos paradigmas sociológicos tratan la desigualdad social de distinta manera (Romero y Margolis, 2005; Tilly, 1998). No obstante, existen dos formas posibles de analizar la relación entre internet y la desigualdad social (Chen y Wellman, 2005; DiMaggio, Hargittai, Russell y Robinson, 2001): primero, en cuanto a las desigualdades sociales en el acceso y el uso de internet (la brecha digital); y, segundo, en cuanto al aumento de las desigualdades sociales o de la creación de nuevas desigualdades sociales a consecuencia del uso de internet. Sin embargo, la correlación entre tecnología y desigualdad social no es directa, sino que está mediada por cambios en la organización del trabajo o en la organización del consumo a través de internet, y viceversa —es decir, esos cambios están, a su vez, mediados por la citada correlación—.

### LA BRECHA DIGITAL Y EL PAPEL DEL CAPITAL CULTURAL (DIGITAL)

La brecha digital (Chen y Wellman 2005: 523) incluye dos elementos diferentes aunque interrelacionados. En primer lugar, están los parámetros materiales de la brecha, es decir, el acceso a internet, que depende de factores materiales (recursos financieros, infraestructura tecnológica, etc.), tanto a escala individual (tales como la renta, la clase, la edad, el género, etc.), como a escala social (infraestructuras del Estado o de empresas privadas) (Chen y Wellman, 2005; DiMaggio, Hargittai, Russell y Robinson;

2001; Hargittai, 1996). La brecha digital es analizada desde el punto de vista de las clases sociales, las categorías de ingresos, el género, la edad y los niveles educativos y, asimismo, desde el punto de vista horizontal, comparando países, continentes y regiones con un desarrollo desigual tanto a escala internacional, como dentro de las fronteras nacionales de los países, etc. (Mariscal, 2005). A pesar de que la brecha tiende a reducirse (tabla 1), sigue existiendo desigualdad cuando se compara el acceso en los países desarrollados y en los países en vías de desarrollo.

TABLA 1
USUARIOS DE INTERNET EN EL MUNDO

|  | 2005 | 2010 | 2013 |
|---|---|---|---|
| Población mundial | 6.500 millones | 6.900 millones | 7.100 millones |
| No utiliza internet | 84% | 70% | 61% |
| Utiliza internet | 16% | 30% | 39% |
| Usuarios en el mundo en vías de desarrollo | 8% | 21% | 31% |
| Usuarios en el mundo desarrollado | 51% | 67% | 77% |

FUENTE: UNIÓN INTERNACIONAL DE TELECOMUNICACIONES (UTI), 2005, 2010, 2014.

En segundo lugar, la brecha digital hace también referencia a las diferencias en cuanto al grado y la forma de utilización de internet. Estas diferencias están asociadas a la existencia de una cultura digital o cultura de internet. Este concepto incluye el modo de vida en general, el nivel educativo, el grado de individualización de una sociedad y del grupo social al que pertenece el individuo en cuestión, la necesidad de utilizar internet en actividades profesionales o de otro tipo, el marco de valores, etc. (Chen y Wellman, 2005; DiMaggio, Hargittai, Russell y Robinson, 2001: 311-312). Aunque la "cultura de internet" está relacionada con la brecha digital material, no es exactamente lo mismo. La segunda brecha digital (Graham, 2014), es decir, la diferencia entre productores y consumidores de contenido, que se observa incluso cuando se reduce la brecha digital material, constituye un aspecto fundamental de la brecha en la cultura de internet.

La brecha de la cultura digital es mucho más que simplemente la alfabetización en medios de comunicación. Es más bien una brecha en términos de capital cultural digital. Esto hace referencia tanto a las competencias de utilización de internet como a los motivos, la predeterminación y la búsqueda de una utilización adecuada de las capacidades de internet en relación con las demás actividades de las personas, lo que también facilitará o dificultará la utilización de los medios de comunicación digitales y, en particular, internet.

La brecha del capital cultural digital se debe a varios factores sociales y culturales (Chen y Wellman, 2005: 529). El nivel educativo parece tener un importante papel (DiMaggio, Hargittai, Russell y Robinson, 2001: 311), al igual que el lugar de residencia (urbano-rural) y la edad (Katz y Aspden, 1997; Katz, Rice y Aspden, 2001).

También se ha observado una diferencia significativa relacionada con la diversidad racial y étnica (DiMaggio, Hargittai, Russell y Robinson, 2001). Por lo tanto, el capital educativo, en términos de grado de conocimiento y disposición (Bourdieu, 1986), parece tener un papel esencial en la brecha del capital cultural digital. Debemos incluir también el conocimiento de la lengua inglesa, que es muy importante para navegar en gran parte del ciberespacio (Hermeking, 2005).

En gran medida, estos factores comparten como eje común, entre otros elementos, la individualización de la sociedad en términos institucionales y de valores. El uso de internet es individualizado. Por ello, es posible que el uso de la red o de otros medios de comunicación digitales individualizados se vea obstaculizado a nivel práctico o a nivel del sistema de valores en sociedades o grupos con un modo de vida colectivo.

Según demostró Hermeking (2005), "el desarrollo económico es solo uno de los múltiples factores de la brecha digital". Algunos pequeños factores culturales, como el "individualismo" y el "evitar la incertidumbre", juegan un papel aún más importante. Por lo tanto, la individualización y su búsqueda constituyen uno de los factores más significativos en la determinación de la brecha cultural digital entre quienes tienen acceso a internet (Vicente y López-Menéndez, 2006). La cultura digital, cuya esencia no está formada únicamente por la tecnología sino también por la búsqueda de la individualización, es el puente entre la tecnología propiamente dicha y sus consecuencias sociales (por ejemplo, la desigualdad).

## DE INTERNET A LA DESIGUALDAD SOCIAL A TRAVÉS DE LA INDIVIDUALIZACIÓN

La relación entre internet y la desigualdad social es multifacética. Si la brecha digital es el reflejo de las desigualdades sociales a través de la cultura (especialmente por medio de la individualización), la contribución de internet a la creación de nuevas desigualdades sociales, al mantenimiento de algunas de las existentes y a la reducción de otras constituye otro aspecto importante de dicha relación. La desigualdad social tiene múltiples causas, aunque la fundamental sigue siendo la desigualdad de clases (Blackburn, 1999; Tilly, 1998). En la sociedad de la información, la desigualdad de clases no se elimina, cambia (Fuchs, 2009; Pleios, 2012). La contribución de internet y de las TIC, en este sentido, resulta evidente tanto en la esfera de la producción como en el ámbito del consumo.

Dentro de la esfera de la producción, una de las primeras consecuencias que tienen internet y las TIC sobre la desigualdad social es la división de los sistemas económicos (las empresas) y de la mano de obra en dos grupos desiguales: por un lado, quienes están completamente integrados en la sociedad de la información y, por otro, aquellos que no lo están. Esta desigualdad se expresa tanto en forma de brecha digital, es decir, quienes no utilizan las nuevas tecnologías en el trabajo aunque las utilicen en su ocio principalmente para el entretenimiento (Eurostat, 2012), como de brecha socioeconómica. Esto significa que aquellos que utilizan las nuevas tecnologías en el trabajo suelen tener mejores salarios y posición social que aquellos que no lo hacen

(Castells, 1996). La cuestión que se plantea aquí es si la generalización de internet puede reducir esta desigualdad.

De forma más general, según Chen y Wellman (2005) existen tres aproximaciones básicas con respecto a las consecuencias de internet sobre la desigualdad social. Primero, el escenario de la compensación: internet reduce las desigualdades sociales porque favorece el desarrollo y el acceso de grandes grupos de población al conocimiento y a la información (véase también Negroponte, 1994). Segundo, el escenario de la amplificación: internet reproduce, o incluso incrementa, las desigualdades sociales ya existentes a favor de aquellos que tienen un estatus socioeconómico superior (Castells, 1996; Chen y Wellman, 2005: 532-33; DiMaggio y Hargittai, 2001); el caso típico es el de la brecha digital. Tercero, el escenario de la transformación, enfatizado en estudios empíricos y en la realidad y que rechaza las aproximaciones inductivas. En política, el uso de internet puede contribuir a la caída de regímenes autoritarios, como en la Primavera Árabe (Anderson, 2011) y Euromaidán (Bohdanova, 2014), aunque no siempre es así, como en el caso de los Indignados griegos "Aganaktismenoi" (Panagiotopoulou, 2013) o de la ocupación de Taksim (Gökay y Xypolia, 2013). La difusión del uso de internet (público y gratuito o a precio reducido) en las regiones en desarrollo tiene un impacto positivo en ámbitos como la educación y la sanidad, etc. (Chen y Wellman, 2005: 533). Internet y otras TIC están transformando los principios de estratificación (Castells, 2000; Wellman, Boase y Chen, 2002) y podrían reducir la desigualdad "al disminuir el coste de la información, con lo que mejoraría la capacidad de hombres y mujeres con menores ingresos para ganar capital humano" (Becker, 1975; DiMaggio, Hargittai, Russell y Robinson, 2001).

No obstante, lo que se pasa por alto en esta perspectiva son las relaciones sociales dentro de la economía. Y el mismo error se repite en la teoría del capital humano. El ser humano se convierte en un factor determinante de la economía, ya que la organización social del trabajo, no la organización tecnológica, es el principal factor de producción (Rueschemeyer, 1986), como ocurría en el fordismo. Con la transición a la organización posfordista del trabajo (Lipietz, 1997) y la utilización de las TIC en los sistemas productivos —en gran medida, una producción diversificada y flexible— (Castells, 1991; Harvey, 1989), aparece una nueva característica esencial en la esfera del capital humano. Se trata del desarrollo de una nueva clase de motivaciones: la iniciativa productiva, en lugar de la disciplina de producción que exigía el fordismo (Lipietz, 1997; Pleios, 1996).

Esto implica y requiere la individualización de la participación de los empleados, mediada por las TIC en los procesos de producción en este entorno competitivo. Algunos teóricos (Beck y Beck-Gernsheim, 2001) aceptan que la individualización es tan significativa que ocupa el lugar que tenían las relaciones de clase dentro de la sociedad industrial. En conclusión, la relación de internet y las TIC con la desigualdad social está mediada por la individualización de la organización social general de la producción y la circulación. El camino hacia la desigualdad social en distintos ámbitos (el trabajo, la educación, la salud, el entretenimiento, etc.) también se ha individualizado. No se trata del rechazo del concepto de desigualdad social sino de su transformación.

La llegada de las nuevas tecnologías conduce a nuevas profesiones de la información. Esto supuso, inicialmente, para los jóvenes de las clases medias, una oportunidad para ganar buenos salarios y lograr un mejor estatus social, lo que les separaba del personal poco cualificado tipo empleados o trabajadores industriales. Los ejemplos de los gurús tecnológicos como Gates o los fundadores de Apple, Google etc. (Wu, 2010) son solo la punta del iceberg. Como consecuencia, con la implementación de las TIC en el proceso de producción, la mano de obra quedó dividida en dos grupos bien diferenciados: el grupo de aquellos que poseen elevadas cualificaciones y están altamente capacitados, especialmente en las nuevas tecnologías, y el grupo de los que, aunque están cualificados conforme a los estándares de la era industrial, están más cerca del estatus de los trabajadores no cualificados dentro del nuevo entorno productivo (Castells, 2003; Chen y Wellman, 2005: 530; Krueger, 1993). Esta división de la mano de obra en dos grupos conduce a una desigualdad doble. Por un lado, contribuye a la brecha digital existente entre los dos grupos (fundamentalmente en lo referente al capital cultural digital) y, por consiguiente, conduce a un acceso desigual a la información y a sus beneficios sociales. Y, por otro, también lleva a un acceso desigual a los salarios, al poder, a las condiciones de trabajo, etc., entre esos dos grupos de trabajadores, así como entre ellos y sus empleadores (Fuchs, 2010; Schiller, 1999).

Existe, no obstante, un aspecto más de desigualdad en relación con las TIC: la desigualdad que se crea en el proceso de consumo en lugar de en el proceso productivo.

## INTERNET Y LAS DESIGUALDADES SOCIALES EN LA ESFERA DEL CONSUMO

El uso de las TIC en la esfera del consumo (por ejemplo, el acceso a noticias, páginas web educativas y de medicina, redes sociales, etc.) no puede entenderse fuera de su relación con la producción. Concretamente, no puede ser entendido fuera de la forma de regulación de las relaciones capital-trabajo (Lipietz, 1990; Pleios, 2012). Desde ese punto de vista, la sustitución del consumo en el mundo físico (como ir al teatro o al cine, escuchar música, la búsqueda de información sobre educación y salud, etc.) no puede entenderse a menos que se tenga en cuenta la cantidad de salario, la cantidad de tiempo de ocio y la cantidad de capital cultural que tienen los trabajadores. Desde el inicio de las políticas económicas neoliberales en la década de 1970 se ha observado una disminución de los salarios, algo que sucede de forma paralela a la expansión de internet y de las TIC tanto en la esfera del consumo como en la esfera de la producción. Esto resulta aún más evidente cuando los cambios sociales y tecnológicos en la organización del trabajo difuminan las fronteras entre el tiempo de trabajo y el tiempo de ocio (teletrabajo, trabajos en el sector de la información que se hacen desde casa, etc.).

El análisis de McNally (2011) muestra que, durante la crisis que tuvo lugar después de la década de 1970, el crecimiento vino acompañado de una reducción de los salarios, cambios en la organización del trabajo y la llegada de las nuevas tecnologías. Harvey (2010) también ha demostrado que, desde la década de 1980, se produce una reducción y contención de los salarios. La reducción de los salarios conduce a la limitación del consumo de masas o a la modificación de su estructura (de público a privado), o a ambos. Esa reducción ha alcanzado niveles dramáticos durante la crisis que empezó en 2007, especialmente en Europa (gráfico 1). Se pudo ver un ejemplo en el caso de Grecia, el país que más ha sufrido por la crisis en toda Europa (gráfico 2). A dicha reducción se debe añadir la subida de impuestos, así como la creciente tasa de desempleo normal y trabajo precario (Daly, Hobijn, Sahin y Valletta, 2012; Fuchs y Sandoval, 2014).

GRÁFICO 1
GASTO DE CONSUMO FINAL PRIVADO A PRECIOS DE 2010 (EN MRD/ECU)

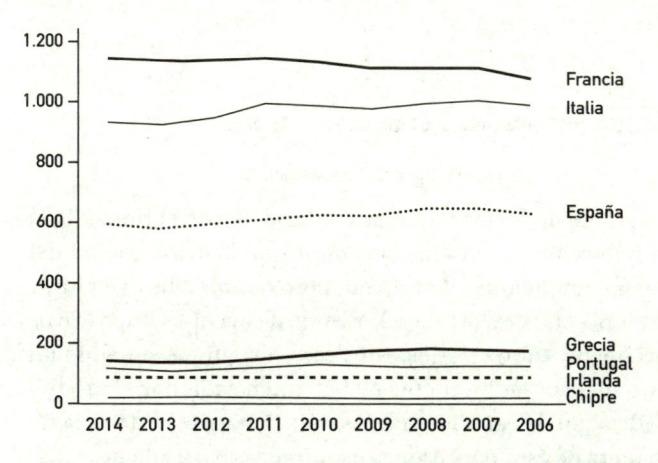

FUENTE: EUROPEAN COMMISSION (S.F.).

Mientras que los salarios se han reducido y el crédito reorienta el consumo de masas —es decir, el consumo superior al consumo mínimo que es necesario en un cierto periodo de tiempo para la existencia de los trabajadores y sus familias (Pleios, 2012)— hacia el consumo privado y centrado en el hogar, las nuevas tecnologías se generalizan en las empresas, junto con los cambios en la organización del trabajo. Internet fue diseñado y desarrollado para servir fundamentalmente al sector empresarial (Garnham, 2000). Internet, combinado con otras tecnologías, se convierte así en el sistema nervioso del nuevo capitalismo globalizado (Fuchs, 2010; Sennett, 2008) y la interconexión pasa a ser una de sus características más importantes (Castells, 1996). Las nuevas tecnologías se están trasladando rápidamente desde la esfera de la producción a la del consumo. La comercialización y la búsqueda de beneficios constituyen uno de los principales factores de dicho cambio, aunque también contribuyen el hecho de que los nuevos medios de comunicación satisfacen las necesidades de comunicación de una sociedad individualizada e interconectada y de que una parte significativa de los trabajadores de la información ya están familiarizados con el uso de las TIC. Por tanto, el uso intensivo de las TIC está asociado con la reducción del consumo de masas. El incremento del primero (el consumo de medios de comunicación digitales) compensa la reducción del segundo (el consumo de masas real).

GRÁFICO 2
CAMBIOS EN EL CONSUMO PRIVADO EN GRECIA A PRECIOS DE 2010 (EN MRD/ECU)

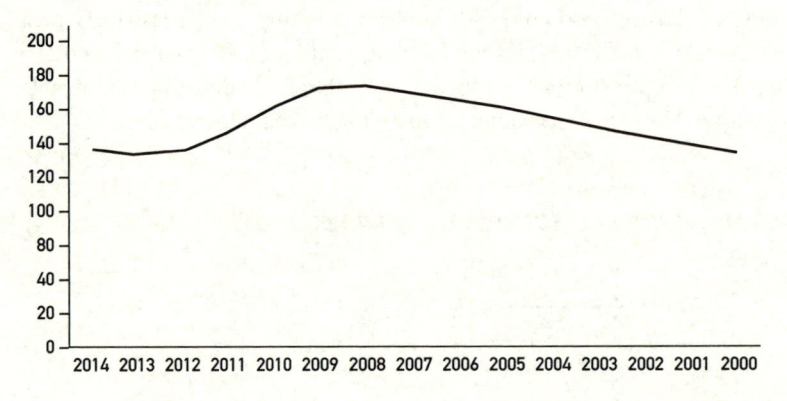

FUENTE: EUROPEAN COMMISSION (S.F.).

Esta relación puede observarse de forma aún más evidente desde el inicio de la crisis, que ha conducido a la reducción de salarios, a cambios en la organización del trabajo y al empeoramiento de las condiciones de trabajo, pero también ha dado lugar a la contracción del Estado de bienestar, a recortes y a la subida de los tipos impositivos (Fuchs y Sandoval, 2014; MacGregor, 1999). Todos estos cambios juntos suponen un duro golpe para el consumo de masas, que ya no puede ser financiado por el crédito privado. Según los resultados de algunos estudios (Pleios, 2014), esto conduce a la limitación del entretenimiento fuera de casa por razones económicas o psicológicas. Las razones psicológicas favorecen la sustitución del consumo de masas real por el virtual. Además, una parte significativa de la población que no puede mantener los elevados niveles de consumo de masas que tenía antes de la crisis utiliza cada vez más las TIC e internet para comunicarse con amigos y colegas, para ver películas y vídeos y para escuchar música, aunque también para buscar información en el ámbito de la salud y de los servicios educativos en un mundo social individualizado (Askitas y Zimmermann, 2014; Griffiths, Lindenmeyer, Powell, Lowe y Thorogood, 2006; Parks, 2010; Teo, Lym y Lai, 1999). En otras palabras, internet actúa como sustituto, aunque también es un velo que oculta la desigualdad social y, por tanto, la legitima. Internet contribuye también a la desigualdad social a través de innumerables formas individualizadas.

## CONCLUSIÓN

El desarrollo de las TIC estuvo condicionado por la lógica económica y, en particular, por la liberalización, la globalización y la informatización del capitalismo. Con esta observación se pueden establecer dos conclusiones. Primero, que todo efecto de las TIC sobre los problemas sociales está mediado por los cambios que se producen en las relaciones sociales de producción. Dentro de estos cambios, uno de los más significativos es la individualización, asociada con las TIC tanto desde el punto de vista técnico como social. Segundo, entre los problemas sociales que existen en el capitalismo de la información, uno de los más importantes es la desigualdad social. La desigualdad social es reconstruida en distintos sistemas sociales por el papel decisivo de las nuevas diferencias de clase y por la individualización. En este contexto, se crean dos mundos distintos dentro del lado menos privilegiado de la desigualdad. Por una parte, surge un mundo en el que el consumo real es reemplazado por el consumo virtual; el consumo virtual contribuye a la reproducción social, así como a cultivar el capital humano, esencial para las empresas del capitalismo de la información. Por otra parte, existe un mundo formado por los antiguos trabajadores cualificados y no cualificados, limitados al trabajo precario y peligroso, y con un consumo mínimo pero real o un consumo digital virtual limitado. Este mundo es el que sufre la mayor brecha digital.

## BIBLIOGRAFÍA

Adiele, I. y Olatokun W. (2014):"Prevalence and determinants of Internet addiction among adolescents", *Computers in Human Behavior*, 31, pp. 100-110.

Adorno, T. y Horkheimer, M. (2001): "The culture Industry: Enlightenment as mass deception", en M. Durham y D. Kellner (eds.), *Media and cultural studies. Keyworks*, Oxford, Blackwell.

Anderson, L. (2011): "Demystifying the Arab Spring: parsing the differences between Tunisia, Egypt, and Libya", *Foreign Affairs*, 90(3), pp. 2-7.

Askitas, N. y Zimmermann, K. F. (2014): "Health and well-being in the crisis", document de trabajo nº 5601. Disponible en http://www.econstor.eu/bitstream/10419/51705/1/665233418.pdf

Barkan, S. E. (2012): *A primer on social problems (v. 1.0.)*. Disponible en http://2012books.lardbucket.org/pdfs/a-primer-on-social-problems.pdf

Beck, U. (1994): "The reinvention of politics: towards a theory of reflexive modernization", En U. Beck; A. Giddens y S. Lash (eds.), *Reflective modernization*, Cambridge, Polity Press, pp. 1-55.

Beck, U. y Beck-Gernsheim, E. (2001): *Individualization*, Londres, Sage.

Becker, G. S. (1975): *Human capital*, Princeton, Princeton University Press.

Berger, P. L. y Luckmann T. (1967): *The social construction of reality: A treatise in the sociology of knowledge*, Nueva York, Anchor.

Biddle, L.; Donovan, J.; Hawton, K.; Kapur, N. y Gunnell, D. (2008): "Suicide and the internet", *British Medical Journal*, 336(7648), pp. 800-802.

Blackburn, R. M. (1999): "Understanding social inequality", *International Journal of Sociology and Social Policy*, 19(9), pp. 1-22.

Blumer, H. (1971): "Social problems as collective behaviour", *Social Problems*, 18(3), pp. 298-306.

Bohdanova, T. (2014): "Unexpected revolution: the role of social media in Ukraine's Euromaidan uprising", *European View*, 13(1), pp. 33-142.

Bourdieu P. (1986): "The forms of capital", en J. G. Richardson (ed.), *Handbook for theory and research for the sociology of education*, Nueva York, Greenwood Press, pp. 241-258.

Bruno, A.; Scimeca, G.; Cava L.; Pandolfo, G.; Zoccali, R. A. y Muscatello, M. R.A. (2014): "Prevalence of internet addiction in a sample of Southern Italian high school students", *International Journal of Mental Health*, 14(6), pp. 708-715.

Castells, M. (1991): *The informational city. Information technology, economic restructuring and the urban-regional process*, Oxford, Blackwell.

— (1996): *The rise of the networked society*, Oxford, Blackwell.

— (2000): "Materials for an exploratory theory of the network society", *British Journal of Sociology*, 51(1), pp. 5-24.

— (2003): *The transformation of labour and employment. Internet workers, unemployed and flexible*, Atenas, Leshi ton Kataskopon tou 21ou Aiona.

Charlot, B. (1992): *The school is changing*, Atenas, Protaseis.
Charlton, J. P. y Danforth, I. D. (2010): "Validating the distinction between computer addiction and engagement: online game playing and personality", *Behavior & Information Technology*, 29(6), pp. 601-613.
Chen, W. y Wellman, B. (2005): "Minding the cyber-gap: The internet and social inequality", en M. Romero y E. Margolis (eds.), *The Blackwell Companion to Social Inequalities*, Oxford, Blackwell, pp. 523-545.
Cole, J. (2000): *Surveying the digital future*, Los Ángeles, UCLA Ctr. Telecommun.
Crone, J. (2007): *How Can We Solve Our Social Problems*, Thousand Oaks, CA, Pine Forge Press.
Daly, M. C.; Hobijn, B. E.; Sahin, A. y Valletta, R. G. (2012): "A search and matching approach to labor markets: Did the natural rate of unemployment rise?", *Journal of Economic Perspectives*, 26(3), pp. 3-26.
Demertzis, N. (2002): *Political communication. Risk, publicity, internet*, Athens, Papazisis.
DiMaggio, P. y Hargittai, E. (2001): "From the 'digital divide' to 'digital inequality': Studying internet use as penetration increases", document de trabajo, serie nº 15, Princeton, NJ, Princeton University Center for Arts and Cultural Policy Studies.
DiMaggio, P.; Hargittai, E.; Russell, N. y Robinson, J. P. (2001): "Social implication of the internet", *Annual Review of Sociology*, 27, pp. 307-36.
European Commission (s. f.): *Economic and Financial Affairs AMECO*. Disponible en http://ec.europa.eu/economy_finance/ameco/user/serie/ResultSerie.cfm
Eurostat (2012): "Digital competences in the digital agenda", *Digital Agenda Scoreboard 2012*. Disponible en https://ec.europa.eu/digital-agenda/sites/digital-agenda/files/scoreboard_digital_skills.pdf
Fuchs, S. (2001): *Against essentialism*, Cambridge, Harvard University Press.
— (2009): "A contribution to the critique of the political economy of transnational informational capitalism", *Rethinking Marxism*, 21(3), pp. 387-402.
— (2010): "Labor in informational capitalism and on the internet", *The Information Society*, 26(3), pp. 179-196.
Fuchs, C. y Sandoval, M. (2014): "Critique, social media and the information society in the age of capitalist crisis", en C. Fuchs y M. Sandoval (eds.), *Critique, social media and the information society*, Nueva York, Routledge, pp. 1-47.
Garnham, N. (2000): *Emancipation, the media and the modernity: Arguments about the media and social theory*, Oxford, Oxford University Press.
Giddens, A. (1991): *Modernity and self-identity*, Londres, Polity Press.
Gökay, B. y Xypolia, I. (eds.) (2013): "Reflections on Taksim-Gezi Park protests in Turkey", Keele European Research Centre Southeast Europe Series. Disponible en http://www.keele.ac.uk/journal-globalfaultlines/publications/geziReflections.pdf
Goldberg, I. (1995): "Technological addictions", *Clinical psychology Forum*, 76, pp. 14-19.
González, E. y Orgaz, B. (2014): "Problematic online experiences among Spanish college students: associations with internet use characteristics and clinical symptoms", *Computers in Human Behavior*, 31, pp. 151-158.
Grabb, E. G. (1984): *Theories of social inequality: Classical and contemporary perspectives*, Toronto, Holt, Rinehart and Winston.
Graham, M. (2014): "The knowledge based economy and digital divisions of Labour", en V. Desai y R. Potter (eds.), *Companion to Development Studies*, tercera edición, pp. 189-195. Routledge: Londres.
Griffiths, F.; Lindenmeyer, A.; Powell, J.; Lowe, P. y Thorogood M. (2006): *Why are health care interventions delivered over the internet? A systematic review of the published literature*. Disponible en http://www.ncbi.nlm.nih.gov/pmc/articles/PMC1550698/
Ha, Y. M. y Hwang, W. J. (2014): "Gender differences in internet addiction associated with psychological health indicators among adolescents using a national web-based survey", *International Journal of Mental Health and Addiction*, 12(5), pp. 660-669.
Hampton, K. y Wellman, B. (2000): "Examining community in the digital neighborhood: Early results from Canada's wired suburb", en T. Ishida y K. Isbister, (eds.), *Digital cities: Experiences, technologies and future perspectives*, Heidelberg, Germany, Springer-Verlag, pp. 475-92.
Hampton, K. N.; Sessions, L. F, y Her, E. J. (2011): "Core networks, social isolation, and new media how internet and mobile phone use is related to network size and diversity", *Information, Communication & Society*, 4(1), pp. 130-155.
Hargittai, E. (1996): *Holes in the net: the internet and international stratification* (Senior Honors Thesis). Disponible en http://cs.smith.edu/~hargitta/Thesis
Harvey, D. (1989): *The condition of postmodernity. An inquiry into the origins of cultural change*, Cambridge, Blackwell.
— (2010): *The enigma of capital and the crises of capitalism*, Londres, Profile Books.

HERMAN, E. y CHOMSKY, N. (2001): "A propaganda model", en M. Durham y D. Kellner (eds.), *Media and cultural studies. Keyworks*, Oxford: Blackwell, pp. 180-217.

HERMEKING, M. (2005): "Culture and internet consumption: contributions from cross-cultural marketing and advertising research", *Journal of Computer-Mediated Communication*, 11(1), pp. 192-216.

HILGARTNER, S. y BOSK, C. L. (1988): "The rise and fall of social problems: A public arenas model", *American Journal of Sociology*, 94(1), pp. 53-78.

HODKINSON, P. (2007): "Interactive online journals and individualization", *New Media & Society*, 9(4), pp. 625-650.

HOWARD, P.; RAINIE, L. y JONES, S. (2002): "Days and nights on the internet", en B. Wellman y C. Haythornthwaite (eds.), *The internet in everyday life*, Oxford, Blackwell, pp. 45-73.

HUANG, J. y BAORONG, G. (2005): "Building social capital: A study of the online disability community", *Disability Studies Quarterly*, 25(2). Disponible en http://dsq-sds.org/article/view/554/731

JENKINS, P. (2003): "Beyond tolerance: child pornography on the internet", Nueva York, New York University Press.

KATZ, J. E. y ASPDEN, P. (1997): "Motives, hurdles and dropouts", *Commun. ACM*, 40, pp. 97-102.

KATZ J. E.; RICE, R. y ASPDEN, P. (2001): "The Internet, 1995-2000: Access, civic involvement and social interaction", *American Behavioral Science*, 45(3), pp. 405-419.

KEANE, J. (2008): *Monitory democracy?*, Paper prepared at the Emergent Publics ESRC Seminar Series, Milton Keynes, Reino Unido. Disponible en http://www.open.ac.uk/socialsciences/emergentpublics/seminar1/keane_monitory_democracy.pdf

KELLNER, D. (2004): "The media and social problems", en G. Ritzer (ed.), *Handbook of Social Problems*, Thousand Oaks, Sage Publications, pp. 209-225.

KENDALL, D. (2007): *Social Problems in a diverse Society*, 4.ª edición, Boston, Pearson.

KRAUT, R.; KIESLER, S.; BONEVA, B.; CUMMINGS, J.; HELGESON, V. y CRAWFORD, A. (2002): "Internet paradox revisited", *Journal of Social Issues*, 58, pp. 49-74.

KRUEGER, A. B. (1993): "How computers have changed the wage structure: Evidence from Microdata, 1984-1989", *Quarterly Journal of Economics*, 108, pp. 33-60.

LASH, S. y URRY, J. (1994): *Economies of signs and space*, Londres, Sage.

LAUER, R. (1976): *Social problems (elements of sociology)*, Dubuque, Iowa, W. C. Brown Co. Publishers.

LIPIETZ, A. (1990): *Mirages and miracles*, Atenas, Exandas.

— (1997): "The post-Fordist world: Labour relations, international hierarchy and global ecology", *Review of International Political Economy*, 4(1), pp. 1-41.

MACGREGOR, S. (1999): "Welfare, neo-liberalism and new paternalism: Three ways for social policy in late capitalist societies", *Capital & Class*, 67, pp. 91-118.

MCNALLY, D. (2011): *Global slump: the economics and politics of crisis and resistance*, Oakland, Spectre.

MARISCAL, J. (2005): "Digital divide in a developing country", *Telecommunications Policy*, 29(5-6), pp. 409-428.

MCPHERSON, M.; SMITH-LOVIN, L. y BRASHEARS, M. E. (2006): "Social isolation in America", *American Sociological Review*, 71(3), pp. 353-375.

MELUCCI, A. (1996): *Challenging codes. Collective action in the information age*, Cambridge, Cambridge University Press.

MILLS, C. W. (2000): *The Sociological Imagination*, edición 40º aniversario, Oxford, Oxford University Press.

MISHARA, B. L.; WEISSTUB J. D. y DAVID, N. (2007): "Ethical, legal, and practical issues in the control and regulation of suicide promotion and assistance over the internet", *Suicide and Life-Threatening Behavior*, 37(1), pp. 58-65.

MITCHELL, P. (2000): "Internet addiction: genuine diagnosis or not", *Lancet*, 355(9204), pp. 632.

MOONEY, L. A.; KNOX, D. y SCHACHT, C. (2000): *Understanding social problems*, 2º edición, Cincinnati, OH, Wadsworth.

MORAHAN-MARTIN, J. y SCHUMACHER, P. (2003): "Loneliness and social uses of the Internet", *Computers in Human Behavior*, 19(6), pp. 659-671.

NEGROPONTE, N. (1994): "Prime time is my time: the blockbuster myth", *Wired 2.08*, 2(8). Disponible en http://www.wired.com/wired/archive/2.08/negroponte.html

NIE, N. H. y ERBRING, L. (2000): *Internet and society: a preliminary report*, Stanford, CA, Inst. For Quant. Stud. Soc.

OLDS, J. y SCHWARTZ, R. S. (2009): *The lonely America*, Boston, MA, Beacon.

PANAGIOTOPOULOU, R. (2013): "Communication practices of the Aganaktismenoi movement", en G. Pleios (ed.), *Media and the crisis*, Atenas, Papazisis, pp. 422-461.

PAPACHARISSI, Z. y RUBIN, A. (2000): "Predictors of internet use", *Journal of Broadcasting and Electronic Media*, 44(2), pp. 175-196.

PARKS, M. (2010): "Social network sites as virtual communities", En Z. Papachariss (ed.), *A networked self. Identity, community and culture on network sites*, Nueva York, Routledge, pp. 105-123.

PHULARI, S. S.; KHAMITKAR, S. D.; DESHMUKH, N. K.; BHALCHANDRA P. U.; LOKHANDE, S. N. y SHINDE, A. R. (2010): "Understanding formulation of social capital in online social network sites (SNS)", *International Journal of Computer Science Issues*, 7(1), pp. 92-96.

PLEIOS, G. (1996): "The crisis of education in mature capitalism", *To Vima ton Koinonikon Epistimon (The Tribune of Social Sciences)*, 19, pp. 143-185.

— (1998): "Individualization and televisual communication in late modernity", *The Greek Review of Social Research*, 95(A), pp. 87-124.

— (2012): "Communication and symbolic capitalism. Rethinking Marxist communication theory in the light of the Information Society", *tripleC*, 10(2), pp. 230-252. Disponible en http://www.triple-c.at

— (2014): "Social media in time of crisis", en A. Okay (ed.), *Understanding communication in the new media era*, Estanbul, The Journalists and Writers Foundation Press, pp. 13-35.

PUTNAM, R. D. (2000): *Bowling alone: the collapse and revival of American community*, Nueva York, NY, Simon and Schuster.

RHEINGOLD, H. (2002): "The virtual community and the real world", en B. Wellman y C. Haythornthwaite (eds.), *The internet in everyday life*, Oxford, Blackwell, pp. xxv-xxix.

ROMERO, M. y MARGOLIS E. (2005): "Introduction", en M. Romero y E. Margolis (eds.), *The Blackwell Companion to Social Inequalities*, Oxford, Blackwell Publishing, pp. 1-12.

RUESCHEMEYER, D. (1986): *Power and Division of Labor*, Londres, Polity Press.

SABINA, C.; WOLAK, J. D. y FINKELHOR, D. (2008): "Rapid communication. The nature and dynamics of internet pornography exposure for youth", *Cyberpsychology & Behavior*, 11(6), pp. 1-3.

SCHILLER, D. (1999): *Digital capitalism: Networking the global market system*, Cambridge, MIT Press.

SENNETT, R. (2008): *The culture of the new capitalism*, Atenas, Savalas.

SIOMOS, K.; FLOROS, G.; FISOUN, V.; DAFOULI E.; FARKONAS, N.; SERGENTANI, E.; LAMPROU, M. y GEROUKALIS, D. (2012): "Evolution of Internet addiction in Greek adolescent students over a two-year period; The impact of parental bonding", *European Child & Adolescent Psychiatry*, 21(4), pp. 211-219.

SMITH, M. S. (2011): *A computational framework for social capital in online communities* (tesis doctoral). Disponible en http://m.smithworx.com/publications/d.pdf

SPECTOR, M. y KITSUSE, J. I. (2009): *Constructing social problems*, Brunswick, Transaction Publishers.

TEO, T.S.; LYM, K. G. y LAI R., Y. C. (1999): "Intrinsic and extrinsic motivation in Internet usage", *Omega*, 27(1), pp. 25-37.

THEODORA, T. (2013, 22 de septiembre): "Explosión. Ciber-adicción en adolescentes", *TO BHMA Science*. Disponible en http://www.tovima.gr/science/article/?aid=531276

TILLY, C. (1998): *Durable Inequality*, Berkeley, CA, University of California Press.

— (2005): "Historical perspectives on inequality", En M. Romero y E. Margolis (eds.), *The Blackwell Companion to Social Inequalities*, Oxford, Blackwell Publishing, pp. 15-30.

TSALIKI, L. (2011): "Playing with porn: Greek children's explorations in pornography", *Sex Education: Sexuality, Society and Learning*, 11(3), pp. 293-302.

VICENTE, M. R. y LÓPEZ-MENÉNDEZ, A. J. (2006): "A multivariate framework for the analysis of the digital divide: Evidence for the European Union-15", *Information & Management*, 43(6), pp. 756-766.

WALTHER, J. y BUNZ U. (2005): "The rules of virtual groups: trust, liking and performance in computer-mediated communication", *International Communication Association*. Disponible en http://goo.gl/lrHH8l

WEICK, K. (1984): "Small wins. Redefining the scale of social problems", *American Psychologist*, 39(1), 40-49.

WELLMAN, B.; BOASE, J. y CHEN, W. (2002): "The networked nature of community: On and off the Internet", *IT and Society*, 1, pp. 151-65.

WHITE, H. C. (2002): *Markets from networks: socioeconomic models of production*, Princeton, Princeton University Press.

WU, T. (2010): *The master switch. The rise and fall of information empires*, Nueva York, Vintage.

YOUNG, K. S. (1996): "Internet addiction: The emergence of a new clinical disorder", *Cyberpsychology, Behavior and Social Networking*, 1(3), 237-244.

CAPÍTULO 14
## ¿EL SOPORTABLE MALESTAR DE LA DEMOCRACIA? ANÁLISIS DEL ACTUAL CLIMA DE DESAFECCIÓN SOCIAL Y POLÍTICA EN LAS DEMOCRACIAS EUROPEAS

JUAN C. DE PABLOS, RAFAEL VÁZQUEZ Y TERESA T. RODRÍGUEZ

> EL INDIVIDUALISMO ES UN SENTIMIENTO APACIBLE QUE INDUCE A CADA CIUDADANO A AISLARSE DE LA MASA DE SUS SEMEJANTES Y A MANTENERSE APARTE CON SU FAMILIA Y SUS AMIGOS; DE SUERTE QUE DESPUÉS DE FORMAR UNA PEQUEÑA SOCIEDAD PARA SU USO PARTICULAR, ABANDONA A SÍ MISMA LA GRANDE.
>
> Alexis de Tocqueville, *La democracia en América*

## INTRODUCCIÓN: MALESTAR, DESCONTENTO Y DESAFECCIÓN POLÍTICA COMO PROBLEMA SOCIAL

Resulta más que discutible presentar como novedad el actual malestar de la sociedad, como expone Iglesias de Ussel (2013: 586). En realidad, en su delimitación espacial, advierte seguidamente el autor, "se constata que el malestar no ha aparecido con la crisis, lo cual no quiere decir, que no carezca de relación" (Ibídem: 587).

Una percepción generalizada, sin embargo, parece ser la de su innegable impronta, sobre todo, la de su acentuación, a raíz del alcance y del empuje que han adquirido las protestas y las manifestaciones de disconformidad en la sociedad y en el entorno geopolítico actual, donde la ciudadanía se ha convertido en un nuevo actor social y político transnacional.

¿Implican esas emergencias o manifestaciones sociales y políticas de aparente "inquietud" generalizada a las que asistimos que el malestar, el descontento o la denominada como "desafección política" constituyen una dificultad real importante, presagiándose con ello un trastorno para la democracia actual? ¿Debemos entender el malestar, el descontento o la desafección como un problema social embrionario en auge y, sobre todo, de consecuencias impredecibles? En clave reflexiva, y de forma somera, estas son las preguntas a las que pretendemos dar una respuesta en este capítulo.

Conviene recordar que la democracia liberal, por la propia indeterminación de la misma, es estructuralmente inseparable de la decepción" (Lipovetsky,

2008: 59). Pero no solo la democracia. En realidad, no existe ámbito social que devenga ajeno a la forma incierta del mundo, como tampoco existen tiempos históricos sin sus conmociones propias. De sobra es conocido que ambas circunstancias graban profundamente al orbe y a la sustancia. No se conocen épocas con un orden que haya sido permanente y seguro. Todos los tiempos albergan la inquietud y la desazón como experiencias indisolubles al mundo y a lo humano.

No resulta infundado, en consecuencia, por la propia condición de inseguridad que proyectan malestar, descontento o desafección, concebir su popularidad y difusión, como tampoco vislumbrar las razones por las que hoy esos términos son señalados como expresiones pujantes de la realidad. Al amparo de esos conceptos parecen aflorar una serie de inestabilidades sintomatológicas que afectan al ámbito democrático, institucional y político en general, inciden en lo social, en lo económico o en lo cultural, etc., sobre las que se alzan pronósticos no muy alentadores sobre el futuro inmediato.

Ateniéndonos a eso, examinaremos sucintamente el término malestar, perfilando su advenimiento como un signo inherente al mundo y a la vida moderna. Aportaremos también una diferenciación significativa para la experiencia del descontento, destacando un tipo de insatisfacción que exhibe una correspondencia característica con los contextos de abundancia contemporánea o sociedades consumistas.

Por último, nos detendremos en un término igualmente en boga, como es la "desafección política", apuntando algunos de sus rasgos, sobre todo los formulados a la estela del descontento vicario, analizado por Veblen (2008); es decir, un tipo de descontento que sin ser un fenómeno nuevo en sentido estricto, mantiene la impugnación de los parámetros de la legitimación política en las democracias europeas actuales.

En cuanto a la intención de esbozar una respuesta a las cuestiones planteadas al inicio, resulta pertinente subrayar, no obstante, dos aspectos importantes. Por un lado, no se trata de conceptos fáciles. Registran complejidades, problemáticas y abrumadoras paradojas inagotables para las ciencias sociales. Por otro, no se puede desatender su condición esencial, en cuanto que malestar, descontento y desafección política son experiencias sociales cotidianas que articulan señales que nos envuelven como el aire. Revelan desafíos e incertidumbres de un mundo y de una cultura inagotable, la nuestra, siempre pendiente de clarificación en muchos de sus sentidos fundamentales.

De hecho, esa especie de orientación práctica está presente en la mayoría de los autores que han tratado con esos conceptos, tendiendo a ofrecer soluciones a los diversos problemas sociales detectados a través de sus análisis y reflexiones, posiblemente, fieles a una misma cosmovisión occidental, todavía vigente, que a todos nos sujeta: en el mundo moderno, no cabe el fatalismo. Estamos orientados a la acción.

## MALESTAR Y DESCONTENTO, DOS CONCEPTOS ASENTADOS EN EL ORDEN-DESORDEN

En su condición histórica es donde las nociones de malestar y descontento concretan un lado nuevo e insólito en la dilatada vivencia humana de lo incierto, articulando no solo una singularidad experiencial, sino también revelando una serie de elementos sintomatológicos relacionados con los procesos de transformación que instauran y desarrollan la inagotable modernidad (Beriain, 2005).

Centrándonos en el malestar, el pensamiento social del siglo XIX —Simmel, Benjamin, Freud, Nietzsche o Weber, entre otros—, por primera vez, advierte una honda fractura entre las condiciones de la modernidad, las consecuencias de la modernidad y la propia conformación de la cultura y del mundo moderno. En realidad, registros trascendentales relativos a los parámetros de orden-desorden (Beriain, 1990) que "revelan la situación aporética de la modernidad" (Bauman, 2009: XVI). La modernidad problematiza, lo convierte todo en problemático (Berger y Luckmann, 2002).

Derivado de eso, esos autores proponen una profusa idea sobre el "malestar", entendiéndolo como una nueva experiencia humana indisoluble al mundo y a las formas de vida instauradas y promovidas por la modernidad (Simmel, Benjamin o Nietzsche). Incluso llega a ser explorado como un mal endémico, radicado en dos singularidades originarias y fundacionales que impelen la propia cultura occidental: la insatisfacción que nos procuran las restricciones y el desencantamiento del mundo (Freud, 1998; Weber, 2005).

El paso del siglo XX al XXI verá surgir de nuevo diversas obras que incluirán indistintamente en su título los dos términos en cuestión —Taylor (1994), Sassen (1998), Bauman (2001), Stiglitz (2002), incluyendo en España a Rodríguez Ibáñez (1998)—. Estos autores sugieren una serie de problemáticas que afectarían a la semántica de ambos conceptos, aseverando, en líneas generales, que las razones del sostenido "malestar" y de un inesperado "descontento" se habrían vuelto más complejas, tal y como ejemplifica Fukuyama (1992) al indicar, tras el optimismo que siguió a la caída del muro de Berlín en 1989, que las intuiciones de un nuevo orden mundial distaban mucho de alcanzar la promesa moderna de bienestar generalizado.

Paradójicamente, sin embargo, aunque es posible dar cuenta de la fundamentación teórica y de ciertos aspectos sintomatológicos exhibidos por esos dos conceptos, no existe un cuerpo organizado de conocimiento acerca del malestar —en su sentido moderno— o del descontento. Por regla general, son agregados a una problemática social más dilatada, a la que se le llama pobreza, desempleo, maltrato, violencia, crisis del Estado de bienestar, deslegitimación política, desigualdad, salud o, dentro de ella, problemas mentales, Estado terapéutico, etc.

Esa "incorporación" epistemológica sin pormenorizar a menudo obvia un elemento fundacional y explicativo trascendental sobre las condiciones que subyacen a las vivencias de lo incierto como rasgo de nuestra era, escasamente percibido y, por tanto, como un sustrato invariable adscrito a la modernidad, que no solo es subrayado en las épocas de crisis, las condiciones desfavorables, las dificultades, las catástrofes o los infortunios personales. Probablemente, lo más desconcertante sea su afirmación en los escenarios y circunstancias cotidianas de prosperidad, —apenas— adversas en sentido material.

Explícitamente al menos, no cabe duda de que el aspecto que más acentúa lo incierto es que la modernidad socava de manera creciente los entornos sociales en los que se sustenta lo dado por supuesto (Berger y Luckmann, 2002). Si la modernidad nos liberó del drama del fatalismo y de los designios de la providencia, articuló, sin embargo, dos expresiones que resultarán determinadas tanto por sus logros —en cuanto a las expectativas—, como por sus fracasos —en cuanto a los incumplimientos en los mismos. Malestar y descontento, decisivamente, descubren esa fractura permanente en el consenso sobre lo seguro; un hecho indisoluble a la modernidad que, según Featherstone (1991), acontece incorporado a sus procesos más fundamentales, tales como las migraciones masivas, los medios de comunicación de masas, la urbanización, racionalización, secularización, diferenciación, el capitalismo y el industrialismo, el desarrollo científico-técnico, las democracias, el bienestar, el consumismo, la lógica individualista o la globalización que, entre otras contingencias, por ejemplo, hoy nos procura insólitos e inimaginables desasosiegos relacionados con el lugar —desarraigos— o con la construcción-definición de las identidades, etc.

Los dos conceptos, en definitiva, ofrecen una extraordinaria dilatación temática, sin duda inabarcable para un capítulo. Una limitación que refrenda la decisión expositiva de ceñirnos, en la medida de lo posible, al contraste mencionado y a la definición que hace el DRAE de los dos conceptos: "Desazón e incomodidad indefinible", para malestar y, por su parte, descontento, que remite a la "insatisfacción con algo o con alguien, al desagrado o el disgusto".

Subrayar una última cuestión sobre cómo fue propiciada la decisión de traer a estas páginas los ejemplos escogidos, encuadrados en la modernidad. No solo por el empeño justificado de profundizar en la comprensión de los conceptos, sino, sobre todo, por el carácter segregado o el destilado que esas expresiones presentan en los debates actuales, algunas veces, por mero desconocimiento, por simple apremio o por las exigencias expeditas que, lamentablemente, más a menudo de lo que sería deseable, consienten las explicaciones que se difunden sobre la realidad.

## 'MODERNITÉ', MASAS Y NEURASTENIA: PERSPECTIVAS E IMPRESIONES DE LA VIDA COTIDIANA Y DEL MUNDO MODERNO

Si enfocamos el ámbito de la experiencia en el mundo moderno, no pocos autores de primera fila de este siglo, y del pasado, han valorado la entrada en escena de las masas en la historia como el signo de nuestros tiempos. Sloterdijk (2005: 9) afirma: "El desarrollo de la masa —como *sujeto*— será la máxima que determine el contenido político del proyecto de la modernidad y, por tanto, se trata de una de las divisas más poderosas de nuestra época". Pero no solo implicará acceder al estatuto de una subjetividad o de una soberanía propias, instituyendo uno de los grandes temas de la modernidad, la emancipación (Sloterdijk, 2005). Si algo deslumbra de las masas es su encuentro con la *Modernité*, resultando casi imposible entenderlas por separado (Berman, 1991; Featherstone, 1991).

Fascinados por ambas, por el nuevo efecto insólito de la irrupción de las masas —el lleno— y por las nuevas vivencias que proponían las grandes ciudades de mediados y finales del siglo XIX, desde diversos ámbitos, los autores de esa época subrayaron excitaciones desconocidas, al mismo tiempo estimulantes y perturbadoras, que avivan los incesantes impactos derivados del mundo y de la vida moderna.

Cézanne, en ese sentido, abrirá la puerta al impresionismo más sensual de Renoir que, reflejando aspectos menos ásperos de la vida moderna que a veces resaltaron Manet o Van Gogh, reparará en la fuerza simbólica de lo cotidiano, en esa irrupción de las masas y en la emergencia de un refinamiento estético insólito hasta entonces, como muestran dos de sus pinturas más reconocidas: *Los paraguas* y *Almuerzo de remeros*.

En la literatura, por su parte, Baudelaire celebrará lo efímero y la nueva figura del paseante como signo inequívoco de los tiempos. Esos *flâneurs* o *flâneuses*, vagando entre las fugaces impresiones de las multitudes y de los espacios, simbolizan un nuevo tipo de "viajero" de lo cotidiano, "amante de las sensaciones inútiles", como lo definirá Paul Valéry, algunos, incluso, henchidos de una verdadera devoción por exhibirse, diferenciándose entre la multitud de extraños, tal y como ejemplifican los *dandies*, "héroes de la vida moderna", a los que Lefebvre (1971) caracteriza de esa forma, en clara oposición a los profesionales.

Benjamin, a su vez, en sus crónicas y reflexiones filosóficas sobre la vida cotidiana, se muestra igualmente atraído por las nuevas densidades humanas en un paisaje urbano de edificios y artículos donde los consumidores, desde París a Berlín, inundan las nuevas galerías, vistas por él como "pasajes o espacios anímicos de la psique" (Featherstone, 1991: 128).

*Modernité*, en definitiva, la palabra restablecida —es decir, alejada ya del uso ambivalente que tenía para los ilustrados—, circunscribe a las masas y, con ellas, a la metrópoli como cultura material que conmueve la vida mental de los individuos (Frisby, 1990). La metrópoli conformará las energías vitales inmersas en el deseo de atrapar la belleza transitoria. Consagrará "la afirmación de la imagen como prodigalidad y utopía: los bulevares, las grandes avenidas, los edificios, los diseños, las mercancías de toda especie, desde guías para el viajero intrépido, hasta lencerías, trajes, artículos de tocador, etc." (Featherstone, 1991: 128-129). Es el mundo del lleno —lleno de gente, de mercancías, oportunidades y de promesas sin límites—, el mundo de los individuos vivos, ensimismados y urbanos que también observará con asombro Simmel (Frisby, 1990).

Sobre su estela deslumbrante, Simmel, sin embargo, enfocando lo cotidiano, percibe un insólito contraste, motivado por la forma en que los individuos experimentan los cambios de su época y cómo estos afectan a su condición interna. Simmel será así otro impresionista para el que las relaciones sociales se encarnan en la cultura material, donde los individuos internalizan el mundo externo, el ritmo y la lógica de la urbe moderna. Tras sus efusiones y esplendor, describirá la conformación de una nueva inquietud interna: el individuo pierde su capacidad de asombro y reacción al no diferenciar su individualidad de su entorno (Simmel, 1978).

La seguridad interior del individuo es reemplazada por un débil sentido de tensión y vaga nostalgia, por una insatisfacción oculta, por una urgencia desentendida, originadas por la misma hiperactividad y excitación de la vida moderna. Esta insatisfacción oculta, según observa Simmel (1978), se manifiesta en la vida urbana, que es donde más se percibe la carencia de algo definido y donde más intensamente el ánimo del hombre moderno le impele a la búsqueda de la satisfacción momentánea, en estímulos, sensaciones y actividades exteriores siempre nuevas.

Simmel, en definitiva, encuentra fundadas razones para afirmar que "las precondiciones psicológicas de la *personalidad nerviosa* son creadas por la propia metrópolis, a través de sus flujos cotidianos; a la vez que el soporte psicológico del tipo de personalidad urbana es el incremento nervioso que emerge, precisamente, del cambio rápido y continuado de los estímulos exteriores e interiores" (Picó, 1994: 62-63).

En su forma externa, por tanto, la vida urbana moderna se caracteriza por un constante bombardeo de los sentidos, con nuevas y cambiantes impresiones, que son las que producen la personalidad neurasténica —según el DRAE, el conjunto de estados nerviosos, mal definidos, caracterizados por síntomas muy diversos, entre los que son constantes la tristeza, el cansancio, el temor y la emotividad—.

Semejante condición conduce al individuo moderno a no poder aguantar la pujante corriente de impresiones y enfrentamientos a los que la vida cotidiana lo somete. Como resultado de esa personalidad neurasténica, en su forma interna, ese hombre moderno intentaría crear una distancia entre él mismo y su entorno social y físico (Frisby, 1990).

Aunque Simmel concibe esa distancia como una característica emocional, peculiar del periodo moderno —denominará como agorafobia a su deformación patológica—, en realidad, de lo que se habla es de que se ha producido un proceso de individualización muy fuerte, cuyo centro se conforma en torno al temor de establecer un contacto demasiado próximo con los objetos y con los otros, cuya consecuencia más directa es la hiperestesia; es decir, "físicamente, una sensibilidad excesiva y dolorosa, por la que cualquier turbación, directa o indirecta, es causa de sufrimiento" (Picó, 1994: 63).

Mentalmente, por tanto, la vida moderna exige una distancia entre el individuo y su entorno social. Requiere una barrera interior, cerrarse física y emocionalmente ante el mundo y ante un número ingente de personas, de tal modo que la psique de ese hombre moderno, sensible y nerviosa por contexto, caería por completo en la desesperación, paradójicamente, si la objetivación de las relaciones sociales no conllevara una limitación y reservas interiores (Picó, 1994). Esta distancia psicológica, que puede tomar la forma extrema de la agorafobia, la hipersensibilidad o la indiferencia total, no escinde, ni remedia, sin embargo, ese malestar, esa desazón interior, esa nueva incomodidad indefinible que, en sí misma, la vida urbana le origina al hombre moderno.

El resultado es que esa indiferencia generalizada se localiza en una actitud profundamente hastiada hacia la vida. Tanto en una vida sin límite de placer, como a través de la rapidez y de las contradicciones de los cambios, los nervios son golpeados tan brutalmente que gastan sus últimas reservas. De aquí surge "la incapacidad para reaccionar a nuevas sensaciones con la energía apropiada" (Picó, 1994: 63), y de aquí que el estado habitual del hombre moderno sea el que le infiere su propio e ineludible carácter neurasténico (Simmel, 1978).

## RESTRICCIONES Y NEUROSIS, CONCIENCIA DESDICHADA Y DESENCANTAMIENTO DEL MUNDO: PERSPECTIVAS ESTRUCTURALES SOBRE EL MUNDO MODERNO

En la *Fenomenología del espíritu*, Hegel hablará de la conciencia desdichada. Se trata de un concepto que proviene de una de las inquietudes de los románticos que, confiriendo prioridad a los sentimientos, se habían planteado por qué los seres humanos sufrían a lo largo de los siglos y, sobre todo, por qué el ser humano vivía continuamente en contradicción interior.

Partiendo de ahí, Hegel se referirá a una forma de observar el mundo distintiva y originaria de la cultura moderna. Al situar lo divino en un plano fuera de lo humano, el cristianismo anterior a la Reforma había establecido una división fatal entre lo sagrado y lo profano. Como consecuencia, los seres humanos, esforzándose siempre por alcanzar al Dios espiritual inmutable, chocaban constantemente con las cambiantes necesidades y limitaciones del mundo material, por lo que sus deseos y demandas entraban siempre en conflicto.

Rebasando la época, se vislumbra el mismo hilo argumentativo, tejido por anticipado en forma de duda en torno a la idea de progreso moderno. Aun siendo un defensor de las ideas ilustradas, Rousseau, al sentirse solo, advierte que la promesa de felicidad terrenal para todos se incumple; sospecha, incluso, que hasta sus ensoñaciones de una felicidad perfecta en la isla de Saint-Pierre eran las de un hombre desgraciado, el consuelo de un náufrago, la compensación por los goces humanos que realmente deseaba y no tenía. Ese tipo de soledad sin asidero de la que habla Rousseau introduce el reconocimiento de una intranquilidad desconocida e insólita para el hombre mimado por la abundancia, como señalará Ortega (1981).

Weber (2005), no obstante, será el autor que proporcionará una perspectiva social y cultural significativa sobre la hondura de ese tipo de inquietud moderna, examinando un original proceso que sucede en el ámbito de la cultura occidental y que él especificará como desencantamiento del mundo. El desencantamiento del mundo —principio, en realidad, de esa conciencia desdichada— está relacionado con el problema del abandono de la raíz mitológica, que acontece en la Grecia antigua, momento en que se produce el proceso de individuación por medio de la razón (Berger,

2006: 83). Weber (2005) hablará del "jardín encantado", refiriéndose a la construcción mítica del mundo (*Entzauberung*, literalmente, des-magicalización, pérdida de los elementos mágicos), cuando el yo es despojado por primera vez de la presencia generalizada de los agentes sobrenaturales y comienza a explicar el mundo por medio de la razón (Berger, 2006).

Freud, por su parte, remitiéndose también al ámbito de la cultura, describirá la neurosis o psiconeurosis. La medicina actual habla de trastornos, aunque la ansiedad continúa siendo una de sus manifestaciones más frecuentes. Para Freud (1998), la neurosis no era más que una situación nerviosa extrema en la que el paciente abriga temor sobre la vida, sobre el futuro, desarrolla fobias y manías y se siente tan apremiado que vive en una espera angustiosa; un universo mental que él entiende inseparable de la cultura occidental, en cuyo centro sitúa el mundo de las permanentes insatisfacciones que nos procuran sus múltiples restricciones, especialmente, las de índole moral.

Desde ese punto de vista estructural, algunos autores recientes, como Beck, mantienen que la sociedad occidental ha alcanzado unas elevadas cotas de bienestar y derechos sociales. Es precisamente entonces, según este mismo autor, cuando se puede empezar a hablar del malestar como problema social. Básicamente, las consecuencias de la modernidad (Giddens, 1993) han generado una sociedad del riesgo (Beck, 1998), a pesar de sus múltiples logros, que dista mucho de acercarse a su objetivo de progreso y felicidad en la Tierra.

Como expectativa, sin embargo, ese ideal sigue estando presente, siendo uno de los grandes contrasentidos de esta época (Giddens, 2003). Por un lado, el de un mundo de grandes promesas, resultados, beneficios, retos, desafíos e increíbles desarrollos y avances con los que se han alcanzado progresivamente unos niveles de bienestar inimaginables pero, por otro, un reverso de inconsistencias, amenazas, peligros, secuelas, desequilibrios y horrores que subrayarían la experiencia del malestar.

El malestar, por tanto, no es solo un imaginario social o una representación social solo perceptible en tiempos de crisis; es una experiencia real y un fenómeno muy complejo que, por un lado, deriva de las consecuencias de la propia vida moderna y, al mismo tiempo, hunde su raíz en las expectativas creadas por la modernidad: "Sentadas las bases de una sociedad en la que las ideas adquieren una vida falsamente independiente" (MacIntyre, 2001: 86), sin embargo, estas tienen importantes consecuencias (Weaver, 2013).

## EL DESCONTENTO O EL PROBLEMA DE LA INSATISFACCIÓN PERMANENTE EN LAS SOCIEDADES DE CONSUMO

Probablemente, desde aquella generalización socrática —el hombre no solo tiene problemas, sino que él mismo es el problema—, como describe Julián Marías (2000), se asumirá que la condición humana alberga la insatisfacción permanente, convirtiéndose esa agitación interna del espíritu en uno de los ejes centrales de nuestra cultura.

El siguiente fragmento, en clave literaria actual, sin duda, evocaría esa misma cuestión. De forma bastante expresiva, no obstante, destacan las circunstancias que describe y el tipo de insatisfacción tan cercana de la que habla:

Uno se aburrirá de su trabajo, de su esposa, de sus amantes, de la vista desde su ventana, de los muebles o la decoración de su casa, de sus pensamientos, de uno mismo. Uno intentará, en consecuencia, encontrar vías de escape. Además de los artilugios de autogratificación del mundo contemporáneo, uno también puede probar a cambiar de trabajo, de residencia, de empresa, de país, de clima, puede darse al alcohol, a la promiscuidad, a los viajes, a las clases de cocina, a las drogas o al psicoanálisis. De hecho uno puede hacer todas esas cosas y tal vez el asunto funcione durante un tiempo. Hasta ese día, claro, en que uno se despierta en su habitación rodeado de una nueva familia y de una decoración diferente, en otra región y otro clima, en medio de una montaña de cuentas del agente de viajes y del psicoanalista, pero con la misma vieja y conocida sensación de mirar la luz del día que se cuela por la ventana (Brodsky, 2000: 107-108).

Al menos sociológicamente, la narrativa del texto se estimaría inconcebible sin un contexto de abundancia distinto al preconizado por el bienestar consumista que articula el sistema de reproducción social actual (Alonso, 2005); sociedades opulentas, como las denomina Galbraith (1984), donde la vida de las personas aparece marcada por lo que Beck (2001: 234) afirma: "La ética de la realización y el triunfo individual es la corriente más poderosa en la sociedad moderna".

Como distintivo del texto, tampoco hay que desatender el tipo de inquietud que manifiesta el personaje. Desde un prisma terapéutico, su mal hoy es definido como tal y es tratable o tiene remedio en algún libro de autoayuda (Illouz, 2010). Un fenómeno cultural y editorial actual donde se enfatiza la meta de la satisfacción y donde se remiten a la biografía incluso los problemas y deficiencias que son estructurales (Bauman, 2007).

Como mantiene Inglehart (1991), la modernidad cambia lo que la gente espera de la vida y, no cabe duda, el parámetro del bienestar acrecienta considerablemente esas expectativas. ¿Bastaría, no obstante, decir del descontento que es la experiencia que deriva justamente porque no tenemos lo que queremos o lo que deberíamos tener y porque, a su vez, paradójicamente, el mundo de las abundancias, en los contextos consumistas, no conlleva inexorablemente que estén ahí para todos y al alcance de todos, como mantiene Bauman (2001), menos aún de manera permanentemente satisfactoria?

Centrándonos en el contexto, es importante no obviar que, en lugar de definirse por esquemas de subsistencia —donde encontraríamos un contraste vitalista entre seguridad y autorrealización—, la cultura actual y la sociedad consumista en su conjunto insisten en la promesa de una vida mejor. Básicamente, se trata de una experiencia que tiene que ver con las condiciones para la ampliación del número de quienes poseían la posibilidad de desarrollar una identidad personal propia, con una cierta liberación de las condiciones sociales de partida, asemejándose —a través de ese modo genérico de estar en el mundo— a las condiciones de quienes siempre pudieron tomar decisiones sobre su vida (Wagner, 1997).

En ese sentido, la primera manifestación de la identidad individual tiene lugar a través del consumo y los estilos de vida: esas "formas pautadas de investir de valor social y simbólico ciertos aspectos de la vida cotidiana" (Chaney, 2004: 57), donde el reclamo es la búsqueda de la calidad de vida o disponer de un mínimo de ella; una aspiración que el Estado de bienestar ha reforzado extraordinariamente y que, a su vez, el Estado terapéutico fortalece, haciendo que parezca el equivalente más plausible de una vida mejor[1].

Beck (2001), al respecto, piensa que una sociedad tan diferenciada, descompuesta en esferas separadas, con lógicas de acción diferentes, pone a las vidas de las personas en la situación de hacerlas saltar en pedazos. "La vida propia" sería una forma social que el autor define como un espacio vacío que se ha abierto en una sociedad cada vez más individualizada, espacio que se ha formado al desaparecer las tradiciones, inicialmente lleno de los despojos de esas tradiciones y que pronto se convertirá en el "vertedero para las ruinas de las vidas personales", sobre todo, por la sensación de la gente de que la vida no es una cosa continua, sino un collage de pedazos de distintas actividades, "una bandeja llena de fotos relucientes" (Beck, 2001: 235).

Un planteamiento similar —dominado por la visión del riesgo implicado en la compulsión por vivir una vida propia— es el de Giddens (1993): "En el contexto de un orden posradicional, el *yo* se convierte en un *proyecto reflejo* [...]. No somos lo que somos, sino lo que nos hacemos" (p. 49). "La reflexión ha de ser continua, desarrollándose, junto al estilo de vida, una verdadera práctica de la autoobservación, que mantiene a los sujetos en diálogo con ellos mismos y con el tiempo, para elaborar su *crónica del yo*" (p. 99).

En este esquema, la reflexividad del yo se extiende al cuerpo-mente y, por ende, al entorno, que puede desempeñar un papel primordial en ese equilibrio entre riesgos y oportunidades que se buscan, siempre detrás de la preocupación por una autenticidad que Giddens (1993: 103) entiende como "ser fiel a uno mismo".

Sennett (2008), por su parte, también incide en la quiebra por parte del orden posfordista del "tiempo estable" que mantenía el fordismo: "El tiempo racionalizado permitía a la gente pensar su vida como relato, no tanto como relato acerca de qué ocurriría forzosamente, sino de cómo debía ocurrir, es decir, sobre el orden de la experiencia —por ejemplo, las etapas de una carrera en la empresa o planificar la compra de una casa, etc."— (pp. 25-26).

---

1. En su exposición sobre qué significa eso de Estado terapéutico, Blech (2005), por ejemplo, ofrece una lista diversificada de males completamente actuales: "La menopausia, la narcolepsia y demás trastornos, el *jet lag* o adicción a internet, el síndrome del colon irritable, el de *Sisí* o un comportamiento especialmente activo y positivo ante la vida, la disfunción eréctil, la carencia de vitaminas, el síndrome de la fatiga crónica, la fobia social, la depresión, etc." (p.18). La medicina posmoderna dice haber hallado alrededor de 30.000 epidemias, síndromes, trastornos y enfermedades en el ser humano, según el autor. Para cada uno de esos estados hay una pastilla o una terapia.

Esto generaba una *Bildung*, ideal de comunidad y de pertenencia, de modo que "la insatisfacción generada por la estricta jerarquía de personas y actividades podía ser superada en términos de gratificación diferida y recompensas futuras, en el contexto de un Estado nacional, un cierto servicio social y una solidaridad con los iguales. Pero hoy día las *relaciones sociales* se habrían convertido en *transacciones*, las condiciones de trabajo o se han precarizado o individualizado —en función del mérito— y ya solo el consumo parece la principal fuente de libertad" (p. 27).

Sennett (2008: 18) concluye que "estos cambios no han liberado a la gente, de hecho, la experiencia de descontento, en sí, revela un carácter estructurado". Expresado de otro modo, en las sociedades actuales articuladas por el consumo mora "el ser humano capaz de escoger, decidir y crear, que aspira a ser autor de su propia vida, creador de una identidad individual" (Alonso, 2005: 234), al que, paradójicamente, a pesar de estar liberado de la escasez, le resulta problemática y abrumadora esa libertad autorreferencial, convertida en la obligación de escoger, decidir y crear, en un contexto de abundancias, simbólica y materialmente, sin límites (Bauman, 2007).

## EL DESCONTENTO VICARIO O EL PROBLEMA DE LA DESAFECCIÓN POLÍTICA EN LAS DEMOCRACIAS CONTEMPORÁNEAS

En el ámbito más estrictamente politológico, la práctica totalidad de los científicos sociales coinciden en prescribir un cuadro clínico de la democracia no muy alentador. Se la suele señalar como término desgastado, débil, liviano, sin sustantividad, de fachadas, alejado de los principios y de los ciudadanos y aquejado de innúmeros males que, si bien no parecen poner en peligro la estabilidad del sistema, sí que debilitan, cada vez con mayor incidencia y fatalidad, la salud y calidad de vida del mismo (Vázquez, 2004: 15).

"La propia transformación del Estado liberal hace que surjan más motivos tanto para la desconfianza como para la crítica" (Newton, 1999: 187). De una parte, las competencias de los gobiernos son mucho más amplias que las anteriores del puro Estado liberal. Tanto los impuestos como el número de servicios prestados han crecido. Los ámbitos que el Estado gestiona, pese a la llegada de la privatización en muchas de sus esferas, son muy variados. Ello presupone unas mayores posibilidades para el surgimiento de la desconfianza. De otro lado, el desarrollo de la calidad de vida en muchas democracias origina que el estándar democrático se amplíe, generando que las expectativas sobre los logros de las democracias sean más amplias.

En los últimos años, la crisis también está afectando inusitadamente a los sistemas políticos democráticos occidentales, a través de lo que se ha venido en denominar el malestar de la democracia. Los elementos más conocidos son la desafección política, la apatía democrática o, dicho de otro modo, el desinterés por la política y, por supuesto, la desconfianza en la clase política y en su eficacia. Así, en España la percepción pública de la erosión de las instituciones políticas lleva ya meses anclada en niveles extremos: el saldo de aprobación/desaprobación de políticos y de partidos es de más de 90 puntos negativos, a tenor de los barómetros del CIS de los últimos cuatro años. Los españoles reprochan a ambos de forma masiva (sin diferencias en función de la edad o de la ideología) su incapacidad para alcanzar los grandes acuerdos que necesita y demanda la actual coyuntura.

A continuación se hará referencia al concepto de desafección política y a la dificultad para delimitar la conexión de la noción de desafección política con la concepción teórica de las democracias; en último lugar, se examinará la relación del concepto de participación política como eje vertebrador de las nuevas concepciones participativas de la democracia y como mecanismo para afrontar la crisis de las percepciones positivas sobre el funcionamiento de la misma.

## APATÍA Y DESAFECCIÓN POLÍTICA

El malestar de la democracia parece un fenómeno que aqueja de uno u otro modo a los sistemas democráticos occidentales. Por expresarlo de una manera sencilla, se trata de una desazón democrática que afecta, fundamentalmente, a la ciudadanía y que se expresa en un distanciamiento progresivo de la política, de lo político, de lo público, que incide, particularmente, en una desconfianza, tanto en la ética pública de la clase política, como en su capacidad de gobernar eficazmente y de solucionar los problemas reales que, auténticamente, preocupan a los ciudadanos. Es el individuo, considerado en su faceta de ciudadano, esto es, protagonista del hábitat polis, quien se enfrenta a un reto político específico dentro de la sensación anómica generalizada. Quiere decirse que la desazón política es un ámbito particularmente efervescente del descontento social

Se lleva percibiendo, desde al menos la segunda mitad del siglo XX, que en las democracias más asentadas, también después en España y otros países, tras la tercera oleada democratizadora, se daba, por así decirlo, menos democracia de lo que se esperaba y que la apatía política se extendía a amplios sectores de la población (Vázquez, 2006: 7)

Hoy día, a nadie escapa que existen evidentes actitudes y orientaciones que implican alejamiento o desapego, descontento o malestar de la ciudadanía en relación al sistema político y a lo que se ha venido en llamar "calidad de la democracia". En cualquier caso, el concepto general de apatía o desafección política no agota su significado en la mera abstención electoral, sino que es mucho más amplio (Del Águila, 1982). La cantidad de definiciones y de conceptos —más o menos análogos— al abordar el tema no siempre han sido todo lo esclarecedores que cabría esperar, y así nos topamos en la extensa bibliografía con conceptos como "crisis de confianza", "crisis de legitimidad", "apoliticismo", "alineación", "desencanto", "pasividad" o "indiferencia".

Para los profesores Montero y Torcal (2000: 17), "hablar de desafección política supone establecer un contínuum que iría desde un extremo de ciudadanos magníficamente afectos hasta el polo contrario de individuos claramente hostiles al sistema".

En el amplio segmento intermedio de esta gradación nos encontramos con múltiples actitudes como "el desinterés, la ineficacia, la disconformidad, el cinismo, la desconfianza, el distanciamiento, la separación, el alejamiento, la impotencia, la frustración, el rechazo, la hostilidad y la alineación" (ibídem). Se encargan los autores de diferenciar desafección o insatisfacción con la democracia de descontento. Este último, dirán Montero y Torcal (2000: 25), "puede considerarse como el resultado de la divergencia entre los valores generalmente positivos hacia el sistema político y las percepciones negativas que suscita su funcionamiento real", pero sin establecer ningún otro añadido.

En el *Diccionario de Política* de Bobbio, Matteucci y Pasquino, Sani (1998: 76) nos apunta lo siguiente para la voz apatía política: "Un estado de indiferencia, extrañamiento, pasividad y falta de interés respecto de los fenómenos políticos". En dicho diccionario, esta serie relacional negativa vendría ocasionada por un sentimiento previo y común de enajenación, que llevaría a que cualquier manifestación de la vida política resultase realmente periférica para el sujeto.

## DESAFECCIÓN POLÍTICA Y CRISIS DE LA DEMOCRACIA DE POSGUERRA

El conflicto entre la democracia liberal representativa y el Estado socialista-comunista ha sido permanente durante casi todo el siglo XX. Sin embargo, desde el final de la guerra fría y la caída de los últimos regímenes comunistas, la situación política ha cambiado radicalmente. La democracia liberal, que había construido gran parte de su legitimidad como alternativa de contraposición a las dictaduras fascistas y comunistas, lejos de lograr el consenso pronosticado y aplaudido por algunos (Fukuyama, 1992), parece encontrar importantes problemas de adaptación a un mundo cada vez más cambiante.

En la mayor parte de las democracias liberales consolidadas, desde los años sesenta y setenta, se percibe una imagen extendida de desintegración del orden civil, de crisis de la disciplina social, de debilidad de los líderes políticos y de alienación de los ciudadanos (Crozier, Huntington y Watanuki, 1975). Se constata, asimismo, un descenso notable en la confianza hacia las instituciones que, tradicionalmente, han soportado el edificio liberal en muchos países de los cinco continentes (Pharr, Putnam y Dalton, 2000).

La práctica totalidad de los científicos sociales coinciden en prescribir un cuadro clínico de la democracia no muy alentador (Norris, 1999; Nye, Zelikov y King, 1997).

En la democracia de posguerra europea, los partidos políticos se sintieron legitimados para monopolizar la representación política, llegando a construir lo que se ha venido en denominar "Estado de partidos" (García-Pelayo, 1986). Asumieron la delegación generosa de la representación desde la ciudadanía hacia una elite política y hacia un sistema de organización fuertemente jerarquizado y centralizado. Desde ese momento, "han sido los llamados a regular la movilización, la participación y el reclutamiento político" (Vargas-Machuca, 2006: 73).

De esta manera, "la desresponsabilización de los ciudadanos convirtió a la democracia de posguerra en una democracia fundamentalmente *delegativa*, con un concepto liviano, débil y casi subsidiario de ciudadanía" (O'Donnell, 1994: 59-62). Bajo estos parámetros, la ciudadanía se construyó como un contrato con el Estado, bajo el Estado y para el Estado. Y los gobiernos actúan como proveedores de servicios básicos, mientras que los individuos adquieren mínimas responsabilidades, que incluyen la obediencia a la ley y el pago de impuestos.

En términos de Riker (1982), el modelo liberal de democracia solo permite la expresión indirecta de preferencias sobre el gobierno, a través del mecanismo de la representación. En este modelo, la sujeción de los ciudadanos suele ser *de iure* y venir acompañada del estatus jurídico de la ciudadanía. Estos regímenes tienden a institucionalizar una ciudadanía de segunda clase, negando, en virtud de su misma estructura organizativa, la posibilidad de una participación generalizada. Los representantes, al actuar en nombre de las opiniones de los demás, limitan inevitablemente la participación directa.

El resultado es que, para la mayoría de los ciudadanos, la actividad política no atañe significativamente a sus vidas. De aquí se sigue la idea, ampliamente aceptada, de que la política no les aporta nada y que se trata de una actividad sospechosa y de escaso interés. Como consecuencia, los fenómenos de apatía, desinterés, alejamiento, extrañamiento y, al tiempo, de crítica hacia el sistema se extienden de forma habitual, produciéndose un "malestar difuso, mezcla de insatisfacción, distanciamiento, hastío y desconfianza, respecto del funcionamiento del sistema político" (Arango, 2000: 6). Esta desesperanza en el espíritu comunitario y el desinterés en las cuestiones colectivas conducen, en no pocas ocasiones, a abandonar la arena pública y convertirla en un paraje inhóspito, deshabitado, que el poder estatal no duda en ocupar con celeridad y ansiedad.

Es por ello que una de las críticas más importantes vertidas sobre el funcionamiento de la democracia normativa es la del excesivo ritualismo del mecanismo democrático (Subirats, 2001: 34). Los canales actuales de participación, con su excesiva rigidez, dificultan la acción real de los ciudadanos que, a su vez, se ven sometidos a la única salida de votar cada cuatro años. La falta de control o de posibilidad de control —*accountability*— entre elecciones supone dejar manos libres a los gobernantes. A los electores solo les resta cambiar de voto cada cuatro años —*exit*—, sin poder ejercer su derecho a la crítica —*voice*— (Hirschman, 1986). Se trata de una "democracia a ratos" (Vázquez, 2010), controlada por la clase política que regula su funcionamiento, donde "solo la insistencia mediática en periodos electorales la hace florecer durante algunas semanas para luego, poco después, retornar a la estrechez de los ambientes especializados" (Fernández Steinko, 2001: 10-11).

En el mismo sentido, Erich Fromm (1981) comparó la situación de la moderna democracia con la de una sociedad anónima, donde la relación del accionista —del votante— con la dirección de la empresa —con el partido que logra la victoria electoral—, una vez transcurrido el acto de confianza, se vuelve débil hasta casi desaparecer;

esto equipara la aprobación del accionista al acto de votar. Así, según Fromm (1981: 161), "aunque el ciudadano individual cree que dirige las decisiones de su país, solo lo hace en grado poco mayor de aquel en que el accionista corriente interviene en el control de *su* compañía. Entre el acto de votar y las grandes decisiones políticas hay una conexión misteriosa".

Como algunos han señalado, un declive de la participación comunitaria representa, más que una pérdida de interés en los asuntos cívicos, sobre todo, un debilitamiento de los mismos fundamentos de la democracia (Thompson, 1970).

## CONCLUSIONES

En la primera parte del trabajo hemos visto cómo "malestar", "descontento" y "desafección política" compendian y proyectan una serie de retos, problemáticas, síntomas y procesos fundamentales en los contextos sociales contemporáneos. Especialmente malestar y descontento son dos conceptos asentados sobre los parámetros de orden-desorden moderno, que son los que estructuran la realidad. La desafección política, por su parte, expresión en el ámbito político del descontento vicario, acentúa un fenómeno social que, si bien no es nuevo, se torna especialmente relevante y complejo, anexando a la realidad la centralidad del concepto de crisis de legitimación.

A partir de la fractura que se produce entre las condiciones de la modernidad, las consecuencias de la modernidad y la propia conformación de la cultura moderna, el pensamiento social del siglo XIX plantea por primera vez la idea de malestar (Simmel, Benjamín) como vivencia cotidiana, al tiempo que también se relaciona con las insatisfacciones que nos procuran las restricciones y el desencantamiento del mundo, incorporados por Freud y Weber, al estudiar un proceso singular que se originó en la Grecia antigua y atraviesa toda la cultura occidental.

Básicamente, malestar e insatisfacción son dos conceptos examinados en este trabajo como una característica singular del mundo moderno que, sobre todo para el malestar, enfatizará la *Modernité*, en cuyo reverso se registran fenómenos como la neurastenia, la neurosis, la hiperestesia, la soledad, etc. En el caso del descontento, lo harán las extraordinarias abundancias de las sociedades consumistas que abruman la vida de las personas, condenadas a tener que elegir permanentemente.

En la segunda parte se ha filtrado el análisis del descontento desde un prisma politológico, haciendo referencia, en primer lugar, a las dificultades que nos encontramos para precisar un concepto que, por su propia naturaleza, resulta difícilmente limitable y, por ende, operacionalizable, lo que torna inverosímil un análisis holístico del mismo.

El propósito principal de esta parte del capítulo, por tanto, ha sido poner en relación la situación, no exclusivamente actual, de la desafección política con el marco general de reflexión, en torno a la teoría de la democracia. La teoría política y la ciencia política más empírica nos suministran abundante literatura y referencias para poder afirmar que la desafección política resulta un componente esencial y una constante en el tiempo de las democracias representativas de posguerra, tal y como han sido entendidas, y han funcionado mayoritariamente, desde connotaciones esencialmente elitistas y circunscritas al esporádico uso del voto por parte de los ciudadanos.

El capítulo se cierra con un breve excurso en torno a las posibilidades que la propia teoría de la democracia, desde los nuevos postulados participativos, ofrece como potencial remedio para aminorar —o gestionar—, al menos, el actual clima de malestar ciudadano generalizado.

## BIBLIOGRAFÍA

Alonso, L. E. (2005): *La era del consumo*, Madrid, Siglo XXI. Disponible en http://www.site.ebrary.com/lib/univgranada/Doc?id=10458202
Arango, J. (2000): "Desafección política y calidad de la democracia", *Revista de Occidente*, 227, pp. 5-14.
Bauman, Z. (2001): *La postmodernidad y sus descontentos*, Madrid, Akal.
— (2007): *Vida de consumo*, Madrid, Fondo de Cultura Económica.
— (2009): *Ética postmoderna*, Madrid, Siglo XXI.
Beck, U. (1998): *La sociedad del riesgo: hacia una nueva modernidad*, Barcelona, Paidós.
— (2001): "Vivir nuestra propia vida en un mundo desbocado", en A. Giddens. y W. Hutton (eds.), *En el límite. La vida en el capitalismo global*, Barcelona, Tusquets, pp. 233-245.
Berger, P. y Luckmann, Th. (2002): *Modernidad, pluralismo y crisis de sentido: la orientación del hombre moderno*, Barcelona, Paidós.
Berger, P. (2006): *Cuestiones sobre la fe. Una afirmación escéptica del cristianismo*, Barcelona, Herder.
Beriain, J. (1990): *Representaciones colectivas y proyecto de modernidad*, Barcelona, Anthropos.
— (2005): *Modernidades en disputa*, Madrid, Anthropos.
Berman, M. (1991): *Todo lo sólido se desvanece en el aire. La experiencia de la modernidad*, Madrid, Siglo XXI.
Blech, J. (2005): *Los inventores de enfermedades*, Barcelona, Destino.
Brodsky, J. (2000): *Del dolor y la razón*, Barcelona, Destino.
Chaney, D. (2004): *Estilos de vida*, Madrid, Talasa.
Crozier, M.; Huntington, S. P. y Watanuki, J. (1975): *The Crisis of Democracy*, Nueva York, New York University Press.
Del Aguila, R. (1982): "Partidos, democracia y apatía: una interpretación" *Revista de Estudios Políticos*, 30, pp. 81-103.
Featherstone, M. (1991): *Cultura de consumo y posmodernismo*, Buenos Aires, Amorrortu.
Fernández Steinko, A. (2001): "Herramientas para un chequeo de la dinámica democrática", *Revista Española de Investigaciones Sociológicas*, 94, pp. 9-35.
Freud, S. (1998): *El malestar en la cultura y otros ensayos*, Madrid, Alianza Editorial.
Frisby, D. (1990): *Georg Simmel*, México, Fondo de Cultura Económica.
Fromm, E. (1981): *Psicoanálisis de la sociedad contemporánea*, Madrid, Fondo de Cultura Económica.
Fukuyama, F. (1992): *El fin de la historia y el último hombre*, Barcelona, Planeta.
Galbraith, J. K. (1984): *La sociedad opulenta*, Barcelona, Ariel.
García-Pelayo, M. (1986): *El Estado de partidos*, Madrid, Alianza.
Giddens, A. (1993): *Consecuencias de la modernidad*, Madrid, Alianza Editorial.
— (2003): *Un mundo desbocado*, Madrid, Taurus.
Hirschman, A. O. (1986): *Interés privado y acción pública*, México, Fondo de Cultura Económica.
Iglesias de Ussel, J. (2013): "El malestar social en España", *Anales de la Real Academia de Ciencias Morales y Políticas*, 90, pp. 585-618.
Illouz, E. (2010): *La salvación del alma moderna. Terapia, emociones y la cultura de la autoayuda*, Barcelona, Katz.
Inglehart, R. (1991): *El cambio cultural en las sociedades industriales avanzadas*, Madrid, CIS.
Lefebvre, H. (1991): *Introducción a la modernidad*, Madrid, Editorial Tecnos.

LIPOVETSKY, G. (2008): *La sociedad de la decepción. Entrevista con Bertrand Richard*, Barcelona, Anagrama.
MACINTYRE, A. (2001): *Tras la virtud*, Barcelona, Crítica.
MARÍAS, J. (2000): *Historia de la filosofía*, Madrid, Alianza.
MONTERO, J. R. y TORCAL, M. (2000): "La desafección política en España: un legado que condiciona el presente", *Revista de Occidente*, 227, pp. 15-30.
NEWTON, K. (1999): "Social Capital and Democracy in Modern Europe", en J. Van Deth; M. Marafí; K. Newton y P. Whiteley (eds.), *Social Capital and European Democracy*, Londres, Routledge, pp. 3-24.
NORRIS, P. (ed.) (1999): *Critical Citizens. Global Support for Democratic Government*, Londres, Oxford University Press.
NYE, J. S.; ZELIKOV, P. D. y KING, D. C. (eds.) (1997): *Why People Don't Trust Government*, Cambridge, Harvard University Press.
O'DONNELL, G. (1994): "Delegative Democracy", *Journal of Democracy*, 5.1, pp. 55-69. DOI: 10.1353/jod.1994.0010.
ORTEGA Y GASSET, J. (1981): *La rebelión de las masas*, Madrid, Alianza.
PHARR, S. J.; PUTNAM, R. D. y DALTON, R. J. (2000): "A Quarter-Century of Declining Confidence", *Journal of Democracy*, 11.2, pp. 5-25. DOI: 10.1353/jod.2000.0043.
PICÓ, J. (1994): *Modernidad y posmodernidad*, Madrid, Alianza Editorial.
RIKER, W. (1982): *Liberalism against Populism: a Confrontation between the Theory of Democracy and the Theory of Social Choice*, Nueva York, Waveland Press.
RODRÍGUEZ IBÁÑEZ, J. E. (1998): *¿Un nuevo malestar en la cultura?*, Madrid, CIS-Siglo XXI.
SANI, G. (1998): "Apatía", en N. Bobbio, N. Matteucci y G. Pasquino (eds.), *Diccionario de Política*, Madrid, Siglo XXI, pp. 76-77.
SASSEN, S. (1998): *Globalization and its Discontents*, Nueva York, The New Press.
SENNETT, R. (2008): *La cultura del nuevo capitalismo*, Barcelona, Anagrama.
SIMMEL, G. (1978): *La filosofía del dinero*, Madrid, Instituto de Estudios Públicos.
SLOTERDIJK, P. (2005): *El desprecio de las masas. Ensayo sobre las luchas culturales de la sociedad moderna*, Valencia, Pre-Textos.
STIGLITZ, J. E. (2002): *El malestar en la globalización*, Madrid, Taurus.
SUBIRATS, J. (2001): "Nuevos mecanismos participativos y democracia: promesas y amenazas", en J. Font (coord.), *Ciudadanos y decisiones públicas*, Barcelona, Ariel.
TAYLOR, Ch. (1994): *Ética de la autenticidad*, Barcelona, Paidós.
THOMPSON, D. (1970): *The Democratic Citizen*, Londres, Cambridge University Press.
VARGAS-MACHUCA, R. (2006): "Inspiración republicana y democracia", *Revista Española de Investigaciones Sociológicas*, 114, pp. 67-102.
VÁZQUEZ, R. (2004): "Desafección política, participación y ciudadanía. Público-privado en la cultura política española", *Working Paper*, 23, Facultad de Ciencias Políticas y Sociología, Granada, Universidad de Granada.
— (2006): "Corrupción e insatisfacción política. Un análisis de la opinión pública europea actual", *Reflexión política*, 15, pp. 7-24
— (2010): *Compromiso cívico y democracia. Los efectos democráticos del asociacionismo sociopolítico en España*, Sevilla, Centro de Estudios Andaluces.
VEBLEN, Th. (2008): *Teoría de la clase ociosa*, Madrid, Alianza.
WAGNER, P. (1997): *Sociología de la modernidad. Libertad y disciplina*, Barcelona, Herder.
WEAVER, R. M. (2013): *Ideas have consequences*, Chicago, University of Chicago Press.
WEBER, M. (2005): *El político y el científico*, Madrid, Alianza Editorial.

CAPÍTULO 15
# EL PROBLEMA SOCIAL DEL DESEMPLEO JUVENIL. DE LA EXCLUSIÓN A LA CRISIS DEL BIENESTAR

RAFAEL MARTÍNEZ MARTÍN, JOSÉ MANUEL GARCÍA MORENO
Y JUAN CARLOS PRIOR RUIZ

## INTRODUCCIÓN. EL CONTEXTO

Los problemas de acceso al empleo como objeto de investigación han contado con respuesta científica desde que se inicia la revolución industrial. Sin embargo, el siglo XX pasa por ser el punto de inicio del desarrollo sistemático de estudios que ponen su énfasis en las consecuencias sociales, individuales y económicas que genera el desempleo, así como en la carrera profesional y el proceso de transición a la vida activa y al trabajo de la población joven en su necesario proceso de inserción social plena. El interés por estas líneas de investigación ha estado muy marcado por las dos grandes crisis económicas del siglo XX: la de 1929 y la de 1973. A estas dos crisis se está uniendo como marco de análisis la actual, iniciada en 2008.

Así, por un lado, el *Crack* de 1929 impulsa las investigaciones centradas en las consecuencias sociales y psicosociales del desempleo[1], que dejan de lado el estudio de las causas que provocan ese desempleo. Tras la Segunda Guerra Mundial, en los años cincuenta y sesenta, la expansión económica e industrial que transforma el mundo desarrollado tiene, como consecuencia, el paso a un segundo plano del problema del desempleo al convertirse el pleno empleo en el gran objetivo político, a raíz de la asunción por parte de los estados de la responsabilidad de proporcionar empleo a todo individuo que lo necesitase. La sociología se convierte aquí en actor protagonista

---

1. Hacia 1930, W. F. Ogburn, sociólogo de la Universidad de Chicago, estudia, a través de series estadísticas, las consecuencias sociales de la crisis de 1929.

de la contabilidad social ante la necesidad de tener información que permitiera dirigir los programas sociales derivados de la expansión del Estado de bienestar. La investigación queda centrada, en el caso de los jóvenes, en el proceso de transición de la escuela al trabajo así como en sus carreras profesionales.

Todo cambia con la crisis de 1973-1975. Las tasas de paro se disparan y generalizan a todas las capas de la población de tal forma que el desempleo deviene en el principal problema de las sociedades industrializadas. Así, la investigación se centró en la causas y en los factores que podrían ayudar a los individuos a abandonar esa situación. Es la época de los indicadores agrupados en categorías internas y externas, objetivas y subjetivas, innatas y adquiridas. Los estudios concluyen que el problema del desempleo está vinculado a la organización económica, y se considera que el parado involuntario es una víctima de su contexto socioeconómico (Sanchís, 2002: 31).

El concepto de "transición" se convierte en habitual en el abordaje de los principales problemas que afectan al mercado laboral de los jóvenes. La década de 1980 trae consigo cambios relevantes desde el punto de vista económico y social: nuevas tecnologías aplicadas a la empresa, maduran los procesos de mundialización y globalización económica y la flexibilización laboral comienza a irrumpir a mediados de esta década para generalizarse e implantarse definitivamente en el mundo del trabajo a partir de la crisis de 2008, como elemento inexcusable que siempre se presenta cuando se habla del mantenimiento y supervivencia del Estado de bienestar. El modelo de relaciones laborales se transforma desde esta década y no ha hecho más que cambiar hasta la actualidad. La realidad laboral surgida con la crisis de 2008, caracterizada por elevadas tasas de desempleo, sobre todo juvenil, paro estructural y una significativa rotación externa producto de la creciente implantación de la contratación temporal, unido a la materialización efectiva de la caracterización de un mercado de trabajo cada vez más flexible, intervenido y desregulado a la vez, discriminatorio cuando no opaco (Sarriés Sanz, 1999), constituye el escenario al que hacen frente los jóvenes cuando se topan con el problema social del empleo, y es el escenario que tiene delante la sociedad en general ante la denominada "crisis del Estado de bienestar". Esto es, se trata de una crisis que puede suponer la ruptura del contrato social según el cual los jóvenes deberían ser los llamados a protagonizar el relevo generacional para el mantenimiento de dicho Estado de bienestar.

## LAS FUNCIONES DEL EMPLEO. MARCO REFERENCIAL PARA LA CONSTRUCCIÓN DE LOS PROBLEMAS ASOCIADOS AL DESEMPLEO

Trabajo e interacción social son dos factores elementales del proceso autoformativo de los seres humanos en sociedad y del desarrollo de la cultura humana. Es más, puesto que todo trabajo se realiza en un contexto social, todo trabajo se desarrollará en un contexto comunicativo (Giddens, 1997: 267) y de construcción social. En esta línea, Hegel considera que el trabajo es el modo específicamente humano de relacionarse con la naturaleza: "[...] como el lenguaje rompe con los dictados de la percepción inmediata y transforma el caos de las múltiples impresiones en cosas identificables, también el trabajo rompe con los dictados de los deseos inmediatos y, de alguna forma, detiene el proceso de la satisfacción indistintiva" (como se citó en Giddens, 1997: 266-267).

Como tal, el trabajo no se puede entender más que como relación transformadora de la naturaleza en un proceso de interacción con otros de nuestra misma especie para llevar a cabo esa transformación, por lo que se recibe una compensación a cambio del esfuerzo realizado en ese sentido. El lugar de trabajo se convierte en un espacio de comunicación e interacción en el que, como vamos a ver a continuación al hablar de las funciones del trabajo, los seres humanos, en nuestro caso los jóvenes, se forman en tanto que seres sociables y adquieren parte de las normas, valores y modelos de conducta que permiten la estabilidad del sistema y su mantenimiento, en definitiva, su reproducción social.

Hablamos de roles, de papeles que desempeñamos como miembros de la sociedad que contribuimos a reproducir, hablamos de estructura social y hablamos, sin lugar a dudas, de cambio social. En este sentido, según Giner (1976: 119-120), "en toda sociedad mínimamente compleja el esfuerzo o el trabajo que debe realizar la colectividad para sobrevivir debe dividirse entre sus grupos constitutivos y, dentro de ellos, entre sus individuos, según ciertos módulos de especialización". De esta forma se universaliza la división social del trabajo en toda sociedad con un mínimo de complejidad como un aspecto funcional a la misma.

En una sociedad como la nuestra, en la que gran parte de nuestra vida se articula en torno al mundo del trabajo, en torno al mundo laboral, es lógico que el estatus que este contexto proporciona influya de manera determinante en la posición social que ocupan los sujetos, pero también influye en las capacidades que tienen las personas para darse valor a sí mismas y, sobre todo, en las capacidades de ser valorados por los demás (Requena Santos, 2001: 117). Esto nos pone en la pista sobre cuáles pueden ser las funciones del trabajo en nuestras sociedades y, en especial, qué funciones son básicas para comprender los desajustes de expectativas y la pérdida de referente social cuando no de exclusión social a la que pueden estar asistiendo muchos jóvenes en la actualidad.

Aceptando como hacemos la funcionalidad social del trabajo, ¿cuáles son esas funciones, características y necesidades que cubre el trabajo en las sociedades contemporáneas? Siguiendo a Giddens (1998: 395 y ss.), en las sociedades modernas el trabajo es importante para tener autoestima. El trabajo suele ser un elemento estructurador de la constitución psicológica de los individuos y del ciclo de sus actividades cotidianas. Asimismo, y como señalan Salanova, Hontangas y Peiró (1996: 217-224), el trabajo es una actividad que aporta a los individuos una serie de aspectos positivos. Entre los aspectos que presentan y que nosotros completamos con relación a los jóvenes tenemos:

- *Proporciona estatus y prestigio social.* El estatus social de las personas y el reconocimiento y respeto de los otros está mediatizado por el trabajo que se desempeña. Las expectativas de movilidad social ascendente que han sido propias de las sociedades contemporáneas desaparecen en momentos de altas tasas de desempleo juvenil, como ocurre en España en la actualidad.
- *Función integrativa o significativa.* El individuo joven se realiza como persona integrada socialmente en el mundo del trabajo. Un joven desempleado es un joven que pierde referencias sociales básicas de estructuración.
- *Fuente de identidad personal.* Cómo somos y cómo nos vemos está íntimamente relacionado con los éxitos y los fracasos en el trabajo, y contribuye al desarrollo de nuestra propia identidad personal. En este sentido, cobran especial interés las trayectorias (Casal, 1996) de inserción diferentes que podrían estar generando identidades personales diferentes. Así, trayectorias en precariedad están generando proyectos vitales precarios.
- *Función económica.* Se realiza un trabajo a cambio de dinero para vivir en sociedad, sociedad que se convierte para los jóvenes en una sociedad también de aprendizaje social al consumo. Gracias a los ingresos del trabajo tendría lugar una nueva socialización, tanto en la compra como en la gestión de bienes de consumo (Baudrillard, 1970: 119). Sin esos ingresos la norma social de trabajo, ocio y consumo, básica en las sociedades avanzadas, está en riesgo, no solo para los individuos sino para la sociedad en su conjunto.
- *Fuente de oportunidades para la interacción y los contactos sociales.* El trabajo es un espacio para los jóvenes en el que se abre una nueva oportunidad para la interacción social y para la ampliación de la red en sentido acumulativo (Requena Santos, 2001: 44). Un joven excluido del mundo del trabajo pierde el potencial valor del capital social que se genera en su entorno y del que él mismo participa, en términos de beneficios que se estructuran en torno a la confianza, la reciprocidad, el control de información, etc. (Velázquez y Rey Marín, 2007).
- *Estructura el tiempo.* La actividad laboral provee un marco referencial temporal útil para la vida. Permite, al menos, dividir el tiempo entre tiempo de trabajo y tiempo libre (Montaner, 1996).
- *Mantiene al individuo bajo una actividad más o menos obligatoria.* El trabajo no es solo un derecho, sino también un deber de los individuos hacia la sociedad. Además, los individuos están obligados a trabajar si quieren sustentar otros aspectos de la vida. El trabajo es funcional para la sociedad y los jóvenes se socializan en ese rol.
- *Medio para desarrollar habilidades y destrezas.* El individuo desarrolla en el trabajo habilidades y destrezas que aprende o mejora con el tiempo, lo que nos lleva a considerar la experiencia del trabajo como facilitadora, en el caso de los jóvenes, de la promoción interna y externa al puesto de trabajo.

- *Transmite normas, creencias y expectativas sociales.* La interacción social en el trabajo supone una transmisión de expectativas, creencias, valores e informaciones relativas, no solo con respecto al trabajo sino en relación con cualquier ámbito de la vida.
- *Proporciona poder y control.* El trabajo supone adquirir algún grado de poder y control sobre aspectos relacionados con las tareas desempeñadas, poder y control que pueden ser clave para entender si los jóvenes están o no en situación de precariedad en el mercado de trabajo (Rodgers y Rodgers, 1992: 18).
- *Función de comodidad.* Las personas pueden disfrutar de buenas condiciones físicas, seguridad en el empleo, buen horario de trabajo, etc., o no disfrutarlas; esto último es más frecuente en el caso de los jóvenes y sus primeros empleos.

Por tanto, en cierto modo, el trabajo produce una forma de cultura específica, una cultura productiva (Bericat, 1989) como elemento del sistema social y que actúa de forma determinante en los procesos generadores de calidad de vida (Requena Santos, 2000: 12) y en el desarrollo integral de los jóvenes como mecanismo propicio para la inclusión social. El trabajo impregna los espacios vitales y produce experiencias significativas en aquellos que están insertos laboralmente (Valenzuela, Reygadas y Cruces, 2015: 191).

## EL TRABAJO PRECARIO EN LAS SOCIEDADES DEL DESEMPLEO

El trabajo como valor está sometido constantemente al debate de si está o no en crisis, si ha llegado o no su fin (Rifkin, 2003). Es un debate que sigue abierto al tiempo que se han modificado las relaciones laborales en las empresas, con cambios en los modelos organizativos de estas, lo que, junto al aumento de la importancia dada a los recursos humanos (Sarriés Sanz, 1999: 249) y la necesidad de adecuarlos a las exigencias de las empresas, por ejemplo en términos de satisfacción laboral (Canal Domínguez, 2013), lleva a la discusión sobre la oportunidad o no de la flexibilización de dichas relaciones y sus consecuencias para el segmento joven.

La gran transformación que se ha venido produciendo en las últimas décadas pasa por la descualificación de aquellos trabajadores que habían sido la masa laboral de las industrias mecánicas, marcando así una línea que da paso de la inclusión laboral a la exclusión social. Como señala Dahrendorf (2003: 128): "[…] por un lado, el progreso técnico requiere una cualificación superior […] por otro lado, suprime empleos, dejando fuera de juego a los que no han podido reciclarse por falta de oportunidades o talento […]. Los trabajadores cualificados de las industrias mecánicas pasan a ser trabajadores no cualificados en la industria electrónica, en obreros que pronto pasarán a ser eventuales, después simples parados y, finalmente, quedarán condenados al paro perpetuo".

La precariedad en el mundo del trabajo actúa como mecanismo de estructuración social. La sociedad se divide entre los que tienen o no trabajo, entre los que tienen un empleo fijo o un empleo temporal, entre los que están dentro del sistema social y los que no lo están precisamente por carecer de empleo, como es el caso de muchos jóvenes. Es, por tanto, una forma básica pero muy determinante de dividir a la sociedad. Es una forma de dividir la sociedad entre los que cuentan con un *empleo estándar* o un *empleo atípico*. El primero, materializado bajo la forma de la negociación colectiva que permitió que los puestos de trabajo adscribieran cierto grado de regularidad y estabilidad, de tal forma que los trabajadores se sentían protegidos tanto de prácticas como de condiciones laborales que pudieran ser inaceptables, quedando fijados en los acuerdos laborales derechos y obligaciones tanto para los trabajadores como para los empleadores. Con la ya citada crisis de 1975 se comienza a hablar de la necesidad de flexibilizar el mercado de trabajo y de renovar las formas de relación trabajador-empresa. En ese momento también se pondrá en duda el propio mantenimiento del Estado de bienestar, que tenía en la protección del empleo y de esos derechos prefijados uno de sus pilares. Este cambio de filosofía nos encamina hacia el segundo tipo de empleo: el empleo-trabajo atípico, entendido como aquel que se aleja de la norma (Rodgers y Rodgers, 1992: 15-16) y que queda plasmado en todas las modalidades existentes de contrato temporal, eventualidad, la parcialidad en la jornada de trabajo, etc., formas de trabajo muy propias de los jóvenes y especialmente en sus primeros empleos.

Hablamos, pues, de la segmentación, bipolarización y dualización del mercado de trabajo que también desarrollan Doeringer y Piore (1983: 310-311) al proponer su enfoque del mercado dual de trabajo entendiendo este como segmentado en un sector primario (más estabilidad, mejores condiciones y salarios) y en un sector secundario (empleos mal pagados, alto grado de inestabilidad y peores condiciones laborales). En este sentido, aquellos trabajadores que definen trayectorias laborales en este segundo sector viven frecuentes suspensiones en el empleo, entradas y salidas del mercado laboral. Este es el caso de los jóvenes que, como afirmaba Casal (1996), describen cada vez con mayor frecuencia trayectorias de aproximación sucesiva, con frecuentes entradas y salidas del mercado laboral y con alto grado de inestabilidad e inseguridad en los momentos en los que están insertos laboralmente.

A partir de aquí podemos establecer las diferentes dimensiones que afectan a la precariedad (Rodgers y Rodgers, 1992: 18) para dilucidar cuál puede ser su incidencia en la población joven. Una primera dimensión está centrada en el grado de certeza de la continuidad del empleo, de tal forma que serían trabajos precarios todos aquellos que tienen un horizonte a corto plazo o aquellos en los que la posibilidad de perderlo es muy alta. Una segunda dimensión se relacionaría con la capacidad o control que el trabajador tenga sobre su trabajo, sobre sus condiciones laborales, el salario o el ritmo de trabajo. La tercera dimensión se refiere al nivel de protección con que cuente el trabajador, en cuanto a cobertura social y no discriminación frente al despido improcedente o frente a condiciones de trabajo inseguras e inadecuadas. Finalmente, tendríamos la cuarta dimensión, que estaría referida al salario. Un trabajo mal remunerado entraría dentro de la categoría de precario si está asociado a pobreza y a una inserción social insegura.

## EMPLEO JUVENIL: CAMBIOS EN LAS TRAYECTORIAS HOMOGÉNEAS EN EL MARCO DE LA UNIÓN EUROPEA

Aunque el elevado desempleo juvenil es uno de los principales problemas de la Unión Europea, la realidad laboral muestra que el principal problema no es tanto encontrar un empleo, sino acceder a uno no catalogado como precario. El concepto de inserción profesional ha cambiado su significado reconstruyéndose no como un proceso homogéneo (aquel comprendido entre la salida del sistema escolar hasta la obtención del primer empleo) sino como algo más complejo que comprende todo un conjunto de líneas de carrera, itinerarios laborales y trayectorias o modelos de transición a la vida activa. La realidad ha llevado a su transformación de tal forma que ahora los procesos laborales son definidos como "una secuencia de experiencias de trabajo de una persona a lo largo del tiempo" (Poole, Langan-Fox y Omodei, 1993: 40). Cada secuencia suele conllevar una transición nueva dentro del mercado laboral que supone nuevos roles y, con ello, reorientación de metas, actitudes, identidades, redes informales, etc. (Ashforth y Saks, 1995: 157).

De esta forma, el concepto de transición e inserción sociolaboral aparecen como marco para la comprensión de la construcción social de estos procesos en términos sociohistóricos (determinados socialmente y con una diferenciación clara en espacio y tiempo). Nuestro punto de vista, aquel que rompe con la homogeneidad en el proceso de inserción profesional, asume la flexibilización regulatoria de los mercados laborales como mecanismo que coadyuva a la reconfiguración conceptual de ese proceso mediante la diversidad de itinerarios (con distintas situaciones de salida, distintos tránsitos y distintas situaciones de llegada). Asimismo, el sentido biográfico de la transición a la vida adulta actúa como mecanismo de reproducción social de la estructura construida. Se articulan trayectorias desestandarizadas de transición como consecuencia de la desaparición de la linealidad en los itinerarios vitales, la pérdida de la estabilidad laboral y la individualización del itinerario profesional. Sin embargo, las expectativas de estabilidad siguen estando presentes en el sentir del joven, lo que nos lleva a la necesidad de reflexionar en relación con qué contexto institucional es el que está desarrollando-construyendo visiones de la realidad social que, finalmente, no son tal y como se esperan. El desajuste de expectativas sociales es una de las hipótesis que manejamos. Si bien la inmensa mayoría de los jóvenes siguen aspirando a líneas homogéneas de transición, la realidad del mercado laboral es diametralmente opuesta[2].

---

2. Todos los estudios sobre juventud y empleo desarrollados en España en los últimos 15 años ponen de manifiesto estas contradicciones pues, por un lado, los jóvenes lo que quieren es seguridad y estabilidad

La dimensión laboral es importante en el paso a la vida activa (transición a la vida activa), pero aún lo es más la dimensión social de la inserción socioprofesional (transición a la vida adulta) y todo ello como producto de la articulación compleja de formación, inserción profesional y emancipación familiar (Casal, Masjuan, y Planas, 1991: 9 y ss.). Este escenario es el que se está rompiendo en nuestro entorno más cercano, puesto que ninguna de las dos transiciones se está desarrollando de forma efectiva, algo que rompe los procesos tradicionales de emancipación y acorta o alarga los periodos formativos al albur del contexto. Hablamos de una realidad que ha sido catalogada como el hecho social más significativo en relación con los jóvenes, al constatarse elevadas tasas de paro juvenil, mayores consumos formativos y el aumento del tiempo de espera entre el abandono o finalización de la escolarización y la inserción laboral plena (Casal, Masjuan y Planas, 1991).

La propia noción de juventud, como grupo homogéneo con una definición administrativa basada en el criterio de edades, queda obsoleta, pero aun así se sigue utilizando. En el nuevo contexto, la juventud se conceptualiza como descriptor de un proceso social de transición de la adolescencia a la vida adulta, que comprende "el periodo biográfico durante el que finaliza la formación y dan comienzo trayectorias laborales y familiares que podemos calificar de propias" (Auberni, 1995: 11). Lo que caracteriza al hecho de ser joven es el paso por este proceso, con límites mucho más complejos que los establecidos por la edad. La integración en el mundo adulto supone: cualificación profesional, actividad económica remunerada, residencia familiar distinta a la de los padres, entorno relacional capaz de sustituir al familiar de origen y la formación de una familia (Figuera, 1996: 40; Vicens, 1999: 2 y ss.). Como afirman Coleman y Husen (1989: 77), el paso de la escuela a la vida activa es uno de los componentes principales del paso de la adolescencia a la edad adulta y, añadimos nosotros, si no se pasa a la vida activa, ¿cuándo se será adulto pleno? Veamos cómo se ha producido ese paso en nuestro contexto más cercano: la Unión Europea.

Las investigaciones llevadas a cabo por la red EGRIS[3] en el contexto de la Unión Europea ponen de manifiesto el significativo cambio que han experimentado las transiciones de los jóvenes al mercado de trabajo y a la vida adulta. No hay un modelo estable que sirva a las administraciones como ejemplo para aplicar sus políticas públicas y corregir los problemas que la juventud encuentra a la hora de completar el proceso de inserción profesional. Según Bois-Reymond y López (2004), la juventud experimenta transiciones inciertas y diferentes hacia el trabajo, marcadas por la incertidumbre, la vulnerabilidad y reversibilidad.

---

(valores materialistas) y lo que encuentran en estos largos procesos de inserción sociolaboral es todo lo contrario. Véase cualquier Informe de la Juventud en España y se comprobará este hecho.

3. Desde al año 1993, la red EGRIS (*European Group for Integrated Social Research*) viene trabajando en el análisis de las transiciones de los jóvenes a la edad adulta, dentro del IV Programa Marco para realizar investigaciones en el área socioeconómica. El equipo está integrado por investigadores procedentes de Alemania, Dinamarca, España, Irlanda, Italia, Países Bajos, Portugal y Reino Unido.

Los jóvenes han dejado de considerarse un grupo homogéneo y se acepta su diversidad. El proceso de transición a la vida activa y al empleo deja de ser algo marcado por medidas instrumentales y administrativas, y son los propios jóvenes quienes evalúan y eligen sus itinerarios profesionales y académicos, en función de sus necesidades, expectativas, posibilidades y situaciones. En ese escenario, y en el marco de la Unión Europea, se distinguen cuatro grandes categorías de transiciones de la escuela al trabajo en cuanto a trayectorias (Bois-Reymond y López, 2004):

- *Trayectorias descualificadas*: las describen jóvenes que, tras terminar la educación obligatoria, se incorporan de forma inmediata al mercado laboral. Son trayectorias obreras marcadas por el acceso a empleos de baja cualificación y caracterizadas por la precariedad.
- *Trayectorias semicualificadas*: son las trayectorias que describen los jóvenes que tienen formación postobligatoria, pero sin valor en términos de carrera profesional. La baja calidad de la formación recibida y la falta de adecuación a las demandas de los empleadores llevan a estos jóvenes a tener dificultades de acceso al empleo, y a desarrollar trayectorias complejas marcadas por diferentes itinerarios y continuos avances y retrocesos en la formación y en el empleo.
- *Trayectorias cualificadas*: las describen jóvenes que han tenido una formación especializada, ya sea en la educación profesional o en la postobligatoria, que les permite una integración rápida y estable en el mercado laboral. Son trayectorias rápidas en cuanto a acceso, y simples en lo que respecta a su desarrollo al seguir una lógica lineal.
- *Trayectorias académicas*: estas trayectorias son las típicas de los titulados universitarios; donde el elevado nivel educativo les lleva a aspirar a los mejores puestos de trabajo —lo que conocemos como gratificación diferida, en términos de Fernández Enguita (1989)— pero son itinerarios lentos en cuanto al acceso y a la estabilidad laboral. También hay que destacar la complejidad de las trayectorias que describe este grupo, ya que suelen experimentar un desarrollo lineal que parte de un empleo de categoría inferior y escasa estabilidad hacia el empleo de calidad, es decir, estable y adecuado a sus cualificaciones.

Partiendo de esta perspectiva de tipos de trayectoria para el conjunto de los países de la Unión Europea, veremos a continuación cómo aparecen matices diferentes en cada país. Las diferencias estructurales en los mercados de trabajo, las peculiaridades de los sistemas educativos, el desigual desarrollo de las políticas sociales y laborales, y otros aspectos culturales y religiosos pueden explicar los diferentes modelos de transición e inserción implantados en cada país.

En el Reino Unido, por ejemplo, los jóvenes se enfrentan a una elevada flexibilidad del mercado de trabajo que les permite abundantes oportunidades de entrada y salida, así como la combinación y cambios de itinerarios laborales. En el caso de Alemania, el sistema de aprendizaje dual equivale a una formación bien definida, pero es un sistema muy estructurado que dota de una excesiva rigidez a la oferta formativa y, por tanto, limita la elección de itinerarios formativos. En otros ámbitos, como los Países Bajos, Irlanda y Portugal, existen trayectorias desfavorecidas marcadas por sistemas educativos rígidos que no permiten a los jóvenes elegir con base en sus preferencias subjetivas, y con importantes desajustes entre la educación y las demandas de los empleadores. Italia es conocida por su flexibilidad no deseada, producto del desajuste existente entre el sistema educativo y el mundo del trabajo, y un inexistente acceso a los sistemas de protección social. Una situación similar presenta España, donde los jóvenes se apoyan en la educación y en la familia hasta que pueden acceder al mercado de trabajo siendo, además, la sobreeducación algo bastante común en nuestro país (Marqués Perales y Gil-Hernández, 2015). Asimismo, la carencia de empleos de calidad se traduce en la existencia de altas proporciones de situaciones marcadas por la sobrecualificación (Bois-Reymond y López, 2004).

Así, a partir de las investigaciones llevadas a cabo por Van de Velde (2005) con jóvenes daneses, británicos, franceses y españoles, se establecen cuatro modelos de transición a la vida adulta en el entorno europeo:

- *Experimentación*: es el modelo típico en Dinamarca, donde los jóvenes experimentan una salida precoz, fácil y natural de la familia de origen; emprenden un largo camino marcado por viajes, empleos y estudios financiados por el Estado.
- *Emancipación individual*: la juventud es concebida como un corto periodo transitorio hacia la independencia financiera y a la edad adulta. Propio del Reino Unido, donde la integración rápida en el mercado laboral y el acceso precoz al matrimonio y a la categoría de padres definen itinerarios marcados por la responsabilidad individual. Los jóvenes británicos asumen su transición individualmente, ya que las ayudas estatales no están garantizadas y tampoco suelen buscar apoyo en la familia.
- *Integración social*: en esta trayectoria la etapa de juventud está asociada a la formación académica como inversión que determina el futuro del individuo. Los itinerarios son lineales y tras la formación se impone la necesidad de una pronta instalación profesional y matrimonial. El acceso a la estabilidad profesional es el principal indicador simbólico de entrada en la vida adulta. Es un modelo propio de los jóvenes franceses donde la fase de juventud es aquella en la que se construye la vida como etapa dominada por la presión para integrarse social y profesionalmente.
- *Pertenencia familiar*: el cuarto modelo de juventud adopta una lógica de pertenencia familiar y las trayectorias se corresponden con la permanencia en el hogar hasta conseguir las condiciones que permitan a los jóvenes adquirir el estatus de adultos. Estos itinerarios responden a un cierto pragmatismo económico y se corresponden con el modelo de transición español.

En el caso español, y ahondando en la transición al empleo de los jóvenes después de su formación, más que una transición a la vida activa propiamente dicha lo que se da es una transición al desempleo (Garrido Luque, 1992) debido a que cada vez crece más el periodo que pasa desde que se inicia el momento de búsqueda activa de empleo hasta que, efectivamente, se entra en el mundo laboral. Esto es crítico en el caso del primer empleo de los jóvenes españoles y más si lo que se busca es un empleo estable y duradero en el tiempo. Espiral de precariedad que se extiende hasta los 35-40 años de edad, siendo aún la edad causa explicativa de las trayectorias laborales discontinuas (Verd y López-Andreu, 2012: 146).

Este retraso en la entrada al mercado laboral podría deberse a una disfunción del mismo sobre la base de que aquellos puestos que se quieran ocupar ya estén ocupados, con lo que comienza a crecer la cola de acceso a dicho mercado. De esta forma, el mercado de trabajo español es una especie de canal que procesa personas con una entrada y una salida. Los jóvenes entran cuando ya están formados y preparados, mientras que los mayores lo dejan cuando ya han llegado a su jubilación. Sin embargo, si un canal se bloquea y se llena, si hay muchos esperando para entrar y pocos saliendo, ese canal ya no deja entrar a nadie. La solución es echar a los que sobran, pero no siempre se cubren todos los puestos que dejaron esos sobrantes, de tal forma que no se permite la entrada de todos los que querían acceder (Garrido Medina, 1996: 237). Es decir, los jóvenes españoles podrían estar siendo bloqueados en su acceso al mercado laboral porque este no es capaz de generar más demanda, lo que podría explicar las elevadas tasas de paro entre los jóvenes.

En España, las dificultades que experimentan los jóvenes para encontrar un empleo les llevan a buscar, a corto plazo, empleos secundarios (atípicos) cuya finalidad es obtener recursos económicos para atenuar la dependencia respecto de la familia (Zárraga, 1985: 26). Esta estrategia de solución momentánea retrasa la búsqueda de una ocupación más acorde con la formación recibida e, incluso, con las propias aspiraciones personales y de identidad.

La necesidad de romper los vínculos de dependencia con la familia por parte de los jóvenes españoles, o al menos de iniciar el proceso de emancipación, favorece que se acepten empleos de carácter precario que pueden guardar poca relación con la formación profesional recibida en la primera fase de la socialización laboral (la escuela), empleos en los que se da poca identificación con la tarea y empleos en los que se tiene clara sensación de provisionalidad. Entendemos que estamos ante una segunda fase de la socialización laboral precisamente en esos primeros años de incursión en la vida laboral, fase en la que se completa y se consigue la experiencia necesaria para poder enfrentarse al mercado laboral en mejores condiciones.

En opinión de Sanchís (1991: 65), junto a un desempleo de inserción, que afecta a aquellos jóvenes españoles que no consiguen acceder a un puesto de trabajo tras abandonar el sistema educativo, existe una elevada tasa de desempleo de circulación, experimentado por quienes no consiguen estabilizarse en el empleo, lo cual provoca una estancia indeterminada temporalmente en el ámbito del empleo de tipo precario, con lo que la dependencia familiar se alarga. Además, la propia red social que va tejiendo el joven español lo puede terminar atrapando en un círculo de trabajos esporádicos, que no le permitan seguir buscando un empleo más acorde con las aspiraciones reales del propio individuo y con su socialización laboral. Esto puede provocar cierto conflicto de roles en tanto no se produzca la necesaria adecuación entre la tarea que se realiza y la que se esperaba realizar y para la que el joven ha estado tiempo preparándose.

## CONCLUSIONES. CONSECUENCIAS INDIVIDUALES Y COLECTIVAS DEL DESEMPLEO JUVENIL EN ESPAÑA Y POSIBLES EFECTOS PARA EL ESTADO DE BIENESTAR

Podemos hablar de consecuencias individuales y de consecuencias colectivas del desempleo juvenil. Empezando por las primeras, aquellas que tienen que ver con el individuo, señalaremos que, a medida que el desempleo se prolonga en el tiempo, más negativas se van volviendo las actitudes de las personas hacia el trabajo (Alfano, 1973: 333). García (1986, citado en Martínez Martín, 2002: 78) considera que la prolongación de la situación de desempleo produce efectos psicológicos negativos tales como la depresión y el descenso de la salud mental en general, algo que puede terminar desembocando en el desarrollo de un nuevo rol más pobre y limitado.

Así, precariedad laboral puede ponerse en relación con riesgo de marginalidad social. El proceso de precarización del mercado laboral, siempre y cuando no exista intervención estatal vía prestaciones sociales con la finalidad de amortiguarlo, termina generando una auténtica crisis de integración social sobre la base del desarrollo de actitudes individualistas y poco activadas desde el punto de vista político. La precariedad laboral que viven los jóvenes podría terminar convirtiéndose en precariedad existencial y política (Altari y Raffini, 2007). Esta idea queda refrendada en Tezanos (2007), quien considera que las peores condiciones laborales que viven los jóvenes españoles en la actualidad los ponen en situación de riesgo de exclusión social y en riesgo de secundarización ciudadana.

Las consecuencias del desempleo son negativas a corto plazo para los jóvenes que lo padecen, pero la verdadera crisis del empleo se encuentra enmarcada en la inestabilidad del mismo (Miguélez, 2003: 161). No tener un empleo estable deviene así en un efecto perverso sobre la transición a la edad adulta, por cuanto esta, en el mejor de los casos, se retrasa y, en el peor, nunca se puede dar por finalizada. Además, si unimos el modelo de pertenencia familiar descrito más arriba con situaciones familiares con más de un miembro del hogar desempleado, estableceremos un contexto juvenil sumamente próximo a situaciones de exclusión social.

La relación entre desempleo y pobreza estará no solo mediatizada por la política social sino también por la estructura de los hogares, la organización familiar y las estrategias que realizan las familias para salir de esa situación (Sarasa, 2001). En este sentido, el riesgo de pobreza aumenta a medida que crece el número de miembros del hogar en situación de desempleo, como ha venido ocurriendo en España desde que se inicia la crisis económica en 2008. Así, los estudios muestran un regreso a valores materialistas del trabajo, siendo los ingresos el elemento que aumenta o disminuye la probabilidad de sentirse satisfecho o no en el ámbito laboral (Pruneda, 2014: 65).

Ahondando esta idea, Sarasa (2001) señala que la existencia de hogares sin empleo puede ser entendida desde una doble lógica. La primera de ellas tendría que ver con la propia dinámica de los mercados de trabajo, que excluyen a los que no cuentan con competencias educativas, lógica esta que está mediatizada por los consensos sociales existentes en cada contexto en el reparto de las oportunidades laborales entre las generaciones según el régimen de bienestar que se adopte —Estado de Bienestar Liberal, Estado de Bienestar Corporativista y Estado de Bienestar Socialdemócrata, como señala Esping-Andersen (1993: 45-55)—. La segunda lógica, y que también está relacionada con el régimen de bienestar, considera cuáles son las estrategias que despliegan las familias para preservar su nivel de vida. A propósito de esta última idea, el propio Sarasa indica que es en los países del sur de Europa (España entre ellos) donde la familia se estructura de tal manera que opera como una red de seguridad frente al desempleo y a la precariedad en el mismo (2001: 84).

En este sentido, indica Touraine (1988: 23) que suele ser frecuente que las familias decidan hacerse cargo de los hijos cuando estos pueden verse aprisionados por un trabajo sin expectativas. Esto, al final, se puede volver en contra del propio joven que, al sentirse protegido, prefiere aceptar empleos temporales, no cualificados, para poder subsistir. Esta aceptación termina provocando que ese joven permanezca en esa situación de precariedad porque, en caso contrario, solo queda la opción del desempleo. Esto es algo que posiblemente también se esté dando en nuestro país.

Las nuevas generaciones de jóvenes españoles nacidos a partir de los años setenta y ochenta del siglo pasado abandonan los hogares paternos y consiguen la autosuficiencia económica a edades más avanzadas. En muchas ocasiones la autonomía adulta se produce en grupos de edad en torno a los 40 años. El Informe de la Juventud en España 2012, a cargo del Instituto de la Juventud, corrobora esta tendencia, ya que el 63,2% de los jóvenes españoles menores de 30 años aún permanecen en el hogar familiar de origen (ese porcentaje desciende al 46% en el grupo de edad de 25 a 29 años). También constatamos que este hecho no responde a una elección voluntaria de los jóvenes, sino a la insuficiencia de los salarios, a la precariedad de los empleos y a las dificultades para acceder a la vivienda (Martín Serrano y Velarde Hermida, 2001: 65-66). Es evidente que la independencia económica es el principal factor que determina la salida del hogar de origen, tal y como afirman los jóvenes españoles, que, a comienzos de siglo estimaban en unos 800 euros mensuales la cantidad de dinero necesaria para poder conseguir su emancipación (Martín Serrano y Velarde Hermida, 2001: 76). En España solo se consideran plenamente independientes el 20% de los jóvenes y, como efecto de la crisis económica, ha aumentado el número de jóvenes dependientes y semidependientes, con el incremento de la precariedad económica que esto supone (Moreno Mínguez y Rodríguez San Julián, 2013: 81) y con padres y tutores como principal fuente de ingresos.

No hay lugar a dudas de que la principal fuente de renta y estatus de los individuos es el trabajo. Por tanto, la inserción laboral se convierte en un buen referente de integración en la vida adulta, al posibilitar nuevos ámbitos relacionales, independencia económica y la posibilidad de adquirir una vivienda y formar una nueva unidad familiar.

Los jóvenes españoles aspiran a ocupar su papel en el mundo de los adultos pero, queriendo comportarse como adultos y deseando ser adultos, encuentran que ese mundo al que quieren llegar pareciese como si les hubiese cerrado las puertas, como si el mundo de los adultos nos les permitiera y no pusiera las condiciones para desarrollar ese rol social (García Moreno y Martínez Martín, 2012: 40) que, sin duda, es de corresponsabilidad en la construcción de los espacios básicos de convivencia en los que se han convertido los estados de bienestar. En suma, de lo que estamos hablando es de la construcción, a partir de estas situaciones, y por la vía de la exclusión social, de un segmento de población muy importante que puede terminar desembocando en el nacimiento de una nueva categoría de no-cuidadano que ahondará en la denominada crisis del Estado de bienestar.

Todos hablamos a diario de la insostenibilidad de los estados de bienestar tal y como han existido en la vieja Europa desde la segunda mitad del siglo XX. Lo que caracteriza a las sociedades contemporáneas es su capacidad para movilizar recursos y fuerzas productivas (Iglesias de Ussel, 2004: 39). Esto ha permitido a estas sociedades aumentar la productividad del trabajo, pero también ha permitido que estas hayan creado una estructura de confianza en la que sus miembros ceden espacios que antes eran privativos de los estados. De esta forma surgía el Estado de bienestar, que aparece como una de las "principales manifestaciones de la actuación del sector público en la economía" (González Rabanal, 2001: 5), una de cuyas funciones es la posibilidad de actuar como sustituto del mercado allí donde este no llegue, siempre y cuando cuente con los recursos necesarios extraídos, entre otros lugares, de los ciudadanos que contribuyen a su sostenimiento.

Hablamos, pues, de un Estado de bienestar que trata de ofrecer cierto tipo de garantías a sus ciudadanos, garantías, sobre todo, de corte material, sobre la base de los compromisos constitucionales que los gobiernos establecen para proveer a sus ciudadanos de una protección y un bienestar social mínimo, buscando asegurar los servicios sociales básicos de cara a conseguir que se cubran las necesidades humanas y el "mantenimiento de un nivel mínimo de vida" en el marco de la comunidad política que conforman todos los miembros de una sociedad (Castón Boyer, 2008: 297), en la que los ciudadanos contribuyen. Ahora, la pregunta es en qué medida es sostenible este Estado de bienestar con jóvenes excluidos socialmente porque no conseguimos que participen por la vía del empleo de ese mundo adulto que hemos construido durante décadas. Con las actuales cifras de desempleo juvenil en España y la falta de perspectiva a largo plazo, las soluciones no se terminan de poner sobre la mesa. En este sentido, se habla de mejorar la competitividad desde la formación especializada, la movilidad geográfica, la revisión de los sistemas tributarios y, en conjunto, de mayor flexibilización del mercado de trabajo.

Por otro lado, tenemos presente los efectos que el desempleo provoca en la sociedad española en su conjunto. La precariedad laboral de los jóvenes españoles la asociamos con los riesgos de la marginalidad en la que pueden estar cayendo. El proceso de precarización del mercado laboral, siempre y cuando no exista intervención estatal vía prestaciones sociales con la finalidad de amortiguarlo, está terminando por generar una auténtica crisis de integración social de los jóvenes que, para el caso español, sería también separación del mundo de los incluidos, de la sociedad que consideramos o hemos venido considerando durante décadas como normal. Esto es, estarían en riesgo de ocupar una posición alejada de la primera línea del ciudadano integrado, pasando a ser un ciudadano de segunda clase. Es decir, estamos ante una clara bipolarización entre incluidos y excluidos. De esta forma, la actual situación de desempleo juvenil generalizado supone una amenaza para nuestro modelo de sociedad en general, y para nuestro Estado de bienestar en particular. No hay reemplazo de contribuyentes netos, son cada vez menos los que trabajan —entre otras razones— para contribuir al bienestar de los que ya no son activos, no hay seguridad en el empleo y, en el caso de los jóvenes, no hay ni siquiera seguridad de si alguna vez encontrarán ese empleo estable y seguro ansiado y que aparece como el valor fundamental en los estudios de juventud.

Esto pone en peligro la sociedad en la que vivimos porque rompe las trayectorias normalizadas de transición a la edad adulta, algo que se transfiere desde la vivencia microsocial de cada uno a la estructura macrosocial que constituye la base de nuestro modelo de convivencia. En definitiva, lo que parece que puede suceder es que se produzca un aumento de las distancias sociales, un alejamiento entre los incluidos y los excluidos de manera involuntaria. Y entre estos excluidos, los jóvenes pueden ser un grupo social mayoritario. Un joven que no transita con éxito a la vida adulta es un joven que puede caer en los márgenes del sistema social y que terminará constituyendo una nueva infraclase, que no participa del mundo adulto, que no participa socialmente, en suma, una infraclase reflejo de un problema: la universalidad de la desigualdad que siempre está presente en la formación de las estructuras sociales.

## BIBLIOGRAFÍA

ALFANO, A. M. (1973): "A scale to measure attitudes towards working", *Journal of Vacational Behaviour*, 3, pp. 329-333.
ALTARI, L. y RAFFINI, L. (2007): "Trabajadores precarios, ¿ciudadanos precarios?", *Sistema*, 197-198, pp. 43-58.
ASHFORTH, B. y SAKS, A. (1995): "Work-role transitions: A longitudinal examination of the Nicholson model", *Journal of Occupational and Organizational Psychology*, 68, pp. 157-175.
AUBERNI, S. (comp.) (1995): *La orientación profesional*, Barcelona, Institut Municipal d'Educació.
BERICAT, E. (1989): "Cultura productiva y desarrollo endógeno. El caso andaluz", *Revista de Estudios Regionales*, 24, pp. 15-43.
BOIS-REYMOND, M. y LÓPEZ A. (2004): "Transiciones tipo yo-yo y trayectorias fallidas: hacia las políticas integradas de Transición para los jóvenes europeos", *Revista de Estudios de Juventud*, 65, pp. 11-30.
BRAUDILLARD, J. (1970): *La sociedad de consumo. Sus mitos, sus estructuras*, Barcelona, Plaza y Janés.

Canal Domínguez, J. F. (2013): "Ingresos y satisfacción laboral de los trabajadores españoles con título de doctor", *Revista Española de Investigaciones Sociológicas*, 144, pp. 49-72. DOI: 10.5477/cis/REIS.144.49

Casal, J. (1996): "Modos emergentes de transición a la vida adulta en el umbral del siglo XXI: aproximación sucesiva, precariedad y desestructuración", *Revista Española de Investigaciones Sociológicas*, 75, pp. 295-316.

Casal, J.; Masjuan, J. M. y Planas, J. (1991): *La inserción social y profesional de los jóvenes*, Madrid, CIDE-Ministerio de Educación y Ciencia.

Castón Boyer, P. (2008): "Pobreza, exclusión y bienestar social", en J. Iglesias de Ussel, J. y A. Trinidad Requena (eds.), *Leer la Sociedad. Una introducción a la Sociología General*, Madrid, Tecnos, pp. 296-329.

Coleman, J. y Husen, T. (1989): *Inserción de los jóvenes en una sociedad en cambio*, Narcea, Madrid.

Dahrendorf, R. (2003): "El nuevo subproletariado", en R. Díaz Salazar (ed.), *Trabajadores precarios. El Proletariado del S.XXI*, Madrid, Ediciones HOAC, pp. 127-135.

Doeringer, P. B. y Piore, M. J. (1983): "El paro y el mercado dual de trabajo", en L. Toharia (comp.), *El mercado de trabajo: Teorías y aplicaciones. Lecturas seleccionadas*, Madrid, Alianza Editorial, pp. 307-320.

Esping-Andersen, G. (1993): *Los tres mundos del Estado de Bienestar*, Valencia, Alfons el Magnànim-IVEI.

Fernández Enguita, M. (1989): "Los efectos del desempleo juvenil sobre las transiciones a la vida adulta", en J. R. Torregrosa; J. Bergere y J. L. Álvaro (comps.), *Juventud, Trabajo y desempleo: un análisis psicosociológico*, Madrid, Ministerio de Trabajo, pp. 117-134.

Figuera, P. (1996): *La inserción del universitario en el mercado laboral*, Barcelona, EUB.

García Moreno, J. M. y Martínez Martín, R. (2012): "Ser joven hoy en España. Dificultades para el acceso al mundo de los adultos", *BARATARIA. Revista Castellano Manchega de Ciencias Sociales*, 14, pp. 29-40.

García, J. M. (1986): "Efectos psicosociales relacionados con la duración del desempleo", *Revista de psicología general y aplicada*, 45, pp. 975-1002.

Garrido Luque, A. (1992): *Consecuencias psicosociales de las transiciones de los jóvenes a la vida activa*, Madrid, Universidad Complutense.

Garrido Medina, L. (1996): "Paro juvenil o desigualdad", *Revista Española de Investigaciones Sociológicas*, 75, pp. 235-267.

Giddens, A. (1997): *Política, sociología y teoría social. Reflexiones sobre el pensamiento clásico y contemporáneo*, Barcelona, Paidós.

— (1998): *Sociología*, Madrid, Alianza.

Giner, S. (1976): *Sociología*, Barcelona, Editorial Península.

González Rabanal, C. (2001): "La necesidad de repensar el Estado de Bienestar", *Revista del Ministerio de Trabajo y Asuntos Sociales*, 31, pp. 15-35.

Iglesias de Ussel, J. (2004): "Sociedad civil y estado de bienestar", en M. Herrera Gómez y A. Trinidad Requena (coords.), *Administración pública y Estado de Bienestar*, Madrid, Thomson Cívitas, pp. 37-52.

Marqués Perales, I. y Gil-Hernández, C. (2015): "Origen social y sobreeducación en los universitarios españoles: ¿es meritocrático el acceso a la clase de servicio?", *Revista Española de Investigaciones Sociológicas*, 150, pp. 89-112. DOI: 10.5477/cis/REIS.150.89.

Martín Serrano, M. y Velarde Hermida, O. (2001): *Informe sobre la juventud en España 2000*, Madrid, Instituto de la Juventud.

Martínez Martín, R. (2002): *La inserción laboral de los universitarios*, Granada, Universidad de Granada y Caja General de Ahorros de Granada.

Miguélez, F. (2003): "¿Por qué empeora el empleo?", en R. Díaz Salazar (ed.), *Trabajadores precarios. El Proletariado del S.XXI*, Madrid, Ediciones HOAC, pp. 149-168.

Montaner, J. (1996): *Psicosociología del Consumo*, Madrid, Síntesis.

Moreno Mínguez, A. y Rodríguez San Julián, E. (2013): *Informe de la juventud en España 2012*, Madrid, Instituto de la Juventud.

Poole, M. E.; Langan-Fox, J. y Omodei, M. (1993): "Contrasting subjective and objective criteria as determinants of perceived career success: A longitudinal study", *Journal of Occupational and Organizational Psychology*, 66, pp. 39-54.

Pruneda, G. (2014): "Determinantes y evolución de la motivación de los trabajadores en un contexto de crisis económica", *Papers* 99(1), pp. 41-42. Disponible en http://dx.doi.org/10.5565/rev/papers/v99n1.514

Requena Santos, F. (2000): "Satisfacción, bienestar y calidad de vida en el trabajo", *Revista Española de Investigaciones Sociológicas*, 92, pp. 11-44.

— (2001): *Amigos y redes sociales: Elementos para una sociología de la amistad*, Madrid, CIS-Siglo XXI.

Rifkin, J. (2003): *El fin del trabajo: nuevas tecnologías contra puestos de trabajo: el nacimiento de una nueva era*, Barcelona, Paidós.

Rodgers, G. y Rodgers, J. (1992): *El trabajo precario en la regulación del mercado laboral. Crecimiento atípico en la Europa Occidental*, Madrid, Ministerio de Trabajo y Seguridad Social.
Salanova, M.; Hontangas, P. M. y Peiró, J. M. (1996): "Motivación Laboral", en J. M. Peiró y F. Prieto (eds.), *Tratado de Psicología del Trabajo*, vol. 1, Madrid, Editorial Síntesis, pp. 215-249.
Sanchís, E. (1991): *De la escuela al paro*, Madrid, Siglo XXI.
— (2002): "La banalización del paro contemporáneo", *Sistema*, 170, pp. 15-43.
Sarasa, S. (2001): "Los hogares sin empleo. Una perspectiva comparada", *Revista Internacional de Sociología*, 29, pp. 67-88.
Sarriés Sanz, L. (1999): *Sociología Industrial. Las relaciones industriales en la sociedad postmoderna*, Zaragoza, Mira Editores.
Tezanos, J. F. (2007): "Juventud, ciudadanía y exclusión social", *Sistema*, 197-198, pp. 103-119.
Touraine, A. (1988): "Introducción. Un mundo que ha perdido su future", en A. Touraine (coaut.), *¿Qué empleo para los jóvenes? Hacia estrategias innovadoras*, Madrid, Tecnos, pp. 11-42.
Valenzuela, H.; Reygadas, L. y Cruces, F. (2015): "Mi trabajo es mi vida. La incrustación de los mundos de la vida y del trabajo en las empresas españolas", *Revista Española de Investigaciones Sociológicas*, 150, pp. 191-210. DOI: 10.5477/cis/*REIS*.150.191.
Van del Velde, C. (2005): "La entrada en la vida adulta: Una comparación europea", *Revista de Estudios de Juventud*, 71, pp. 55-67.
Velázquez, A. y Rey Marín, L. (2007): "El valor agregado de las redes sociales: propuesta metodológica para el análisis de capital social", *Redes, Revista Hispana para el Análisis de Redes Sociales*, 13(5). Disponible en http://revista-redes.rediris.es
Verd, J. M. y López-Andreu, M. (2012): "La inestabilidad del empleo en las trayectorias laborales. Un análisis cuantitativo", *Revista Española de Investigaciones Sociológicas*, 138, pp. 135-148. DOI: 10.5477/cis/*REIS*.138.135.
Vicens, J. (1999): *La inserción profesional de los jóvenes*, París, Céreq.
Zárraga, J. L. (1985): *Informe sobre la juventud*, Madrid, Ministerio de Cultura.

CAPÍTULO 16
# LAS FRONTERAS EN LA ECONOMÍA GLOBAL LOCALIZADA. EL CASO HISPANO-MARROQUÍ

ROSA M. SORIANO MIRAS, ANTONIO TRINIDAD REQUENA
Y FRANCISCO BARROS RODRÍGUEZ

> LA DINÁMICA DEL CAPITAL, EN TODAS SUS FORMAS, ROMPE O REBASA LAS FRONTERAS GEOGRÁFICAS, LOS REGÍMENES POLÍTICOS, LAS CULTURAS...
>
> Ianni (1996)

## TENSIONES EN EL SISTEMA GLOBAL DEL SIGLO XXI

Uno de los principales problemas sociales identificados en la economía global es la desigualdad de renta, riqueza y bienestar social a nivel planetario (Piketty y Goldhammer, 2014). Sirva como ejemplo la explosión de estudios dedicados al *Global Wealth Report*. Al introducir esta cadena de caracteres en los buscadores de internet, las entradas vinculadas con esta temática ascienden a 44 millones. También aparece en las principales obras de referencia que en el siglo XXI analizan los problemas sociales (Giddens, 2014).

Pero Sassen (2015) plantea que esta realidad debe conceptualizarse de manera diferente, porque lo que se está institucionalizando, más allá de la creciente desigualdad social, son los mecanismos de expulsión del sistema global. Dichas expulsiones no son espontáneas, sino producidas con instrumentos que incluyen políticas elementales, instituciones y complejos sistemas que requieren conocimiento especializado. "Nuestro lenguaje debe reconocer que los 52 millones de personas identificadas por ACNUR como 'personas desplazadas' casi nunca regresan a sus hogares, debido a que sus 'hogares' han sido sustituidos por nuevos edificios lujosos, por una plantación, o es zona de guerra. En realidad, tanto los desempleados de larga duración como los desplazados han sido expulsados de la sociedad" (Sassen, 2015: 70). Y es que el capitalismo financiero, al mismo tiempo que atrae flujos de capital, expulsa población fuera del sistema. La movilidad humana adquiere protagonismo en los albores del siglo XXI, provocada por (Delgado Wise, 2014):

- La configuración de redes globales de capital monopolista caracterizadas por el establecimiento de cadenas globales de producción, comercio y servicios.
- La financiación relacionada con estrategias especulativas del capital financiero, que genera ganancias en el corto plazo, junto al fraude y las crisis recurrentes.
- La reestructuración de los procesos de innovación bajo mecanismos de *outsourcing* y *offshore*.
- La degradación ambiental propiciada por la privatización de la biodiversidad y los recursos naturales en beneficio de las corporaciones multinacionales, véase el escándalo de los motores diésel de Volkswagen.

Pero la movilidad humana no es fácil. Bauman (2008: 40) señala que las fronteras son tan permeables que los estados ejercen su soberanía sin que nada quede "salvo los muros, las alambradas, los controles en las puertas, los guardias armados. Todos esos elementos definen de manera combinada la identidad de los refugiados, o mejor dicho, echan por tierra el derecho de estos a definirse a sí mismos". Pero son estos estados los que al mismo tiempo abren su territorio a las presiones globales del capital. Si bien el globalismo alienta el intercambio de bienes y servicios, no sucede lo mismo cuando hablamos de la circulación de personas. El viaje de un aparato electrónico, desde un lado a otro del planeta, se realiza en condiciones más seguras y rápidas que el viaje de muchos ciudadanos.

Asistimos a lo que numerosos autores denominan la ambivalencia de la modernidad (Beck, 1998). Los trabajadores ubicados en los llamados países del norte global[1] denuncian que la relocalización industrial en los países del sur amenaza sus puestos de trabajo, pero como consumidores demandan una bajada de los precios de los productos que consumen. Por el contrario, en los países del sur la llegada de inversión extranjera suele ser percibida como elemento positivo, pues se presupone que la llegada de capital suele estar asociada a la generación de empleo (a pesar de la evidencia empírica que cuestiona dicha correlación). Pero también existe cierto temor a que ese modus operandi rompa con las formas de intercambio económico que le son propias socavando el orden social existente y fortificando las relaciones de dependencia con el exterior.

En definitiva, la sociedad posmoderna es una sociedad estratificada, "la escala que ocupan 'los de arriba' y 'los de abajo' en la sociedad de consumo es la del grado de libertad (de movilidad) para elegir el lugar que ocupan" (Bauman, 2008: 37). Nosotros queremos poner el acento en estos modos de transitar entre fronteras geográficas y sociales construidas entre el norte y el sur. La finalidad es desentrañar el papel que juegan las posiciones interconectadas (Crenshaw, 1991) tanto en la definición de la

---

1. Se entiende por norte global: Europa, Estados Unidos, Japón y Australia, y por sur global: América Latina, África y Asia (excepto Japón). Pero, en estas páginas entendemos que ambas delimitaciones no son contenedores estancos. En el norte existen bolsas de pobreza, exclusión social, conflictos y marginación similares a las existentes en espacios geográficos del sur. Y en el sur también hay sectores privilegiados de la población que viven según los estándares del norte (Veroli, 2013).

realidad objetiva, como en la intersubjetividad de la frontera. Centramos la atención en la construcción política y económica de la misma por ser ejemplos paradigmáticos de la ambivalencia de la modernidad. Si desde los intereses económicos se desdibuja la frontera, desde los intereses políticos se fortifica.

Con objeto de ejemplificar esta realidad se deconstruirá el suceso a través del método sugerido por Derrida (2011), detectando lo otro en los discursos aparentemente homogéneos. "Lo que llamamos realidad es una selección que deja fuera ciertos aspectos o elementos. No solo produce presencias de lo que incluye sino ausencias de lo que excluye" (Huaman, 2006: 93). Miles de personas están siendo eliminadas del sistema por su contingencia, por su posición social, o por haber nacido en el lado equivocado del planeta para la lógica del sistema global. Pero el norte global no busca eliminar el sur, sino invisibilizarlo, buscando los mecanismos que legitimen su invisibilidad. A finales de octubre de 2015, la Comisión Europea pretende que los países de la Unión respalden la iniciativa de desplegar 400 policías de fronteras en Eslovenia, incrementar los controles en los límites con Croacia y un registro de refugiados que lleguen desde Grecia a Macedonia y Albania. De igual modo, la Unión Europea (UE) negocia con Turquía para que se convierta en guardián de las fronteras de la Unión, ofreciéndole la revisión de su adhesión a la UE, la aceleración de la liberalización de visados Schengen para sus ciudadanos y el apoyo financiero de al menos 3.000 millones de euros para hacerse cargo de los refugiados.

## LA CONSTRUCCIÓN DE LA FRONTERA HISPANO-MARROQUÍ: LA ACCIÓN POLÍTICA

Junto con la política, los medios de comunicación son los principales agentes que construyen la realidad como problema social al ser las instituciones que tienen la capacidad, la información y el poder de visibilizar el conflicto. Pero lo cierto es que no tienen la misma responsabilidad en la construcción de los problemas sociales. Los medios son transmisores de los intereses políticos y económicos, es decir, la política y la economía utilizan los medios de comunicación para legitimar su discurso y su acción, favoreciendo la emergencia de determinados climas de opinión pública que sirvan de apoyo a sus intereses (Chomsky, 1996). Y en la economía global, cuando un sujeto sin experiencia directa sobre el tema que le preocupa intenta comprender qué sucede a su alrededor, su dependencia de los medios aumenta.

En el caso que nos ocupa, la experiencia fronteriza se conoce más por la imagen que ofrecen los medios de comunicación que por experiencia directa. Así, comprobamos la coexistencia de dos representaciones sobre la frontera en una relación de poder claramente desigual. La primera corresponde a una posición dominante, construida por la acción política y económica que visibiliza a la inmigración irregular como problema de seguridad[2]. La segunda representación ocupa una posición marginal, vinculada a la movilización social, que persigue deconstruir el discurso dominante desde el enfoque de los derechos humanos (DD HH).

Si analizamos las noticias aparecidas en prensa que vinculan la frontera hispano-marroquí con alguna representación social entre 2010 y 2014, es la seguridad la que predomina (más de 28.000 noticias conectan ambas realidades[3]). La segunda representación vincula la frontera marroquí con la migración, alcanzando la nada despreciable cifra de 14.000 referencias. En último término aparecen las relacionadas con los DD HH (algo más de 7.000). La imagen que asocia frontera con seguridad duplica a la imagen frontera-migración y cuadruplica aquellas representaciones que asocian el hecho fronterizo con la vulneración sistemática de los DD HH. La representación sobre la frontera se construye como una visión asociada a la seguridad y no a los DD HH, visión que se corresponde con la percepción de la opinión pública, pues una amplia mayoría considera que la legislación migratoria sobre entrada y permanencia de población inmigrante en España es tolerante[4]. Suscribimos las palabras de De Lucas (2015), quien señala que cuando los derechos están reconocidos, la tolerancia debe desaparecer pues el objetivo debe ser que se pueda disfrutar en condiciones de igualdad de lo que es un derecho.

Por eso creemos necesario deconstruir esta realidad construida socialmente. ¿Se está produciendo un problema de seguridad asociado a un incremento en las entradas de población irregular en España? Para contestar, debemos analizar la presión de la inmigración irregular en las fronteras exteriores haciendo uso de los indicadores que Frontex[5] utiliza para medir dicha presión. Si focalizamos la atención en las entradas irregulares por la ruta del mediterráneo-occidental[6] y la ruta de África occidental (que son las relacionadas con la frontera hispano-marroquí), las entradas en la segunda ruta han disminuido drásticamente, produciéndose un ligero aumento en la primera[7], tal y como se observa en la tabla 1.

---

2. Entendemos el concepto de seguridad asociado al marco del espacio de libertad, seguridad y justicia del Título V del Tratado de la UE, basado en los programas de Tampere (1999-2004), la Haya (2004-2009) y Estocolmo (2010-2014).
3. Se han analizado 1.120 referencias de prensa escrita (*my news online*; relevancia: 70%).
4. Barómetros CIS: estudios 2773 (2008), 2817 (2009), 2846 (2010) y 2918 (2011).
5. Frontex: Agencia Europea para la gestión de la cooperación operativa en las fronteras exteriores de los estados miembros de la UE.
6. Este capítulo se terminó de redactar en mayo de 2015. Por ello, no se tiene en cuenta la llamada crisis de los refugiados sirios.
7. En solo dos días (entre el 13 y el 14 de agosto de 2014) entraron en la península unas cien embarcaciones con un millar de personas aproximadamente. Esta excepcionalidad explicaría el aumento en dicho año.

TABLA 1
ENTRADA IRREGULAR EN LAS RUTAS MIGRATORIAS HISPANO-MARROQUÍES

|  | RUTA DEL MEDITERRÁNEO OCCIDENTAL. CEUTA-MELILLA | RUTA DE ÁFRICA OCCIDENTAL. ISLAS CANARIAS |
|---|---|---|
| 2006 | - | 31.600 |
| 2007 | - | 12.500 |
| 2008 | 6.500 | 9.200 |
| 2009 | 6.650 | 2.250 |
| 2010 | 5.000 | 200 |
| 2011 | 8.450 | 340 |
| 2012 | 6.400 | 170 |
| 2013 | 6.800 | 250 |
| 2014 | 7.840 | 275 |

FUENTE: ELABORACIÓN PROPIA. FRAN Q 4. 2014. FRONTEX.

La ruta del Mediterráneo occidental tradicionalmente ha sido utilizada por nacionales argelinos y marroquíes que querían llegar a España, Francia o Italia, aunque desde hace algunos años se ha incrementado el número de personas que proceden del África subsahariana. Si bien es cierto que en 2014 se ha producido un ligero incremento, España recibe menos del 8% de la entrada irregular de migrantes y solicitantes de asilo a Europa. Por su parte, las principales nacionalidades que utilizan la rruta de África occidental incluyen a Marruecos, Senegal, Níger, Nigeria y Mali, habiéndose reducido un 126% el número de personas que utilizan esta ruta para entrar en Europa. El descenso tan brusco de esta tendencia obedece, entre otras causas, a la firma de acuerdos bilaterales entre España, Mauritania y Senegal, fruto de la voluntad de Europa de externalizar la gestión de la frontera europea. Dicha externalización consiste en una variedad de prácticas políticas que pretenden reforzar el control de los flujos migratorios desplazando la frontera exterior del norte global hacia los países del sur. Una de las consecuencias del presunto éxito de la política migratoria llevada a cabo en España desde 2006 ha sido el desplazamiento de los puntos calientes de entrada en Europa desde el oeste al este del Mediterráneo, tal y como se puede en el mapa 1.

Pero siguiendo con el ejercicio de deconstruir, para el caso español, la representación según la cual la entrada irregular en el territorio sea un problema social, observamos cómo la presencia de nacionales del África subsahariana empadronados en España en 2014 es muy reducida. La realidad de la inmigración irregular construida en torno a imaginarios como avalancha, invasión u oleada, no deja de ser una percepción producida por la política, la economía y los medios de comunicación, pues tan solo 1 de cada 25 inmigrantes empadronados en España en 2014 eran de origen subsahariano.

No obstante, estos datos invisibilizan las solicitudes de asilo que se han incrementado en los últimos cinco años. Si bien existe un derecho legítimo a la protección a través del asilo, el reglamento de la UE solo garantiza su aplicación y tramitación (si procede) una vez se ha llegado a su territorio. Como señala el proyecto The Migrants' Files, desde 2000 han muerto más de 30.000 personas intentando entrar en Europa. Pero esta realidad refleja solo una parte de la cuestión fronteriza.

MAPA 1
NÚMERO DE ENTRADAS IRREGULARES EN LA FRONTERA EUROPEA
(ENERO-SEPTIEMBRE DE 2015)

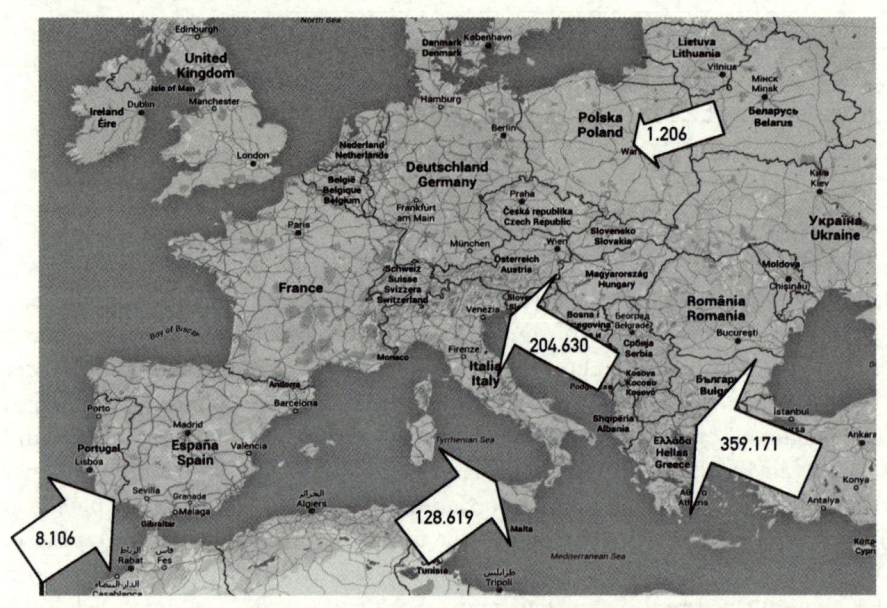

FUENTE: ELABORACIÓN PROPIA A TRAVÉS DE LOS DATOS DE FRONTEX.

La UE ha construido una nueva frontera, más lejana y más invisible para la moral occidental. Los acuerdos con terceros países han externalizado la frontera poniendo el acento en la seguridad. En mayo de 2014, la UE había firmado acuerdos de readmisión con 17 países. "El programa de la Haya (2004) ha significado la externalización, exportación y transferencia de la política europea de inmigración y asilo, así como el control de sus fronteras a países de mayor tránsito migratorio ubicados fuera de las fronteras de la Unión" (Kramsch, 2009: 16). El 3 de mayo de 2015, la Agencia EFE apuntaba: "Fernández Díaz recuerda que los flujos migratorios se controlan gracias a Marruecos" ("Fernández Díaz recuerda", 2015). Y un reciente informe evidencia el alto número de rechazos de entrada que realizó España en 2014 frente al resto de sus socios: el 66% del total de la UE (Parlamento Europeo, 2015).

Pero el intento de salir desde el sur global hacia el norte, lejos de disminuir, sigue aumentando. Y es que cuando la situación política y económica en los países vecinos es convulsa, cuando no bélica, como sucede en Siria, Irak, Eritrea o Somalia, la externalización de la frontera también falla al conseguir solamente desplazar la población de un lugar geográfico a otro. La UE no ataja el problema social desde la raíz porque su foco de atención radica en invisibilizar todo aquello (incluidos los sujetos) que consideran residual para la pervivencia del norte global. No se plantea un sistema de entrada regular de flujos migratorios, ni un sistema de asilo más flexible y eficaz, pues su política es otra.

Si bien entre 2007 y 2013 la UE asignó casi 4.000 millones de euros a procedimientos de asilo, integración, retorno a terceros países y control de las fronteras, la mitad de la suma (1.820 millones de euros) se destinó solo al control de las fronteras, lo que indica cuál es la finalidad de la política migratoria europea. El proyecto The Migrants' Files explica como, desde el año 2000, las políticas de expulsiones y repatriaciones han costado al menos 11.300 millones de euros a la UE. Los grupos que participaron en la creación de las políticas europeas de defensa fronteriza (Finmeccanica, Airbus, Thales o la española Indra) han sido los mayores beneficiarios de los proyectos I+D destinados a evitar la llegada de migrantes y refugiados. La UE ha creado una red de centros de procesamiento de tránsito en otros países, transfriendo sus competencias en materia de vigilancia e identificación. El enfoque global de la migración de la UE junto con la Política Europea de Vecindad (PEV) juegan un papel relevante, pues, a través de ambos mecanismos, los países vecinos de la UE, principalmente Marruecos, Libia, Argelia, Túnez o Mauritania se han transformado en la frontera exterior de la UE (Ferrer y Zapata, 2012).

Este modelo invisibiliza los DD HH de miles de personas a quienes las paradojas de la economía global llevan a iniciar un viaje hacia al norte con el fin de mejorar su vida. Aunque en dicho viaje tienen que ver cómo los fondos invertidos por ese norte global se dedican más a impedir su entrada que a reconocer su estatus como refugiados o migrantes forzados. En los últimos cinco años España ha destinado 32 veces más recursos económicos al control de fronteras que de ayuda a refugiados (AI, 2014). Según Eurostat, en 2014 el conjunto de los países de la UE contaban con 626.710 demandantes de asilo. Alemania registró un tercio de esas peticiones. Suecia, Francia, Hungría y Austria aportaron otro tercio. Italia, convertido en uno de los destinos principales de la llegada de personas en situación irregular por el Mediterráneo, ha incrementado la cifra de solicitantes de asilo político en un 471%, situándose en el tercer puesto (64.625). En España aumentaron las solicitudes en un 31% (5.947 personas). Pero las concesiones son muy reducidas. Si bien Alemania concedió la mitad de las mismas, España solo concedió el estatus a 15 personas.

La frontera, por tanto, puede ser leída desde la perspectiva de los DD HH, y no de la seguridad. Nos detenemos en este punto. Las personas localizadas entrando a Europa de manera irregular son mayoritariamente solicitantes de asilo y no migrantes económicos (aunque también valdría la reflexión para la migración forzada). Las nacionalidades más numerosas de procedencia son Eritrea, Siria, Somalia y Afganistán. El Derecho internacional consuetudinario plantea un estándar mínimo de trato de todo ser humano que constituye el núcleo duro de los DD HH fundamentales y que se encuentra recopilado en el artículo 3 de la convención de Ginebra de 1949. También se recoge en los posteriores instrumentos sobre derechos fundamentales (Gortazar Rotaeche, 2013), entre los que se encuentran el derecho a la integridad física y moral, el derecho a no sufrir tratos crueles inhumanos o degradantes y el derecho a la tutela judicial efectiva en la protección de dichos derechos básicos.

La perspectiva de los DD HH plantea que todos los seres humanos tienen estos derechos básicos, porque se es humano independientemente de donde se viva o quien se sea. Los principios son universales, innatos, irrenunciables, inalienables, imprescriptibles. El artículo 13.2 de la Declaración Universal de Derechos Humanos afirma: "El derecho de todo ser humano a abandonar su país de origen y regresar a él" y el 14.1 se hace eco del "derecho a buscar asilo en caso de persecución y disfrutar de él en cualquier país". Pero ¿cómo se está haciendo eco la UE de toda esta normativa, teniendo en cuenta que dignidad humana, libertad, democracia, igualdad, Estado de derecho y respeto de los DD HH son valores consagrados en los tratados de la UE?

Si bien es cierto que a través del Instrumento Europeo para la Democracia y los Derechos Humanos la Unión apoya a los grupos, asociaciones o particulares que defienden los DD HH, las libertades fundamentales, la democracia y el Estado de derecho (para lo que dispone de un presupuesto de 1.300 millones de euros en el periodo 2014-2020), no deja de ser una realidad que la UE destine 2,6 veces más al control de las fronteras que a ayuda a refugiados. Y es que esta realidad es sentida por la población e instrumentalizada por las instituciones políticas como un problema social asociado a la vulnerabilidad de la seguridad en Europa, y no como un problema vinculado a la vulnerabilidad de los derechos más elementales de la ciudadanía.

La Encuesta Social Europea de 2012 reveló que un 21% de los europeos eran menos permisivos con los inmigrantes que venían de los países pobres de fuera de la UE que con aquellos que consideraban iguales, es decir, del mismo grupo étnico (Fernández García, 2014). Ya sea en la política o en su legitimación discursiva a través de los medios de comunicación, los debates sobre la gestión de la migración se centran a menudo en los factores internos, tales como la seguridad fronteriza, e ignoran las realidades políticas y económicas heterogéneas en los lugares que provocan la migración.

Para el caso español, estamos obligados a preguntarnos qué está pasando en Marruecos. MSF, Prodein, APHD y otras asociaciones en defensa de los DD HH plantean que "se ha dicho muy poco sobre la extrema violencia con que las Fuerzas de Seguridad marroquíes y, en menor medida, la Guardia Civil española, han respondido a los intentos de entrar en Ceuta y Melilla [...] consecuencia directa de la 'nueva etapa' de las relaciones hispano-marroquíes y la 'excelente' cooperación sobre cuestiones de seguridad" (MSF, 2013). Algo que se ha recrudecido a lo largo de 2014. Comenzamos por lo sucedido el 6 de febrero de 2014, cuando, tras un intento fallido de cruce fronterizo por parte de 400 personas, unas 250 se dirigieron a la playa del Tarajal para intentar pasar a nado. "Cuando estaban en el agua, miembros de la guardia civil española dispararon pelotas de goma y fogueo y lanzaron gas lacrimógeno" (AI, 2014: 22). Ese día perdieron la vida en el mar 15 personas. Las 23 que sobrevivieron fueron devueltas de inmediato a Marruecos, lo que supone un incumplimiento de las obligaciones contraídas en España en virtud del Derecho internacional y de las legislaciones de la UE y española.

Pero aquel suceso no fue un caso aislado, pues han sido admitidas a trámite varias querellas presentadas por ONG, con nuevas grabaciones sobre la vulneración de los DD HH en la valla de Ceuta y Melilla. Esta denuncia se acumula al procedimiento en el que el mismo juez imputó, el mes de septiembre de 2014, al coronel jefe de Melilla por un posible delito de prevaricación en otros dos saltos a la valla: el 18 de junio y el 13 de agosto de 2014.

MSF denunciaba que en Oujda la población migrante subsahariana vive dividida por nacionalidades y controlada por personas implicadas en trata y tráfico de seres humanos, siendo una característica de su perfil poblacional su masculinización. Del 13% de mujeres adultas, un 14% están embarazadas. El 2% lo componen menores no acompañados con una edad comprendida entre 13 y 18 años, siendo un 3% menor de 13 años.

La cuestión del tráfico y la trata de personas desde los países de origen, tránsito y destino requieren una mención aparte, pues supone una vulneración extra de los DD HH. La trata internacional de mujeres es un tipo de migración relacionada con terceras personas que no necesariamente responden a la estructura de una mafia. Según Galán (2014), cada año entran en España entre 40.000 y 50.000 jóvenes para ser utilizadas con fines de explotación laboral y sexual. Cerca de la mitad son menores de edad. Se trata de un negocio que mueve entre 7 y 12 billones de dólares anuales, según la ONU. Hablamos del segundo negocio clandestino del mundo en beneficios, después del tráfico de armas y por delante del tráfico de drogas. En España, según el INE (2014), solo la prostitución representa el 0,35% del PIB.

Women's Link ha documentado el caso de Nigeria. El envío de mujeres y niñas a Europa a través de las redes es percibido y construido socialmente como una estrategia migratoria y de desarrollo comunitario para el país, por lo que no existe una condena social a los tratantes. Se entiende que la mujer es una mercancía. "El control de la salud sexual y reproductiva de las mujeres, así como el manejo de los bebes y víctimas de trata, se convierte en un elemento clave para entender las estrategias de coacción que ejercen las redes" (Women's Link, 2014). Son diferentes las organizaciones que denuncian que la red de trata en África ha rebajado la edad de las menores *tratadas* para que sean más competitivas en España. Cuando las mujeres son deportadas sin haber pagado la deuda son estigmatizadas por haber vuelto empobrecidas y haber ejercido la prostitución en Europa. Así, la probabilidad de que vuelvan a buscar el apoyo de las redes es muy alta.

Por todo ello, el papel de los países del norte de África, y concretamente el del país alauita, es altamente complejo al moverse en una geopolítica asimétrica muy inestable (Hennebry, Kopinak, Soriano, Trinidad y Hondagneu-Sotelo, 2014). Por una parte, Marruecos pretende mostrar una imagen de país garante del respeto por los DD HH, comprometido con las instituciones democráticas. Pero las continuas denuncias de asociaciones de DD HH (APDHA; CEAR; Caminando fronteras, Universidad Complutense de Madrid, CPDT, Human Right, MSF, e incluso el propio Defensor del Pueblo) dificultan que esta representación social tenga el éxito necesario. No podemos olvidar que, en 2014, se han incrementado las redadas en las comunidades de migrantes subsaharianos, concretamente en barrios marginales de Rabat, Casablanca, Fez y Tánger. Los migrantes arrestados en estas redadas "incluidos refugiados, solicitantes de asilo, mujeres embarazadas y menores, son conducidos en masa hasta la frontera y expulsados a tierra de nadie, en una zona entre Oujda (Marruecos) y Maghnia (Argelia)" (MSF, 2014).

Marruecos también inició un proceso de regularización de la inmigración irregular a principios de 2014. Si bien estaba previsto que entre 25.000 y 40.000 personas regularizaran su situación, únicamente el 32% de las demandas registradas fueron aceptadas. De 18.000 personas de 101 países que iniciaron los trámites necesarios para dicha regularización, tan solo 5.742 lo habían conseguido. El país se enfrenta a una paradoja. La UE le exige el control de la inmigración, pero la denuncia de diferentes ONG hace muy visible el continuo atentado contra los DD HH. Marruecos tampoco quiere renunciar al supuesto desarrollo económico al que asiste el país en los últimos años (con una fuerte dependencia de la UE). Si las cifras macroeconómicas inciden en que el país ha incrementado su PIB nominal en un 5%, la desigualdad social no para de crecer, situándose el coeficiente Gini en 2010 en un 41%. El país ocupa el lugar 129 de 176 países en cuanto desarrollo humano se refiere. En desigualdad de género ocupa el lugar 133 de 142 países (WEF, 2014).

En definitiva, la UE, y concretamente España, ha primado la protección de sus fronteras, enarbolando el discurso de la seguridad de la ciudadanía europea, y no la protección de la ciudadanía global, construyendo un modelo que legitima y, por tanto, construye la invisibilidad del sur global. El discurso de la seguridad se deconstruye cuando ponemos el foco de atención en los DD HH. La Comisión Global para la Migración Internacional, órgano creado en 2003 en Ginebra por la ONU y varios gobiernos, señalaba que los estados deben tener en cuenta los DD HH cuando dan forma a su admisión de extranjeros. Sin embargo, la evidencia que acabamos de describir camina en la dirección contraria. Pero ¿sucede lo mismo cuando hablamos de economía?

## LA CONSTRUCCIÓN SOCIAL DE LA FRONTERA DESDE LA ECONOMÍA

Acabamos de estudiar cómo desde la política se fortifican las fronteras en pro de la seguridad nacional, pero, paradójicamente, al situar el foco en la economía (que no en el mercado laboral), las fronteras a nivel macro se desdibujan en el proceso de globalización económica, al primar el libre comercio y las medidas para la liberalización de la inversión extranjera en el sur. Todo ello conlleva la pérdida de peso del Estado-nación a favor de nuevos actores transnacionales que impulsan lo global (Banco

Mundial, Fondo Monetario Internacional, G20, G8 o el Foro Económico Mundial, entre otros). Como señala Beck (1998), el mercado mundial desaloja o sustituye el quehacer político.

En este nuevo escenario, las grandes corporaciones transnacionales —tanto las manufactureras como las financieras— dictan sus propias condiciones, que los estados aceptan para atraer la inversión extrajera. Según el informe sobre las inversiones en el mundo de la Conferencia de las Naciones Unidas sobre Comercio y Desarrollo (2014) (en adelante UNCTAD), si bien la Inversión Extranjera Directa mundial (IED) ha tenido altibajos con un incremento continuado desde 1995, después de la caída de 2012 volvió a crecer y registró un aumento de las entradas de capital de un 9% en 2013 (1,45 billones de dólares). La UNCTAD indica que los flujos de IED alcanzarían 1,6 billones de dólares en 2014, 1,7 billones en 2015 y 1,8 billones en 2016.

Pero los incentivos a la inversión se centran principalmente, según la UNCTAD, en los objetivos de desempeño económico, y no tanto en el desarrollo sostenible, siendo ampliamente utilizados por los gobiernos como política de atracción de inversiones, pese a las críticas persistentes de que son económicamente ineficientes y conducen a la asignación indebida de fondos públicos. La crisis económica actual ha puesto de relieve "las limitaciones del poder político respecto a una economía sin fronteras que marca el ritmo y a menudo dicta las reglas" (Tsoukalis, 2014: 53).

Pero ¿cómo se materializa lo global en lo local? La respuesta la encontramos en la teoría de la economía global localizada (TEGL) (Trinidad, Soriano, Barros, Kopinak y Hennebry, 2015). La economía global (operada por la empresa transnacional) necesita tanto a los países en vías de desarrollo como a los desarrollados para poder completar con éxito su fin último: maximizar resultados minimizando costes. La empresa transnacional se encarga de buscar los "lugares de producción manufacturera", como espacios donde se asienta la industria de exportación que aprovecha las condiciones ventajosas que le ofrecen. Pero estos lugares de producción no son suficientes en la lógica del capitalismo, pues necesitan lugares donde la sociedad de consumo no solo esté fuertemente desarrollada (para poder vender los productos elaborados en los lugares de producción) sino que además sean los proveedores de los servicios financieros que hacen posible su relocalización. En definitiva, la economía global necesita consumidores independientemente de su ubicación geográfica.

La conexión entre ambos lugares (producción y consumo) se produce mediante la liberalización de los mercados, con acuerdos de libre comercio —siendo su máxima expresión el TTIP (en sus siglas en inglés, *Transatlantic Trade and Investment Partnership*)—, que favorecen la permeabilidad o supresión de las fronteras (tendencia opuesta a lo planteado en la primera parte del capítulo) y la supervivencia de la empresa transnacional. Así, el número de acuerdos internacionales de inversión a lo largo de los años entre países no ha dejado de crecer, sobre todo en las últimas décadas. Este proceso es el que lleva a liberalizar los mercados para asegurar la supervivencia de las empresas trasnacionales, legitimando la seguridad económica, es decir, se produce una especie de metonimia al igualar el fomento de las empresas transnacionales con seguridad económica. Pero, tal y como señala Sassen (2015), el libre mercado ha significado, a menudo, simplemente precios más bajos gracias a importaciones más baratas.

Y, de manera concreta, ¿qué ha sucedido en Marruecos? Durante los años sesenta el país llevó a cabo una política económica que combinó orientaciones liberales y keynesianas, pero el crecimiento de la inflación, el desempleo y el fuerte endeudamiento externo pusieron en crisis dicho modelo. Por ello, a finales de los setenta se pone en marcha un Programa de Ajuste Estructural, promovido por el Banco Mundial y el Fondo Monetario Internacional, dirigido a racionalizar su gestión macroeconómica mediante la progresiva retirada del Estado a favor del sector privado con el objetivo de incentivar la liberalización de su economía y atraer inversiones extranjeras. Los resultados de esta política han sido que más de 2.500 sociedades se han establecido en el país para aprovechar esta política sectorial. La inversión extranjera directa se ha incrementado, siendo los sectores prioritarios las industrias de textil, electrónica, eléctrica y automotriz.

Para conseguir tales resultados, la gobernanza pública marroquí ha firmado acuerdos de libre comercio a diferentes niveles. En 1987, Marruecos entra en el GATT (Acuerdo General sobre Aranceles Aduaneros y Comercio), que fue sustituido por la OMC en 1995, organización de la que Marruecos fue miembro fundador. Se modificó en dos ocasiones la Ley de Comercio Exterior (la primera en 1992 y la segunda en 1997) buscando su compatibilidad con dichos acuerdos. En 1993, el Dirham pasa a ser convertible para operaciones corrientes. En 1996 firma un Acuerdo de Asociación con la UE que le confiere un estatuto de socio privilegiado en cuanto a intercambios económicos. También firma un Acuerdo Marco de Cooperación Económica y Financiera con España, y en 2001 se firmó el tercer acuerdo entre ambos países para convertir la deuda pública en inversión, lo que provocó el consiguiente aumento de las exportaciones e importaciones entre ambos países, especialmente en el sector manufacturero (Soriano, Trinidad y Kopinak, 2015).

Pero este proceso no ha tenido en cuenta (en la mayoría de ocasiones) los problemas a los que se enfrentan los trabajadores como consecuencia de sus malas condiciones laborales. El mercado permite la libre circulación de mercancías pero no de personas, condenándolas a un proceso de exclusión social. Sirva como ejemplo lo acontecido en Bangladesh el 24 de abril de 2013. Se hundió el edificio Rana Plaza, provocando uno de los accidentes más graves en la historia del textil en el mundo. Murieron más de mil personas, en su mayoría mujeres, visibilizando las condiciones en las se trabaja para producir a bajo precio la ropa de los grandes almacenes europeos. Otro ejemplo es la técnica del *sandblasting*[8], que, desde 2010, vienen denunciando diferentes movimientos internacionales. Tim Noonan, director de campañas de la Confederación Sindical Internacional afirma: "El modelo de la cadena global de

---

8. Proceso consistente en aplicar arena y agua a alta presión para desgastar los vaqueros, que al generar grandes cantidades de polvo de sílice causa daños irreparables en los pulmones.

suministro que ha impulsado las zonas económicas especiales es un modelo fallido" (Ferrer, 2015: 20). La propia OIT alerta que en muchos casos el efecto neto sobre el empleo es cero. "Las empresas no se hacen cargo del coste social que supone una persona que empezó a trabajar en este tipo de industria con 15 años y que a los 40 está agotada físicamente y sin formación para hacer otra cosa" (Ferrer, 2015: 20).

Así, una de las cuestiones claves para entender el funcionamiento de la economía global localizada es analizar los derechos laborales de los trabajadores, pues, como señala Rieff (2015: 17), "ellos son los grandes perdedores de la globalización. Si eres un obrero en Europa, sabes que tus mejores años han quedado atrás, que ahora te enfrentas a deslocalizaciones y a más inmigrantes dispuestos a trabajar por menos dinero". Si eres un obrero del sur tendrás que emigrar o aceptar las condiciones laborales impuestas por las empresas relocalizadas. Por eso, la pregunta que nos hacemos llegados a este punto es cómo la ciudadanía, y más concretamente los trabajadores, responden a esta realidad global desde lo local, pues los análisis sobre lo global suelen centrar su interés en procesos macrosociológicos, descuidando la forma en que la globalización se localiza.

La atracción de mano de obra barata ha sido una de las consecuencias directas de la relocalización industrial en el norte de Marruecos, con grandes consecuencias sociodemográficas para la región, donde además se produce un diferencial por género. La situación diferencial de las mujeres en función de su estado civil y su situación económica ubica a las mujeres solteras de clases populares procedentes del interior del país como el ejército de reserva necesario para llevar a cabo la expansión de la industria de exportación en la frontera norte (Soriano, Trinidad, Kopinak y Hennebry, 2016).

En definitiva, existe una clara relación entre empleo y migración, pues el salario de los trabajadores es el recurso más valioso de la relocalización industrial. A través del mismo se incrementan o disminuyen las ganancias que están en juego en la empresa, lo que perpetúa unas relaciones de poder muy desigual, además de impedir que se pueda producir una reestructuración de las posiciones dentro de la empresa a través de la mejora de las condiciones laborales, sociales y de bienestar social. La legislación laboral marroquí dispone que el salario se determine libremente dentro de la lógica del sistema de relaciones laborales, siempre que no sea inferior al salario mínimo interprofesional garantizado (SMIG) establecido por el Ministerio de Empleo y Formación Profesional.

Y es que Marruecos, tras años sin alcanzarse un acuerdo sobre legislación laboral, el 8 de junio de 2004 aprobó el Código de Trabajo (CT) marroquí (en vigor en la actualidad). El mismo limita su ámbito de actuación a los trabajadores que voluntariamente se comprometen a realizar su actividad laboral para otra u otras personas. Entre las cuestiones reguladas destacan las indemnizaciones por despido (de 96 a 240 horas/año según los años trabajados), la edad mínima para trabajar (aumenta hasta los 15 años), la jornada laboral (se reduce hasta las 44 horas semanales para actividades no agrícolas y 2.496 horas anuales para actividades agrícolas), el SMIG o la edad de jubilación (70 años). En definitiva, este código propone flexibilizar la mano de obra marroquí, aspecto de gran interés para la inversión extranjera, sin obviar la mejora de la situación laboral de los trabajadores, mediante la aplicación de una legislación similar a las existentes en Europa.

Pero, aun siendo conscientes del avance que supuso el CT de 2004 en materia laboral, la presencia de condiciones laborales contrarias a la legislación continúa siendo habitual entre los obreros de la Industria de Exportación (IE). Diversos estudios, como los desarrollados por Intermon Oxfam y la Campaña *Clean Clothes* (RETS, 2013) ya habían mostrado que la inaplicabilidad de la legislación laboral es algo usual entre las empresas de confección. Los mismos resultados son arrojados por Naïr (2008) en el caso de las mujeres trabajadoras de la rama de alimentación, o por los trabajadores de la confección y la automoción en el estudio de Trinidad, Soriano, Barros, Kopinak y Hennebry (2015). Todas estas investigaciones llevan al mismo punto: el modelo de producción de la industria exportadora relocalizada se caracteriza por mano de obra intensiva, poco cualificada y joven, con un alto grado de feminización, sobre todo en la industria agroalimentaria, del cableado automóvil o del textil/confección, lo que provoca una vulnerabilidad mayor de estos trabajadores debido a la situación "líquida" que existe en la frontera con respecto al interior del país. Son los nuevos segregados.

A la inaplicabilidad del CT han contribuido especialmente dos factores. Primero, la presencia de un ejército industrial de reserva, es decir, una gran fuerza de trabajo excedente y permanentemente desempleada (Soriano, Trinidad, Kopinak y Hennebry, 2016). En segundo lugar, la presión para que los costes laborales sigan situándose por debajo de lo que supondría emplazar una empresa en países de la UE. La instalación de compañías en Marruecos es contemplada por los inversores como una oportunidad de negocio. Según la dirección del parque industrial Atlantic Free Zone, los costes laborales en su plataforma son de media un 73% más bajos que en España, e incluso hasta el 88% en el caso de los trabajadores sin cualificación. Las salidas que los obreros y obreras de la IE parecen encontrar son escasas.

Si a todo ello se une la situación de precariedad en la vivienda, los problemas educativos y los sanitarios, se están generando situaciones de desesperanza social que favorecen el planteamiento de procesos migratorios internacionales por motivos laborales. En el periodo 2005-2012, la tasa de alfabetización de adultos no superaba en Marruecos el 70% y la tasa de abandono escolar en educación primaria era cercana al 10%. Las economías en desarrollo se caracterizan por bajos niveles de renta nacional, una desigualdad de ingresos marcada y una elevada desigualdad en educación. La consecución de un mayor bienestar social vendrá tan solo de la mano de políticas activas que disminuyan la desigualdad educativa, pero, paradójicamente, su puesta en marcha rompería con uno de los mayores atractivos que para las empresas tiene deslocalizar su producción en un país como Marruecos —los costes laborales—.

Si se incrementa el nivel educativo de la población al mismo tiempo que disminuye la desigualdad, se perdería el ejército de reserva para trabajar en dicha industria. El Estado se enfrenta a la resolución de dicho dilema, aunque todo apunta a que la lógica de la economía global localizada está ganando la batalla frente a los actores individuales. No obstante, aunque escasos, también existen diferentes ejemplos de movimientos sociales que trabajan en la zona para cambiar esta situación, o por lo menos denunciarla, representando fisuras en el modelo dominante. Por una parte, aparecen las coordinadoras contra la carestía de vida, o las asociaciones nacionales de profesionales desempleados. Sus reivindicaciones se refieren al "cese del alza de los precios, el mantenimiento de la Caja de Compensación, la aplicación de la escala móvil de los salarios, a la puesta a nivel de los servicios públicos y al cese de las privatizaciones de los controles de distribución de agua y electricidad, al derecho a trabajar en la función pública" (Social Watch, 2009).

En el caso concreto de Tánger existen tres asociaciones muy visibles que trabajan por los derechos de las trabajadoras, y que Solís Pérez (2010) resume en las siguientes:

- Darna. Fundada en 1995 con el fin de promover iniciativas de desarrollo local que permitan que los niños excluidos recuperen sus espacios de vida y conozcan sus derechos y deberes.
- Chifae. Fundada en 1998 por un grupo de jóvenes y orientada a "la capacitación y adiestramiento de las mujeres en el manejo de la máquina de coser, constituyéndose como intermediarias entre las mujeres y las empresas de la confección" (Solis Perez, 2010: 17).
- Attawasul. Se fundó en 2002, cuando una organización entrevistó mujeres trabajadoras de la industria textil. A raíz de esa experiencia, "algunas de ellas tomaron la iniciativa de organizarse por su cuenta para constituir una instancia de defensa de sus derechos" (Solis Pérez, 2010: 15).

## CONCLUSIONES

Se están abriendo nuevas formas de pensar las fronteras, insistiendo en la necesidad de adoptar una perspectiva multidimensional que nos aleje de la idea de concebirlas como productos estáticos. Se reclama su lugar como proceso histórico contingente. Según Livi Bacci (2012), la realidad actual se caracteriza por una creciente permeabilidad de las fronteras con relación a la circulación de imágenes, símbolos, productos o capital junto a una paralela limitación de la circulación de la mayoría de las personas. Las prácticas de fronterización (Kuss, 2010) deben entenderse como "una amplia gama de procesos transformativos y afectivos en los cuales los órdenes y desórdenes sociales (y espaciales) son constantemente reelaborados" (Woodward y Jones, 2005: 236). Y este es el ejercicio que hemos intentado llevar a cabo en estas páginas.

Si bien la UE se erige como uno de los máximos garantes del respeto hacia los DD HH, en la práctica lo hace desde una visión muy reducida. Ocho de cada diez personas que han intentado entrar en 2014 en la UE son potenciales solicitantes de asilo, a los que no se les ha brindado la protección oportuna. Los DD HH solo se defienden dentro de la UE, y solo para la ciudadanía comunitaria. Con el resto de personas y lugares se apela a la responsabilidad estatal de terceros países para que controlen tanto sus fronteras como su ciudadanía y así asegurar el bienestar en Europa. El proceso que legitima la invisibilidad del sur global está en marcha a través de la securitizacion de las migraciones o, lo que es lo mismo, "el proceso de construcción social que impulsa a la política a las cuestiones de seguridad, por medio de una retórica del peligro que justifica la adopción de medidas especiales que exceden el marco jurídico y los procedimientos de decisión política" (Campesi, 2012: 5).

Paralelamente, la ciudadanía europea demanda cada vez más productos que se puedan comprar con un coste reducido, a pesar de conocer la explotación que se produce en los lugares de producción. El relator especial del secretario de la ONU sobre DD HH, empresas trasnacionales y otras empresas comerciales apuntaba abiertamente que "las políticas laborales impulsadas por las empresas trasnacionales desplazan los riesgos de producción hacia las personas trabajadoras a través de la imposición de máxima flexibilidad laboral de los mercados laborales" (RETS, 2013: 33). Frente a esta realidad, los ciudadanos buscan distintas formas de resistencia, o de supervivencia, siendo una de las estrategias articuladas la migración.

Con el fin de conocer estas realidades invisibilizadas, es necesario ampliar la escala de análisis. El proceso de globalización ha puesto en marcha una lógica de reterritorialización que ha debilitado el margen de maniobra del que tradicionalmente disfrutaban los estados nacionales que ven cómo los poderes emergentes merman su capacidad de acción. Pero la frontera no es hermética, sino que se sirve de un mecanismo selectivo a través del cual satisfacer las necesidades de mano de obra que demanda el Mercado "[...] creando un sistema económico transnacional de suministro de trabajadores migrantes allá donde sean requeridos: fábricas-maquilas en el sur o servicios de las grandes ciudades en el Norte" (Barbero González, 2010: 690). Los estados no están haciendo efectiva su obligación de proteger los DD HH y asistir a quienes han sufrido la vulneración de los mismos, sean estos migrantes, trabajadores, menores o refugiados (Malpani, 2006).

Concluyendo, debemos poner el foco de atención en analizar el proceso que pretende legitimar una realidad que separa cada día más al norte global del sur. Mientras no seamos capaces de generar nuevas herramientas para estudiar dichos procesos sociales, difícilmente arrojaremos luz sobre el cambio social del siglo XXI. Parafraseando a Santos de Sousa y Rodríguez (2003: 18), tal vez sea necesario ampliar el análisis del "presente de modo que dé cabida a muchas de las experiencias sociales que hoy son desperdiciadas, marginadas, desacreditadas, silenciadas por no corresponder a la práctica dominante [...] de modo que la exaltación del progreso —que con tanta frecuencia se convierte en realismo cínico— sea substituida por la búsqueda de alternativas".

# BIBLIOGRAFÍA

AGENCIA EFE (5 de mayo de 2015): "Fernández Díaz recuerda que los flujos migratorios se controlan gracias a Marruecos". Disponible en http://goo.gl/A5AN9o
AI (2014): *El coste humano de la fortaleza europea*. Disponible en http://bit.ly/1FztRoZ
BARBERO GONZÁLEZ, I. (2010): "El control selectivo de las fronteras y la transnacionalización de sus resistencias" *Arbor*, 186(744), pp. 689-703.
BAUMAN, Z. (2008): *Archipiélago de excepciones*, Buenos Aires, Katz.
BECK, U. (1998): *¿Qué es la globalización? Falacias del globalismo, respuestas a la globalización*, Barcelona, Paidós.
CAMPESI, G. (2012): "Migraciones, seguridad y confines en la teoría social contemporánea", *Revista Crítica Penal y Poder*, 3, pp. 1-20.
CHOMSKY, N. (1996): *El control de los medios de comunicación. Cómo nos venden la moto*, Barcelona, Icaria.
CRENSHAW, K. (1991): "Mapping the Margins", *Standford Law Review*, 43(6), pp. 1241-1299.
DE LUCAS, J. (16 de enero, 2015): "¡Igualdad, no tolerancia!" [Mensaje en un blog]. Disponible en http://alrevesyalderecho.infolibre.es/?p=3541
DELGADO WISE, R. (2014): "Globalización neoliberal y migración forzada: una mirada desde el sur", en C. Blanco (ed.), *Movilidad humana y diversidad social en un contexto de crisis económica internacional*, Barcelona, Trotta, pp. 31-50.
DERRIDA, J. (2011): *Living on border lines*, Stanford, Stanford University Press.
FERNÁNDEZ GARCÍA, A. B. (2014): *Xenofobia y racismo en Europa: un análisis de las actitudes hacia la inmigración (TFM)*, Universidad de Granada, Granada. Disponible en http://goo.gl/3KNYk1
FERRER T. (19 de abril 2015): "El populismo de las zonas francas", *El País*, p. 20.
FERRER, X. y ZAPATA, R. (2012): *Fronteras en movimiento: migraciones hacia la Unión Europea en el contexto Mediterráneo*, Barcelona, Bellaterra.
GALÁN, L. (2014): "Los nuevos rostros de la esclavitud", *Dendra médica. Revista de humanidades*, 13(1), pp. 21-33.
GIDDENS, A. (2014): *Sociología*, Madrid, Alianza.
GORTAZAR ROTAECHE, C. J. (2013): "El enfoque global de la migración en la Unión Europea y el derecho humano al desarrollo", *Miscelánea Comillas. Revista de Ciencias Humanas y Sociales*, 67(130), pp. 199-216.
HENNEBRY, J.; KOPINAK, K.; SORIANO, R. M., TRINIDAD, A. T. y HONDAGNEU-SOTELO, P. (2014): "From 'Khadema' to 'Zemegria': Morocco as a 'Migration Hub' for the EU", en M. Walton-Roberts y J. Hennebry (eds.), *Territoriality and Migration in the EU Neighbourhood*, Heidelberg, Springer Science+Business, pp. 65-81.
HUAMÁN, M. Á. (2006): *Claves de la deconstrucción*. Disponible en http://bit.ly/1FzrGSe
IANNI, O. (1996): *Teorías de la globalización*, México D. F., Siglo XXI.
INE (3 de octubre de 2014): *Contabilidad nacional de España. Nueva base 2010*. Disponible en http://www.ine.es/prensa/np862.pdf
KRAMSCH, O. T. (2009): "Tropicalizando a Foucault desde la frontera europea", *Latitud Sur*, 4, pp. 113-135.
KUUS, M. (2010): "Critical Geopolitics", en R. Denemark (ed.), *The International Studies Encyclopedia*, Chichester, Wiley-Blackwell, pp. 683-701.
LIVI BACCI, M. (2012): *Breve historia de las migraciones*, Madrid, Alianza.
MALPANI, R. (2006): "Legal Aspects of Trafficking for Forced Labour Purposes in Europe", document de trabajo nº 388801. Disponible en https://goo.gl/kavZPC
MSF (2013): *Violencia, vulnerabilidad y migración: atrapados a las puertas de Europa*, Disponible en http://goo.gl/eXgrnt
NAÏR, N. (2008): *Apoyo técnico, capacitación y fortalecimiento de la sociedad civil y la administración pública acortando la brecha de género*. Disponible en http://bit.ly/1HTPlwY
PARLAMENTO EUROPEO (2015, abril): "Irregular immigration in the EU: Facts and Figures", Briefing. Disponible en http://bit.ly/1R6S4HT
PIKETTY, T. y GOLDHAMMER, A. (2014): *Capital in the twenty-first century*, Cambridge, Belknap Press.
RETS (2013): *Malas compañías*, Barcelona, Icaria.
RIEFF, D. (25 de enero 2015): "La gran sorpresa ha sido la crisis del islam", *El País*, p. 27.
SANTOS DE SOUSA, B. y RODRÍGUEZ, C. A. (2003): *La caída del Angelus Novus: ensayos para una nueva teoría social y una nueva práctica política*, Bogotá, ILSA.
SASSEN, S. (2015): *Expulsiones: Brutalidad y complejidad en la economía global*, Buenos Aires, Katz.

Social Watch (2009): "Marruecos: Impactos directos, respuestas débiles", informes nacionales. Disponible en http://bit.ly/1zsUifd
Solís Pérez, M. (2010): "La construcción simbólica de un mercado de trabajo feminizado en la ciudad de Tánger: Una aproximación", *Frontera norte*, 22(43), pp. 55-80.
Soriano, R.; Trinidad, A. y Kopinak, K. (2015): "Los efectos de los Programas de Ajuste Estructural en la desigualdad social interna: el caso de Marruecos y México", *Praxis sociológica*, 19, pp. 15-38.
Soriano, R.; Trinidad, A.; Kopinak, K. y Hennebry, J. (2016): *The Symbolic Place of Female Workers in the Borderland Export Industry: The Case of Morocco*, Surrey, Ashgate.
Tsoukalis, L. (2014): *El triste estado de la Unión. Europa necesita un nuevo gran pacto*, Madrid, Real Instituto Elcano.
Trinidad, A.; Soriano, R.; Barros, F.; Kopinak, K. y Hennebry, J. (2015): "La economía global localizada en el norte de Marruecos", *Revista Española de Investigaciones Sociológicas*, 152, pp. 101-122.
UNCTAD (2014): *Informe sobre las inversiones en el mundo*. Disponible en http://bit.ly/1GJTdlD
Veroli, E. (2013): *Relaciones Norte-Sur*. Disponible en http://bit.ly/1IqcA2f
Woodward, K. y Jones, J. P. (2005): "On the border with Deleuze and Guattari". En H. Van Houtum *et al.* (eds.), *Bordering Space*, Aldershot, Ashgate, pp. 234-248.
WEF (2014): *The global gender gap report 2014*. Disponible en http://goo.gl/Sm6WW3
Women's Link (2014): *La trata de mujeres y niñas nigerianas: esclavitud entre fronteras y principios*. Disponible en http://goo.gl/WYIhuy

CAPÍTULO 17
# LA PERCEPCIÓN DE LA ECONOMÍA COMO PROBLEMA SOCIAL

PEDRO CASTÓN BOYER Y MARÍA VÍLCHEZ VIVANCO

## INTRODUCCIÓN

Una compañera del Departamento de Sociología nos contaba que, en julio de 2012, María, su madre ya jubilada, fue, como todos los días, a la panadería a comprar el pan. Pero ese día le ocurrió algo diferente. Volvió a casa muy impactada porque en la panadería habían comentado que la prima de riesgo había llegado a estar muy por encima de los 600 puntos. Al volver a casa, enseguida puso la televisión para que su hija también se informase de lo que ella consideraba un grave acontecimiento económico. De nada sirvieron las explicaciones sobre el escaso riesgo inmediato que correría su presupuesto diario con la subida de la prima de riesgo pues, desde ese día, la preocupación y un cierto temor la invadieron durante bastante tiempo.

Podemos decir que son muchas las Marías que hay en la sociedad española, muchas las personas que sienten temor e intranquilidad ante las informaciones que, desde los medios de comunicación, se difunden de los acontecimientos económicos. Situaciones subjetivas que, a su vez, tienen repercusiones en la configuración y posterior desarrollo de los problemas, en este caso del problema económico. Puede que para María no fuera un problema real la subida de la prima de riesgo, pero ella lo percibía como una cuestión crucial y trascendente. Y su percepción tiene consecuencias reales en la estructura económica, en línea con el teorema de Thomas: "Si las personas definen las situaciones como reales, estas son reales en sus consecuencias". Los grupos tienen capacidad para convertir en reales los problemas tal como ellos los perciben. Con bastante frecuencia en economía, las percepciones de los consumidores tienen repercusiones reales sobre la propia realidad económica, pues "no se trata solo de registrar lo que nos señalan los indicadores objetivos, sino de comprobar en qué medida las impresiones subjetivas se superponen a la realidad" (De Miguel Rodríguez, 1998: 9).

Los problemas sociales no solo son aquellos que los sociólogos creen observar objetivamente, sino también aquellos que la sociedad percibe como tales. Podríamos decir que existe una interrelación sujeto-objeto y objeto-sujeto. Así se refleja en las encuestas de opinión: por ejemplo, en las coyunturas recesivas del empleo aumenta la preocupación explícita por el paro y, por lo general, antes de que comience la generación de empleo, se suele reducir correlativamente la agudeza de la preocupación.

La crisis económica es un fenómeno social, además de económico. Las consecuencias que la crisis ha dejado y continúa dejando en la sociedad son por todos conocidas. El mostrar o no confianza en el futuro, la valoración positiva o negativa de la situación, los cambios de tendencia, las consecuencias personales y sociales, etc., hacen que la percepción de lo económico se configure como un objeto que en sí mismo se puede analizar. Las siguientes páginas tratarán de demostrar cómo la economía y la opinión que de la economía tienen los ciudadanos se retroalimentan, es decir, se reconstruyen socialmente.

## LA IMPORTANCIA DE LA ECONOMÍA EN LA CONFIGURACIÓN DE LOS ESTADOS

Es evidente que la economía, tanto en el pasado como en el presente, tiene un papel importante en la configuración de los estados y en los cambios de gobierno. El nacimiento del Estado moderno está ligado al establecimiento de un sistema impositivo. Y un ejemplo reciente de cambio de gobierno lo tenemos en los resultados electorales y posterior configuración del nuevo poder ejecutivo griego tras las elecciones de diciembre de 2014, cuando la situación económica ha llevado a la aparición de Syriza y su posterior triunfo. Es evidente que una situación económica, en este caso la grave crisis económica en Grecia, puede conducir a una nueva configuración de la escena política. La percepción que los ciudadanos tienen de lo económico frecuentemente deriva en una nueva configuración política con repercusiones, a su vez, en lo económico.

En los problemas económicos, quedarse solo en los datos objetivos puede ser más fiable, pero la foto resultaría incompleta. La coyuntura económica "es también el resultado de la miríada de decisiones de las autoridades, los empresarios, los trabajadores y los consumidores. Esas decisiones no se toman en el vacío sino que se apoyan sobre percepciones, sentimientos, creencias, expectativas. Ahí es donde entra la parte subjetiva, no por imprecisa, menos real" (De Miguel Rodríguez, 1998: 68).

## LA ECONOMÍA MOLDEADORA DE LOS ESTADOS

A mediados del siglo XX, la confianza ciega en la ciencia económica hizo que muchos líderes políticos se apoyaran casi exclusivamente en ella para preparar con éxito los contenidos sociopolíticos de sus programas electorales. Se consideraba que, desde la economía, se podían resolver gran parte de los problemas que afectaban a los ciudadanos.

En la visita que Kruschev realizó a Naciones Unidas el 12 de octubre de 1960, el dirigente de la URSS pronosticó que la economía soviética dejaría atrás a la americana en 1975 y, posteriormente, avanzaría hasta enterrar a occidente. Y en Estados Unidos, los presidentes Kennedy y Johnson y sus consejeros dieron por sentado lo mismo que la mayoría de los americanos; no solo que la elevada productividad y la supremacía económica del país estaban aseguradas durante mucho tiempo, sino también que las medidas fiscales puestas en práctica para ajustar la economía a la perfección acabarían por eliminar incluso sus sacudidas: ya no habría más depresiones y, pronto, ni siquiera recesiones (Jacobs, 1986: 8).

Por otro lado, por esa misma época, los británicos estaban construyendo (o, al menos, eso creían) un Estado de bienestar próspero y avanzado, en el que habría trabajo para todos y un nivel de vida que se iría elevando continuamente, parecido, en cierta medida, al escandinavo (Jacobs, 1986: 9).

Pero esta confianza puesta solo en el éxito económico no tuvo como resultado, en un principio, la construcción de unas sociedades más avanzadas o, por lo menos, con el nivel de desarrollo que se esperaba. No se tuvo en cuenta la retroalimentación entre el sistema económico y la mentalidad de los ciudadanos que lo viven. Así, por ejemplo, el Plan Marshall convirtió algunas economías europeas, estancadas o en decadencia, en economías desarrolladas como, por ejemplo, "la de los Países Bajos, la de Alemania Occidental y las de algunas zonas de Francia e Italia se expansionaron y desarrollaron [...]. Pero a otras, con las mismas ayudas, no les ocurrió nada parecido" (Jacobs, 1986: 14).

El cambio económico acarrea también un cambio en "el esquema de valores, creencias y estilos de vida de la gente. [...] De la combinación de tecnología y mentalidades en constante interrelación surgirían nuevos conceptos sobre la naturaleza del trabajo y la sociedad" (Quintanilla Pardo, 2014: 50). Como ha demostrado Ronald Inglehart a nivel mundial, el desarrollo económico está provocando en la población la transición de unos valores materialistas hacia otros posmaterialistas. En las sociedades avanzadas, el impacto del cambio económico y sociopolítico repercute sobre la cultura y, a la inversa, el cambio cultural tiene también una influencia directa sobre la economía, la sociedad y la política:

En las últimas décadas, los cambios económicos, tecnológicos y sociopolíticos han venido transformando las culturas de las sociedades industriales avanzadas de forma profunda e importante. Los incentivos que motivan a la gente al trabajo, los temas que dan lugar a conflictos políticos, las creencias religiosas de la población, sus actitudes frente al divorcio, al aborto y la homosexualidad [...] todo esto ha venido cambiando (Inglehart, 1990: XXXV).

## LA FLUCTUACIONES ECONÓMICAS INTERNACIONALES

En la Edad Moderna, las cuestiones relativas a lo económico fueron uno de los factores más importantes en la configuración de los estados. La crisis económica actual no es la primera que se sufre, y tampoco será la última. Desde la Gran Depresión hasta el día de hoy son muchos los avatares vividos. La crisis económica que estamos atravesando ha llegado a cuestionar hasta la utilidad de las instituciones económicas mundiales. Se creía que esta crisis iba acabar con las instituciones europeas, arrastradas por los problemas de la moneda común, el euro. Por parte de las instituciones europeas se sigue reclamando a los países miembros medidas contundentes que arrojen luz al futuro económico de la Unión Europea (UE).

A partir de cada una de las crisis acaecidas, con mayor o menor intensidad y con una duración diferente, se han producido cambios tanto en la organización económica mundial como en la mentalidad de los ciudadanos. El *Crack* de 1929, o la también llamada crisis económica mundial de los años treinta, sobrevino por la caída de los precios en los productos agrícolas en Estados Unidos, lo que llevó a una mala gestión de reservas y a la venta de productos en bolsa. Se pusieron en venta, de pronto, 16 millones de acciones, lo que ocasionó el hundimiento de la Bolsa de Nueva York. Esta crisis condujo a una modificación de la bolsa y de su funcionamiento y a la creación de organismos encargados de supervisar los mercados.

En 1944, tras la Segunda Guerra Mundial, el mercado internacional necesitaba normas de organización. Los flujos comerciales cada vez llegaban más lejos y eran más intensos, de manera que el sistema necesitaba de una regulación. Con tal motivo, y auspiciada por Naciones Unidas, se celebró una conferencia de temática monetaria y financiera. Y es en ese momento cuando nacen dos organismos fundamentales y cruciales para el futuro económico del mundo: el Banco Mundial (BM) y el Fondo Monetario Internacional (FMI). Con la fuerza con la que Estados Unidos sale pertrechado tras la guerra, se adopta, además, la norma de que el dólar será la moneda que va a funcionar como referente internacional.

En 1971 comienzan a intervenir otros actores en la guerra fría. Ya no es solo el problema de los bloques. Se trata del final del patrón oro. Este fin vino determinado por el gasto tan alto que Estados Unidos acumulaba en el exterior, haciendo que las reservas de oro se vieran reducidas. Las inversiones en el exterior y el gasto de la guerra de Vietnam (1959-1975) fueron los factores desencadenantes de esta decisión casi impuesta por Estados Unidos. El valor del dólar dejó de estar respaldado por su valor en oro. Este fue uno de los cambios más importantes a nivel internacional sobre los mercados. Es el momento de los cambios flotantes en función del devenir de los mercados internacionales de capital; se compra y se vende dinero.

En 1973 se produce el embargo del petróleo durante la guerra árabe-israelí. El corte de suministro de barriles de petróleo por parte de los países de la OPEP durante la guerra del Yom Kippur (6-26 de octubre de 1973) hizo que el precio del barril pasara de 2,50$ a 11,50$ en 1974. Esto encareció la producción y aumentó los precios. Los países más industrializados fueron los que se vieron más afectados.

El 19 de octubre de 1987, el llamado Lunes Negro, la Bolsa de Nueva York quiebra. Millones de inversores se lanzaron a vender sus acciones. Los inversores no confiaban en la gestión de la información confidencial y en la compra-venta de empresas que se hacía jugando con esa información.

En 1994 sobrevino la crisis del peso mexicano, cuando el gobierno de México no pudo mantener su tipo de cambio fijo frente al dólar, devaluando así su moneda. Esta devaluación afectó a la economía del resto de países de América Latina. En toda Sudamérica, a esta expansión de la crisis mexicana se la llamó "el efecto tequila".

En julio de 1997 acontece la crisis asiática, Tailandia devalúa su moneda y, tras ella, otros países en la región hacen lo mismo. El efecto de la devaluación se extendió a otros países de la zona y las consecuencias económicas se sintieron a nivel mundial. Fue la caída económica de los dragones asiáticos. Es una de las principales crisis globales, que, en un principio, se pensó que solo afectaría a la región. En esta crisis, la intervención del FMI hizo que los efectos no fueran a mayores.

Y en 1998 el sistema bancario ruso colapsó —la crisis del rublo— llegando incluso, por parte de Rusia, a una suspensión parcial de pagos internacionales, devaluación y congelación del depósito de divisas. Aquí, la acción del FMI fue también fundamental, ya que frenó la caída.

En la década de 2000, los excesos de la nueva economía llevaron a quiebras, fusiones y cierres de muchas empresas del sector de internet y las telecomunicaciones. Fue la llamada crisis de las *puntocom*, que supuso un agujero en las cuentas de las empresas de capital riesgo. Fue también a comienzos de esta misma década cuando tuvo lugar la crisis argentina. El gobierno argentino no pudo mantener la paridad fija peso/dólar y se produjo una huida de capitales. Por ello, el gobierno impuso restricciones a la retirada de depósitos —lo que se llamó "el corralito argentino"—. Argentina dejó de pagar su deuda, llegando a una completa bancarrota.

Hacia el final de la década, en 2008, comienza la gran recesión en Estados Unidos, una gran crisis financiera por la actividad especulativa de los mercados, que estalla con la quiebra de la burbuja de las hipotecas basura. En 2010, Europa entra de lleno en la crisis; Grecia es el primer país que reconoce unas cuentas públicas erróneas y que el déficit que sufre es superior al que se pensaba. Esto creó mucha inseguridad en los mercados donde se vendía la deuda. Grecia se vio obligada a pedir ayuda a Europa y, por parte de las instituciones europeas, se intentó que la crisis no se extendiera a países como Portugal, España o Irlanda. Los diferentes rescates, ayudas, reformas e intervenciones del FMI y de las instituciones europeas en la crisis parecen haber evitado, por el momento, que la crisis arrastre al resto de países. Las instituciones de la UE, al igual que las relaciones económicas entre estados, se han creado o modificado a partir de grandes cambios económicos, acompañados también por grandes cambios en los valores de los ciudadanos.

## LAS AGENCIAS DE CALIFICACIÓN Y LA ECONOMÍA MUNDIAL Y ESPAÑOLA

Las agencias de calificación, en la crisis actual, han influido mucho en la percepción que de lo económico tienen los ciudadanos. Su papel como agentes económicos es bastante reciente pero, en cambio, su influencia en el comportamiento de los ciudadanos es bastante fuerte. En el caso de España, estas agencias han tenido un papel muy importante en la percepción de la realidad económica. Como vamos a ver más adelante, las distintas variaciones en sus calificaciones no solo influyeron en lo financiero, también en el día a día de los ciudadanos.

Antes de la crisis, en 2007, la prima de riesgo era casi cero, ya que España tenía la máxima calificación crediticia (AAA) y se financiaba en los mercados al mismo coste que Alemania. El 15 de septiembre de 2008, Lehman Brothers se declara en bancarrota y marca el inicio de la larga crisis financiera mundial. España entra en recesión en ese mismo trimestre. Es en ese momento cuando la prima de riesgo comienza su escalada, llegando a casi los cien puntos a finales del año, bastante lejos de la máxima que años después se alcanzaría.

En enero de 2009, Standars and Poor's quita a España la triple A por el deterioro económico y de sus finanzas. Fitch y Moody's le siguen en la descalificación un año después. Los periódicos hablan de las calificaciones y comienza a hacerse habitual entre los ciudadanos términos como "prima de riesgo", "rescate" y "bonos".

En mayo de 2010 se aprueba el rescate de Grecia y, en noviembre le seguiría Irlanda, lo que afectó a la confianza de la compra de bonos de los países con economías más débiles. La prima de riesgo Española se duplicó y llegó casi a los 200 puntos.

Podemos decir que en 2012 se entra en la fase crítica de la crisis, y la rentabilidad exigida a los bonos españoles se dispara a máximos históricos. En julio de ese año la rentabilidad llega a tocar el 7%, y la primera de riesgo, con respecto a la prima alemana, alcanza los 650 puntos básicos. A principios de febrero de 2015, la prima está en 112 puntos.

Este descenso está influyendo en la opinión de la economía que tienen los españoles. Ya no es noticia hablar de la prima de riesgo, al menos no tanto como en el momento en que alcanzó los 600 puntos. Los ciudadanos dejan de considerar un problema que la prima de riesgo suba o baje, lo cual es una prueba más de la interacción entre la realidad económica y los consumidores. Ante esta remontada económica, Hugh (2004) afirma que la economía se recupera de manera frágil a día de hoy, pero nunca hay que olvidar que hay otra economía, la economía financiera, donde las cosas van bastante mejor. Una frase memorable del presidente del Banco Santander, Emilio Botín, nos ofrece el mejor resumen imaginable: "Es un momento fantástico para España. Llega dinero de todas partes" (Banco Santander, 2013: 17). En todo este proceso no podemos perder de vista que la realidad económica sigue un camino y la percepción social sigue ese mismo camino, pero con un cierto retraso.

## LA PERCEPCIÓN DE LO ECONÓMICO COMO PROBLEMA EN LA SOCIEDAD ESPAÑOLA

Para el desarrollo de este apartado empírico hemos contado con los diferentes barómetros del CIS. En concreto, hemos escogido para el análisis los meses de abril, julio y diciembre, desde el año 2007 al 2014. Se han seleccionado estos meses para que no coincidieran con las publicaciones económicas trimestrales, pues así la opinión de los entrevistados no queda afectada por estas publicaciones. Esto también posibilita que se trabaje con un volumen de datos más controlable. Con esta serie temporal se pretende cubrir la situación precrisis y la de la misma crisis económica. Con los datos de todos estos años (2007-2014) se han elaborado las tablas y gráficos que figuran a continuación. Se pretende, a partir de las opiniones vertidas, relacionar la situación económica con la percepción económica subjetiva, como se dice más arriba.

### VALORACIÓN DE LA SITUACIÓN ECONÓMICA DE ESPAÑA

En la tabla 1 se puede observar, según los barómetros del CIS, cómo hay un cambio de tendencia desde 2007 a 2014 en cuanto a la valoración de la situación general económica de España, si bien se constatan distintas etapas. La mayor parte de los encuestados, en los diferentes periodos, tienden a calificar la situación económica que viven en el momento como regular, pero es a partir de finales de 2008 cuando esa mayor parte cambia su percepción a mala. Si antes de ese año en torno al 40% de los encuestados percibían la realidad como regular, a partir de 2008 ese porcentaje percibe la situación económica como mala. España se encuentra en ese momento en las etapas más duras de la crisis económica.

TABLA 1
¿CÓMO VALORARÍA LA SITUACIÓN GENERAL ECONÓMICA DE ESPAÑA? EN PORCENTAJES

|        | MUY BUENA | BUENA | REGULAR | MALA | MUY MALA | NS  | NC  |
|--------|-----------|-------|---------|------|----------|-----|-----|
| Abr-00 | 2,4       | 38,3  | 45,3    | 10,3 | 2,2      | 1,4 | 0,2 |
| Jul-00 | 2,1       | 35,2  | 45,8    | 10,3 | 3,1      | 3,3 | 0,2 |
| Dic-00 | 2,1       | 37,5  | 47,9    | 9,5  | 1,3      | 1,4 | 0,2 |
| Abr-01 | 1,5       | 30,9  | 49,7    | 13,1 | 2,6      | 2   | 0,1 |
| Jul-01 | 1,2       | 32    | 49,8    | 13   | 2,7      | 1,1 | 0,2 |
| Dic-01 | 1,2       | 33    | 52,1    | 10,2 | 1,9      | 1,6 | 0,2 |
| Abr-02 | 0,7       | 33    | 49      | 11,8 | 2,8      | 2,6 | 0,1 |
| Jul-02 | 1         | 26    | 52,4    | 16,3 | 3,1      | 1,1 | 0,1 |
| Dic-02 | 0,9       | 27,7  | 51,7    | 15   | 3,1      | 1,6 | 0,1 |
| Abr-03 | 1,6       | 25,8  | 50,3    | 17,2 | 3,8      | 1,1 | 0,1 |

## TABLA 1
### ¿CÓMO VALORARÍA LA SITUACIÓN GENERAL ECONÓMICA DE ESPAÑA? EN PORCENTAJES (CONT.)

|        | MUY BUENA | BUENA | REGULAR | MALA | MUY MALA | NS  | NC  |
|--------|-----------|-------|---------|------|----------|-----|-----|
| Jul-03 | 1,4       | 26,7  | 48,6    | 18,4 | 4        | 0,8 | 0,1 |
| Dic-03 | 1,4       | 35,9  | 47,1    | 12,1 | 1,5      | 1,8 | 0,2 |
| Abr-04 | 3,1       | 41,1  | 42,2    | 9,3  | 2,5      | 1,8 | 0   |
| Jul-04 | 1,2       | 27,7  | 50,8    | 15,2 | 4,1      | 0,9 | 0   |
| Dic-04 | 1,1       | 33,7  | 51,7    | 10   | 2        | 1,3 | 0,2 |
| Abr-05 | 0,4       | 24,2  | 51,4    | 16,7 | 5,5      | 1,7 | 0,1 |
| Jul-05 | 0,5       | 25    | 50,8    | 15,9 | 5,8      | 1,9 | 0,2 |
| Dic-05 | 0,4       | 23,1  | 50,2    | 19,8 | 5,1      | 1,4 | 0   |
| Abr-06 | 1,1       | 24,8  | 48,5    | 18,6 | 5,7      | 1,2 | 0   |
| Jul-06 | 0,8       | 21    | 49      | 20,7 | 7,3      | 1,2 | 0,2 |
| Dic-06 | 1,3       | 24,3  | 47,5    | 19   | 6,4      | 1,4 | 0,1 |
| Abr-07 | 1         | 26,2  | 44,6    | 20,4 | 6,6      | 1,1 | 0,2 |
| Jul-07 | 1,1       | 26    | 46,5    | 17,7 | 7,3      | 1,3 | 0,1 |
| Dic-07 | 0,6       | 18,4  | 44,1    | 25   | 10,9     | 0,9 | 0,1 |
| Abr-08 | 0,5       | 10,1  | 42,5    | 31,4 | 14,7     | 0,7 | 0,1 |
| Jul-08 | 0,3       | 6,4   | 34,2    | 37   | 21,6     | 0,5 | 0,1 |
| Dic-08 | 0,2       | 3,5   | 28,8    | 39,3 | 27,5     | 0,6 | 0   |
| Abr-09 | 0,1       | 3,5   | 24,8    | 40,2 | 31,1     | 0,2 | 0   |
| Jul-09 | 0,1       | 3,9   | 30,3    | 38,9 | 26,3     | 0,4 | 0   |
| Dic-09 | 0,2       | 2,6   | 23,8    | 41,1 | 31,5     | 0,6 | 0,2 |
| Abr-10 | 0,2       | 2,6   | 22,3    | 41,2 | 33,2     | 0,4 | 0   |
| Jul-10 | 0,2       | 2,3   | 22,6    | 42,8 | 31,6     | 0,5 | 0,1 |
| Dic-10 | 0,1       | 2     | 20,1    | 41,3 | 36,3     | 0,4 | 0   |
| Abr-11 | 0,1       | 1,9   | 19      | 40   | 38,4     | 0,3 | 0,2 |
| Jul-11 | 0,1       | 1,5   | 16,2    | 43,3 | 38,6     | 0,3 | 0   |
| Dic-11 | 0,2       | 0,7   | 11,5    | 41,2 | 46       | 0,5 | 0   |
| Abr-12 | 0,2       | 0,5   | 10,5    | 40,1 | 48       | 0,6 | 0,1 |
| Jul-12 | 0         | 0,6   | 9,7     | 39   | 50,4     | 0,2 | 0   |
| Dic-12 | 0         | 1,2   | 7,2     | 35,6 | 55,9     | 0   | 0   |
| Abr-13 | 0         | 0,5   | 8,4     | 36,3 | 54,6     | 0,2 | 0   |
| Jul-13 | 0         | 0,8   | 9       | 37   | 52,9     | 0,1 | 0,1 |
| Dic-13 | 0         | 0,9   | 11,8    | 38,8 | 48,1     | 0,3 | 0   |
| Abr-14 | 0,1       | 1,1   | 13,4    | 40,6 | 44,6     | 0,2 | 0,1 |
| Jul-14 | 0,1       | 1,3   | 17      | 40,3 | 41,2     | 0   | 0,1 |
| Dic-14 | 0,1       | 1,5   | 16      | 40,3 | 41,7     | 0,3 | 0,1 |

TABLA 1
¿CÓMO VALORARÍA LA SITUACIÓN GENERAL ECONÓMICA DE ESPAÑA? EN PORCENTAJES (CONT.)

|  | MUY BUENA | BUENA | REGULAR | MALA | MUY MALA | NS | NC |
|---|---|---|---|---|---|---|---|
| Ene-15 | 0,2 | 1,8 | 21,2 | 40,1 | 36,4 | 0,2 | 0 |
| Feb-15 | 0,1 | 2,4 | 21,6 | 41,8 | 33,8 | 0,3 | 0 |

FUENTE: ELABORACIÓN PROPIA A PARTIR DE DATOS DE LOS BARÓMETROS DEL CIS (2000-2015).

En abril de 2007 se llega a la valoración más positiva de la economía; un 27,2% la considera buena o muy buena, aun dentro del periodo de crisis, es decir, algo más de un cuarto de la población española percibía que la situación económica era buena. Fuera de la crisis, en abril de 2004, es cuando se tiene la opinión más positiva de la situación económica, con un 41% de los encuestados.

En contraste, es en diciembre de 2012, en plena crisis, cuando se llega a la valoración más baja de la economía: un 55,9% de los encuestados calificaban la situación de muy mala. De abril de 2007 a abril de 2014, la caída en picado de la valoración positiva de la economía es más que notable; por otro lado, las valoraciones negativas iban en aumento: quienes pensaban que la situación económica era muy mala pasaron de ser un 7,3% en julio de 2007 a un 55,9% en diciembre de 2012. A partir de esta fecha comienzan a descender las opiniones negativas. Entre diciembre de 2007 y diciembre de 2008, la valoración positiva de la economía baja casi 15 puntos (de un 18,4% a 3,5%), se trata de la bajada más fuerte. Coincide con el descenso de confianza por parte de las agencias de calificación de la economía española en enero de 2009, fecha relacionada con el periodo más duro de la crisis.

GRÁFICO 1
¿CÓMO VALORARÍA LA SITUACIÓN GENERAL ECONÓMICA DE ESPAÑA?

FUENTE: ELABORACIÓN PROPIA A PARTIR DE DATOS DEL BARÓMETROS DEL CIS (2000-2015).

Esta tendencia se puede apreciar más claramente en el gráfico 1. En las posiciones de partida, desde abril de 2000 hasta julio de 2005, se constata que se encuentran en el mismo porcentaje las posiciones extremas de valoración muy positiva y muy negativa de la situación económica. Pero, a partir de mediados de 2007, comienza una clara divergencia que las aleja, disparando las percepciones negativas de lo económico. Entre finales de 2012 y principios de 2013, las valoraciones positivas no alcanzan el 2%, mientras que las valoraciones negativas llegan a superar el 90%. A partir del segundo trimestre de 2013, la valoración negativa decae lentamente, mientras que la valoración de la situación como regular sube, coincidiendo con un lapso de tiempo de tenue recuperación económica.

En el mismo gráfico 1 se aprecia un cambio de tendencia, representado en el cruce de las valoraciones positivas, que bajan, y las negativas, que aumentan. Es bastante significativo que la valoración de la situación económica como muy mala haya comenzado a descender en los últimos dos años (2013-2014). Puede, o no, que indique una mejora de la situación económica real, pero sí muestra una mejora en la percepción de esa situación.

## PERCEPCIÓN DE LA SITUACIÓN ECONÓMICA CON RESPECTO AL AÑO ANTERIOR (2000-2015)

La valoración de la situación económica con respecto al año anterior se ha extraído de los barómetros del CIS realizados entre 2000 y 2015. Entrando a analizar las opiniones sobre la comparación de la situación económica con respecto a la de hace un año (tabla 2), se hace patente que es en 2008 cuando se produce el cambio de la percepción económica. Hasta principios de 2008, más del 50% de los encuestados consideran que están en la misma situación que hace un año. En cambio, a partir de esa misma fecha más de dos terceras partes de la muestra comienzan a reconocer que se encuentran en peores condiciones económicas que en el año anterior. La población tiene la sensación de que la situación va empeorando año tras año.

De 2000 a 2007 se aprecia que la valoración de encontrarse mejor o igual, en la situación económica, se va reduciendo (de un 22,7% en abril de 2000 a un 4,7% en diciembre de 2011), mientras que la que hace referencia a encontrarse en peores condiciones va subiendo (la percepción de estar en igual situación disminuye de un 65,5% en abril de 2004 a un 21,9% en diciembre de 2012). Esto indica un cambio en la percepción subjetiva de la mejora del bienestar y el desarrollo económico, tal y como lo veían los encuestados.

Continuando con el análisis de la tabla 2, en diciembre de 2012 llega a su máximo la valoración de que la situación económica era peor que la del año anterior; un 72,6% de los encuestados así lo creían. Todo este proceso de cambio de opinión de percepción negativa con respecto a lo económico coincide con la época más dura de las reformas en Europa y España, especialmente las realizadas en política económica y social. A partir de este momento, el porcentaje de los que se consideraban en peor situación fue disminuyendo (de un 72,6% en diciembre de 2012 descendió a un 29,3% en enero de 2015) mientras que aumentaba el porcentaje de los que decían encontrarse, igual.

TABLA 2
¿CÓMO CONSIDERA LA SITUACIÓN ECONÓMICA CON RESPECTO AL AÑO ANTERIOR?*

|        | MEJOR | IGUAL | PEOR | NS  | NC  |
|--------|-------|-------|------|-----|-----|
| Abr-00 | 22,7  | 65,2  | 7,6  | 4   | 0,4 |
| Jul-00 | 22,7  | 59,7  | 10,8 | 6,6 | 0,2 |
| Abr-01 | 17,7  | 56,5  | 20,2 | 5,4 | 0,2 |
| Jul-01 | 15,2  | 63,5  | 17,7 | 3,1 | 0,4 |
| Abr-02 | 12,4  | 62,7  | 20,5 | 4,2 | 0,2 |
| Jul-02 | 10,5  | 57,5  | 29,1 | 2,6 | 0,2 |
| Abr-03 | 10,1  | 57,4  | 28,6 | 3,6 | 0,3 |
| Jul-03 | 13,5  | 57,4  | 25,1 | 3,7 | 0,2 |
| Abr-04 | 13,4  | 65,5  | 15,1 | 5,9 | 0,1 |
| Jul-04 | 10,8  | 60,5  | 22,5 | 6   | 0,2 |
| Abr-05 | 12,3  | 52,4  | 30,7 | 4,4 | 0,1 |
| Jul-05 | 10,7  | 56,5  | 29,1 | 3,6 | 0,1 |
| Abr-06 | 12,3  | 56,1  | 27,7 | 3,6 | 0,3 |
| Jul-06 | 9,8   | 53,3  | 33,1 | 3,6 | 0,2 |
| Abr-07 | 11,8  | 55,6  | 29,6 | 2,8 | 0,2 |
| Jul-07 | 12,1  | 56,7  | 27,8 | 3,1 | 0,2 |
| Abr-08 | 6,8   | 38,3  | 52   | 2,8 | 0,1 |
| Jul-08 | 6,1   | 26,7  | 65,1 | 2   | 0,1 |
| Abr-09 | 5,9   | 24,9  | 67,8 | 1   | 0,4 |
| Jul-09 | 6,6   | 29,5  | 62,7 | 1,2 | 0,1 |
| Abr-10 | 5,8   | 34,3  | 57,7 | 1,9 | 0,2 |
| Jul-10 | 7,1   | 34,7  | 55,5 | 2,2 | 0,4 |
| Abr-11 | 5,3   | 35,1  | 57,6 | 1,7 | 0,3 |
| Jul-11 | 7,1   | 38,5  | 52   | 1,9 | 0,4 |
| Dic-11 | 4,7   | 35,6  | 58,6 | 1,6 | 0,1 |
| Abr-12 | 5     | 33    | 60,4 | 1,4 | 0,2 |
| Jul-12 | 5,5   | 27,8  | 65,1 | 1,3 | 0,3 |
| Dic-12 | 4,3   | 21,9  | 72,6 | 1   | 0,1 |
| Abr-13 | 5,1   | 31,4  | 62,6 | 0,8 | 0,2 |
| Jul-13 | 8,8   | 33    | 57,1 | 0,8 | 0,2 |

TABLA 2
¿CÓMO CONSIDERA LA SITUACIÓN ECONÓMICA CON RESPECTO AL AÑO ANTERIOR? (CONT.)

|        | MEJOR | IGUAL | PEOR | NS  | NC  |
|--------|-------|-------|------|-----|-----|
| Dic-13 | 9     | 39,1  | 50,8 | 1,1 | 0,1 |
| Abr-14 | 12,1  | 43,9  | 42,8 | 1,1 | 0,2 |
| Jul-14 | 13,5  | 47,5  | 38   | 0,8 | 0,2 |
| Dic-14 | 13,2  | 47,3  | 38,4 | 0,8 | 0,2 |
| Ene-15 | 14,9  | 54,7  | 29,3 | 1   | 0,1 |
| Feb-15 | 17    | 51,7  | 29,6 | 1,4 | 0,2 |

* EN ESTA TABLA NO APARECEN LOS DATOS REFERENTES A DICIEMBRE DE 2007, 2008, 2009 Y 2010 POR NO HABERSE INCLUIDO LA PREGUNTA EN LOS CUESTIONARIOS DEL BARÓMETRO DEL CIS DE ESOS AÑOS.
FUENTE: ELABORACIÓN PROPIA A PARTIR DE DATOS DEL BARÓMETROS DEL CIS (2000-2015).

GRÁFICO 2
ENCUESTADOS QUE CONSIDERABAN ENCONTRARSE EN MEJORES CONDICIONES ECONÓMICAS QUE EL AÑO ANTERIOR

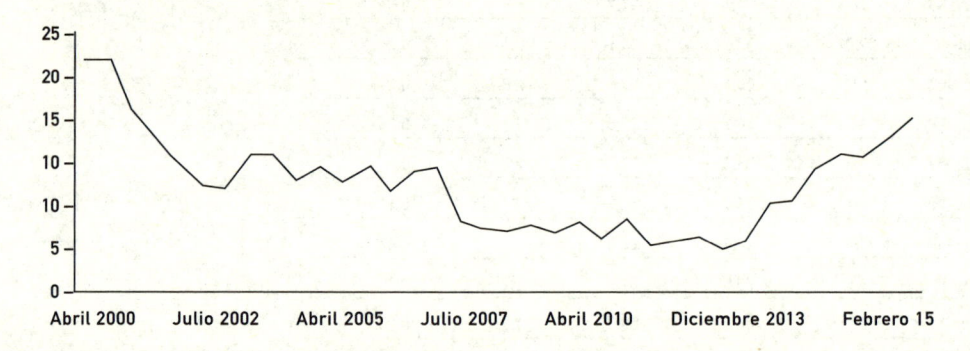

FUENTE: ELABORACIÓN PROPIA A PARTIR DE DATOS DEL BARÓMETROS DEL CIS (2000-2015).

En el gráfico 2 se aprecia fácilmente cuál es el periodo más duro de la crisis. Observando el gráfico, se ve cómo en el periodo 2000-2008 el porcentaje de ciudadanos que consideraban que estaban en mejor situación económica era mayor; sin embargo, tal apreciación disminuye a partir de 2008 y hasta 2013, año a partir del cual vuelve a aumentar. Este aumento en la valoración positiva está relacionado con las mejoras en los datos económicos del país. La tenue recuperación económica se corresponde con la opinión de los españoles, pues parece que perciben que su situación personal va mejorando a la par que la del país.

GRÁFICO 3
ENCUESTADOS QUE CONSIDERABAN ENCONTRARSE EN PEORES CONDICIONES ECONÓMICAS QUE EL AÑO ANTERIOR

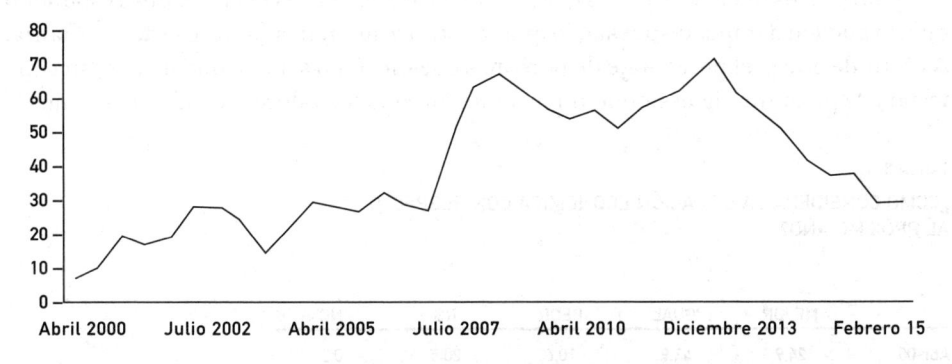

FUENTE: ELABORACIÓN PROPIA A PARTIR DE DATOS DEL BARÓMETROS DEL CIS (2000-2015).

Al igual que en el gráfico 2, podemos ver en el gráfico 3 cómo, en 2008, se entra en lo peor de la crisis, a tenor de las apreciaciones de los encuestados. En este último gráfico queda bastante bien reflejado. La tendencia ascendente del sentimiento de estar en peores condiciones que el año anterior comienza antes, a mediados de 2007, con una escalada que tiene un pico a finales de 2009; luego desciende de manera leve para subir y llegar al máximo de percepción negativa económica más tarde, en 2012. A partir de 2012 hay un descenso de la consideración de encontrarse en peores condiciones económicas que el año precedente. Parece ser un indicador de la incipiente recuperación de la crisis, de la leve recuperación económica a partir de ese año y de la percepción que de esta tienen los ciudadanos, aunque la economía real pueda seguir otra tendencia.

PERCEPCIÓN DE LA SITUACIÓN ECONÓMICA CON RESPECTO AL PRÓXIMO AÑO

Con respecto a la situación futura, a cómo consideran los encuestados que se encontrarán dentro de un año, los datos confirman lo que en las dos tablas anteriores se ha expuesto. Así, en la tabla 3 se observa cómo, hasta finales de 2007, los ciudadanos consideraban, mayoritariamente, que estarían en una situación igual a la que estaban viviendo a nivel económico que el año en curso. A partir de 2007, la tendencia cambia: por encima de un 40% perciben que la situación será peor, aunque sigue siendo mayoritaria la opinión de que la situación permanecerá igual. Esta valoración, al igual que en las tablas anteriores, está relacionada con la época en la que en los medios se hablaba del rescate económico, de las distintas decisiones que estaba tomando Europa en materia económica y del descenso de la confianza por parte de las agencias de calificación. Desde el campo económico, se estaba generando un problema social que creaba incertidumbre e inseguridad en los españoles.

Por otro lado, la incertidumbre explica que sea en esta pregunta, la de percepción de la situación económica en comparación con la del año siguiente, donde encontremos los porcentajes más altos de respuestas del tipo no sabe y no contesta. Hasta 2004 son varios los meses en los que, en torno al 20% de los encuestados responden que no pueden dar una respuesta, lo que constituye un indicador de esa desconfianza. A partir de 2004, el porcentaje de personas que dicen no saber o que no desean contestar a la pregunta sigue siendo importante, pero ya los valores son algo más bajos.

TABLA 3
¿CÓMO CONSIDERA LA SITUACIÓN ECONÓMICA CON RESPECTO AL PRÓXIMO AÑO?

|        | MEJOR | IGUAL | PEOR | NS   | NC  |
|--------|-------|-------|------|------|-----|
| Abr-00 | 24,9  | 43,9  | 10,6 | 20,5 | 0,2 |
| Jul-00 | 20,6  | 44,9  | 11,8 | 22,4 | 0,2 |
| Dic-00 | 21,4  | 58,1  | 10,7 | 9,5  | 0,4 |
| Abr-01 | 16,3  | 40,5  | 21,5 | 21,2 | 0,4 |
| Jul-01 | 18,1  | 43,2  | 16,7 | 21,5 | 0,6 |
| Dic-01 | 16    | 59,1  | 16,4 | 8,4  | 0,1 |
| Abr-02 | 15,7  | 44,7  | 17   | 22,3 | 0,3 |
| Jul-02 | 15,4  | 44,2  | 19,8 | 20,4 | 0,3 |
| Dic-02 | 15,2  | 57,4  | 17,5 | 9,7  | 0,2 |
| Abr-03 | 13,9  | 44,9  | 18   | 22,9 | 0,2 |
| Jul-03 | 15,7  | 43,6  | 20,9 | 19,5 | 0,3 |
| Dic-03 | 18,9  | 59,8  | 10,8 | 10,3 | 0,2 |
| Abr-04 | 26,8  | 35    | 11,8 | 26,4 | 0,2 |
| Jul-04 | 17,8  | 37,3  | 22,7 | 21,6 | 0,5 |
| Dic-04 | 18,8  | 56,7  | 14,9 | 9,4  | 0,2 |
| Abr-05 | 15,1  | 36,5  | 28,6 | 19,6 | 0,2 |
| Jul-05 | 15,5  | 39,3  | 29   | 16   | 0,2 |
| Dic-05 | 11,2  | 48,3  | 30,2 | 10,1 | 0,2 |
| Abr-06 | 16    | 39    | 28,5 | 16,2 | 0,2 |
| Jul-06 | 13    | 38    | 32,1 | 16,6 | 0,4 |
| Dic-06 | 12,8  | 47,7  | 28,8 | 10,6 | 0,2 |
| Abr-07 | 14,2  | 40,7  | 26,9 | 17,7 | 0,5 |
| Jul-07 | 16,2  | 40,1  | 26,3 | 17   | 0,4 |
| Dic-07 | 9,8   | 42    | 34,7 | 13,1 | 0,4 |

TABLA 3
¿CÓMO CONSIDERA LA SITUACIÓN ECONÓMICA CON RESPECTO AL PRÓXIMO AÑO? (CONT.)

|  | MEJOR | IGUAL | PEOR | NS | NC |
|---|---|---|---|---|---|
| Abr-08 | 10,6 | 30 | 44,5 | 14,7 | 0,2 |
| Jul-08 | 11,7 | 26,6 | 47,4 | 14,1 | 0,2 |
| Dic-08 | 12,7 | 32,6 | 46,6 | 8 | 0,2 |
| Abr-09 | 20,8 | 35,1 | 32,3 | 11,6 | 0,1 |
| Jul-09 | 22,8 | 34,3 | 28,8 | 13,9 | 0,2 |
| Dic-09 | 22,3 | 42,7 | 26,6 | 8,3 | 0,1 |
| Abr-10 | 22 | 38,4 | 26,9 | 12,3 | 0,3 |
| Jul-10 | 21,8 | 32,9 | 30,8 | 13,9 | 0,5 |
| Dic-10 | 16,6 | 40,1 | 35,7 | 7,3 | 0,2 |
| Abr-11 | 18,4 | 40,6 | 29,4 | 11 | 0,6 |
| Jul-11 | 20,6 | 40,6 | 25,6 | 12,8 | 0,3 |
| Dic-11 | 18,4 | 36 | 32,9 | 12,6 | 0,1 |
| Abr-12 | 18,7 | 32,6 | 37,1 | 11,4 | 0,1 |
| Jul-12 | 18,2 | 30,2 | 40,5 | 10,9 | 0,3 |
| Dic-12 | 13,3 | 29 | 50 | 7,6 | 0 |
| Abr-13 | 15,6 | 38,3 | 35,7 | 10,2 | 0,2 |
| Jul-13 | 19,5 | 37,4 | 33,6 | 9,3 | 0,2 |
| Dic-13 | 20,6 | 40,6 | 29,1 | 9,7 | 0 |
| Abr-14 | 23,5 | 42,2 | 23,9 | 10 | 0,3 |
| Jul-14 | 24,9 | 42,6 | 21,4 | 10,9 | 0,2 |
| Dic-14 | 22,5 | 44,1 | 21,8 | 11,5 | 0,1 |
| Ene-15 | 27,8 | 44,3 | 16,4 | 11,3 | 0,2 |
| Feb-15 | 28 | 42,7 | 14,4 | 14,6 | 0,3 |

FUENTE: ELABORACIÓN PROPIA A PARTIR DE DATOS DEL BARÓMETROS DEL CIS (2000-2015).

Continuando con el análisis de la tabla 3, resulta significativo que es en abril de 2004, con un 26,8%, cuando se alcanza el porcentaje máximo de creencia en la mejora de la situación con respecto al futuro año 2005; y en la valoración de diciembre de 2013, con un 40,6%, es cuando se vuelven a recuperar valoraciones positivas precrisis económica con respecto al futuro. Los encuestados que se consideran en una situación igual reflejan una percepción de continuidad subjetiva de la situación económica, en cualquiera de los años que analicemos.

GRÁFICO 4
**ENCUESTADOS QUE CONSIDERAN QUE SE ENCONTRARÁN EN MEJORES CONDICIONES ECONÓMICAS EL PRÓXIMO AÑO**

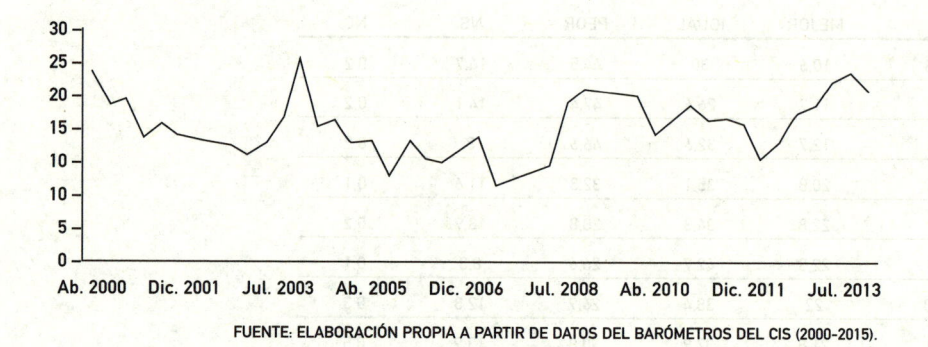

FUENTE: ELABORACIÓN PROPIA A PARTIR DE DATOS DEL BARÓMETROS DEL CIS (2000-2015).

La percepción económica positiva del futuro próximo (gráfico 4) quizá sea la más influenciada por el ambiente que se vivía en esa época. Las noticias que en los medios aparecen, y la predicción que de lo económico se hace en esos mismos medios, parecen condicionar la opinión con respecto a la futura situación económica de los encuestados.

Fue a mediados de 2012 cuando la prima de riesgo alcanzó su valor máximo: los 638 puntos básicos. Eso quedó reflejado en una situación de pesimismo, como se puede observar en el gráfico 4, con una de las bajadas acusadas (casi un 50% consideraban que en el año futuro tendrían una situación económica peor que la que tenían en el año en curso). Para finales de 2012 se consideraba que la situación económica sería peor, pues lo que se publicaba en los medios no era una situación halagüeña. Coincide con el momento en el que se hablaba de un posible rescate económico a España.

GRÁFICO 5
**ENCUESTADOS QUE SE CONSIDERAN EN PEORES CONDICIONES ECONÓMICAS EL PRÓXIMO AÑO**

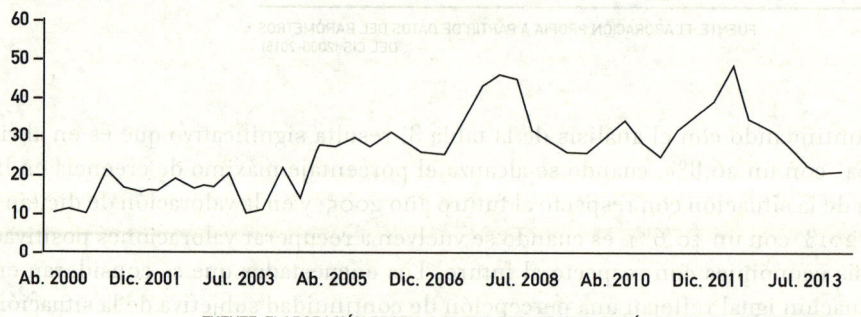

FUENTE: ELABORACIÓN PROPIA A PARTIR DE DATOS DEL BARÓMETROS DEL CIS (2000-2015).

En 2012 (gráfico 5) se registra la máxima percepción negativa. Esto coincide con la situación económica real del país, pues 2012 es el año en el que se pensaba, según los barómetros, que lo peor estaba por llegar. Se consideraba que en el futuro estaríamos en peores condiciones, según la opinión de la mitad de los encuestados.

Otra situación que demuestra la relación entre la opinión de los ciudadanos y la situación económica es la sucedida en torno a julio de 2008, cuando los medios de comunicación hablaban de la entrada en una época de dura crisis económica; la opinión vertida por los encuestados está relacionada con esa entrada en el declive económico.

Desde diciembre de 2012 a febrero de 2015 se observa una caída de la percepción negativa del futuro económico.

## A MODO DE CONCLUSIÓN

Una vez analizadas las opiniones de los españoles en esos años de la actual crisis económica, se puede concluir que la valoración de los ciudadanos viene influenciada por la situación económica, hasta el punto de llegar a percibir lo económico como un problema social. Las opiniones de los encuestados se encuentran determinadas por la situación económica, a la vez que lo económico está influenciado por la opinión de los ciudadanos ya que, a su vez, son agentes económicos. En el conjunto de las opiniones parece bastante patente que hay tres etapas: un tipo de opiniones respecto a lo económico en la precrisis, que comienza en 2008, otro tipo distinto durante la crisis y un tercer tipo desde 2014, año en el que parece observarse en las opiniones una tendencia de confianza en la recuperación de la economía.

Todos estos cambios de opinión están relacionados con los diferentes acontecimientos económicos que forjaron esa opinión. Se ha podido observar que, durante el periodo de fuerte de crisis económica, hay variaciones y cambios de tendencia en las opiniones, que normalmente coinciden con los diferentes cambios económicos reales acontecidos, como la subida de la prima de riesgo, la bajada de calificación de las agencias o el rescate económico a Grecia. Por tanto, no parece desacertado concluir que el problema económico existe, pero tiene un alto componente de construcción social y existe una retroalimentación entre lo económico y la percepción social. Como recientemente ha escrito Fernando Vallespín (2015: 19), "las encuestas son instrumentos que sirven para reflejar el estado de la opinión", pero "también han devenido en una poderosa arma para crear realidad".

En la realidad social hay una interacción entre el objeto y el sujeto, entre la estructura y la acción social. Como dicen las teorías sociológicas constructivistas, "frente al intento de captar la realidad tal como es, lo importante no es cómo son las cosas, sino cómo son interpretadas, entendidas y construidas por los actores; lo importante no es la "situación objetiva", sino la definición de la situación" (Lamo de Espinosa, 2001: 30). Con esta perspectiva constructivista en mente, escribe Giddens (1995: 10) que "los agentes y las estructuras representan una dualidad, pero no forman un dualismo", es decir, no son dos cosas distintas, sino una misma realidad, pues "la estructura no es externa a los individuos, en cierto aspecto es más interna que exterior a las actividades de los agentes" (ibídem: 50). Y, en este mismo sentido, Bourdieu (2000: 30) sostiene que la sociedad vive bajo dos formas inseparables, "por un lado las instituciones, que pueden revestir la forma de cosas físicas, monumentos, libros, instrumentos, etc.; por el otro, las disposiciones adquiridas, las maneras duraderas de ser o de hacer que se encarnan en los cuerpos (y que yo denomino habitus). El cuerpo socializado (lo que se llama individuo o la persona) no se opone a la sociedad: es una de sus formas de existencia".

## BIBLIOGRAFÍA

Banco Santander (17 de octubre de 2013): "Santander lanza su marca en la banca retail de EE UU", *Cinco Días*, p. 17.
Bourdieu, P. (2000): *Cuestiones de sociología*, Madrid, Istmo.
De Miguel Rodríguez, A. (1998): *Opinión Pública y coyuntura económica*, Madrid, Tabula-V.
Giddens, A. (1995): *La constitución de la sociedad*, Madrid, Amorrortu.
Hugs, E. (2014): *¿Adios a la crisis? Hemos superado la recesión, pero ¿cuándo llegará la recuperación a la economía real?*, Barcelona, Planeta.
Inglehar, R. (1990): *El cambio cultural en las sociedades industriales avanzadas*, Madrid, CIS.
Jacobs, J. (1986): *Las ciudades y la riqueza de las naciones: principios de la vida económica*, Madrid, Ariel.
Lamo de Espinosa, E. (2001): "La Sociología del siglo XX", *Revista Española de Investigaciones Sociológicas*, 96, pp. 21-49.
Quintanilla Pardo, I. (2014): *¿Valores o valores económicos? ¿Qué necesitamos?*, Madrid, Pirámide.
Vallespín, F. (6 de febrero de 2015): "Galgos y mastines", *El País*, p. 19.

# SOBRE LOS AUTORES

**Francisco Barros Rodríguez**
Licenciado en Sociología y Ciencias del Trabajo por la Universidad de Granada, donde actualmente prepara como becado FPU su doctorado en Ciencias Sociales.

**Juan F. Bejarano Bella**
Profesor de Sociología en la Universidad de Granada. Una de sus últimas publicaciones es *Análisis sociológico de la participación ciudadana en Doñana* (2011).

**Eduardo Bericat Alastuey**
Catedrático de Sociología e investigador social en la Universidad de Sevilla. Sus áreas de investigación son las emociones, los valores sociales y la medición de la calidad de las sociedades mediante indicadores compuestos.

**Joel Best**
Profesor de Sociología y Justicia Criminal en la Universidad de Delaware. Entre sus libros sobre la construcción de los problemas sociales se encuentran *Threatened Children* (1990), *Damned Lies and Statistics* (2001) y *Social Problems* (3ª ed., 2017).

**Pedro Castón Boyer**
Doctor en Sociología por el EHESS de París. Catedrático de Sociología de la Universidad de Granada. Coautor de los Informes *España 2015. Situación social* (CIS, 2015); *La sociedad andaluza* (2000) (IESA, 2002).

**Ricardo Duque Calvache**
Profesor en la Universidad de Sevilla. Sus principales líneas de trabajo son la gentrificación, la movilidad residencial y los campos de la demografía y los estudios urbanos.

**Francisco Entrena-Durán**
Catedrático de Sociología en la Universidad de Granada. Entre sus últimas publicaciones están *Food Production and Eating Habits From Around the World: A Multidisciplinary Approach* (Nueva York, 2015).

**Modesto Escobar Mercado**
Catedrático de Sociología en la Universidad de Salamanca. Entre sus publicaciones destacan: *Análisis gráfico/exploratorio*, *El análisis de segmentación. Técnicas y aplicaciones de los árboles de clasificación*.

**Félix Fernández Castaño**
Profesor del departamento de Sociología de la Universidad de Granada. Ha publicado en *EIKASIA Revista de Filosofía*; *Papers* y en *la Revista Internacional de Estudios Migratorios*.

**Pablo Galindo Calvo**
Profesor de Sociología de la Universidad de Granada y profesor-tutor de la Universidad Nacional de Educación a Distancia.

**José Francisco Jiménez-Díaz**
Profesor titular de Ciencia Política en el departamento de Derecho Público de la Universidad Pablo de Olavide. Entres sus publicaciones cabe destacar *Relatos biográficos de agricultores* (Comares, 2010).

**José Manuel García Moreno**
Doctor en Sociología por la Universidad de Granada, de la que es profesor desde 2007. Sus campos de especialización son la sociología política, la sociología del trabajo y la sociología de la juventud.

**Julio Iglesias de Ussel**
Catedrático de Sociología de la Universidad Complutense y anteriormente de la de Granada. Ha publicado treinta libros y un centenar de artículos y capítulos en sociología del cambio social, de la familia y de la vida cotidiana.

**Juan López Doblas**
Profesor titular del departamento de Sociología de la Universidad de Granada. Premio IMSERSO Infanta Cristina 2004 en investigaciones y estudios sociales. Trabaja sobre formas de vida de las personas mayores.

**Donileen R. Loseke**
Profesor de Sociología de la Universidad de South Florida. Futura presidenta de la Society for the Study of Social Problems en 2017. Sus investigaciones están centradas en la importancia de las narrativas en los procesos de los problemas sociales.

**Pau Marí-Klose**
Profesor de Sociología en la Universidad de Zaragoza. Doctor en la Universidad Autónoma de Madrid y Máster en la Universidad de Chicago. Ha escrito sobre sociología de la familia, pobreza infantil y Estado de bienestar.

**Rafael Martínez Martín**
Profesor titular en la Universidad de Granada. Premio Extraordinario de Doctorado. Autor de varios libros y artículos sobre mercado de trabajo, inserción profesional y bienestar social.

**Douglas S. Massey**
Ostenta la cátedra Henry G. Bryant. Es profesor de Sociología y Políticas Públicas en la Universidad de Princeton y coautor del libro *Detrás de la Trama: Políticas Migratorias entre México y Estados Unidos* (Porrúa, 2009).

**Luis Mena Martínez**
Profesor contratado doctor en la Universidad de Salamanca, director del máster en Servicios Públicos y Políticas Sociales. Trabaja sobre metodología cualitativa, fracaso escolar, políticas de igualdad y sociología urbana.

**Juan Carlos de Pablos Ramírez**
Hasta su fallecimiento en febrero de 2015, fue profesor del departamento de Sociología de la Universidad de Granada y miembro del grupo de investigación Problemas sociales en Andalucía.

**George Pleios**
Profesor en la Universidad de Atenas, es coautor y editor de 6 libros, 17 capítulos y más de 50 artículos sobre Grecia. Trabaja sobre medios de comunicación de masas y sociedad.

**Juan Carlos Prior Ruiz**
Hasta su fallecimiento en agosto de 2014, fue profesor del departamento de Sociología de la Universidad de Granada y miembro del grupo de investigación Problemas sociales en Andalucía.

**Teresa Rodríguez-Molina**
Doctora en Sociología por la Universidad de Granada. Lleva a cabo su investigación en el marco de una sociología crítica en áreas como sociología del conocimiento, historia de las ideas y sociología de la religión.

**Mariano Sánchez Martínez**
Profesor titular de Universidad de Granada. Trabaja sobre envejecimiento social y relaciones intergeneracionales. Es coautor del compendio multilingüe *Generaciones, relaciones intergeneracionales, política generacional* (2015).

**Rosa María Soriano Miras**
Profesora titular del departamento de Sociología de la Universidad de Granada. Sus líneas de investigación son la sociología de las migraciones, sociología del género y técnicas cualitativas de investigación social.

**Joaquín Susino Arbucias**
Profesor contratado doctor de la Universidad de Granada. Ha desarrollado su actividad profesional e investigadora en los campos de la planificación urbana y territorial, la sociología urbana y la demografía.

**Adolfo Torres Rodríguez**
Profesor de la Universidad de Granada. Secretario del Comité de Investigación Sociología y Medio Ambiente de la Federación Española de Sociología (FES) y miembro de la Junta Directiva de la Asociación Andaluza de Sociología (AAS).

**Antonio Trinidad Requena**
Catedrático de Sociología en la Universidad de Granada. Responsable del Grupo de Investigación Problemas Sociales en Andalucía, coordina el máster Problemas sociales. Dirección y gestión de programas sociales.

**Rafael Vázquez García**
Profesor de Teoría Política en el departamento de Ciencia Política y de la Administración de la Universidad de Granada. Especializado en el estudio de la sociedad civil (desde el asociacionismo cívico a la desobediencia civil).

**María Vílchez**
Licenciada en Sociología y en Ciencias Políticas y de la Administración por la Universidad de Granada. Trabaja en temas de economía, seguridad y defensa.